黎明期アメリカの銀行制度

中央銀行なき状態の苦悶と自生

大森拓磨

東京大学出版会

本書は，公益財団法人　全国銀行学術研究振興財団の助成を得て刊行された．

The Banking System of the United States in the Early Years:
Without Central Banking Institutions,
Difficulties and the Development of a Spontaneous Mechanism
Takuma Ohmori
University of Tokyo Press, 2019
ISBN978-4-13-046129-0

黎明期アメリカの銀行制度／目次

序　章　課題と視角 …………………………………………… 1

第 I 篇
黎明期アメリカ・ニューヨーク州の銀行制度
──銀行監査と預金保険の制度的淵源──

第 1 章　存立背景と制度形成：1804〜1829 年
──セイフティ・ファンド構想の誕生 ………………… 11

1. 存立背景：1804〜1828 年　11
   - 1.1　1804 年州法──銀行制度の原基　11
   - 1.2　Albany Regency とエリー運河構想　17
   - 1.3　1818 年州法と 1827 年州法　21
2. セイフティ・ファンドの生成：1828〜1829 年　27
   - 2.1　着想の由来と原案の中身　27
   - 2.2　原案の公表とその波紋　36
   - 2.3　原案の審議　42

第 2 章　興隆と動揺：1829〜1838 年
──政治・経済の自立と恐慌の到来 ………………… 51

1. セイフティ・ファンドの興隆：1829〜1836 年　51
   - 1.1　1829 年州法の全容　51
   - 1.2　セイフティ・ファンドの政治的含意　59
   - 1.3　セイフティ・ファンドの伸展と不安定性の胎動　63
2. セイフティ・ファンドの動揺：1836〜1838 年　78

2.1　監査不信の噴出　78
　2.2　営業停止命令と債務保証の処理　82
　2.3　自由銀行制度の出現　88

第3章　交錯と崩壊：1838〜1866年
　　　──自由銀行制度との並存と統一への志向　……………… 97

1. セイフティ・ファンドの危機：1838〜1845年　97
　1.1　自由銀行制度との交錯　97
　1.2　セイフティ・ファンドの枯渇　105
　1.3　セイフティ・ファンドの構造改革　117

2. 銀行制度の崩壊と遺産：1845〜1866年　124
　2.1　新州憲法の制定と銀行制度の迷走　124
　2.2　セイフティ・ファンドの最終利用状況　134
　2.3　銀行制度の消滅と遺産の伝承　140

第Ⅱ篇
黎明期アメリカ・インディアナ州の銀行制度
──分権と集権とを兼備した銀行間組織の淵源──

第1章　存立背景：1679〜1832年
　　　──反銀行主義の理念と通貨・信用秩序の混乱　……………… 151

1. 准州時代の銀行制度　151
2. 州の成立と銀行制度　157
3. 銀行制度の瓦解　166
4. 銀行の消滅と銀行制度の模索　178

第2章　生成：1832～1834年
――分権性と集権性を兼ねた銀行間組織の創出 ……… 187

1. 混乱と創造　188
    - 1.1　州法銀行の再創設　188
    - 1.2　連邦の動向と州の対応　191
    - 1.3　法案の整備　196
2. 銀行制度の組成　204
    - 2.1　法案の否決　204
    - 2.2　法案の再審議とその成立　208
    - 2.3　組織編制への着手　214
3. 銀行制度の内実　221
    - 3.1　銀行間組織の構成　221
    - 3.2　株主構成の実態　227
    - 3.3　減債基金と債務保証　235

第3章　興隆と試練：1834～1842年
――経済開発による増資と恐慌への対峙 ……… 241

1. 開発と投機　243
    - 1.1　州経済の急伸　243
    - 1.2　景気の高揚と銀行制度　247
    - 1.3　景気の過熱と銀行業況　254
2. 恐慌との対峙　267
    - 2.1　正貨支払いの部分停止　267
    - 2.2　州議会の対応　275
    - 2.3　恐慌後の銀行業況　281
3. 恐慌の爪痕　288
    - 3.1　恐慌の再来　288
    - 3.2　不況期の銀行業況　293

3.3　改革への模索　297

第4章　危機と再編：1842〜1855 年
　　――強大な存在感への警戒と自由銀行制度との混交 ……… 315

　1.　昂進と迷走　316

　　1.1　銀行制度の動揺　316

　　1.2　業績の回復　321

　　1.3　銀行制度の存否　331

　2.　自由銀行制度の出現　336

　　2.1　制度の胎動　336

　　2.2　議論の交錯　338

　　2.3　自由銀行制度の導入　346

　3.　苦悶と混迷　351

　　3.1　自由銀行の増殖　351

　　3.2　倫理の欠如　361

　　3.3　制度混交の継続　370

第5章　終焉と遺産：1855〜1865 年
　　――南北戦争による難局と国法銀行制度導入への貢献 …… 377

　1.　新銀行の船出　378

　　1.1　新銀行の特徴　378

　　1.2　恐慌の波及　387

　　1.3　銀行制度の明暗　394

　2.　新銀行の展開　402

　　2.1　旧銀行の清算　402

　　2.2　新銀行の業態　407

　　2.3　南北戦争の勃発　412

3. 遺産の伝承　418
   3.1　銀行制度の転換と消滅　418
   3.2　国法銀行制度への架橋　426
   3.3　連邦準備制度への布石　431

終　章　本書の結論 ……………………………………… 435

参考文献　456
初出一覧　466
あとがき　469
人名索引　472
事項索引　475

序　章　課題と視角

　本書の課題は，南北戦争以前における黎明期アメリカの銀行制度の特異な展開に焦点を当て，その内実を究明することにある．なぜ，現在の日本から時空の両面で隔絶したこの時代のしかもアメリカの銀行制度の展開に，いまさら焦点を当てるべきなのか．それは，中央銀行なき状態のアメリカにあって，通貨・信用秩序の健全性維持に，州ないし地域単位で独自に挑む果敢な蠢きが叢生していたからである．当時のアメリカは，独立戦争と産業革命を経て間もない国家であった．資本主義経済の先進国イギリスの動きを中心に世界経済が編まれるなか，アメリカはその周縁にあって，まさにこれから自国の経済の仕組みを創り律動させて，成長に向けて歩もうとする状態にあった．アメリカは，多大な犠牲を払い宗主国イギリスから独立の承認を勝ちえたとはいえ，州と連邦との関係をどのように仕立て，連邦制を柱とした国家の体系や国民経済をどのように組み立て，世界に冠たる自立した国家としての礎をどのように整備してゆくか，まさに苦悶を重ね，模索を続けていた．

　通貨や金融の仕組みについても然りである．景気の波動を介し，当時の世界経済の軸心たるイギリス経済の騰落の動きに，辺縁のアメリカ経済が絶えず翻弄されてゆく．そうしたなか，アメリカ国内では通貨・信用秩序が動揺を続け，その健全性を保つためのより効能ある仕組みをいかに整えてゆくか，連邦と各州との双方でそれぞれ模索が始まるのである．

　だが，そうした取り組みの過程で，アメリカに大きな障壁が立ちはだかる．それは，アメリカ国内に根付く，連邦と州との相克である．普段は州統治の権限を最大限に尊び連邦はこれを後援し，その権限が脅かされる危急時には連邦の下に連帯し抗うという，連邦制に係る独自の理念が，アメリカには生来横たわっている．軍事や外交を除くあらゆる領域に州統治の権限を踏み越えて連邦権力が介入することに対しては，各州の政府・議会さらには各種の

経済主体に忌避される．特に通貨や金融に係る領域では，忌避の度合いが色濃く現れる．州域内の通貨や金融に係る事象については，州の利害に直結するものであるため，当該の州の管轄とし，連邦による介入は嫌悪されるからだ．州と連邦との間に利害の激突を容易に誘うがゆえに，国民経済の発達と共に通貨・信用秩序の健全性維持に向けたスタビライザーとして不可欠な装置となるはずの中央銀行が，アメリカでは堅牢かつ恒久の制度としてなかなか定着しえなかった．このため，当時の世界経済の軸心，イギリス経済の動揺を震源に景気の波動を介しその悪影響が大西洋を跨ぎアメリカに伝播するたびに，確たる中央銀行の仕組みが定着していないアメリカは，通貨・信用秩序の健全性が全米の規模で激しく揺さぶられてしまう．この翻弄にいかに耐え対峙すべきか．連邦と各州は，それぞれが睨みを利かせつつ，試行錯誤を重ね，知恵を絞り，通貨・信用秩序の健全性維持に向けた取り組みに独自に挑むこととなる．

　ところで，通貨・信用秩序の健全性維持と言っても，それはどういうことなのか．それは，つまるところ，あまたの債権・債務関係の連鎖のなかに適宜現出する最終決済の実施を滞りなく進める，ということだ．商取引の弛まぬ展開の過程で夥しい数の連鎖を構成する債権・債務関係の複雑な編成網において，そのどこかひとつでも決済が滞ってしまえば，その影響が瞬時に伝染し，他の諸々の債権・債務関係の相殺にも即座に悪影響を及ぼす．金融論における専門用語を借りて言えば，中央銀行の仕組みが定着していない状況下で，システミック・リスクの顕現をいかに阻みながらプルーデンス政策を連邦・州の各単位でいかに進め，金融セーフティネット（中央銀行の「最後の貸し手」機能＋預金保険制度）をいかに充実させてゆくか[1]．時空を超え，グ

---

1)　金融セーフティネットの概念を，《中央銀行の「最後の貸し手」機能＋預金保険制度》，と捉える観方それ自体については，いわゆる主流の経済学においても政治経済学においても，アプローチの種類を問わず一致している（例えば，池尾［1993］pp. 153-154. 金子［1997］p. 30）．前者では，金融セーフティネットを，「外部不経済」の「伝染効果」や金融機関と預金者との間の「情報の非対称性」より生ずる「市場の失敗」を矯正するための事後的なプルーデンス政策（信用秩序の維持を目的とした公的介入）と定義される．後者では，金融市場の取引媒体である貨幣それ自体が市場に馴染みにくく市場化の限界を抱えているがゆえに，金融市場それ自体に不安定性が本質的に抱えられていると観る．そのうえで金融セーフティネットを，そうした市場化の限界によって市場外に排

ローバル化の進み過ぎた現在の私達の暮らしのなかにも依然として佇み培養を続ける，この普遍の課題の本質を追究するうえで，黎明期アメリカの銀行制度の特異な実態をくまなく探ることは，有意かつ必須の作業なのである．

　南北戦争以前におけるアメリカの通貨・信用制度は，金銀複本位制を基盤に，連邦議会ないしは各州議会の承認を受け特許を与えられた国法銀行ないしは州法銀行が，金または銀による正貨の保有をバックに全米ないしは各州域内で与信を施す，という体系であった．上述した州と連邦との相克ゆえに，連邦法を踏まえ連邦議会の承認に基づいた国法銀行の創設は単一のものに留まってしまう．この唯一の国法銀行は合衆国銀行と呼ばれ，戦費調達などの国策の遂行を資金面で後援するほか，点在する著名な幾つかの交易都市に支店を置き，これらを結ぶ支店網を通じ州際的な事業を粛々と進めた．合衆国銀行は 1791 年と 1816 年の 2 度に渡って登場し，アメリカの中央銀行としての役割が期待される．しかし，20 年の有効期間を経た特許の更新時に，いずれの折にも連邦議会の承認を得られず，合衆国銀行は政争の具となった挙句，消滅の憂き目に遭う．合衆国銀行は，通貨・信用制度の軸点である中央銀行としての役割を担い続けることを期待されたものの，部分的な機能は担いつつも，全米の通貨・信用秩序ならびに銀行間組織を厳然と管掌する中央銀行へと，成り上がることはできなかった．

　折しも 19 世紀に入ってからは，いわゆるジェファーソン主義の高揚を起点に，州統治の権限や裁量を前面に押し出すよう後援する考え方を基調とした連邦政権の舵取りが続く．ジェファーソン主義の影響力が強い状態にあった連邦議会において，特許の有効期間の延長が阻まれるなどして国法銀行の展開や定着が著しく抑えられてしまう．その裏で，権益の増長を目論んだ各州において，州法銀行が雨後の筍のごとく叢生し，各州域内で活発な与信活動を見せてゆく．この動きこそが，産業革命を経たばかりのアメリカ経済の育みを金融面で果たすものとなってゆくわけである．

　こうした特異な歴史性を帯びた黎明期アメリカの銀行制度ではあるが，実

出されたものを掬い取る制度である，と定義される．なお「銀行間組織」の軸心としての中央銀行の原理・機能および金融セーフティネットに係る追究については，山口他［2001］，吉田［2002］，田中［2017］を参照のこと．

は連邦でも殆どの州でも，通貨・信用秩序の健全性を堅持することはできなかった．戦争の勃発やイギリスからの景気の波動，とりわけ恐慌の衝撃が繰り返し波及するたびに，連邦ないし州域内の経済は，著しく動揺し厳しいダメージを負わされ続けることとなる．

ところがそうした窮余のなかで，独自の方途を捻出しそれを駆使して通貨・信用秩序の健全性を最後まで守り抜き，当時の全米を驚嘆させた特筆すべき州・地域が，ごく僅かではあるが奇跡的に存在した．異彩を放ったその州・地域とは，マサチューセッツ州都 Boston を中心とするニューイングランドの諸州，東部大西洋岸のニューヨーク州，中西部の北東地域にあたるインディアナ州の3つである．これらの州・地域では，いずれも前衛かつ独創の意匠を放つ，機智に富んだ画期的な銀行制度がそれぞれ独自に編み出される．そして危機の襲来のたびにそれらの制度としての耐性が試されては難局をくぐり抜け，制度自体の改廃や改定を繰り返してゆく．その結果，上掲の3つの州・地域では，経済の崩壊や破綻を防ぐことに関して，他の諸々の州・地域に比して傑出した成果を収めることができたのである．

筆者は，研究者への途を志して以来，中央銀行なき状態の，黎明期アメリカにおける通貨・信用秩序の健全性維持の実現と，それを可能にした奇跡の制度や組織の創成に関する，自発的な蠢きのメカニズムに，学問上の関心を一貫して払い続けてきた．そして今日に至るまでの長きに渡りその研究を地道に進めてきた．上掲の3つの州・地域にまみえた実像のうち，ニューイングランド諸州における実態の探究については，前著（『サフォーク・システム――フリーバンキング制か，中央銀行制か』日本評論社，2004年）の上梓を通じ，すでに成果を世に問うている．

前著の論旨を，改めて振り返っておこう．まず黎明期アメリカの銀行制度の展開について，中央銀行なき時代・状態の下で，百花繚乱とも言うべき多彩な銀行や銀行業を営む事業体，それに銀行制度が全米各地で濫立する．この態様を理論・歴史の両面でどう評価すべきかが，喫緊の研究課題となっている．すなわち，この態様について，まず金融市場における自由放任の貫徹を推進する観点から中央銀行の存在や役割を消極視する理論的な考え方，いわゆるフリーバンキング論の擁護を担保しうる有力な歴史的論拠とみなし，

中央銀行がなかったからこそ各州による銀行の叢生と自由な発券・与信をめぐる競争とが進み，総じてこの頃のアメリカの銀行制度の展開がうまくいったのだと観る立場がある．フリーバンキング論の肯定を前提とした黎明期アメリカの通貨・信用秩序をめぐる体系観や歴史観は，現在でも主流を成す有力な観方となっている．

　こうしたなか，「サフォーク・システム」という銀行間組織がニューイングランドで自生する．これは，ニューイングランドの中心，マサチューセッツ州の州都 Boston に所在の一州法銀行であったサフォーク銀行（The Suffolk Bank）の主導の下，この州法銀行を軸心に地域内の各州に遍在する多数の州法銀行が決済性預金の置き合いを通じ取り持たれた，集中性と階層性とを帯びた決済組織である．そしてその軸心たるサフォーク銀行がこの決済組織の設営と運営を通じ，「銀行間の上位に立つ銀行」として，次第に中央銀行的な機能の一部を醸成させてゆく．中央銀行なき状態の下で，地域単位で中央銀行的な機能や仕組みを自発的に編み出そうとしてきた試行錯誤の動きとその具現こそが，州・地域単位での通貨・信用秩序の健全性維持に重大な貢献を果たしうるものとなった．

　緻密な実態分析の結果，ニューイングランドの「サフォーク・システム」の実例は，一瞥すると自由放任の推進が競争に励む商業銀行どうしの間に決済事業の円滑な展開をもたらしたものとして，上掲のフリーバンキング論を擁護する格好の論拠であるかのように見受けられるが，実はそうではない．むしろその捉え方を覆す有力な論拠となる．「サフォーク・システム」の実例は，フリーバンキング論の擁護を担保するものとしてではない．むしろ中央銀行なき状態の下で通貨・信用秩序の混乱を抑えるうえで中央銀行的な機能の一部が要請され，そこから地域単位で銀行間組織が内生してくるものだ，と捉えられる．その結果，フリーバンキング論批判を担保する有力な歴史的論拠として，自由放任の意義を重視した既存の観方・捉え方に反駁を与えうるものとなる．以上が前著の論旨であった．

　私は，前著における研究の課題と成果とを踏襲しつつ，各位の助力・支援を頂きながらさらなる追究を粛々と進め，機会の折に研究成果を順次公表し，地道に世に問い続けてきた．これまでの研究の成果を披瀝しておくと，「ニ

ューヨーク・セイフティ・ファンドの盛衰 (1) (2・完)」(『経済学論集』(東京大学経済学会編) 第 68 巻第 2 号, 第 3 号にそれぞれ掲載, 2003 年),「黎明期アメリカ・インディアナの銀行制度 (I) (II) (III) (IV) (V・完)」(『経済理論』(和歌山大学経済学会編) 第 332 号,『新潟大学経済論集』(新潟大学経済学会編) 第 85 号, 第 87 号, 第 90 号, 第 92 号にそれぞれ掲載, 2006〜2012 年) である. 本書は, 前著の上梓と共に示し続けてきたこれら一連の研究の集大成であり, 前著の続編としての意義を持つ.

　本書を纏めるにあたり, まず上掲した一連の既発表の研究成果の全容を, いったん洗い直した. そして, 所属する各種の研究会や学会などでの数々の発表機会を通じ, 各位より賜ったあまたの御批判や御意見を反芻した. さらにその後の研究の進捗で新たに発掘できた夥しい数の知識や知見, 新事実の咀嚼を踏まえ, 既発表の文章, 文脈, 文言のひとつひとつに推敲を重ね, 再検討や加筆・修正を施し一段と洗練させて, 入念に組み直したものとなっている.

　つまり本書では, これまでの研究経緯を踏まえ, 前著で示された, いわゆるフリーバンキング論批判としての黎明期アメリカの銀行制度の展開をめぐる体系観・歴史観についての, 問題意識と基本視角とが継承されている. そのうえで, 中央銀行なき状態の下で通貨・信用秩序の健全性維持をいかにして独自に成功裡に実現しえたのか. この視角から, その健全性維持を成功に導いた黎明期アメリカの上掲の 3 つの州・地域の銀行制度のうち, ニューイングランドに続く残り 2 つの事象, すなわちニューヨーク州とインディアナ州とにおける事象の究明に焦点を当てる. そして, それまで不明瞭であった双方の実態の緻密な解析とその総括を基に, 上掲の理論的・歴史的な再評価の必要性を改めて強く主張することとしたい.

　本書は, 全 2 篇計 8 章で構成される. 第Ⅰ篇は, 黎明期のニューヨーク州の銀行制度の盛衰をめぐる動態の委細を解析する. ニューヨーク州は, 全米でも先進かつ前衛的な銀行制度の仕組みの数々を他の地域に先駆けて開発しては積極的に導入が進められるエリアであった. 進取に富んだ当時のニューヨーク州の銀行制度は, 他の州・地域において銀行制度が組成されてゆく際にその手本や模範とされていった. なかでも細密な銀行監査の体系と, のち

の預金保険制度の着想に繋がる銀行債務の保証および銀行の破綻処理の仕組みとは，時空を超えて，アメリカのみならず現代の世界各国・地域の銀行制度の意匠や創成に対しても，極めて重要な意義を与えるものとなっている．黎明期のニューヨーク州の銀行制度が，金融セーフティネットの機能や仕組みがやがて世界に波及し具備されてゆくうえで，その重要な淵源として意義付けられうる．この旨を明らかにする．

　第II篇は，黎明期のインディアナ州の銀行制度の特性を，その盛衰をめぐる実態の分析を踏まえて解明する．ここでは特に，連邦の動きとは離れむしろそれとは対峙するかたちで，州単位で難儀の果てに生み出された，銀行間組織の独創性に刮目する．すなわち，まず，複数の支店銀行を抱えた単一の州法銀行が創出される．州域内が複数の行政区域に分けられてそこにひとつずつ支店銀行が置かれ，各支店銀行によって当該の行政区域における銀行業務の実施と通貨・信用秩序の統轄とが行われる．さらに州都の本店銀行に置かれた理事会において，各行政区域における通貨・信用秩序の状況把握を基に，州全体の通貨・信用秩序の健全性維持に向けた方針を決める．以上のような，分権性と集権性とを併せ持つ特殊な性格を帯びた仕組みこそが，銀行間組織の独創性と呼びうるものである．州域内の通貨・信用秩序の動向に対して分権性を帯びつつも集権的な統轄を併せ行うこの銀行間組織の独創性が，銀行業における通貨・信用秩序の独占性に対する各方面からの批判を巧みにかわしながらも同時にその不安定性の顕現を抑えるべく通貨・信用秩序の集権的な統轄が必須だ，という二律背反の隘路を突破しようと呻吟し捻り出されたものであること，さらには，世界でも稀有でユニークな中央銀行制度の形相と特性を具えたアメリカの中央銀行制度，つまり連邦準備制度のモチーフの魁として認識されうる，特筆すべきものとして把持されることが，明らかにされる．

　終章にあたる本書の結論では，白日の下に晒された一連の動態の全容を総括する．そして，中央銀行なき状態という窮余のなかで通貨・信用秩序の健全性維持が果たされた2つの「奇態」が，前述した理論的・歴史的な再評価を与えうる有力な論拠として，どう意義付けられるのかを記し，現代の複雑な中央銀行や金融セーフティネットの機序やあり方を根本から問い直すうえ

で有力な指針となりうることを示す．

［付記］
　本書では，国名・州名・通貨単位についてはカタカナ表記とし，都市・集落名および人名については原名で記載している．また，本書に登場する通貨単位「ドル」は，すべて米ドル（U. S. dollar）のことを指している．

第Ⅰ篇

黎明期アメリカ・ニューヨーク州の銀行制度

――銀行監査と預金保険の制度的淵源――

第1章　存立背景と制度形成：1804〜1829年
──セイフティ・ファンド構想の誕生

1. 存立背景：1804〜1828年

1.1　1804年州法──銀行制度の原基

　独立戦争ないし独立革命を経て独立を勝ち取ったあとのアメリカにおいては，連邦議会による承認のうえ連邦法に基づいて特許を交付された半官半民の合衆国銀行が，複数の支店銀行を設置しそれら支店銀行どうしのネットワークを駆使するかたちで州際的に銀行業を展開し，事業規模の拡張に勤しむことになる．これに対し，各州の政府や経済主体は，州益の逸失を招いてしまうとして，州域内における銀行業ないし金融に係る事業に対して連邦の権力の息のかかった機関が介入することに強く反発する．それゆえ各州において，連邦議会や連邦政府による連邦単位での統一的な通貨・信用供給ならびに統一的な銀行制度の仕組みを敷設しようとする動きに対峙するかたちで，州議会において銀行業の特許の交付を柱とした州特別法案が続々と審議されてゆくこととなる．銀行業を営みたいという個人や法人からの申請があると，銀行業に係る諸々の規定が示された州特別法案がそのつど編成される．州議会の承認を経てその特別法案が成立すると，制定されたばかりのその州特別法に基づいて，申請のあった個人や法人に対して州政府から特許が交付され，当該の州域内において州法銀行として銀行業に従事することが認められる．また，特許が交付された個人や法人を統轄するために，制限条項や禁止的条項によって構成される「制限法」というものが各州において独自に制定される．こうして，連邦とは袂を分かった銀行制度が各州において独自に整備されてゆくこととなる．

表 I-1 ニューヨーク州法銀行の一覧：1791〜1828年

銀行名	特許交付年度	創業資本金の総額（万ドル）	特許更新年度①	特許更新年度②	破綻年度
Bank of New York	1791年	100	1831年	1853年	―
Bank of Albany	1792年	26	1829年	1855年	―
Columbia Bank	1793年	16	―	―	1829年
Manhattan Co.	1799年	200	―	―	―
Farmers' Bank of Lansingburg	1801年	36.5	1829年	1853年	―
New York State Bank	1803年	46	1829年	1851年	―
小計（6行）		424.5			
Merchants' Bank	1805年	147	1831年	1857年	―
Mohawk Bank	1807年	20	1829年	1853年	―
Bank of Hudson	1808年	30	―	―	1820年
Mechanics' Bank	1810年	200	1831年	1855年	―
Union Bank	1810年	80	1831年	1853年	―
Mechanics & Farmers' Bank	1811年	60	1829年	1853年	―
Bank of Troy	1811年	50	1829年	1853年	―
Middle District Bank	1811年	50	―	―	1829年
Bank of Newsburgh	1811年	40	1829年	1851年	―
Bank of Utica	1812年	100	1829年	1850年	―
Bank of America	1812年	600	1831年	1853年	―
N.Y. Manufacturing Co.	1812年	70	1831年	1854年	―
City Bank of New York	1812年	200	1831年	1852年	―
Ontario Bank	1813年	50	1829年	1856年	―
Bank of Lansingburg	1813年	20	1832年	1855年	―
Catskill Bank	1813年	40	1829年	1853年	―
Bank of Orange County	1813年	40	1832年	1862年	―
Bank of Niagara	1816年	40	―	―	1819年
Jefferson County Bank	1817年	40	1829年	1854年	―
Bank of Geneva	1817年	40	1829年	1853年	―
Bank of Auburn	1817年	40	1829年	1850年	―
Bank of Washington & Warren	1817年	40	―	―	1825年
Bank of Plattsburg	1817年	30	―	―	1825年
Aqueduct Association	1818年	9	―	―	1827年
Cherry Valley Bank	1818年	20	1829年	1855年	―
Bank of Chenango	1818年	20	1829年	1856年	―
Franklin Bank	1818年	50	―	―	1830年
小計（27行）		2,126			

(表 I-1)

銀行名	特許交付年度	創業資本金の総額（万ドル）	特許更新年度①	特許更新年度②	破綻年度
North River Bank	1821年	50	—	1842年	—
Tradesmen's Bank	1823年	60	1831年	1855年	—
Bank of Rochester	1824年	25	1839年	1845年	—
N.Y.Chemical Mfg Co.	1824年	50	—	1844年	—
Fulton Bank	1824年	50	—	1844年	—
Long Island Bank	1824年	30	1839年	1845年	—
Delaware & Hud-on Canal Bank	1824年	50	—	—	—
Commercial Bank of Albany	1825年	30	—	1847年	—
Dutchess County Bank	1825年	15	1836年	—	—
Dry Dock Company	1825年	70	—	—	—
小計（10行）		430			
総計（43行）		2,980.5			

注：特許の更新に係る年度のうち，年度①は，1829年に制定されたセイフティ・ファンド法の下で特許の更新を受けた年度を指す．年度②は，1838年に制定された自由銀行法の下で特許の更新を受けた年度を指す．
出所：Root［1895a］p. 287 の掲載データを基に筆者作成．

　こうした状況の下，ニューヨーク州においても州特別法に基づいて特許を取得した複数の個人・法人が次々と銀行業に参入する．1804年までに州政府から特許を交付されて州法銀行というかたちで銀行業に参入した機関は6行に及ぶ．表 I-1 によると，これら6行の資本金総額は424万5,000ドルに達した．やがて，発券の機能を持った複数の州法銀行が展開することに加え，特許を持たない個人や組織，事業体による銀行業の参入に伴い自己宛債務としての銀行券が濫発され，通貨・信用秩序の不安定性が一挙に高まった．銀行業を営む個人や法人にとって，発券益というかたちで容易に利益を獲得することのできる発券というものについて，その総額に法的な規制はなく，このことが各種の銀行券の濫発を誘発してしまう．しかしながら，濫発されることで生じた各種の銀行券の減価に対しては何の保護策も存在しなかったのである．この結果，ニューヨーク州域内においては通貨・信用秩序の不安定性が著しく高まることとなってしまう．

　こうした，ニューヨーク州における通貨・信用秩序の不安定性の高揚を緩和するために，1804年4月11日にひとつの法制度が生み出される．これが

1804年州法(「法人格のない銀行業を営む事業体を制限するための法律」 *An Act of Restrain Unincorporated Banking Associations*)である．1804年州法は，1837年に廃止されるまでの23年もの間に渡って，ニューヨーク州法銀行制度の原基としての役割を担うものとなった．1804年州法において示された諸々の規定や理念を基に，衡平法の原則に照らし，現況に則して必要な条項の挿入や修正が適宜施されてゆく[1]．のちの1829年に制定される州法(通称：セイフティ・ファンド法)は，ニューヨーク州における通貨・信用秩序を管理するための仕組みが体系化されるということにおいて極めて重要な法律のひとつとなるものであるが，実はこの1829年州法は，ニューヨーク州域内の通貨・信用秩序や銀行制度の展開に不安定性が現れてはそれに対処することの繰り返しのなかで，銀行制度の原基たる1804年州法の中身が修正されてゆく過程の延長線上に出現することとなるのである．

では，1804年州法の中身を覗いてみよう．1804年州法は，ニューヨーク州域内の通貨・信用秩序の不安定性を緩和するために通貨・信用秩序の管理を州単位で実践しようと謳う，一部の知識人層の尽力によって，その法制化に結実した[2]．この法律の原案は，ニューヨーク州の全8つの上院選挙区から1人ずつ選出された計8人のメンバーから成る，州下院議会の特別委員会によって推薦されたものであった[3](19世紀前半のニューヨーク州の全貌と上院選挙区の位置とについては，図I-1を参照されたい)．この法律によって，まず，州議会の承認を踏まえた州特別法の制定に基づいて州政府から特許を交付されることを前提に，個人または法人の事業体による銀行業の実施が認められた．銀行業の実施が認められた個人や法人の事業体に対しては，小額面の金種(6・12・25・50・75セント)の発券が容認された．加えて，銀行業に従事する個人や法人の事業体が，預金の受け入れなど業務上の便宜を図るために各企業の株主や役員に就任することを禁止し，違反者には罰金1,000ドルが課されるものとされた．一方で，個々人どうしの提携組織の形態による銀行

---

1) Knox [1903] p. 398. Myers [1931] p. 81.
2) Knox [1903] p. 398. なお Root [1895a] は，1804年州法の法制化に尽力した人物について「当時実在した銀行業者に関心を抱いて制御を試みた，ある有力な人物の手による」ものと指摘している (Root [1895a] p. 298).
3) Chaddock [1910] p. 248.

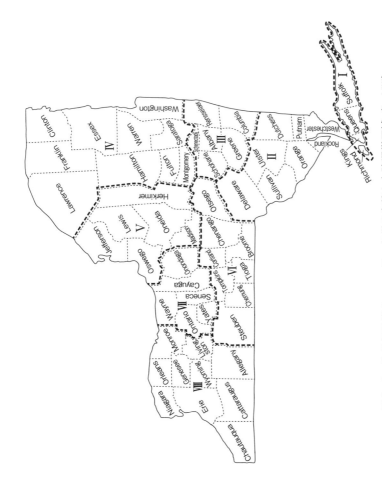

図 I-1 19世紀前半のニューヨーク州の全貌と上院選挙区域（I〜VIII）

出所：Chaddock [1910] p. 274.

業の展開は禁じられた．この違反者にも罰金1,000ドルが科された．個々人どうしの間の提携組織によって発行された銀行券はこれまでにかなりの量が流通していたが，1804年州法の制定によって，そうした銀行券は無効であることが明確に宣言されたのである[4]．

ところが1804年州法においては，上述のように，銀行業を営む個人や法人の事業体に対して小額面の金種の発券を認めてしまっているものであった．加えて，銀行業を営む個人や法人の事業体が扱う個人向け融資について，その金利の上限が規制されていなかった．それゆえ，1804年州法の制定によって，かえって銀行業を営む個人や法人の事業体による経営上の「悪弊」が誘発される．「悪弊」とはすなわち，特許制が敷かれたことで銀行そのものの濫立は妨げられることとなったものの，特許が交付された個人や法人の事業体による排他的な状況のなかで，小額面券の濫発と異常な高利を付した融資とが横行し始めたのである．こうした「悪弊」の蔓延に対し，ニューヨーク州政府は1804年州法を一部改定した1813年州法を制定し，額面金種1ドル以下の銀行券の授受を禁止するなどした[5]．

1812年に米英戦争が始まる．1814年8月の英軍による首都Washington D.C.への攻撃を機に，Washington D.C.とメリーランド州Baltimoreとに所在の諸々の州法銀行の間で，正貨による支払いが中断される．正貨による支払いの停止という現象は，ニューイングランド諸州を除いて全米に波及してしまう．ニューイングランド諸州を除いた全米における正貨による支払いの全面停止は1817年まで続くことになるが，この事態は，各州において州特別法に基づき特許を与えられて銀行業を営む個人・法人の与信の拡張を推進させる契機となる．銀行業を営む個人・法人のなかには，銀行以外に，各種企業のほか，グラス職人や居酒屋の店主，各種商人，ターンパイク（有料の高速道路）管理人など，様々な業種に従事する個人・法人が参入し混交していた[6]．こうした状況に，ニューヨーク州議会や州政府も対処に動く．1815年には上述の1813年州法を再び改定し，額面金種1ドル以下の小額面

---

4) Root［1895a］p. 287.
5) Cleaveland［1864］p. xviii.
6) Root［1895a］p. 289.

券について，授受のみならず発行をも禁止した[7]．さらに，州特別法に基づく特許を得て銀行業を営む個人・法人が独自に発行する小額面券に対して，正貨による支払いを義務付ける旨を，1816年以降，州特別法の特許の規定条項のなかに順次盛り込み始めた[8]．また，1816年11月2日には「銀行に関する法律」An Act concerning banks が制定され，特許が州政府から与えられないまま銀行業を営み続けている個人・法人に対して一切の発券を禁止した[9]．しかし，リスクを顧みないそうした個人・法人による小額面券の濫発や異常な高利を付した融資の行動はなかなか収まらず，ニューヨーク州域内の通貨・信用秩序の不安定性は高まる一方であった．

1.2 Albany Regency とエリー運河構想

このように，当時のアメリカ各州において，銀行業に関する特許が認可されたり交付されたりするためには，当該の州の州議会によって州特別法案がそのつど可決・成立されることがその前提となる．それゆえ，州議会において多数の勢力を占める政治集団は，銀行業に関する特許の認可や交付に対してより強い影響力を持つこととなる．米英戦争の勃発からニューイングランド諸州を除く全米において正貨による支払いの全面停止という事態に陥るまでの期間内に，ニューヨーク州においてそうした影響力を持ち始めた集団が Albany Regency と呼ばれる結社である．Albany Regency は，法律家の Martin Van Buren の主導で組織された，ニューヨーク州を拠点とする，影響力多き政治・政策集団である．Albany Regency の理念や政策思想は，ニューヨーク州民主党の系統に拠るものであった[10]．ただしその実態は，優雅で気品のある，賢明で研究熱心な政策集団だと巷では評価されていたようであ

---

7) Cleaveland [1864] p. xviii. なお Myers [1931] は「1813年州法において額面金種1ドル以下の小額面券の発行が禁止された」と指摘しているが，禁止されたのは「発行」ではなく「授受」であり，この叙述は誤りである（Myers [1931] p. 81）.

8) この取り決めが最初に盛り込まれたのは，1816年に創設された The Bank of Niagara の特許の条項が規定された州特別法においてである．以後この取り決めが，州法銀行が創設される毎にそのつど制定される州特別法において特許条項の規定として必ず盛り込まれてゆくことになる（Root [1895a] pp. 297-298）.

9) Cleaveland [1864] p. xix..

10) 楠井 [1970] p. 123.

る．メンバーには，数多くの新聞編集者や出版者，実業家や法律家が含まれていた．メンバーの多くは，やがて州議会議員や連邦議員，州知事や国務長官を務めてゆくことになる[11]．

ニューヨーク州において，当時としては壮大な公共事業のプロジェクトであったエリー運河の構想が着工に向けて本格的に動き出したのは，米英戦争の勃発からニューイングランドを除く全米が正貨による支払いの全面停止に至る，まさにその期間中においてである．このエリー運河の構想とその実現を州下院議会において強力に推し続けていたのが，Joshua Forman 州下院議員である．彼は，州西部の町 Schenectady の The Union Collage を卒業後，New York City において司法修習を終え法律家となる．そして彼は1807年秋に州下院議員に初当選して，州都 Albany にある州議事堂に初登院する．彼は「偉大なる改革者（The Great Projector）」という異名を取るほど，機智に富み行動力があった[12]．加えて，意想外のアイデアを連発しては具体化して地域社会に還元するという人物であった[13]．Joshua Forman は，初登院した直後に大胆なエリー運河の構想を独自に膨らませていたようである[14]．彼は，初登院する道中で知り合った同期の Benjamin Wright 州下院議員と，下宿を共にする．享楽的で退廃した当時の州都 Albany の状況を憂いた Joshua Forman は，Benjamin Wright と自主研究会を始める．研究会のテキストとして彼らは *Ree's Cyclopaedia* という商業雑誌を用いる

---

11) Albany Regency の主導者 Martin Van Buren は，ニューヨーク州知事を務め，セイフティ・ファンドの設営を実現させたあと，任期中に辞職する．その後は，州主権の優越性を尊重した連邦統治を推進する Andrew Jackson 連邦政権の下で連邦副大統領を務める．そして2期8年に及んだ Andrew Jackson の引退後，その方針を継承する後継の連邦大統領に就任した（後述の本章2.3項を参照）．なお，Albany Regency のメンバーのなかには，米英戦争の陰の立役者と言われた William Marcy がいた．彼の義父は，ニューヨーク州都 Albany に所在の老舗の州法銀行，The Mechanics' & Farmers' Bank の頭取であった（Hubbard [1995] p. 61）．

12) Hubbard [1995] p. 57.

13) 例えば Joshua Forman は，自らの居住地域の石灰岩を精錬することによる，蒸発脱塩法に基づいた製塩法の創始者であった（Redlich [1947] p. 88, Hammond [1957] p. 557）．

14) Redlich [1947] は，エリー運河の創設案の第一人者はアメリカ地方銀行業の父と称される Elkanah Bronson だと指摘したうえで，Joshua Forman がエリー運河の建設構想を独自に思いついたのではないか，と述べている（Redlich [1947] p. 88）．

が，この雑誌の第6号に掲載されていた「運河」に関する論説記事に，2人は興味を引く．このとき Forman が Wright に，州都 Albany からエリー湖までを水路で繋ぐ荷船方式の運河の建設を考案する[15]．これが Joshua Forman によるエリー運河の構想の原点である．この構想は，一見すると唐突な妄想であるかのように思われる．だが Forman は，当時の連邦大統領 Thomas Jefferson が掲げた，「国内開発に国庫の剰余金を費やす」という施政方針を念頭に置いていた．そして，隣州のペンシルベニアの商人達がニューヨーク州においての交易から手を引いてしまうことでニューヨーク州としての利益が損なわれてしまうことを防ぐための方策として，実現の可能性の高い，荷船方式の運河建設の構想を独自に編み出していたのである[16]．

　1808年に入ると Forman は，運河建設の重要性を，州議会の関係するあらゆる特別委員会や報道機関に対して積極的に説いて回る．彼は，州議会や州域内の各地においてその運河構想に対する認知が得られることに成功すると，今度は連邦の首都 Washington D.C. まで赴いて，時の Thomas Jefferson 大統領に陳情を試みる．Forman は，巧みな話術と弁論とを駆使してついに Jefferson 大統領と直接面会する機会を得るに至った．このとき Jefferson 大統領は，Forman の掲げるエリー運河構想にたいそう興味を抱いたものの，経費面において現実的な構想ではない，との意見を Forman に伝えている[17]．それから約10年後の1817年4月に，Forman のエリー運河構想はついにニューヨーク州議会で承認される．承認に至る過程においては，上述の Albany Regency による強い後押しがあった．運河建設をめぐる事業資金の調達に関しても，Albany Regency と深い結びつきのあるいずれも州都 Albany に所在の州法銀行，The New York State Bank と The Mechanics' & Farmers' Bank とが支援に乗り出す[18]．両行は，エリー運河

---

15) Hubbard [1995] p. 60.
16) Hubbard [1995] p. 60.
17) Hubbard [1995] は，Thomas Jefferson 大統領が Joshua Forman に対し「資金の調達には100年かかるだろう」とエリー運河の建設事業についての所感を述べたうえで，エリー運河の建設を州際的で壮大な連邦事業としての可能性を考えていた，と記している（Hubbard [1995] p. 61）．
18) The Farmers' & Mechanics Bank は，「Albany Regency」の中枢としての役割を果たす存在であった（楠井 [1970] p. 125，安武 [1971] p. 115）．

公社が発行した債券20万ドル分の引き受けを決めた[19]。両行がこうした資金の支援を引き受けた理由のひとつとして考えられるのは，両行の発行済み株式をニューヨーク州政府が多量に取得していたことである．The New York State Bank は発行済み株式の40％を，The Mechanics' & Farmers' Bank は発行済み株式の10％を，それぞれ州政府が取得するということが，各々の州特別法において特許の規定に関する条項のなかに盛り込まれていたのである．

州域内の開発事業の展開を契機として州法銀行と州政府とが特殊な関係を形成しながら結びつくという事態は，1816年以降に各州において蔓延してゆく．その発端は，連邦単位で，第2次合衆国銀行の創設とその特許の交付に際して連邦政府が資本金総額の20％を出資することの見返りに，第2次合衆国銀行が連邦政府に対して150万ドルもの「ボーナス」を支払う，という取り決めが施されたことにある．この取り決めは連邦議会において違憲とされ，取り消される．だが，この取り決めのあり方自体は，各州において注目され参考とされるものとなる．ニューヨーク州においても例外ではなく，エリー運河事業の実施を契機に，州法銀行と州政府とが特殊な癒着の関係を形成しながら結びついていったのである．この特殊な癒着の関係とは，3本の関係によって構成される．まず，州政府が特許を交付することと引き換えに当該の州法銀行が「ボーナス」を支払う，という主軸の関係である．この「ボーナス」は，州域内の開発資金に利用されるものとなる．この主軸の関係を基にして，さらに2つの関係が付随する．ひとつは，州政府が，発行した州債を市中において売却して得られた売却金を，特許を交付した銀行の出資すなわち株式の払い込みに充てる，という関係である．もうひとつは，州政府によるそうした出資によって得られる配当金が，先に発行した州債の利払いの原資とされる，という関係である[20]．特許を交付することの対価として州政府が「ボーナス」を得るという商慣行は，後代の州知事によって，通貨・信用秩序の不安定性を惹起する各州法銀行の経営上の「悪弊」のひと

---

19) エリー運河公社によって発行された債券は，償還までの期間が20年で年利6％が付いた債券であった（Hubbard [1995] p.64）．
20) 楠井 [1997] pp.135–141.

つとして認識され，指弾されてゆくこととなるのである．

1.3　1818 年州法と 1827 年州法

　上記のように，1804 年州法が制定されたあとも，米英戦争を契機としたニューイングランド諸州を除く全米における正貨の支払いの全面停止や，エリー運河事業の着手によって，ニューヨーク州域内の通貨・信用秩序の不安定性は深刻さを増してゆくこととなる．前掲の表 I–1 によると，1804 年から 1818 年までの間に，州特別法の制定に基づいて新規に特許が交付された州法銀行の数は 27 行にも及び，この 27 行の資本金総額は 2,126 万ドルに達した．こうした現況に対処すべく導入されたのが，1818 年州法（「銀行業およびその他の目的に関する法律」An Act relative to banks, and for other purposes）である．

　1818 年に当時のニューヨーク州知事 DeWitt Clinton は議会演説において，現行の通貨・信用秩序の不安定性の根拠を，銀行業を営む個人・法人による事業経営の「悪弊」に求めた．DeWitt Clinton 州知事によれば，「悪弊」とは，預金を殆ど持たないまま利益の源泉を小額面券の濫発に大きく依存する態様のことを指す．各種の小額面券は，融資によるほか，代理人機関による他行銀行券との交換を通じて流布され，市中において自由に割り引かれることが認められている．小額面券の兌換をめぐって競争と対立が生じ，債権の回収が一方的に行われて借手側が当惑するということもあった．DeWitt Clinton 州知事は，「金属貨幣の追放・商業信用における損失・擬制資本の発露・不健全な経営の増加・犯罪の増大・価格の不法な釣り上げ・危険な信用の拡張，こうした事柄がこの業態から生ずる困惑である」と言明した[21]．

　DeWitt Clinton 州知事によって指摘された銀行業の「悪弊」については，1818 年の州下院議会における銀行委員会においてさらにその具体内容が明らかとなる．銀行委員会の報告においては，3 つの内容が指摘された．1 つ目は，銀行業を営む個人・法人による業務上の投機や詐欺について指摘されるものであった．2 つ目として，そうした個人・法人によって濫発される小

---

21)　Chaddock［1910］p. 248.

額面券を余儀なく通貨として使用させるという施策について指摘された．具体的には，個人への融資にあたり，返済時に他行銀行券を支払手段として用いることを義務付ける条件を付けたり，融資が返済される時点において借手の不足分を高利で借り入れさせたりするものであった．なかには，返済時に融資額の半分を自行に残すことを条件に課して借り手から高利をむさぼる銀行があったことも，報告に付記された．3つ目の指摘は，ニューヨーク州域内において頻繁に流通する通貨が，おもに個人株主の出資による小規模の払込資本金を有した諸々の州法銀行の銀行券によるものである，という点である[22]．

かくして，ニューヨーク州域内の通貨・信用秩序を揺るがしうる，個人や法人による銀行の濫立や銀行業の「悪弊」を取り除くことを目的として，1818年4月21日に，1804年州法を改定した1818年州法が制定される．1818年州法の制定によって，無認可の個人・法人ならびに個々人の提携組織は，預金の受託や手形割引・融資などの事業を目的とした事業所の設置が禁じられることとなった[23]．

1818年州法の制定に基づいて，州特別法の成立を踏まえた特許の取得の有無が銀行業への参入の可否に重大な影響を与えることになるよう整備された．その結果，かえって銀行業は，特許の取得こそが第一義的な目的である，という考え方が蔓延した，一段と特権的で閉鎖的な事業分野と化してしまう．それゆえ，特許の認可を審議する州議会議員や特許を交付する州政府に対して，より大きな権力性が孕まれることとなる．それと共に，特許をなんとしても取得するために，特許を認可・交付する側とされる側との間でロビー活動が活発となる．例えば，直物市場で異常な高値で売買されることを目論んで，銀行株が議員達の間に割り当てられた．さらには，州議会において特許の交付の賛否を問う投票に関する議員どうしの間の相互癒着（Log-rolling）が見受けられるようになった．このように，州議会と州政府とによる銀行業

---

22) Chaddock [1910] pp. 248-250.
23) Root [1895a] p. 288. Knox [1903] pp. 398-399. なお，1818年州法の制定を受けてのDeWitt Clinton 州知事による1819年の年頭演説の全容については，Samuelson & Krooss [1969] pp. 623-629を参照のこと．

に関する特許の認可・交付は，次第に党利党略に基づかれた政治的な行為と化し，賄賂性のある請求が明るみに出た事例が複数露呈することとなる[24]．贈収賄や醜聞を通じた州法銀行の新たな「悪弊」が横行し始めたのである．

　1818年州法の導入は，ニューヨーク州域内において通貨・信用秩序の不安定性が払拭されるどころか，かえって贈収賄や醜聞を誘発してしまうこととなる．さらに，1819年恐慌の影響によって全米が景気後退に陥ってしまう．こうした状況を背景にして，ひとつの条項が，のちの1821年に制定されるニューヨーク州憲法に挿入されることとなる．その条項とは，「金融機関の創設にあたっては州上院・下院それぞれの議会で3分の2以上の賛成が必要とされる」というものであった[25]．ところが，贈収賄や醜聞を通じた州法銀行の「悪弊」は収束するどころかかえって増大してしまう[26]．ニューヨーク州憲法の制定を通じて，銀行業に関する特許の認可条件をさらに厳格にし，特許の取得をめぐる様々な働きかけを物理的に骨折損にさせて「悪弊」を収束させようと，州当局は意図したものと考えられる．しかしながら結果的には，そうした意図が裏目に出たことになったようである．

　1824年には，連邦法に基づく合法貨幣とは異なるもので支払うべきものとしての銀行券の授受が，州法によって禁止される[27]．さらに1825年4月21日には，「金融企業の詐欺的な破綻の回避およびその他の諸目的に関する法律」*An act to prevent fraudulent bankruptcies by incorporated companies, to facilitate proceedings about them, and for other purposes* が制定される[28]．ところが同じ1825年には，州議会が，社債を発行してそれを通貨として市中に供給を続ける3つの貸付会社に対し，銀行業に関する特許の交付を認可する（The Commercial Bank of Albany, The Dutchess County Bank, The Dry Dock Company）．これらの特許の交付が呼び水のひとつとなって，ニューヨーク州域内における通貨の供給量は増えてしまい，1826年に発生するいわゆる綿花投機の一因となった．1819年恐慌の発生を契機とした景

---

24) Chaddock [1910] pp. 242-243.
25) Knox [1903] p. 399. 楠井 [1997] p. 140.
26) Knox [1903] p. 398. 磯谷 [2002] p. 90.
27) Cleaveland [1864] p. xx.
28) Cleaveland [1864] p. xv.

気後退が終わりを迎え，次第に景気が過熱へと向かう時期にあったのである．米英戦争が終結した1815年からこれまでの10年間に銀行業に係る特許を交付された個人や法人は，州特別法において規定された特許の条項に基づいて資本金総額の12%に当たる分が払い込まれてさえいれば，営業が認められていた[29]．それゆえ，通貨を供給する主体となる州法銀行は，脆弱な経営基盤のまま簇生し続けていたのである．輪を掛けて，経験不足の銀行経営者が多く，健全な資産・負債比率や適正な正貨準備率とは具体的にどの割合であるのかを，各州法銀行は浅薄な経験に則して模索するという段階にあったのである[30]．

この頃，New York Cityに所在の実業家達を巻き込んだ，保険会社や他の企業における「悪弊」が次々に発覚する[31]．他方で1825年の州下院議会においては，銀行業に関する特許の取得をめぐる「陳情議会」と揶揄されるほど，銀行業に係る特許の申請が頻出する．州議会議員に対して，ロビー活動や売却益の取得が目論まれた株式の割り当てについての行動も活発となる．こうした当時の態様については，当時のColden州上院議員によって，「銀行業に関して，近頃の特許は融資を行う銀行を欲する人々に対してではなく，株式の売却益を望む人々に対して交付されている」と非難されていたほどである[32]．

このようにニューヨーク州においては，州域内の通貨・信用秩序の不安定性に対処するために，1804年州法を原基として，1813年，1815年，1816年，1818年，1821年，1824年，1825年の各州法を逐次導入し，事態の収拾を絶えず図り続けてきた．だが，州議会や州政府によるこうした目論みとは裏腹に，ニューヨーク州域内における通貨・信用秩序の不安定性は深まり続けることとなる．前掲の表I-1によると，1818年から1827年までの間に新たに10行が開設された．銀行業による経営上の「悪弊」が横行し新規の州法銀行が簇生するなか，1826年にNew York Cityの大陪審による調査結果を踏

---

29) Hubbard [1995] p. 70.
30) Hubbard [1995] p. 70. 磯谷 [2002] p. 90.
31) この「悪弊」の詳細については，Cleaveland [1864] pp. xxviii–xxxii を参照．
32) Chaddock [1910] pp. 250–252. 磯谷 [2002] p. 90.

まえて，1827年，新たな州法の導入が画策される[33]．

　1827年の州議会が開会された時点で，銀行業に関する特許の申請状況は，新規の申請が19件，更新の申請が23件あった．これまでは，1804年州法を基に，特許の交付が州議会において認められるごとに制定される，各々の特別法で規定された諸々の条項が逐次挿入されるかたちで，州法の中身が頻繁に更新されてきた．しかし時の州知事は，1804年州法で謳われた理念を継承しつつも，「銀行役員の個人責任の重視」「発券の制限」「兌換・支払い準備の預託」を主眼とした一般法の導入を勧告する[34]．1827年の州議会においては，銀行業に関する特許の更新問題についての議論のなかで，都市部の州法銀行とそれ以外の各地の州法銀行とにおける業態の相違について，初めて指摘がなされる．要するに，都市部の州法銀行は手形割引の期限の延長を行うために大規模な資本金と預金とを保有していて，与信の手段としての発券が重視されていない．これに対し都市部以外の州法銀行は利益の源泉として過度に発券に依存している，という指摘である．そこから，論議の方針をめぐる州議会の関心が，「銀行破綻を通じて被られうる損失から，もしくは，濫発に伴う各種銀行券の減価から銀行券の保有者を保護すること」に向かわれてゆくこととなった[35]．銀行業を営む個人・法人の破綻に対する社会的な損失への懸念と，銀行債務とりわけ銀行券に対する債権者の保護手段を構築する必要性との気運が，1827年の段階ですでに醸成されてきていたのである．

　かくして1827年12月10日，1827年州法（「一般銀行法」*General Statutes Applicable To Banking Corporations, organized under the General Banking Law*）が制定される．この州法は5つの内容によって構成される[36]．1827年州法

---

33) Myers [1931] p. 82.
34) Chaddock [1910] pp. 252-253.
35) Chaddock [1910] p. 236.
36)「金融企業に関する法律」*An Act entitled "Of moneyed corporations"*,「金融企業の支払い不能の回避と債権者・株主の権利保護に関する法律」*An Act containing "Regulations to prevent the insolvency of moneyed corporations, and to secure the rights of their creditors and stockholders"*,「金融企業の役員人選に関する法律」*An act containing "Regulations concerning the election of directors of moneyed corporations"*,「用語規定」*An Act entitled " Of the construction of this title"*,「金融企業の

は，銀行の支払い不能や破綻をもたらした経営陣と株主とに対する個人責任を追及する，という性格を帯びた．法律そのものは，州知事の勧告通りに一般法として導入され，諸々の州法銀行による現行の「悪弊」が非合法な行動であるものとして，明記された．

具体的には，1827年州法においては，州法銀行の役員の行動に関して以下の内容が非合法な行為であるものとされた．すなわち，

(1) 利益を取り崩して配当を支払うこと．
(2) あらゆる方法を駆使して株式資本の一部を株主に支払うこと．
(3) 州議会の承認なく減資すること．
(4) 出資の際に，株主の手形を受け入れる，もしくは株主の手形を割り引くこと．
(5) ある企業の株式や手形や社債の代わりに，別の企業の株式や手形や社債をもうひとつ別の企業から引き受けること．
(6) 手形割引・貸付の総額が，払込資本金の総額の3倍の額を超えて拡張されること．
(7) 役員に対する手形割引・貸付の総額が，役員が支払い能力のある紙幣で，払込資本金の総額の3分の1以上になること．
(8) 法人企業の資産の移転を詐欺的に行うこと．
(9) 破綻時に，債権者が利するような資産移転を行うこと．
(10) 役員ならびに行員が自行銀行券を額面以下の価格で購入すること．
(11) 役員ならびに行員が，自ら勤務する銀行においてかつて受取を拒絶されたことを知っていた銀行券でもって，直接または間接に貸付や割引を行うこと．
(12) 1ドル以下の金種の発券を行うこと[37]．

権限一般や責務に関する法律」An Act entitled "Of the general powers, privileges, and liabilities of corporations". なお1827年州法の全容については，Cleaveland [1864] pp. 1-28 を参照されたい．

37) Chaddock [1910] pp. 253-255. Bodenhorn [2002] p. 158. もっとも，1ドル以下の金種の銀行券の発行禁止については，すでに1813年州法において規定されていたものである（本章1.1項を参照）．

以上の 12 点である．

　以上の非合法な行為が明るみに出た場合，州法銀行の役員は，被られた損失総額について株主や債権者に対する個人責任を負うことが求められた．州法銀行が破綻した時には，無罪が立証されるまで，略式裁判において詐欺罪で責められることとなった．州法銀行が支払い不能の状態に陥った時点で，そうした状態を招いたことに対して，当該の州法銀行の役員に詐欺行為があったものとみなされる．当該の州法銀行の各役員は，被られた損失の総額を役員の数だけ均等に分担して，株主と債権者に対して責任を取りあう．役員によってそうした責任が果たされたあとは，各株主によって，各自が保有する株式の総額を上限に償われるものとされた．また，各州法銀行に対しては州監督官に向けて年次の報告が求められることとされた[38]．

　かくして，ニューヨーク州の銀行業に関する諸々の特別法が発展的に整理され，一般法として 1827 年州法が導入されるにあたり，新規の州法銀行に対する特許の交付を一時的に停止することが採択された．この方針を受けて，新規の州法銀行として特許を申請した者のなかには，その申請を取り下げる者も現れた[39]．改めて前掲の表 I-1 を見ると，1825 年を最後に新規の州法銀行について特許の交付が停止されているのが分かる．以上のような経緯と枠組みとを備えた 1827 年州法は，翌 1828 年の 1 月 1 日から施行されることとなるのである．

2. セイフティ・ファンドの生成：1828～1829 年

2.1　着想の由来と原案の中身

　既述のように，ニューヨーク州においてエリー運河事業を構想しその実現に導いた Joshua Forman は，1819 年にニューヨーク州西部の都市 Syracuse に移住する．以後彼は，開拓を手がけつつ土地所有をめぐる法律問題を扱いながら生計を立ててゆくことになる[40]．他方で 1828 年にニューヨー

---

38) Myers [1931] p. 82.
39) Bodenhorn [2002] p. 158.

ク州知事選挙が行われ，これに勝利したのは，Albany Regency の主導者でもある Martin Van Buren であった．1828年というのは，混乱を増し続けていたニューヨーク州の通貨・信用秩序に包括的に対処するために，1827年州法が施行された年である．だが，新しく州知事に就任した Martin Van Buren は，ニューヨーク州域内の通貨・信用秩序ならびに銀行制度の健全性をめぐる現況に不安と懐疑とを抱いていた．Martin Van Buren は，1820年から1828年までの8年間に渡ってニューヨーク州上院議員を務めていたが，この8年間で州上院議会の申請に基づいて立案された33件の銀行業に関する特許の州特別法案のうち，実に32件に反対票を投じてきた[41]．特に信用制度や銀行制度のあり方について彼は，「これまでの経験からして非難されるべきもの」と消極的に捉える．そして彼は，銀行業に関する特許の交付という仕組みが，その賛否の投票に関する議員どうしの癒着や贈収賄を，さらには州下院議会において激しいロビー活動を誘う仕組みであることに，嫌悪の念を示した[42]．そのうえで Martin Van Buren は，「各州法銀行の支払い能力や各州法銀行が発行する各種銀行券（の価値［筆者註］）が結果的に安定するということは，各州法銀行にとっての原則であり，人々が関心を寄せるほぼ唯一のポイントである」と表明した．そのうえで彼は，銀行制度をめぐるさらなる改革の必要性を訴えて複数の有識者を招聘し，抜本的な改革案を募ったのである．

　Martin Van Buren 州知事がこの時期に抜本的な改革案を求めたのには，さらなる理由があった．既述のように，この時期は1827年州法が一般法として導入され，新規の州法銀行に関する特許の交付が一時的に停止されていたという時期にあった（本章1.3項を参照）．さらに州上院議会の銀行委員会においては，「健全な経営が認められる州法銀行に対しては特許の更新を認める」旨の勧告が提示されていた[43]．加えて，既存の州法銀行（当時全40行）の大半にあたる31行が，特許の有効期限を迎えるという大事な時期に

---

40)　Redlich［1947］p. 88.
41)　高橋［1975］p. 33.
42)　Bodenhorn［2002］p. 158.
43)　Chaddock［1910］p. 259.

あたっていた．これら 31 行のなかには，銀行業界において大きな影響力のある，大都市である New York City に所在の 8 つの州法銀行すなわち大都市銀行も含まれていた[44]．8 つの大都市銀行とは，The Bank of America, The City Bank, The Mechanics' Bank, The Bank of New York, The Merchants' Bank, The Tradesmen's Bank, The Union Bank, The Phoenix Bank の各州法銀行である．これらの大都市銀行は，無条件による特許の更新が円滑に進むよう，州議会に対して積極的にロビー活動を続ける．具体的には，まず自分達に近い立場の州議会議員を選挙で後援した．さらに，公衆の人気を集めうる州域内の開発事業を計画し，自分達の選挙区から選出された議員を，開発をめぐる成功と利益とを目論ませつつ自行の株主に迎え入れるなどした[45]．だが，そうした動きにも拘らず，31 行の特許の更新をめぐる決議は 1〜2 票という僅差で次々と否決されてゆく．州議会において特許の更新が可決されるのに必要な票数は，州上院・下院の双方において投票総数の 3 分の 2（84 票）以上であった．各行の殆どは 82〜83 票までしか集められず，続々と否決されたのである[46]．こうした状況にあったことから，ニューヨーク州において 1829 年という時期は，「健全性」と「安定性」との両立を目的とした抜本的な銀行制度改革を，行政主導によって比較的優位に進められうる環境にあったのである．

　銀行制度の改革案について，招聘された複数の有識者に対して Martin Van Buren 州知事が求めたのは 2 点あった．ひとつは，州議会の推薦を踏まえたうえで，経営上の「悪弊」が疑われる 40 の州法銀行の実態を綿密に調査するということである．もうひとつは，綿密な銀行調査の実施を前提にしたうえで，「州域内の経済開発に必要な資本の供給」と「信用制度ないし

---

44) Knox [1903] p. 399. Bodenhorn [2002] p. 158. なお，40 行中 31 行が特許の有効期限を迎えていて，実際に払い込まれた資本金の総額が約 1,500 万ドル，自己宛債務の総額が約 3,000 万ドルに上ることが，Martin Van Buren 州知事による 1829 年 1 月 23 日付の演説において公言されている（Cleaveland [1864] p. xlii, Samuelson & Krooss [1969] pp. 636–641）．

45) Knox [1903] p. 399.

46) 「銀行業に関する特許の更新を可決するのに州上院・下院の双方で 3 分の 2 以上の賛成を必要とする」という内容は，1821 年に制定されたニューヨーク州憲法において規定されたものである（本章 1.3 項を参照）．

銀行制度の健全性の堅持」との両立を可能にする政策案の提示であった[47]。そのうえで，Martin Van Buren 州知事の下には，3本の改革案が寄せられる．1本目の改革案は，「州財務当局に資金の提供を継続して申請した者から課徴金を求める」という，若干の修正に留まる案である．2本目の改革案は，「現在までに交付されている銀行業に関する特許の失効を認めたうえで，現存する州法銀行を閉鎖する．そしてそれら州法銀行を，州によって所有された多数の支店を抱える単一の州法銀行というかたちに取り替える」．以上の抜本的な内容を有した．この，複数の支店銀行を抱えた単一の州法銀行という銀行間組織の形態は，実は本書の第Ⅱ篇において後述されることになるインディアナ州の銀行制度において実践される形態であり，中央銀行なき時代にインディアナ州域内の通貨・信用秩序の健全性維持を長期に渡って成功に導くことになる仕組みである．この革新的な仕組みがすでに1828年のニューヨーク州において，具体的な銀行制度の改革案のひとつとして独自に提示されていたというのは，実に興味深いものがある．そして3本目の改革案は，上述の法律家で有識者の Joshua Forman の手によるものであった[48]。

では，3本目にあたる Joshua Forman の改革案がどのようにして醸成されてきたのか，その過程を綿密に辿ってみることにしよう．最初に Forman は，Martin Van Buren 州知事からの要請通り，経営上疑わしい40の州法銀行の実態調査から着手する．彼は，各行の年次報告書を細密に検討したうえで，都市部の州法銀行と都市部以外の州法銀行との業態の相違を確認する．すなわち，与信を行ううえでの手段が，前者においては預金と払込資本金とに依存し，後者においては発券に依存している，というものである．既述のように，都市部の州法銀行と都市部以外の州法銀行とにおける業態の相違は，1827年州法をめぐる州議会における審議の過程においてすでに指摘されていたものである（本章1.3項を参照）．Forman は，この指摘を各行の年次報

---

47) Hubbard [1995] pp. 72-73.
48) Bodenhorn [2002] p. 158. なお Joshua Forman について，実業界と親交のある代議員の間からは「風変わりな空想家」とみなされていたものの，Martin Van Buren 州知事は「ごく普通ではあるが，先見性と実践性のある人物」と評価していた（Redlich [1947] p. 88）．

告書の調査分析に基づいて裏を取り確認したのである．さらに彼は実態分析を進めてゆくうちに，ここ 10 年間で，200 万ドル以上の名目の資本金を抱える州法銀行のうち 7 行が破綻していたことが判明する．破綻した州法銀行のなかには，払込資本金の総額の 3 倍から 4 倍もの額に当たる発券を行ったあと，公衆への損失が生ずるのを承知したうえで敢えて即座に資本金を引き揚げたという銀行もあった．

　こうした実態分析の調査結果に加えて，折しも連邦においても大きな政局の変化があり，連邦政権が，州主権を最大限に尊重した連邦統治の遂行を掲げる Andrew Jackson 政権に代わっていた．本書の序章で述べたように，アメリカにおいては特に金融業や銀行業の展開や統轄をめぐって，連邦と各州との相克が常に存在する．Andrew Jackson 連邦政権の登場は，金融業・銀行業の展開や統轄に関しても，各州にとって追い風となることが予想された．連邦議会の承認のもと連邦法に基づいた特許を抱えて支店銀行の設置を拡げ連邦単位での通貨・信用秩序の統轄を目論んでいた第 2 次合衆国銀行についても，その存在を問う声が全米で強まる．そうしたなか Forman は将来をこう予想する．すなわち，第 2 次合衆国銀行が消滅を迎えることになった場合，ニューヨーク州域内の通貨・信用ならびに金融に関する責任についてはニューヨーク州に所在の各州法銀行が負わざるをえなくなる，と．Forman のこの予想は後述のようにやがて的中することとなるが，こうした事態を予想した Forman は，ニューヨーク州の銀行制度をさらに頑強にする必要性と現状への懸念とを強く持つようになるのである[49]．

　改革案の構想を練り上げる中間の段階で，Forman は，州議会に参考人として召喚され意見を求められる．この時点で Forman が披露したのは，事業ならびに事業資金の需要に応じて通貨の供給量を適宜合わせてゆくという「モデル」であった．すなわち，事業ならびに事業資金の需要に応じて各州法銀行が融資を拡大すれば，商品価格が上昇する．その結果，商品は利益を挙げながらの輸出ができなくなる．負債の支払いと商品の購入とのために，ニューヨーク州域内に蓄蔵されている正貨が流出する．商品生産者の売り上

---

49) Hubbard［1995］p. 73.

げが圧縮されると，事業の需要と齟齬をきたすかたちで通貨が市場に滞留する．商取引の衰退によって，商品生産者を含む債権者から各州法銀行に対して圧力がかかる．価格下落の圧力がかかって商品の売却が強いられ，輸出の伸びが生ずる．正貨の流出が止むと，価格が適正な水準に戻り，再びニューヨーク州に繁栄が訪れる[50]．以上のような内容が伴われた「モデル」である．

上記の「モデル」の中身の真偽についてはともかく，Forman は，この「モデル」を糸口にして，銀行にとって適正な資産・負債比率とは一般的にどう決まるのかという問題をさらに追究してゆく．この問題への追究の過程で Forman は，「各々の銀行は銀行間組織の全体のなかで連関的に機能する行動者ゆえに，各行の独立した調査は意味をなさない」という見解に到達する．要するに Forman は，金融業ないし銀行業において特有の，信用秩序や銀行間組織を紡いでいる無数の債権・債務関係の連鎖性・共同性というものを認識したのである[51]．他方で Forman は，各州法銀行が各々の州特別法に基づいて交付された特許をもとに事業を展開するなかで発券の権限をそれぞれ排他的に持っている限り，各行が自ら発行する通貨の安全性を各自で保証する以外にありえない，という結論に達する[52]．

金融業ないし銀行業において特有の，信用秩序や銀行間組織に横たわる「連鎖性・共同性」を鑑みることと，各行によって発行される各種銀行券などの通貨の安全性が各行自らによって個別に保証されるべきという「個別性」を鑑みることとの相克をどう解決するか．この壁にぶち当たるなかで，Forman によって保険原理を援用した前代未聞の奇策が編み出されることとなる．Forman による改革案は，全部で 28 の条項から構成された．改革案の要点は 3 点ある．すなわち，(1)「銀行の破綻による損失から債権者を保護すること」，(2)「良質の銀行経営を創り出すこと」，(3)「健全で充分に規制の行き届いた通貨を供給すること」である．それぞれの要点の中身を詳しく見てゆこう．

---

50) Knox [1903] p. 403. Hubbard [1995] pp. 73-74.
51) Hubbard [1995] p. 74.
52) Knox [1903] p. 401.

(1)「銀行の破綻による損失から債権者を保護すること」の柱を成すのが，保険原理を援用した銀行債務の共同保証の仕組みである．保険原理を援用した共同保証という奇想天外な仕組みの着想は，Forman 自身の少年時代の追憶がその原点である．Forman は，少年時代，極東への憧れから中国史に興味を抱いて重点的に勉強していた．そのときの蘊蓄から，直面するニューヨーク州の銀行制度の状況が，清の時代の中国における広東の仲買商人 (Hong Merchants) によって織り成される共同保証の制度に酷似していることを悟る．広東の商人達による共同保証の制度とは，以下の様相を呈していた．すなわち，それぞれの商人が政府から特許を交付されて，対外取引をめぐる排他的な権限を抱え，普段は自主独立して競争的に事業を営む．特許を持つある商人が破綻に陥った場合，特許を持つ他のすべての商人達が，破綻したその商人の債務総額を頭数で均等に割り振って共同で負担する．以上のような制度であった．Forman は，この制度からヒントを得る．それぞれの銀行が，州政府から特許を交付されて，発券という排他的な権限を抱え，普段は自主独立して競争的に事業を営む．各行は，発券によって各自の信用貨幣が公共的に利用されつつ利益を得てゆく．発券の権限を抱えた州法銀行による支払い不能や破綻を通じて公衆が損失を被った時には，破綻したその州法銀行の債務総額を，特許を持つ他のすべての州法銀行が共同で負担する．以上のような共同保証の制度を Forman は考案したのである[53]．

ただし銀行債務の共同保証の仕組みといっても，それが発案された当時に Forman が念頭に置いていた銀行債務とは，「銀行券債務」のことであった．他の銀行債務，すなわち「預金債務」や「他行への債務」については，債務保証の対象として念頭に置かれていなかったのである．Forman によるこの時の曖昧な認識に基づいて制度化された保証の仕組みが，後々になって大きな問題を引き起こすこととなる（本篇第3章を参照）．

保険原理を援用した銀行債務の共同保証の仕組みについて，Forman は当初このように構想していた．「各行の資本金総額に応じてすべての銀行から（その一部を［筆者註］）徴収し，50万ドルから100万ドル程度が蓄積された

---

53) Hubbard [1995] p. 74.

基金を創設する．この基金は，破綻した銀行の債務を履行するために充てられ，債務の履行によって基金が減るとその減耗分を即座に補填する」[54]．そして具体的に，以下のような仕組みが提示された．すなわち，ある銀行が自行銀行券を兌換できない業態に陥ったならば，その銀行が発行した未決済の銀行券については，セイフティ・ファンド（Bank Safety Fund）によって買い取られることとする．このセイフティ・ファンドの原資は，各州法銀行の資本金の一部から徴収されるものとする．徴収金額については，各州法銀行が抱える資本金総額の 0.5% に当たる分が毎年徴収されるものとする．徴収金額の上限は，各州法銀行が抱える資本金総額の 3% に当たる分と定められる．つまり，徴収される期間は最長でも 6 年間とされたのである．

　(2)「良質の銀行経営を創り出すこと」については，「銀行監査」と「銀行規制」との 2 本の柱から成る．「銀行監査」とは，具体的にはバンク・コミッショナー（銀行監督官）による監査制度の導入である．新規に 3 人のバンク・コミッショナーが選出され任命される．そして彼らにすべての州法銀行を監査させ，監査報告書を州議会に提出させる，というものである．バンク・コミッショナーの選出および任命に関しては，3 つの選択肢が提示される．すなわち，3 人とも州法銀行からの選出・任命とするか，3 人とも州政府からの任命とするか，両者の混合とするか，という選択肢である．Forman 自身は，州政府が銀行業にあまり介入すべきでないとする見地から，3 人とも州法銀行からの選出・任命が良いという意見を持っていた．さらに，バンク・コミッショナーは州知事に対して行動責任を負う存在とされ，すべての州法銀行を監査しすべての法規を遵守させることが義務付けられた．州知事は，充分な理由さえあれば，在任の期間中においてもバンク・コミッショナーを解職できるものとされた[55]．他方，「銀行規制」については，まず 4 点から成る「発券機能の規制」が示された．第 1 点は，「資本金の払い込みを各州法銀行が証明すること」である．第 2 点は，「各州法銀行について，発券の総額を払込資本金の総額の 2 倍までとし，未決済の貸付・割引総額を同じく払込資本金の総額の 2.5 倍までとすること」である．第 3 点は，「各

---

54) Knox [1903] p. 401.
55) Knox [1903] p. 401.

種銀行券の減価を見越した投機的な取引を抑制すること」である．第4点は，「各州法銀行の支払い不能の状態を見越しつつ，優先債権者に資産を移転させること」である．以上4点の「発券機能の規制」に加えて，さらに，「州議会は銀行業に関する特許について過度に交付するのを控えること」，「顧客への融資の際に付される金利を慣例の6%から7%とすることを各州法銀行に認めさせること」，「各州法銀行に対する租税を免除すること」，といった諸々の条項が盛り込まれた[56]．

(3)「健全で充分に規制の行き届いた通貨を供給すること」の柱とされたのは，「安全な公債を担保とする発券制度」である．具体的には，まず各州法銀行に対して，「特許の更新の約束なしに満期に額面通りの支払いが可能となるよう，短期の商業手形による割引を制限すること」，「空手形ではない商業手形による貸付を厳格に行うこと」が指示される．そのうえで各州法銀行に対して「高位かつ安全な政府証券への投資を求めること」，「長期間で2倍の増価が見込まれる不動産や抵当証券への投資を通じて利子を積極的に得ること」が明示された[57]．

もっとも，「短期の商業手形による割引を制限する」や「各州法銀行に対し高位な政府証券や不動産・抵当証券への投資を求める」といった内容の提案は，起草者Formanの意図に反して盛り込みが強いられたようである．Forman自身は，現実にはこれらの提案の適用は困難であると考えていた．この提案はそもそも，Martin Van Buren州知事の金融問題を担当する顧問で，Martin Van Buren州知事との親交が深かったIsaac Bronsonが，提示を受けたFormanの原案に盛り込んだものであった．Bronsonの見解が挿入されたForman案は，当時Martin Van Buren州知事の有力な後援者であったJohn A. Hamiltonによって州知事に提出される[58]．John A. Hamiltonは当初から，Formanの原案にその当時影響力のあったBronson自身の覚書を盛り込んだ合成案を，「Forman案が付加されたBronson案」

---

56) Knox［1903］p. 401. Hubbard［1995］pp. 74-75.
57) Knox［1903］p. 402. Chaddock［1910］p. 260. Hubbard［1995］p. 75. Bodenhorn［2002］p. 158.
58) John. A. Hamiltonの実父は，アメリカ独立革命の雄で政治・経済の両面における連邦体制の整備に尽力した，Alexander Hamiltonである（Golembe［1960］p. 190）．

として推薦し，Martin Van Buren に答申するつもりだったのである．かくして，Bronson の覚書が妥協的に盛り込まれた Forman の原案は，John A. Hamilton によって，1828 年 12 月の初旬に Martin Van Buren 州知事に具申されることとなる[59)60)]．

2.2 原案の公表とその波紋

上述のように，ニューヨーク州の銀行制度をめぐる改革について，3 本の改革案が Martin Van Buren 州知事の下に届いていた（本章 2.1 項を参照）．結局，1 本目の改革案は若干の修正に留まる案であったために，却下された．そして 2 本目の「特許の廃止と単一の州法銀行による支店銀行制への改編」案と 3 本目の Forman 案とでどちらを採用するか，州知事は悩む．まず考慮されたのは，「銀行業における連邦の介入に反対する」という大前提であった．それゆえ，ニューヨーク州が銀行業なしでは機能しえないものの，だからといって連邦法に基づいて州際的に事業を展開する合衆国銀行には依存できない，と考えられたのである[61)]．この考え方を基盤に，現行の銀行制度を織り成している特許制の仕組みについて，継続か撤廃かが熟慮される．Martin Van Buren 州知事は，「健全性」と「安定性」との尺度を各州法銀行に課した場合に，特許が交付されている州法銀行の保持のほうが賢明だ，と判断する．全く別の銀行制度に転換してしまうことは，多数の銀行の清算

---

59) Redlich [1947] p. 91. なお通説では，「Forman が州都 Albany や New York City に所在の著名な銀行家達に原案を示して同意を得たあと，Martin Van Buren 州知事に進言した」ものとされている（例えば，Hammond [1957] p. 557）．おそらく，Forman が原案を示して同意を取り付ける過程において Bronson の覚書が盛り込まれたものと考えられる．また，通説に関して，Forman 自らが原案を州知事に進言していたというものではなかったということも附言しておく．

60) Chaddock [1910] は，「短期の商業手形による割引を制限すること」・「各州法銀行に対し高位な政府証券や不動産・抵当証券への投資を求めること」について，これらが提案者の Forman によって主張された，と述べている（Chaddock [1910] p. 260）．この点は疑問の余地が残るところである．

61) Myers [1931] p. 83. Redlich [1947] p. 89. Hammond [1957] p. 560. 高橋 [1974] p. 74. なお Martin Van Buren による「合衆国銀行に対する批判」は，彼が州上院議員であった 1826 年の頃にはすでに彼自身によって述べられていた（Catterall [1902] p. 165）．

が州の実業界に影響を及ぼし，かえって損失の計上が避けられなくなる，と予想したのである[62]．州知事による以上の判断や予想に至った過程については，やがて 1823 年 1 月 23 日付の演説において州知事自らによって公表されることとなる．

以上の判断を踏まえたうえで，Martin Van Buren 州知事は 3 本目の Forman 案に感銘する．また，銀行問題に関する州知事の当時の特別顧問であった Thomas Olcott（彼は「Albany Regency」の中心たる The Mechanics' & Farmers' Bank の出納係であった）も，Forman 案に魅了された[63]．Martin Van Buren 州知事は，通貨・信用秩序の紐帯を織り成す債権・債務関係の「連鎖性・共同性」と各種銀行券ないし通貨の保証が各々の発行主体によって担われる「個別性」とを両立させた Forman 案であるならば，都市部の有力な銀行家層からの同意を取り付けられると確信し，州議会においての演説による公表を決意する．また Martin Van Buren 州知事自身に「自分が銀行債権者からのより大きな後援を得ている」という認識があったということも[64]，債権者の保証を打ち出している Forman 案を支持する一因であったものと考えられる．かくして，Forman 案を軸に，各州法銀行の健全性と安定性との保証が念頭に置かれつつ，現行の特許制の仕組みを保持したうえでいまの銀行制度を改革する，という方針が固まることとなる．

1829 年 1 月 6 日，州議会の年頭演説において Martin Van Buren 州知事は，Forman の名前を伏せたうえで Forman の原案の概要を公表し，この原案の受諾を表明する．同年 1 月 21 日には，提案者 Forman から Martin Van Buren 州知事に書簡が宛てられ，Forman の原案の出自が清の時代の中国の広東商人による商慣行にあった点が知らされる[65]．続けて，同年 1

---

62) Knox［1903］p. 400.
63) Hubbard［1995］p. 76.
64) Bodenhorn［2002］p. 159.
65) Knox［1903］p. 400. 他方，この書簡の日付が「1829 年 1 月 24 日」と示されている論者も多い（Conant［1909］pp. 370-371. White［1911］p. 305. 奥田［1926］p. 98. Redlich［1947］p. 90）．なお White［1911］は，「1829 年 1 月 24 日」付の書簡によって Forman のセイフティ・ファンド原案が州知事に対して紹介された，と述べている．だが本書において明らかにされているように，Forman の原案はすでに Martin Van Buren 州知事によって認知されており，この指摘は誤りだと考えられる．

月23日のMartin Van Buren州知事による演説においては，まず，銀行の支払い能力や発行銀行券の価値の安定に基づいた通貨・信用秩序の公益性が謳われる．そのうえで，連邦，すなわち合衆国銀行には依存しないことを前提に，現行の特許制の存続を踏まえた銀行制度の改革の必要性が説明される．続けて，そうした改革にあたっては，新規の州法銀行における特許の交付をめぐる諸条件の熟考が大事であるとして，「株主の個人責任を媒介とする保証制度」や「特許が交付されたことの対価として，各州法銀行が州政府に対して特別配当を供与するという形態で「ボーナス」の支払いを行う慣行に対する批判が述べられる[66]．そして，現況の制度改革に最も適した案として，Formanの名前が伏せられたうえでFormanの原案の内容が紹介される．まず，その原案が，一部の銀行の破綻を通じて公衆が被ることになる損失をすべての銀行が責任を負って負担しあうという形態を提示していることが述べられる．次いで，この形態が実業界にとって新しいものではないことを断ったうえで，州の統制下に置かれた共同基金に対して諸々の州法銀行からの収益の一部を年毎に適切に充当するという，斬新な方式が採用されていることが紹介された[67]．

　上述のように，Martin Van Buren州知事は，有識者や有力な銀行業界からの同意を得られうるという公算のもと，Forman案を選択し公表に踏み切っていた．また，Martin Van Buren州知事の演説によって匿名で初めて改革案が提示されると，Formanは改革案の利点を各地で宣伝して回り，理解を求める行脚に出た．ところが，こうした公算や行脚にも拘らず，Forman案を柱とした改革案に非難の声が上がり始める．非難の声を上げたのは，Martin Van Buren州知事が同意の取り付けを確信していたはずの，州都AlbanyやNew York Cityに所在の都市部の州法銀行の役員・株主層であった．既述のように，彼らは特許の更新を拒否させられていて，屈辱を浴びせられている状況下にあった（本章2.1項を参照）．鬱積のある彼らは，破綻した州法銀行の共同責任を謳った改革案について，「支払い能力のない

---

66) 「ボーナス」をめぐる慣行については，本章1.2項を参照のこと．
67) 1829年1月23日付のMartin Van Buren州知事による演説の全容については，Samuelson & Krooss [1969] pp. 636–641を参照されたい．

州法銀行における直接かつ無条件の責任が支払い能力のある諸々の州法銀行に強制的に割り当てられてしまう」ものとして，改革案への反対を表明し猛烈にアピールしたのである[68]．

　州都 Albany や商都 New York City に所在の都市部の州法銀行がセイフティ・ファンドの導入を柱とする上掲の改革案に公然と反対を唱えるひとつの契機となったのは，ある報告書の公表にある．その報告書とは，Martin Van Buren 州知事の演説による改革案の公表と同じ時期に提出された，州上院議会の銀行委員会（座長：Allen 州上院議員）によるものである．この報告書においては，都市銀行（州都 Albany と商都 New York City に所在の州法銀行）とそれ以外の地域に所在の州法銀行，すなわち地方銀行との業態の差異について紹介された．報告書においては，まず地方銀行 11 行と都市銀行 11 行との計 22 行について，それぞれの業態の分析が行われ，総括表が作られる．この総括表に基づいて，以下の結論が導き出される．まず，資本金総額については，平均して，都市銀行が地方銀行の約 4 倍であり，発券総額については双方とも同じ程度である．預金総額については，平均して，都市銀行が地方銀行の約 4 倍で，正貨の保有総額に関しては，平均して，都市銀行が地方銀行の約 5 倍であった．また，都市銀行の全体においては，発券総額が，平均して，払込資本金の総額の 3 分の 1 以下で，預金総額の 4 分の 3 程度にすぎなかった．都市銀行における払込資本金の総額は，平均して，手形割引・貸付の総額の 3 分の 2 程度であった．他方，地方銀行の全体においては，発券総額が，平均して，払込資本金の総額を超越し，預金総額の約 3 倍に達した．地方銀行における払込資本金の総額は，平均して，手形割引・貸付の総額の 2 分の 1 以下であった．以上の分析結果から，以下の結論が導かれる．まず都市銀行の業態は，発券による与信に依存するというよりは，むしろ手形割引・貸付を行うための預金と払込資本金とに依存している．次に地方銀行の業態は，健全な銀行制度の基盤となるところの正貨の保有額が少なく，発券に過度に依存した与信がなされている．さらにこうした両行における業

---

68) Redlich [1947] p. 90. なお Chaddock [1910] は，「New York City に所在の都市銀行は原案が提示された時点においては賛成であった」と示している（Chaddock [1910] p. 267）．この点は確認が必要とされるべきところである．

態の差異を踏まえ，州法銀行が初めて特許の交付を受けてから今日（当時）に至るまでの約40年間において銀行券債務の不履行がわずか5行であったという点を根拠にして，「ニューヨーク州における通貨は健全な状態にある」と総括されている[69]．都市銀行と地方銀行とにおける業態の差異については，すでに1827年の州議会における1827年州法の導入をめぐる審議の過程において指摘されていたものである（本章1.3項を参照）．この報告書によって，それまでは指摘に留まっていた都市銀行と地方銀行との業態の差異が実態分析によって裏付けられたのである．

　上記の報告書の内容に基づいて，州都Albanyと商都New York Cityに所在の州法銀行すなわち都市銀行は，セイフティ・ファンドを柱とする銀行制度の改革案に，以下の理由により反対を表明する．すなわち，都市銀行は地方銀行よりも預金総額と払込資本金の総額とが大きく，都市銀行における発券の利用は限定的であるはずなのに，セイフティ・ファンドの原資との目的で徴収される課徴金が，発券総額にではなく払込資本金の総額に対して掛けられることとなっている．それゆえ，発券総額が払込資本金の総額を大きく上回る地方銀行と同一の賦課比率で銀行券保有者の保証を目的としたセイフティ・ファンドを支えるということには反対する．なぜなら，地方銀行並みに与信を減らさざるをえなくなるからである．以上が理由の中身である[70]．なおここで注意されるべき点は，都市部に所在の各州法銀行がセイフティ・ファンドについて銀行債務全般の保証を目的とするものではなく，あくまで銀行券保有者の保証を目的とするもの，と認識している点にある．

　かくして，公表されたあと様々な波紋を呼んだ改革案に関して，Martin Van Buren州知事は，1829年1月26日に州下院議会に対してさらなる演説を行った．演説の要旨は，以下の通りである．まず，上記した都市銀行による一連の非難に対してそれは誤解に基づくものだと指摘される．そのうえで州知事は，これまで「ボーナス」として慣行化されていた，「特許の交付

---

69) Chaddock [1910] pp. 238-242. 楠井 [1997] pp. 132-134. なお都市銀行11行・地方銀行11行の全22行の総括表については，Chaddock [1910] pp. 239-240, 楠井 [1997] p. 133, 磯谷 [2002] p. 89を参照のこと．

70) Chaddock [1910] pp. 267-268. Bodenhorn [2002] p. 160.

の対価として各州法銀行が州当局に拠出していた特別配当」が「各州法銀行の資本金総額の 0.5％ に当たる分が年毎に課徴される形態」に代わりうるものであることを主張する．そして，銀行の破綻による社会的な損失に対処するためのそうした課徴金による永続的な基金の形成や維持が，各州法銀行にとって耐え難い方式ではないということが述べられる．続けて州知事は，破綻した州法銀行の信用貨幣が通貨として不安定な状況にあることを指摘したうえで，改革案のなかに銀行監査の制度が導入されている点を主張する．そして，改革案が地域の便宜のために施されたものでも銀行業に関する特許の申請者や株主層における個別の利害を促すものでもない，ということが明言される．最後に，改革案である Forman 案のなかで，提案者 Forman の名は伏せられたうえで，「短期の商業手形による割引が制限される」や「各州法銀行に対して高位な政府証券や不動産・抵当証券への投資を求める」といった箇所については，実は提案者本人の意図によるものではなくむしろ提案者自身が非難を加えている，ということが明らかにされている[71]．既述したように，改革案のうち「短期の商業手形による割引が制限される」や「各州法銀行に対して高位な政府証券や不動産・抵当証券への投資を求める」旨の提案内容は，Forman の意図とは無関係に Isaac Bronson の手によって妥協的に挿入された部分であった（本章 2.1 項を参照）．1829 年 1 月 26 日の演説によって，Martin Van Buren 州知事は，それが提案者 Forman の意図に反して導入されていたことを認知し公表したうえで，提案者 Forman に対して信頼を寄せているのだということを明言したのである[72]．

---

71) 1829 年 1 月 26 日付の Martin Van Buren 州知事による演説の全容については，Samuelson & Krooss［1969］pp. 641-642 を参照のこと．なお本章の脚注 60 においても触れたように，Chaddock［1910］はこの提案内容が Forman によって主張されたものだと述べているが，この州知事の演説の内容からすれば，その指摘は誤りだと考えられる．

72) Joshua Forman は，Martin Van Buren 州知事に対して 1829 年 1 月 21 日付で書簡を送っている（Knox［1903］p. 400. なおこの書簡のことについては，本章の脚注 65 も参照されたい）．この書簡の全容は不明であるが，改革案のうち，「短期の商業手形による割引を制限すること」や「各行に高位な政府証券や不動産・抵当証券への投資を求める」といった箇所が発案者である Forman の意図に反して導入されていたことを Martin Van Buren 州知事が知ったのは，この書簡による可能性がある．

2.3　原案の審議

　Martin Van Buren 州知事の演説によって公表された Forman の原案は，州下院議会の特別委員会に対して具申される．特別委員会とは，原案の趣旨に基づいて具体的な法案を作成する場であった．この特別委員会は，委員長 Alonzo C. Paige の名から Paige 委員会と呼ばれることになる．その当時 Paige 委員会は，ニューヨーク州の銀行・保険業に関する特許の交付や更新を決める特別の委員会であった．提案者の Forman は，提案者という身分を隠し一支援者という立場から，ここ数週間で Paige 委員会に対しても頻繁に接触を重ねていたようである．他方で，Paige 委員長は，ある良識人から「Forman の原案を運用可能な法案に起草し直すべき」という助言を受けており，この助言に従うことを決意する[73]．

　Paige 委員長はともかく，特別委員会のメンバーは審議中においても，原案の作成者が Joshua Forman であることを知らなかったようである．例えば，委員会のメンバーのなかでもその当時社会的な影響力が強く，Albany Regency の有力者でもあった Abijah Mann 州下院議員は，Forman の原案を「独創的な Paige 案」と誤解して公言している．そして，自分達が探り当てたとされるこの法案を，「債権者への完璧で誤りなき保証の創出に関して非常に貴重な勧告を持つもので，世界各地とは比にならない堅実性をニューヨーク州の銀行券に与え，なおかつ条項の内容が各州法銀行において実際に受諾可能なものである」と自賛している[74]．加えて Mann 議員は，原案のなかの「各行に高位な政府証券や不動産・抵当証券への投資を求める」という内容を，イギリスの株式銀行制度の慣行事例を基にした自分の発案によるものと公言していた．だが既述のように，この内容は Isaac Bronson によって Forman 案に盛り込まれたものであり，Mann 議員の独創による案ではなかった（本章 2.2 項を参照）[75]．

---

73) Redlich [1947] p. 93.
74) Knox [1903] p. 403.
75) Knox [1903] は，Forman の原案がしたためられた州知事宛の書簡は，州下院議会において必要枚数の 3 倍の枚数分がコピーされて配布されていたので，Mann 州下院議員が Forman の原案を閲覧できないことはない，と指摘している（Knox [1903] p.

1829年2月13日，原案と同じ全28の条項から成る「Paige案」が，州下院議会において報告される．「Paige案」は，複数の項目が省かれたものの，ほぼFormanの原案に沿った形態で報告された．Paige委員長による報告の摘要は，以下の通りである．まず，銀行業の原則は各種銀行券が正貨と兌換されることにある，と主張される．続けて，大量の発券に対する監視を強めるために，払込資本金の総額の2倍を超える額の発券を自粛するということが勧告される．そして，個人責任の原則を斥け，州法銀行の破綻に伴うあらゆる損失から銀行券保有者を完全に保証するということが謳われた[76]．ただしFormanの原案のうち，「銀行監査」，特にバンク・コミッショナーに関する規定について若干の反論が附言された．それは，「各州法銀行の発券による与信が適切かどうかを原則とするのではなく確定すべし」という内容である．原案においてバンク・コミッショナーは，審査の権限こそ付与されたものの，この権限を行使して特定の州法銀行を集中的に責めるということが禁じられていた．特定の州法銀行に対する最終的な営業停止の命令は，法廷において下されるよう規定されていた[77]．それゆえ，バンク・コミッショナーにおける審査に関する権限をさらに強くする旨の反論が附言されたのである．

州下院議会において報告された「Paige案」に関して，州都Albanyや商都New York Cityに所在の都市銀行は，「セイフティ・ファンドの導入がある程度の地方銀行を破綻に追いやることになる」として，一枚岩となって非難した[78]．また，銀行業界とゆかりの深い州当局の担当係官には，「Paige案」が「銀行株主の個人責任の必要性を排除する妥協案」とみなされてしまうこととなる[79]．

Paige委員会から州下院議会に上申された「Paige案」は，採決の見通しが暗かった．上述のように，猛烈な反対の姿勢を見せてきた州都Albanyや商都New York Cityに所在の都市銀行や，都市銀行とゆかりの深い州議会

---
402).
76) Chaddock［1910］pp. 260-261.
77) Chaddock［1910］p. 264.
78) Chaddock［1910］p. 263.
79) Redlich［1947］p. 93.

議員達のことがネックになっていたからである．反発の甲斐もなく各州法銀行における特許の更新が州議会において次々と拒否されてゆく現況に，間もなく特許の有効期限を迎える都市部の州法銀行は，焦りと苛立ちを見せ始める．そもそも Albany や New York City に所在の都市銀行が猛烈な反対の姿勢を見せたその背景には，既述のように，業態の異なる地方銀行に有利とされるセイフティ・ファンドの原資の確保を目的とした賦課金の徴収をめぐる方法があった（本章2.2項を参照）．だが，都市銀行の懸念は，こうした「賦課金の徴収をめぐる方法の不利性」もさることながら，1829 年に入ってすぐに規定された，短期の割引・貸付の金利手数料の上限をめぐる地方銀行との格差のほうに集中し始めていた．

　この金利の格差をめぐっては，歴史的な背景が存在した．そもそも短期の割引・貸付に対する金利は，遡ること 1805 年の州法で一律 6% に定められたのがその起点となっている．その後，The Bank of Orange の特許の交付を定めた 1817 年 4 月 15 日付の州特別法において，その金利は一律 7% に改定された．ところがこの規定は，翌年の 1818 年州法によって撤回される．そして 1829 年に入ってすぐ，地方銀行は金利手数料が 7% まで請求可能とされたが，都市銀行はそれが 6% までと規定されたのである[80]．金利の格差があるのにも拘らず，セイフティ・ファンド法に基づいて各行の払込資本金の総額に対して 0.5% に当たる分の課徴金を負担させられるというのは，資本金の規模の大きな都市銀行にとって，さらなる利益の圧迫を招く．この点を都市銀行は強く懸念し始めていたのである．

　都市銀行による「Paige 案」への反対をめぐる上記の背景を察していた Paige 委員会の有力メンバー，Abijah Mann 州下院議員は，事態の打開のためにひとつの案を Paige 委員長に進言する．彼は，このままでは「Paige 案」が死に瀕するとみた．そして，「すべての州法銀行について満期が 63 日以上の商業手形に対して 7% の割引手数料を請求できること」を認められうる解釈の余地を残した，条項の追加を提案したのである．この追加条項によれば，まず金融機関が通常の業務の過程において受取・割引される手形や銀

---

[80] Redlich [1947] pp. 93-94.

行券について，法定金利の取得が認められることとする．次に，通常の業務の過程で受取・割引される商業手形の満期を 63 日とし，前もって 6% 以上の金利を請求したり受け取ったりしてはならない．これは裏を返せば，63 日の満期を過ぎた保有手形については，6% 以上の金利を請求したり受け取ったりするのは構わない，という解釈の余地が残されうる内容であった．

　上記の追加条項（のちのセイフティ・ファンド法 33 条）が盛り込まれた「Paige 修正案」は，それまで一枚岩であった都市部に所在の州法銀行における反対勢力に対し分裂をもたらすこととなった．州都 Albany に所在の各州法銀行は，金利手数料の請求範囲の拡大がセイフティ・ファンドへの課徴分を補ってなお余りある，と判断する．それゆえ，「Paige 修正案」への賛成を決めたのである[81]．

　修正前の「Paige 案」をめぐって州下院議会で紛糾した第 2 の論点は，銀行債務の保証対象にあった．紛糾の発端は，州下院議会においてある演説者が，「セイフティ・ファンド法案では，州法銀行すべての債務に対応するには不充分である」と弁明したことにある．演説者は，その理由について，各州法銀行が現実には払込資本金の総額分をかなり超越した金額に当たる分の発券が認容されてしまっている点と，州法銀行の破綻が生じた場合に現行の法案では債務保証を行ううえでセイフティ・ファンドからの拠出を通じた支払いに 4 年から 5 年もかかってしまう点を指摘した．この 2 点の指摘を踏まえ，演説者は 1829 年 2 月 27 日に「Paige 案」の内容の一部に対する代替案を提示する．代替案の中身は，以下の通りである．すなわち，各行からの賦課金の徴収は，基金の残高が規定の水準（500 万ドル［筆者註］）に達するまで続行される．規定の水準を超えた分については，いかなる時でも銀行債務の全般に対する保証を目的とした支払いを行うものとして充用する．また，州

---

81) Redlich［1947］pp. 93-94. なお，修正案が導入されて反対勢力を分割させた時の状況を，Abijah Mann 州下院議員はこう語っている．「私は Paige 氏に会見を求め，「Paige 氏の法案は，何か現状を変える手を施さなければ，Gaius Julius Caesar のように死んだものとなる」と述べた．……修正案は，論議なしに提案され採択された．翌朝，Albany に所在の諸々の州法銀行の愛国的な代表達が輝かしい目つきをしてロビーに現れ，……私を祝福してくれた．彼らは「敬虔な詐欺」の価値を一晩で暗号化し，自分達の平穏な精神を有したのである」（Knox［1903］p. 403）．

法銀行が破綻した時には，債務保証を目的とした基金からの支払いを実施することを州議会が州特別法に基づいて規定する[82]．以上のような内容である．

上記の代替案に関して，州下院議会において反対意見は出なかった．ここで反対意見が出なかったという点は極めて重要なポイントである．なぜなら，セイフティ・ファンドの保証対象＝「銀行債務の全般」と明記されるかたちで改定されることが円滑に認められてしまったからである．

先に触れたように，原案を作成した Joshua Forman は，セイフティ・ファンドの保証対象について，具体的には「銀行券債務」のことを念頭に置きながらも，原案では「銀行債務」と明記してしまっていた（本章2.1項を参照）．Forman によってもたらされたこの曖昧な認識は，州下院議会においてもそのまま引き継がれてしまっていた．州議会においても「銀行債権者」＝「銀行券保有者」と考えるのが，これまで暗黙の常識とされてしまっていたのである[83]．その一方で，かねてからセイフティ・ファンドの原案や法案を支持してきた人々は，セイフティ・ファンドが銀行券債務と預金債務との双方を保証する制度であるものと，当初からみなしていた[84]．さらにはセイフティ・ファンド法案に反対する人々も，銀行券保有者と預金者とに対する株主の冷遇を争点に掲げていた[85]．ここでも，セイフティ・ファンドが銀行券保有者と預金者とを保証する制度であるという暗黙の認識が定着していたのである．保証対象に関して，「銀行債務」＝「銀行券債務」という暗黙の常識に基づく判断の下に法案に明記された「銀行債務」という文

---

[82] Chaddock [1910] pp. 264-265.
[83] Bodenhorn [2002] p. 159. ところで，第2次合衆国銀行の時の総裁 Nicholas Biddle ですら，銀行券債務の利用や流通が主流となっている当時の状況のなかで預金債務のその後の飛躍的な進展を予見することはできなかった（Redlich [1947] p. 91）．
[84] Forman の原案を Bronson の覚書と折衷させて州知事にセイフティ・ファンド原案を上申した（本章2.1項を参照）John A. Hamilton は，晩年に，セイフティ・ファンド法の成立意義について（1）州域内の通貨安定，（2）諸銀行の両債務の保証，を掲げている（Golembe [1960] p. 190）．これは，かねてからセイフティ・ファンドの導入に関する有力な支持者である John A. Hamilton が，両債務（銀行券債務＋預金債務）を保証するための制度としてセイフティ・ファンド法の成立を認識していたことを示すものである．
[85] Golembe [1960] p. 190.

言が，他方では，「銀行債務」＝「銀行券債務＋預金債務」という解釈を生む．この解釈に基づいて，セイフティ・ファンドの保証対象が拡大されたのだという「好印象」が人々の間に流布されてゆく．しかしながらこの曖昧な解釈が，のちに大きな問題に発展してゆくこととなる．

修正前の「Paige 案」をめぐる第3の論点は，「銀行株主の個人責任」をめぐる問題である．既述のように，かねてから経営陣と株主とにおける個人責任の欠如が州法銀行の経営をめぐる「悪弊」の一因だとみなされてきた．それゆえ 1827 年州法において「銀行株主の個人責任」に関する条項が規定されていた（本章 1.3 項を参照）．ところが，州議会において既存の州法銀行における特許の更新をめぐり論議が展開された際に，銀行株主に対する個人責任の要求が度重なる紛争を招いてしまうこととなる．このために，州法銀行の経営に係る「悪弊」を助長することなく「銀行株主の個人責任」をどう扱うかが争点となっていた．この点については，先の Paige 委員会においても問題視されていた．そして，Paige 委員会の有力メンバーの Abijah Mann 州下院議員が，保険原理を援用した相互責任の原則を持つセイフティ・ファンドの仕組みは「銀行株主の個人責任」を不要なものにする，という認識を示していた[86]．州下院議会における論議においては，これまでに行われた銀行株主に対する個人責任の要求を契機とした度重なる紛争によって，銀行業界から投資家と誠実さとが追い払われたということが主張された．そのうえで，保険原理を通じた諸々の州法銀行どうしの相互責任制をとるセイフティ・ファンドを柱とした「Paige 案」の登場によって，「銀行株主の個人責任」に関する項目が削除されるよう，1827 年州法を一部改定することが論じられた．

Martin Van Buren 州知事は，「銀行株主の個人責任」が信用秩序や決済システムの保護にとって必ずしも効果的ではない，と考えていたようである．上述のように，州法銀行の株主に対して個人責任を追及したとしても，株主からの賠償金の取り立てにはかなりの時間がかかる．他方で，州法銀行の株

---

86) この認識は，晩年（1868 年 1 月 28 日）になって Abijah Mann 州下院議員が Azariah C. Flagg（ニューヨーク州監督官などを歴任した有力者）に宛てた書簡において示されている（Bodenhorn [2002] p. 159）．

主に対する賦課金の徴収をめぐる制度の導入も困難であったからである．Martin Van Buren 州知事は，「銀行株主の個人責任」に関する項目を削除することと引き換えに，各州法銀行の業務規制を厳格化するという方針を採ったのである[87]．結局，法案において「銀行株主の個人責任」に関する項目は削除される．ただし，銀行役員の株主に対する責任についてや，各州法銀行の払込資本金をめぐる諸規制や宣誓書の提出義務についての規定は，法案に残されることとなる（後述の第 2 章 1.1 項 (d) を参照）[88]．

もっとも，「Paige 案」への代替案における他の諸点，特にセイフティ・ファンドの性格そのものに関しては，州議会の内外から鋭い反対意見が続出した．例えば Hubbell 州下院議員は，「各州法銀行の異常な行動の抑制や発見に貢献している公的な監査や監視が，セイフティ・ファンドの存在によってかえって弱まる」と表明している．つまり，現代で言うところの「モラル・ハザード」の問題がすでに指摘されていたのである．この点に関連して Dickson 州下院議員は，セイフティ・ファンドの導入によって「互いに無知の者どうしが強制的に共同提携を組まされることになる」と批判する．これは，セイフティ・ファンドの編成原理を構成している，保険原理の本質に対する批判である．さらに有力紙の N.Y. Evening Post 紙は，1829 年 3 月 4 日付の論説記事において，セイフティ・ファンドのことを，「銀行業に関する特許の将来的な適用を制御してしまう，もしくは個人銀行家の崩壊に結びついてしまう，「財界の芸術家統治」なる独占体の形成」と評して，痛烈に非難した．特許を有する現存の州法銀行の間からは，「銀行数の増大や競争の増大はセイフティ・ファンドの拡大を招くことになるが，銀行利益の減少もまた招くことになる」という反対意見も出た[89]．また，その当時 New York City に支店銀行を置いて業務を展開し，銀行業において連邦が州に介入する状態を作ってしまったがゆえに各州法銀行や各州当局と確執の関係に

---

87) Bodenhorn [2002] p. 159.
88) 1827 年州法（本章 1.3 項を参照）において規定された「支払い不能を防ぐための，また，各州法銀行の債権者と株主の権利を保護するための諸規制」については，セイフティ・ファンド法案においてはその一部が修正されたほかはこぞって維持された（Chaddock [1910] pp. 268-269）．
89) Chaddock [1910] pp. 265-266.

あった第2次合衆国銀行も,ニューヨーク州におけるセイフティ・ファンドの導入に対して峻拒の意を示している.第2次合衆国銀行の当時の総裁であった Nicholas Biddle は,1829年2月3日付と同年3月3日付の2回に渡って,州都 Albany に所在の有力者 Albert H. Tracy に宛てて書簡をしたためていた.前者の書簡においては,ニューヨーク州議会におけるセイフティ・ファンド法案の審議については超然と見守る旨の姿勢が示されていた.だが,後者の書簡においては,「銀行監査」と「保険原理に基づく相互責任の原則」を柱としたセイフティ・ファンドの導入に敢然と反対する姿勢が,鮮明に示されていたのである[90].

このように,賛否をめぐって様々な物議を醸したセイフティ・ファンド法案(「Paige 修正案」)は,白熱した論議の末,1829年3月18日に,賛成74票・反対31票の票決でもって州下院議会を通過した[91].同年3月20日に,セイフティ・ファンド法案は州上院議会に送られる.同年3月24日,州上院議会の特別委員会においてセイフティ・ファンド法案の趣旨が説明される運びとなる.

上述のように,それまで一枚岩でセイフティ・ファンド法案に反対の意を示してきた都市部に所在の州法銀行のうち,Abijah Mann 州下院議員が投げかけた妥協案をめぐる扱いが契機となって,州都 Albany に所在の複数の州法銀行が離反していた.州都 Albany に所在の一部の州法銀行に裏切られた商都 New York City に所在の諸々の州法銀行は,単独で法案への反対の姿勢を継続させるという方針を決意する.New York City に所在の諸々の州法銀行は,州上院議会において法案が審議されている期間中も,反対の姿勢を表明し続けた.New York City に所在の諸々の州法銀行は,先の妥協案によって示された「満期が63日以上の商業手形について7%の割引手数料の請求を認める」というのではなく,あくまでも短期の割引・貸付について7%の金利ないし割引手数料を認めるよう改定されるまでは,法案への反対の姿勢を辞さないという意思を示したのである.そして,「セイフティ・

---

90) Redlich [1947] p. 264.
91) Knox [1903] p. 404. なお Chaddock [1910] は,「賛成76票・反対29票」の票決と記している (Chaddock [1910] p. 268).

ファンド法案が可決されるのであれば，自行の特許の更新をめぐる申請を敢えて取り下げる」旨を，州上院議会に訴えた．だが，この訴えは裏目に出てしまう．その訴えが州上院議員達の間において「脅迫」と受け取られてしまい，かえって法案の支持に回る議員を増やすこととなってしまったのである[92]．

「Paige 修正案」として州上院議会に送られたセイフティ・ファンド法案は，若干の修正が施されただけで，1829 年 3 月 31 日に州上院議会においても可決されることになる．この時の票決は，賛成 20 票・反対 6 票であった．反対の 6 票のうち，半数の 3 票は New York City のある第 I 上院選挙区（本書の図 I-1 を参照）の代議員達が投じたものであった[93]．これは，大都市である New York City に所在の諸々の州法銀行による法案反対の意思が票に結びついたもの，と考えられる．かくして，州上院・下院いずれの議会においても可決されたセイフティ・ファンド法案は，1829 年 4 月 2 日，ついに州法として制定されることになる．上述のように，この法律に関して原案の段階においては全 28 の条項から成るものであった．だが，州法として制定された段階においては，内容が一部改訂されると共に 7 つの条項が新たに増えて，全 35 条によって構成されるものとなったのである．

---

92) Knox [1903] p. 404.
93) Chaddock [1910] p. 268.

第2章　興隆と動揺：1829～1838年
──政治・経済の自立と恐慌の到来

1. セイフティ・ファンドの興隆：1829～1836年

1.1　1829年州法の全容

　これまで見てきたように，黎明期のニューヨーク州において，銀行監査の仕組みを織り込み，保険原理を援用した銀行債務の保証制度である，セイフティ・ファンドという独創的な政策構想が捻出された．このセイフティ・ファンドの仕組みの導入を柱とした1829年州法（通称：セイフティ・ファンド法，以下ではこう略記する）は，「金融機関の債権者の便益と他の諸目的のための，基金を組成する法律（*An Act to create for the benefit of the creditors of certain moneyed corporations, and for other purpose*）」という正式名称の下，1829年4月2日に制定され，即日施行されることになる[1]．全35条から成るセイフティ・ファンド法の内容は，(a) 基金の組成と運営，(b) 基金の拠出の方法と手順，(c) 銀行監査の体系，(d) 業務規制の4点に集約される．その全容を明示してゆくことにしよう[2]．

---

1)　Root [1895a] p. 298. なお高月 [2001] は，1829年州法について「ある種のマネード・コーポレーションの利益のためにファンドを創設すること，およびその他目的の法律」と記され，その原名を「*An Act to create for the benefit of certain moneyed corporations, and for other purpose*」として併せて示されている（高月 [2001] p. 40）．だがこの法律の原名は「*An Act to create for the benefit of the creditors of certain moneyed corporations, and for other purpose*」（下線は筆者による）であり，高月氏の引用は下線部が欠落している．また，安武 [1971] は1829年州法の制定期日を「1829年1月6日」と示されている（安武 [1971] p. 116）．高橋 [1974] は，セイフティ・ファンド法の成立が1828年と指摘されている．これらの記述も誤りである．

2)　1829年州法の全容については，Cleaveland [1864] pp. 29-38, Samuelson & Krooss [1969] pp. 643-649 を参照されたい．

(a) 基金の組成と運営

まず1条において，新規に特許を交付される，ならびに特許の更新が認められるニューヨーク州所在のあらゆる銀行，厳密には銀行事業を営むあらゆる機関に対し，1829年州法への遵守が義務付けられる．そのうえで，2条から7条までが基金（セイフティ・ファンド）の組成と運営に関する内容を規定したものとなっている．

基金の創設のために，各州法銀行は毎年1月1日までに，払込資本金の総額の0.5%に当たる分を課徴金として，州財務当局の州収入役に対して納付する．払込資本金の総額とは，払い込まれた資本金のうち，州政府が保有する資本金の分が控除された総額である．開業してからまだ1年以内の州法銀行については，（運営期間／1年間）に0.5を掛けて算出された数字が，払込資本金の総額に対する掛け率とされる（以上，2条）．例えば，運営期間が3ヶ月の銀行の場合，掛け率は（3ヶ月／12ヶ月）×0.5＝0.125で，0.125%になるわけである．なお，各州法銀行による課徴金の納付は，セイフティ・ファンド法の施行から2年後の1831年から実施されることとなる[3]．

各州法銀行による課徴金の納付は，払込資本金の総額の3%に当たる分が納められることになるまで複数年に渡って継続される．各州法銀行からの課徴金の集積によって組成された基金は「バンク・ファンド（bank fund）」と命名され，永続的なものとされる．この基金は，支払い不能に陥った州法銀行の負債・資本総額のうち，動産や不動産を売却して充当させたあとの残額と払込資本金の総額分とを控除した，未決済の債務残額の一部に充てられる（以上，4条）．

州収入役への課徴金の納付に際して，各州法銀行は報告書を州収入役に対して提出する．報告書には，実際に払い込まれている資本金の総額と，そのうち州政府によって保有される分の資本金総額とが記載される．この記載内容の正当性は，提出先の州法銀行の頭取と出納係との宣誓と署名とによって証明される．報告書の作成は，提出先の州法銀行の頭取と出納係との宣誓を

---

3) White [1894] p. 218. Knox [1903] p. 405.

取り仕切ることを認められた複数の委員の前で，適切に行われる（以上，3条）．

　基金の管理・運営の主体となる州監督官と州収入役は，州の財源とは区別されつつ，基金の適切な残高の維持が求められる．この基金は，課徴金を納付した各州法銀行の共有財産とみなされる．しかし州監督官は，基金が法律に基づいて規定されたものであるがゆえに，基金に関係するあらゆる州法銀行や貨幣を監査する権限を持ち，それを職務とする．加えて州監督官は，基金の拠出に関するあらゆる請求に見合うように仕向けるために，必要に応じて，基金に投じられたものと推量されるあらゆる有価証券を売却できる権限を持つ．さらに州監督官は，基金の態様を州議会に逐一報告する（以上，5・6条）．

　基金は絶えず運用される．この運用益は，銀行監査を職務とするバンク・コミッショナーへの俸給分（後述の26条を参照）が控除されたあと，州監督官によって，年毎に各州法銀行に分配され還元される．各州法銀行に対するこの運用益の分配は，それが分配される時点における，基金全体のうちに各州法銀行がそれぞれ占めている課徴金の総額の比率に応じて行われる．だが，各州法銀行について，支払い不能や解散に至った，あるいは特許の有効期限が切れた場合，運用益の分配を受けるための資格がなくなる（以上，7条）．

(b) 基金の拠出の方法と手順

　続けて8条から14条までは，課徴金を納める各州法銀行が支払い不能に陥った場合の，基金から必要資金を拠出するための方法と手順とが規定されている．

　まず，支払い不能に陥った州法銀行の債権者を保護するために，必要分の資金が基金から拠出される．基金からの拠出による減耗分は，支払い能力のあるその他の諸々の州法銀行に対して課徴金が督促されるかたちで，基金に塡補される．督促される課徴金の額については，既存の州法銀行ならびに毎年1月1日までに新設される州法銀行は，払込資本金の総額の0.5%に相当する分を上限に，州監督官から明示された額の課徴金を州収入役に対して納める．こうした課徴金の督促は，払込資本金の総額の3%に当たる分が納め

られるまで複数年に渡って継続される．その後，再び課徴金の督促による基金への塡補が必要とされる時まで，課徴金の督促は一旦停止される（以上，8条）．

　ある州法銀行が，支払い不能に陥るか，後述のバンク・コミッショナーから告発ないし訴訟を起こされた時には，裁判所が衡平法に基づいてこの案件を議事録に登記する旨の命令を下す．この命令を基に，裁判所は以下の手順で処理を進める．(1) 当該の州法銀行の債務総額を，そこに絡む各種の法的な利害関係をも鑑みつつ，法廷において確証のうえ確定させる．(2) 確定された債務総額の履行に際しては，上記の命令に基づいて，当該の州法銀行の動産と不動産との売却によって得られた純資産の総額分が充てられる．(3) 充用されたあとの残額が，「当該の州法銀行における諸債務の履行に必要な資金の総額」となる（以上，9条）．

　当該の州法銀行の動産と不動産の管理においては，管財人が裁判所によって任命される．上記の命令文書は，管財人にも送られる．そして，州監督官が州収入役に対して「支払命令書」を振り出す．振り出された「支払命令書」をもとに，「当該の州法銀行における諸債務の履行に必要な資金の総額」が基金から拠出され，管財人が受け取る．受け取られた「必要な資金の総額」は，裁判官の命令に基づいて，管財人によって，当該の州法銀行の一部の債権者に対して支払われる（以上，10条）．こうして受け取られた「必要な資金の総額」が当該の州法銀行における諸債務のすべてを履行するのに不充分となった場合，当初基金から拠出された分がなくなったあと，同様の手順を経て，管財人は，州監督官ないし州収入役から追加の必要資金を受け取る（以上，11条）．

　支払い不能に陥った州法銀行の債権者は，裁判所による上記の命令が出たあと，その債権に付された金利の取得が禁じられる．また同債権者は，管財人に支払い請求を行う以前に，金利を得る資格を持たない（以上，14条）．さらに本法に従われる各州法銀行は，各々の特許の有効期限が切れた際に，これまで納付されてきた総額がその時点での基金全体に占める割合に基づいて算出された払戻金を，州監督官から受け取る資格を持つ（13条）．

　本法に基づいて要求され各州法銀行によって支払われた課徴金は，それに

よって創出された基金の預かるところとなる（12条）．

(c) 銀行監査の体系

さらに進んで15条から26条までは，バンク・コミッショナーによる銀行監査の体系について規定されている．

まず，本法に従われる各州法銀行は，少なくとも4ヶ月毎に1度（年3回），バンク・コミッショナーによる定期監査を受ける[4]．監査は，各州法銀行が4ヶ月毎に1度，バンク・コミッショナーに対して各自の貸借対照表とその内容の正当性が宣誓された宣誓書とを送付するところから始まる．送付された貸借対照表と宣誓書を携えて，バンク・コミッショナーが監査のために各州法銀行を訪れる[5]．

年3回の定期監査においては，まず，本法に従われるすべての州法銀行の業態を把握するために，帳簿や各種債券，各種手形や銀行券，その他当該の州法銀行の債務の証拠となるものについて，バンク・コミッショナーによって徹底して調べ上げられる．次に，監査先の州法銀行が先に作成し提出された宣誓書とその州法銀行の実際の財務内容とが比較のうえ検証される．さらに，各州法銀行が手許に保有する正貨の総額が確定される．進んで，各州法銀行が自行の債務すべてを履行できる能力の程度や，各州法銀行の実態を確定するうえで必要な，諸々の調査を行う（以上，15条）．上記の定期監査のほか，本法に従われる各州法銀行のうち3行によって調査の要求がなされた場合，バンク・コミッショナーは，要求された先の州法銀行に対して臨時監査を行う（16条）．バンク・コミッショナーは，法廷で要求されたり本法の条項規定で求められたりしない限り，監査で得られた各州法銀行の債権者のリストやあらゆる情報の開示が義務付けられる（25条）．バンク・コミッショナーによる銀行監査の情報は，監査先の借手に関する機密保護の情報を除い

---

4) Cleaveland [1864] や Bodenhorn [2002] は，バンク・コミッショナーによる定期監査が「年4回（quarterly ないしは every quarter）」と記されている．これは「少なくとも4ヶ月に1度（once at least in every four months）」という規定を「年4回」と誤解されたものだと考えられる（Cleaveland [1864] p. xlvii. Bodenhorn [2002] p. 160, p. 167）．

5) Bodenhorn [2002] p. 160.

て，法廷の公聴会において開示されることが可能であった[6]．

　バンク・コミッショナーは，本法に従われる各州法銀行の業態に関して，役員・行員・代理人などすべての人々を，宣誓の下に調査できる権限を持つ．また，バンク・コミッショナーは管財人を兼務することができる（以上，17条）．監査によって当該の州法銀行の支払い不能という事態が確定されれば，バンク・コミッショナーは，当該の州法銀行の営業の差し止めを訴状もしくは嘆願書の提出を通じて裁判所に即座に申請できる（18条）．バンク・コミッショナーは，毎年1月に州議会に報告書を提出する（19条）．

　バンク・コミッショナーには3名が任命される．1名は，州知事の推薦に基づき州上院議会の承認を経て任命される．残りの2名は，本法に従われるすべての州法銀行によって適任者が選出されて任命される．この場合の選出の手順は，以下の通りである．

　8つの上院選挙区から成るニューヨーク州において（本書の図I–1を参照），第I・II・IIIの各選挙区に所在の各州法銀行がそれぞれ1名の代表者を選出する．州知事によって指定された日に，New York City の The City Hall において代表者大会が開催され，各代表者はそこで会合を開く．会合のあと，各代表者が午後4時に一堂に会した時点で選挙が始められる．まず，議長と書記とが任命される．そして，各代表者の無記名投票によって最も票数を獲得した1名が，バンク・コミッショナーに選出され任命される．各代表者は，自行の払込資本金の総額に基づいて票数が割り当てられ，払込資本金5,000ドルにつき1票が与えられる．票数の分与の基準となる，各州法銀行における払込資本金の総額は，各代表者がこの会合の開催時に提出する，当該の州法銀行の頭取と出納係とによって作成された「宣誓供述書」に基づいて確定される．バンク・コミッショナーが任命されたことを示す証明文書は，上述の議長と書記によって署名され，州当局において保管される（以上，20条）．
残り1名のバンク・コミッショナーは，上記と同じ手順で，第IV・V・VI・VII・VIIIの各上院選挙区に所在の各州法銀行がそれぞれ代表者を選出し，Auburn Village において代表者大会を開催して選出・任命される

---

[6] Bodenhorn [2002] p. 167.

(21条)．バンク・コミッショナーに欠員が生じたときには，上記の選出・任命の手順を経て補充される（22条）．

バンク・コミッショナーは，職務の任期が2年とされる．職務の怠慢や職権の濫用が発覚した場合には，そのバンク・コミッショナーは在職中であっても州知事によって解職されうる（以上，23条）．バンク・コミッショナーの俸給は年棒 1,500 ドルで，年4回に分けて基金の運用益の一部から支払われる（26条，上述の7条も参照）．バンク・コミッショナーは，職務に入る前に，州憲法の下での宣誓を，州書記官や巡回裁判官，それに各地区にある各法廷の各裁判官の前でそれぞれ行う．州書記官は，バンク・コミッショナーによる宣誓から10日以内にその宣誓の内容を州当局に記録保存する旨を証明する（以上，24条）．

(d) 業務規制

最後に 27 条から 35 条までは，1829 年州法に従われる各州法銀行ならびにその株主について，業務運営や態様をめぐる規制が施されている．既述のように（本篇の第1章2.3項を参照），これらの規制は，1827年州法において規定されたものの問題となっていた「銀行株主の個人責任」について，その項目の削除と引き換えにより厳格に規定されたものである．

まず，各州法銀行における発券総額が，払込資本金の総額の 2.5 倍から 2 倍に当たる金額分までに縮減される．さらに各州法銀行における割引・貸付総額は，払込資本金の総額の 3 倍に当たる金額分から 2.5 倍までの金額分に縮減される（以上，27条）．各州法銀行は，要求払いや無利子のものしか発券してはならない（35条）．この規定に基づいて，当時市中を混乱させていたポスト・ノート（将来の一定期日に支払いが約束された手形）の発行が禁止された[7]．加えて，各州法銀行が以下に掲げるような事態に陥った場合，各州法銀行はバンク・コミッショナーによって裁判所に告発され，裁判所によって内実が解明される．(1) 発券総額の上限に係る規定を犯した場合．(2) 州収入役に対して納付が義務付けられている年毎の課徴金を滞納警告から3ヶ月

---

7) ポスト・ノートの発行禁止という施策は，それだけで 1827 年州法の全規制を凌駕するほどの高い実効性を帯びる規制力を示すものとなった（Cleaveland [1864] p. xliv）．

経っても納めない場合．(3) 払込資本金の半分以上が消失した場合．(4) 支払い請求に対して正貨による支払いを90日間停止させた場合．(5) 当該の州法銀行が提出した宣誓書に基づいたバンク・コミッショナーによる監査を，当該の州法銀行の役員達が認めない場合（以上，28条）．なお，バンク・コミッショナーによる監査を欺く意図で，自行の業況報告や帳簿記入を改ざんして誤った内容の書類を提出したすべての役員・行員・代理人は，重罪とされ，3年以上10年以下の懲役に科される（以上，29条）．

各州法銀行は，貸付・割引業務を行う前に資本金を申請通りに正貨によって全額払い込む．資本金の払い込みは，宣誓書の提出を基にその内容をバンク・コミッショナーが承認して証明される．今後において特許が更新される州法銀行は，更新から1年以内に資本金を全額払い込むこととし，この払い込みをバンク・コミッショナーが確認する．また，特許が更新される州法銀行は，更新の時点で，実際に払い込まれた資本金の総額を下回らない程度まで減資が認められる．特許の更新から1年以内に減資を行った州法銀行は，減資分の総額が記載され署名された証明書を州監督官に対して提出する（以上，34条）．

各州法銀行は，通常の業務の過程で行われた貸付・割引に対して，既定のあるいは今後規定される法定金利を取得することができる．ただし法定金利の取得の対象となるのは，割引の時点から63日を満期とする手形や，受取ないし割引の時点から63日までの銀行券となる．これらの手形や銀行券については，6%以上の金利の取り立てや授受を認めない（以上，33条）．既述のようにこの条項は，1829年州法の法案への反対勢力を分割させる契機となった規定である（本篇の第1章2.3項を参照）．

1827年州法において規定された「銀行株主の個人責任」は，本法に従われる各州法銀行に対しては適用されない．本法に従われる各州法銀行の役員達は，株主に対する責任を負う（以上，30条）．各州法銀行による報告書の提出先は，これまでの州監督官ではなくバンク・コミッショナーとなる（31条）．各州法銀行の株主は，バンク・コミッショナーへの任命が禁じられる．バンク・コミッショナーは，直接ないし間接に銀行株を購入したりそこに携わったりしてはならない（以上，32条）．

なお，1829年州法に従われる各州法銀行への業務規制に関しては，上記した一連の規定のほか，銀行税が各州法銀行に対して課せられるのではなく，各州法銀行の株主が保有するそれぞれの株式に対して課されることとなった[8]．各州法銀行に対する一連の業務規制の規定とその実施は，ニューヨーク州においてこれまで悩まされ続けてきた，銀行経営をめぐる「悪弊」の顕在化を抑制することに多少なりとも貢献されることとなる．

1.2 セイフティ・ファンドの政治的含意

1829年4月2日に施行された州法，通称セイフティ・ファンド法は，原案者のJoshua Formanや，立法化に尽力した政治・政策集団Albany Regencyにも信頼される内容を具備したものであった[9]．Martin Van Buren州知事は，セイフティ・ファンド法が成立したあと僅か数週間のうちに辞任する．そして，ニューヨーク州において成立させたセイフティ・ファンドを実績に連邦へと活躍の場を移し，州主権を最大限に尊重した連邦の統治を掲げるAndrew Jackson連邦政権に入閣する．周知のようにMartin Van Burenは，その後の1832年からの第2次Andrew Jackson連邦政権において副大統領を務め，さらに1836年からは後継の連邦大統領に就任し4年に渡って連邦政権を担うこととなる．

これまで本書において解明されてきたように，セイフティ・ファンドという仕組みは，2つの相克を解決することを前提に，ニューヨーク州における通貨・信用秩序や銀行制度をより頑強にすべく導入されたものであった．2つの相克とは，「連邦と州との相克」と「州域間の相克」である．セイフティ・ファンド法は，政治・経済の両面においてニューヨーク州の自立を謳うニューヨーク州民主党の中枢となっている，政治・政策集団Albany Regencyの後援によって成立した．Martin Van Buren州知事が演説において弁明していたように，ニューヨーク州の発展は銀行業の発展なしではありえないが，連邦法に基づいて州際的に業務を展開する合衆国銀行には依存しえない（本篇の第1章2.2項を参照）．また，合衆国銀行が業務を州際的に拡張す

---

8) Knox［1903］p. 405. Myers［1931］p. 84. Bodenhorn［2002］pp. 159-160.
9) Hammond［1957］p. 558.

るということは，合衆国銀行の本店が置かれている都市，ペンシルベニア州 Philadelphia における金融上の利害の拡張をも意味することになる．他方で，独自に発展を遂げるニューイングランド諸州の要衝たる都市，Boston との利害関係も顕在化することになる．こうした背景から，アメリカの東部大西洋岸に位置する主要都市 Philadelphia や Boston に対抗するうえで，New York City の，ひいてはニューヨーク州の政治・経済の両面における地位の向上が求められる．こうした2つの相克の解決を通じてニューヨーク州のステータスを向上させるために，「開発事業による必要な資本・資金の供給」と「信用ないし銀行制度の健全性の維持」とを両立可能にさせうるための制度として，ニューヨーク州においてセイフティ・ファンドが誕生してきたというわけである．

　以上のような複雑な存立背景を有したセイフティ・ファンドという仕組みは，州の主権を最大限に尊重した連邦統治を掲げて合衆国銀行の存否を重要な政治問題（いわゆる Bank War（銀行戦争））として全米に投げかけた，Andrew Jackson 連邦政権を後援するうえでの政治的な象徴とみなされてゆく．つまり，金融という特殊な業務分野における連邦の介入に向けた具体的な対抗物として，ニューヨーク州において独自に拵えられたセイフティ・ファンドの政治的な意義が全米の各地において認知されていったのである．では，上記の2つの相克を巻き込んだ合衆国銀行とニューヨーク州の各州法銀行との間の確執，いわばニューヨーク州においての"Bank War"というのは，いったいどのような背景を踏まえ醸成されてきていたのか．

　まず，連邦法に基づいて連邦政府から特許を受けて州際的に業務を展開する合衆国銀行は，ニューヨーク州においても続々と支店を開設する．New York City のほか，Buffalo と Utica に計3つの支店銀行が開設された．1825年のエリー運河の開通に伴い，運河の流域において経済開発が進み著しく発展する．この発展に連動するかたちで，合衆国銀行が触手を伸ばす．まず，エリー運河を利用して輸送され陸揚げされた諸々の貨物に対して連邦税が掛けられる．そして徴収されたこの連邦税が，上記の3つの支店銀行を通じて合衆国銀行にすべて振り込まれる．エリー運河の利用が急増すると共に，合衆国銀行に振り込まれる連邦税の総額もまた増えてゆく．振り込まれ

る連邦税の総額は，年に1,200万ドルから1,500万ドルにも及んだ．さらに，ニューヨーク州に所在のこの3つの支店銀行は，振り込まれた莫大な額の連邦税をすべて，本店銀行のあるペンシルベニア州Philadelphiaに移管した．Philadelphiaはニューヨーク州に隣接するペンシルベニア州の州都でもあり，ニューヨーク州やNew York Cityにとってみれば極めて有力な競争相手である．したがって，ニューヨーク州域内において連邦税として徴収される莫大な連邦資金は，合衆国銀行にその取り扱いが独占されて競争相手のペンシルベニア州Philadelphiaにすべて送金されてしまうという，ニューヨーク州にとっては極めて不都合な構造が横たわっていたのである[10]．

さらに合衆国銀行は，連邦法に基づいて6%の割引率でもって商業手形の割引事業を全米各地において一律に行っていた．他方でニューヨーク州に所在の各州法銀行は，州法に基づいて7%の割引率でもって商業手形の割引事業を行わざるをえなかった．7%以下の割引率で事業を行うということが，州法の規定に違反することになるために不可能だったのである．このように，交易の活発化が著しく利益の獲得や事業展開の機会が著しく増えてきていたエリー運河流域において，連邦法に基づいた銀行と州法に基づいた銀行との，利益の獲得競争をめぐる不平等性が横たわっていたのである[11]．

そもそも合衆国銀行は，独立戦争に伴う全米におけるインフレと通貨価値の不安定性とをおもに管理する目的で，独立後の1791年に創設された．連邦議会によって承認され連邦法に基づいて連邦政府から交付された特許（20年の有効期限）を基に，州際的に事業を展開してゆく．だが，銀行業の介入をめぐる連邦と各州との対立が進むなか，州統治の裁量性を重視したいわゆる州権主義の考え方が台頭し，州権主義者が連邦議会の過半を占め，連邦政権を握るに至る．この結果，1811年，合衆国銀行の特許の更新が連邦議会において否決され，合衆国銀行は消滅する．ところが，米英戦争を経て全米にインフレと通貨価値の不安定性とが再び現れることになると，1816年に今度は州権主義者の手によって合衆国銀行が再び創られることになる．再建されたいわゆる第2次合衆国銀行は，その第3代総裁に就任したNicholas

---

10) Hubbard [1995] p. 87.
11) Hubbard [1995] p. 87.

Biddleの方針と豪快な手腕によって，連邦単位においての通貨・信用秩序を統轄する主体，すなわちアメリカ合衆国の中央銀行としての性格を強く帯びてくることになる．第2次合衆国銀行を通じた，銀行業において連邦から各州に介入を行うという施策は，まさにここから発生していたのである．こうした第2次合衆国銀行の介入に対する各州の当局や銀行業界からの反発が，"Bank War"すなわち「銀行戦争」と呼ばれる，合衆国銀行の存否をめぐる連邦側と各州側との政争の根源である．第2次合衆国銀行を通じた銀行業における連邦の州に対する介入の姿勢に，Martin Van Buren州知事は「合衆国銀行は合法的な侵害を行う「開拓者」だ」と激しく非難する．そして彼はセイフティ・ファンドの創設に尽力した．これに対し第2次合衆国銀行のNicholas Biddle総裁は，こう反発する．「合衆国銀行は中央銀行として各種の州法銀行券の額面通りの価値を維持することにただ義務を果たすのみである．それなのに，経営上の悪弊によって権力が濫用のために開かれている．ジャクソン主義者は，合衆国銀行がその「開拓者」に容易になることを懸念している」と[12]．

　"Bank War"のさなか，Andrew Jackson連邦政権は，中央集権的な組織性を帯びた合衆国銀行に代わる連邦単位の銀行制度に係る構想を練り始める．そこで1833年に「ペット・バンク制」が生み出された．「ペット・バンク制」とは，第2次合衆国銀行が抱える正貨などの債権総額を，第2次合衆国銀行を消滅させたうえで，Andrew Jackson連邦大統領が直接指名した複数の州の複数の州法銀行に分散させる，という仕組みである．この「ペット・バンク制」の構想が創出される背景に，実はニューヨーク州におけるセイフティ・ファンドの実績が絡んでいた．運営をめぐる主体・方針・規模の異なる全米各地の商業銀行を，相互責任の原則に基づいて連帯させるためにはどうしたらよいだろうか．ここで，セイフティ・ファンドにおいて見受けられた，保険原理に基づいた商業銀行どうしの間における相互責任の原則という仕組みが，「ペット・バンク制」の構想においてまさに参考にされたのである[13]．

---

12) Hubbard [1995] p. 87.
13) Redlich [1947] p. 95. なおJohn A. Hamiltonは，第2次合衆国銀行に代わる機関

このように，金融に係る統治をめぐり「連邦と各州との相克」と「州域間の相克」が折り重なって激しく揉まれる状況下で，セイフティ・ファンドという仕組みは，ニューヨーク州としての自主独立を連邦ならびに他の諸州に対して顕示するという，政治的な含意を備えたひとつの象徴と化してゆく．それと共にセイフティ・ファンドという仕組みは，Martin Van Buren 州知事によるその後の連邦政権への入閣を介し，南部諸州の後援を基盤に州主権を最大限に尊重した連邦統治を推進する Andrew Jackson 連邦政権にとっても，東部大西洋岸の有力州からの後援を特徴付ける具体的な所産として，政治的な意義を持ち始めることになるのである．

1.3　セイフティ・ファンドの伸展と不安定性の胎動

　連邦や他の諸州に対するニューヨーク州の自主独立の象徴として祭り上げられたセイフティ・ファンドは，1829 年州法の施行と共にその運営が開始されてから 1830 年代にかけて，全米単位における景気の浮揚と共に，順調な伸展を見せることになる．もっとも，ここで言う「順調な伸展」というのは，基金に対し資金の拠出を請求するに至る危機的な事態が表面上は発生しないまま州法銀行の新設が続き，各州法銀行から納付される課徴金による収入が増え続けて基金の残高が着実に伸張する，という意味である．この時期，1829 年州法すなわちセイフティ・ファンド法に基づいて，州法銀行がニューヨーク州域内の各地に簇生する．ニューヨーク州の銀行業が飛躍的な伸展を見せるのに伴い，セイフティ・ファンドの残高もまた潤沢なものとなる．他方で，ニューヨーク州域内における銀行業の伸展は各州法銀行に強気な与信の展開を誘発させ，ニューヨーク州域内の通貨・信用秩序に内在する不安定性もまた胎動させることとなる．以下において，ニューヨーク州域内の通貨・信用秩序の不安定性を孕んだセイフティ・ファンドの伸展をめぐる過程

として「相互責任に基づく銀行間の連合体」の構想を Isaac Bronson に対して打ち明けている．これに対し Bronson が，ニューヨーク州におけるセイフティ・ファンドの基本原理を踏まえた独自の構想がある旨を返事した（Redlich [1947] p. 265）．すでに本書で明らかにされてきたように，John A. Hamilton も Isaac Bronson も，Forman 案をベースとするセイフティ・ファンド原案を具体的な法案へと改訂させることに貢献した人物である（本篇の第 1 章 2.2 項を参照）．

を解析してゆくことにしよう．

　表I-2ならびに表I-3によると，セイフティ・ファンド法が施行された直後である1830年までの時点で，セイフティ・ファンド法に基づいて特許が交付された州法銀行の数は，新規が16行，更新が20行であった．大都市であるNew York Cityに所在の各州法銀行，いわゆる大都市銀行は，セイフティ・ファンド法が施行されてからもセイフティ・ファンドへの反対とセイフティ・ファンド法の下で特許が更新されることへの反対とを，頑なに表明し続ける．大都市銀行によるこの時点においての反対理由は，以下の通りである．すなわち，大都市銀行は，合衆国銀行との利益の獲得をめぐる競争の激化（本章1.2項を参照）を背景に，配当率が地方銀行，すなわちNew York City以外の地域に所在の各州法銀行のものよりも低い状態となっている．それにも拘らず，大都市銀行は高い金利の設定が州法の規定ゆえにできなくなり，セイフティ・ファンドに向けた課徴金の納付が困難になっている，という理由である．

　先に見たように，New York Cityに所在の大都市銀行は，法案審議の段階からセイフティ・ファンドへの批判を露わにしていた．大都市銀行によるこの時の反対理由は，発券総額の差異にも拘らずセイフティ・ファンドの原資として徴収される課徴金が各州法銀行の資本金総額に対して掛けられた点と，通常の業務における割引・貸付事業に関して地方銀行との間に金利の格差が生じていることとにあった（本篇の第1章2.2項と2.3項を参照）．いずれにしても，「セイフティ・ファンドは都市銀行にとって不利な制度である」という認識が，セイフティ・ファンド法が施行されたあともそのまま貫かれたのである．セイフティ・ファンドの立法化に尽力したPaige州下院議員ですら，セイフティ・ファンド法が施行されたあとに，大都市銀行の不利性を認めていた．法案審議の段階でセイフティ・ファンドに対する批判の意を表していた有力紙のN.Y. Evening Post紙も，「セイフティ・ファンド法は都市銀行を破綻に陥らせる」と表明した．同じく法案審議の段階でセイフティ・ファンドに対する批判の意を表していたDickson州下院議員も，以下に掲げるような意見を表明する．

　まず，ニューヨーク州域内の都市のひとつ，Schenectadyに所在のThe

表I-2 セイフティ・ファンド法の下で特許の更新を受けた州法銀行

特許交付年度	特許期限年度	銀行名	資本金総額(万ドル)
1829年	1855年1月1日	Bank of Albany	24
1829年	1850年1月1日	Bank of Auburn	20
1829年	1853年1月1日	Bank of Catskill	15
1829年	1855年1月1日	Central Bank of Cherry Valley	12
1829年	1856年1月1日	Bank of Chenango of Norwich	12
1829年	1853年1月1日	Farmers' Bank of Troy	27.8
1829年	1853年1月1日	Bank of Geneva	40
1829年	1854年1月1日	Jefferson County Bank of Watertown	20
1829年	1853年1月1日	Mechanics' & Farmers' Bank of Albany	44.2
1829年	破綻(1829年)	Middle District Bank	50
1829年	1853年1月1日	Mohawk Bank of Schenectady	16.5
1829年	1851年1月1日	Bank of Newburgh	14
1829年	1851年1月1日	N.Y. State Bank of Albany	36.86
1829年	1856年1月1日	Ontario Bank of Canandaigua & branch of Utica	50
1829年	1853年1月1日	Bank of Troy	44
1829年	1850年1月1日	Bank of Utica	60
1831年	1853年1月1日	Bank of America of NYC	200.12
1831年	1852年7月1日	City Bank of NYC	72
1831年	1855年1月1日	Mechanics' Bank of NYC	200
1831年	1853年1月1日	Bank of N.Y. of NYC	100
1831年	1857年1月1日	Merchants' Bank of NYC	149
1831年	1855年1月1日	Trademen's Bank of NYC	40
1831年	1853年1月1日	Union Bank of NYC	100
1831年	1854年1月1日	Phoenix Bank of NYC	150
1832年	1855年7月1日	Bank of Lansingburg	12
1832年	1862年1月1日	Bank of Orange County	10.566
1836年	1845年7月1日	Dutchess County Bank	60
1839年	1845年7月1日	Long Island Bank of Brooklyn	30
1839年	1845年7月1日	Bank of Rochester	25
		総計(29行)	1,635.05

注:特許の有効期限を迎えた州法銀行は,逐次自由銀行制度の下で特許が更新されていった.
出所:Root [1895a] pp. 290-291 を基に筆者作成.

Mohawk Bank の特許の更新をめぐる論議において,彼は「セイフティ・ファンド法は地方銀行に比して都市銀行に不都合なものである」と表明する.しかしながらその後,New York City に所在の The Union Bank of N. Y. の特許の更新をめぐる論議において,彼はこう意見する.すなわち,「当初法案には反対するも結局賛成に回ったのは,反対勢力と和睦する見通しが

表 I-3　セイフティ・ファンド法の下で新規に特許が交付された州法銀行

特許交付年度	特許期限年度	銀行名	資本金総額（万ドル）
1829 年	1857 年 7 月 1 日	National Bank of NYC	75
1829 年	破綻（1848 年）	Canal Bank of Albany	30
1829 年	1852 年 1 月 1 日	Bank of Genesee of Batavia	10
1829 年	1850 年 1 月 1 日	Bank of Ithaca	20
1829 年	剥奪（1837 年）	Lockport Bank	10
1829 年	1854 年 1 月 1 日	Merchants' & Mechanics' Bank of Troy	30
1829 年	1849 年 6 月 4 日	Merchants' Exchange Bank of NYC	75
1829 年	1850 年 1 月 1 日	Bank of Monroe of Rochester	30
1829 年	1859 年 1 月 1 日	Ogdensburg Bank	10
1829 年	破綻（1840 年）	Wayne County Bank of Palmyra	10
1829 年	1859 年 6 月 14 日	Bank of Whitehall	10
1830 年	1853 年 1 月 1 日	Butchers' & Drovers' Bank of NYC	50
1830 年	1855 年 6 月 4 日	Greenwich Bank of NYC	20
1830 年	1855 年 6 月 12 日	Hudson River Bank of Hudson	15
1830 年	1855 年 7 月 1 日	Livingstone County Bank of Genesee	10
1830 年	1857 年 1 月 1 日	Mechanics' & Traders' Bank of NYC	20
1830 年	1854 年 1 月 1 日	Onondaga County Bank of Syracuse	10
1830 年	1854 年 1 月 1 日	Otsego County Bank of Cooperstown	10
1830 年	1858 年 1 月 1 日	Bank of Poughkeepsie	10
1830 年	1857 年 1 月 1 日	Saratoga County Bank of Waterford	10
1831 年	1855 年 1 月 1 日	Broome County Bank of Binghamton	10
1831 年	破綻（1841 年）	Bank of Buffalo	20
1831 年	1860 年 1 月 1 日	Chautauqua County Bank of Jamestown	10
1831 年	1858 年 1 月 1 日	Madison County Bank of Cazenovia	10
1831 年	1857 年 1 月 1 日	Montgomery County Bank of Johnston	10
1831 年	破綻（1842 年）	Oswego County Bank	15
1831 年	1860 年 1 月 1 日	Tanners' Bank of Catskill	10
1831 年	1861 年 6 月 1 日	Ulster County Bank of Kingstone	10
1831 年	破綻（1857 年）	Yates County Bank of Penn Yan	10
1832 年	1860 年 1 月 1 日	Brooklyn Bank	20
1832 年	1862 年 1 月 1 日	Essex County Bank Keeseville	10
1832 年	1862 年 6 月 1 日	Leather Manufacturers' Bank of NYC	60
1832 年	1866 年 1 月 1 日	Bank of Rome	10
1832 年	1862 年 1 月 1 日	Bank of Salina	15
1832 年	1862 年 1 月 1 日	Schenectady Bank	15
1832 年	1862 年 1 月 1 日	Steuben County Bank of Bath	15
1833 年	1863 年 1 月 1 日	Cayuga County Bank of Auburn	25
1833 年	1863 年 1 月 1 日	Chemung Canal Bank of Elmira	20
1833 年	1863 年 1 月 1 日	Herkimer County Bank of Little Falls	20
1833 年	破綻（1854 年）	Lewis County Bank of Martinsburg	10
1833 年	1863 年 1 月 1 日	Seneca County Bank of Waterloo	20
1833 年	1863 年 1 月 1 日	Seventh Ward Bank of NYC	50
1833 年	1863 年 1 月 1 日	Troy City Bank	30
1833 年	1863 年 1 月 1 日	Westchester County Bank of Peekskill	20

(表I-3)

特許交付年度	特許期限年度	銀行名	資本金総額（万ドル）
1834年	1864年1月1日	Albany City Bank	50
1834年	破綻（1841年）	Commercial Bank of Buffalo	40
1834年	破綻（1841年）	Commercial Bank of NYC	50
1834年	1864年1月1日	Farmers' & Manufacturers' Bank of Poughkeepsie	30
1834年	1864年1月1日	Highland Bank of Newburgh	20
1834年	破綻（1842年）	Lafayette Bank of NYC	50
1834年	破綻（1857年）	Bank of Orleans of Albion	20
1834年	破綻（1857年）	Sacket's Harbor Bank（Reciprocity Bank）	20
1836年	1866年1月1日	Atlantic Bank of Brooklyn	50
1836年	破綻（1840年）	City Bank of Buffalo	40
1836年	破綻（1842年）	Clinton County Bank of Plattsburg	20
1836年	破綻（1841年）	Commercial Bank of Oswego	25
1836年	1866年1月1日	Kingston Bank	20
1836年	破綻（1842年）	Bank of Lyons	20
1836年	1866年1月1日	Oneida Bank of Utica	40
1836年	1866年1月1日	Bank of Owego	20
1836年	1866年1月1日	Rochester City Bank	40
1836年	1866年1月1日	Bank of the State of New York of NYC	200
1836年	1866年1月1日	Tompkins County Bank of Ithaca	25
1836年	破綻（1842年）	Watervliet Bank	25
		総計（64行）	1,715

注：特許の有効期限を迎えた州法銀行は，逐次自由銀行制度の下で特許が更新されていった．
出所：Root［1895a］pp. 290-291を基に筆者作成．

出たことと，既存の法制度よりも望ましい状態が期待されたこととにある」と．そして彼は，セイフティ・ファンド法の下で州法銀行における特許の交付をめぐる審議が厳格になった点を評価したうえで，New York Cityに所在の幾つかの都市銀行が特許を交付されるその公正性や合理性を説明する．そのうえで彼は，都市銀行が地方銀行よりも一般に低い配当率になっている理由を「管理のための支出が莫大なこと」・「発券の利用が限られていること」・「兌換による還流が迅速なこと」にあると指摘した．続けて彼は，セイフティ・ファンドの原資となる課徴金の納付によって大都市銀行の利益構造がさらに圧迫し，将来の利益期待を見限って株主が撤退する可能性とさらなる正貨の保蔵が必要であることとを示唆したのである[14]．

---

14) Chaddock［1910］pp. 269-270.

商都 New York City に所在の都市銀行，いわゆる大都市銀行は，上述のようなセイフティ・ファンドへの反対表明に加えて「株主に対する銀行役員の個人責任」についても，1827 年州法においてそれが条項として規定されて以来，批判を続けていた．既述のように，同じく 1827 年州法において規定されていた「株主自身の個人責任」については，1829 年州法すなわちセイフティ・ファンド法によって削除された（本篇の第 1 章 2.3 項を参照）．だが「株主に対する銀行役員の個人責任」の規定については，依然として継続されたものになっていた．この点に対する大都市銀行による反対の意思表示は，実を結ぶこととなる．1830 年 3 月 30 日に，「株主に対する銀行役員の個人責任」に係る規定は完全に撤廃されたのである[15]．

　しかしながら，セイフティ・ファンド法の下で自行の特許を更新することに関する大都市銀行による反対の意思表示のほうについては，実を結ばなかった．セイフティ・ファンド法が施行された直後の 1829 年中に，地方銀行にあたる The Middle District Bank と The Columbia Bank とが破綻する．The Columbia Bank は 1793 年に創設された老舗の州法銀行で（表 I-1 を参照），セイフティ・ファンド法の下での特許の更新がまだ済まされていない，旧制度すなわち 1829 年州法よりも前の州法の下で統轄されていた州法銀行である．The Middle District Bank は，セイフティ・ファンド法の下で特許の更新を受けたあと，セイフティ・ファンドに向けて最初の課徴金の徴収が行われる前に破綻した[16]．

　セイフティ・ファンド法が施行されて間もないいわば過渡期に生じてしまった両行の破綻処理については，ひとまず，セイフティ・ファンド法に則った措置が採られた．まず，バンク・コミッショナーが委員会を開催して両行に対し営業停止命令を出す．そして両行を清算する作業を行うために，州監督官によって管財人が任命された[17]．ただし，この時はセイフティ・ファ

---

15) Chaddock [1910] pp. 255, 271.
16) Root [1895a] p. 291. Chaddock [1910] p. 270. なお，当時 New York City にいた有力な銀行家 Albert Gallatin は，「1830 年以降 2 行が解散した」と示している（Gallatin [1841] p. 58）．だが本書の展開に基づいて厳密に言えば，「1829 年以降 2 行が解散した」のである．
17) Bodenhorn [2002] p. 160.

ンドすなわち基金からの拠出はなかった．なぜなら，セイフティ・ファンド法に基づいた各州法銀行から課徴金が徴収され集められることになるのは1831年からであったため，基金そのものがまだ存在していなかったからである．州法銀行の破綻処理に係るこれら一連の事態は，旧制度に対する不信とセイフティ・ファンド法の支持とを社会的に惹き起こす契機となった．セイフティ・ファンド法の存続反対を唱える勢力にとっては，逆風をもたらす事態となったのである．かつてセイフティ・ファンド法の成立に強い影響力を行使してきた政治・政策集団 Albany Regency は，セイフティ・ファンドに反対して特許の有効期限が間もなく切れる全部で 31 の州法銀行に対し，「近い将来，以前の古い条件の下で特許の更新を考えてはならない」と，強い態度で説得に出る．有力ながらも一介の政治・政策集団に過ぎなかった Albany Regency がこうした強い態度に出ることのできた要因のなかには，既述のように，この政治・政策集団の主導者である Martin Van Buren を連邦政権に入閣させたという猛烈な勢いと崇高な自負心があったことが考えられる（本章 1.2 項を参照）．

説得を受けた 31 の州法銀行は，すべて Albany Regency の説得に応じ納得させられるに至った[18]．前掲の表 I-2 および表 I-3 によると，結局，1831年中にセイフティ・ファンド法に基づいて特許の交付を受けた州法銀行は，17 行にのぼった．内訳は，新規に特許が交付された州法銀行が 9 行，特許が更新された州法銀行が 8 行である．特許を更新した 8 行は，これまで頑なにセイフティ・ファンドを拒んできた，商都 New York City に所在の 8 つの大都市銀行であった．

1832 年の時点でセイフティ・ファンド法に基づいて特許の交付を受けたのは，新規の州法銀行が 7 行，特許を更新した州法銀行が 2 行の計 9 行にのぼった（表 I-2 および表 I-3 を参照）．1832 年 1 月に提出されたバンク・コミッショナーの報告書によると，1832 年 1 月の時点で，セイフティ・ファンド法に基づかれた諸々の州法銀行の資本金総額が急増する．その総額は 629万 4,600 ドルから 1,885 万 6,800 ドルへと，およそ 3 倍増となった．また，

---

18) Hubbard［1995］pp. 76-77.

商都 New York City のある第Ⅰ上院選挙区を除いたニューヨーク州域内の各地区の州法銀行による発券総額は，450万8,056ドル（1829年1月1日の時点）から862万2,277ドル（1832年1月1日の時点）へと，ほぼ倍増した．New York City や州都 Albany に所在のいわゆる都市銀行においては，通常の業務の過程で受け取った手許の各種銀行券を早期に兌換し，チェック機能も強められるなどして，発券は抑制されたものになっていた．他方，上記以外の地域に所在のいわゆる地方銀行においては，法定限度を超えた配当利回りを出して以降，投機を目的とした，新規の州法銀行の株式を購入することが増え始めていた[19]．

　この時期，ニューヨーク州の特に地方銀行による発券や投資が拡大した原因については，当時のバンク・コミッショナーによって3点指摘されている．第1点は，エリー運河事業をめぐる投資や与信の拡大である．運河事業を司るエリー運河公社がニューヨーク州域内の各州法銀行に預託した預託金の総額は，実に200万ドルに達していた．第2点は，新規の州法銀行の増設とそれに伴う銀行株の売買取引の増大である．新規の州法銀行の株式は，ニューヨーク州のみならず他の諸州の投資家からも有力な利得の対象と目された．特に他の諸州の投資家に対しては，セイフティ・ファンドという仕組みに下支えされたニューヨーク州法銀行制度の安定性が前面に出されるかたちで，新規のニューヨーク州法銀行の発行済み株式の購入が勧められた．ニューヨーク州の投資家は，新規のニューヨーク州法銀行の株式に関する取得需要の高さを見込んで，転売益を目当てにその株式の購入に躍起となる．第3点は，各州法銀行からの融資をもとにした，各種企業による貿易の拡大が生じたことである[20]．

　このように，新規の州法銀行の増設やその増設に伴う発行済み株式の投機的な売買，それに各州法銀行による投機的な経営方針や経営活動への傾斜といった事象が懸念されそうした事態を踏まえたうえで，バンク・コミッショナーの報告書においては，各州法銀行における正貨準備の総額がマクロベースでこれまでの歴史的な水準を下回っていることが強調される．そして，輸

---

19) Knox［1903］pp. 405-406. Chaddock［1910］p. 275.
20) Knox［1903］pp. 405-406.

出のための支払い手段としての金需要の高まりが各州法銀行の業態を抑圧しているという点が踏まえられたうえで，まず，ニューヨーク州法銀行の全体で合法的に発券可能な総額は5,000万ドルであると見積もられる．この見積もり額は，セイフティ・ファンド法に則って，各州法銀行の発券総額が各州法銀行の資本金総額の2倍を上限にするものと規定されている点に基づく．これに対し，各州法銀行が保有する正貨の総額は1,400万ドル程度に過ぎないものと示される．そのうえで，正貨による支払いの全面停止が生ずることになれば大変なことになってしまう，と報告書において警告された[21]．

州法銀行をめぐる投機的な経営や投機的な発行済み株式の売買，それに，州法銀行における発券総額に対する正貨準備の比率が総じて低減しているという，ニューヨーク州域内の通貨・信用秩序の不安定性の胎動に対するバンク・コミッショナーの懸念と警告は，1837年5月の世界恐慌が波及する時期まで発し続けられた．表I-3によれば，1833年から1836年までの間に，セイフティ・ファンド法に基づいて新規に特許が交付された州法銀行は実に28行にものぼり，州法銀行の簇生と増殖がニューヨーク州域内において進んでいたのである．

1833年の報告書において，バンク・コミッショナーは，恐慌や不況の折に信用危機が生じてしまう可能性を州議会に訴える．またバンク・コミッショナーは，州法銀行の機能について，融資を行うよりもむしろ健全な通貨の供給に正当性があることを主張する．そのうえで，発券銀行と預金銀行とを区別して考えること，いわゆる地方銀行で割り引かれる商業手形が融通手形と化してしまうことに対する懸念についても，バンク・コミッショナーは指摘した．翌1834年のバンク・コミッショナーに対する報告書においては，法定限度を超えた過度の発券によって投機的な与信を行う行為が，特に都市部以外の地域の州法銀行，いわゆる地方銀行において横行していることが明示される．そのうえでバンク・コミッショナーは，商取引の需要に見合った

---

21) Bodenhorn［2002］によれば，1827年から1832年までの5年間でニューヨーク州法銀行の全体における債務総額（銀行券債務＋預金債務）に対する正貨準備の比率は，実に14％に落ち込んだ．この割合はペンシルニア州法銀行の全体における同じ比率の半分以下に過ぎないものであった（Bodenhorn［2002］p. 160）．

通貨の供給を訴えると共に，商取引の増大を目論んだ投資を増やすための通貨の供給を戒める．そして州法銀行に対する需要の増大については，州法銀行の新設ではなく既存の州法銀行による増資で対処することを勧告する．総じて，通貨の供給の追加的な増大を最低限度に抑えつつ必要な資本をニューヨーク州域内の各地に供給できるようにすることと，新規の州法銀行に特許をどんどん交付するよりも既存の各州法銀行の経営体力を増強することとがその報告書において謳われたのである[22]．

法定限度を超えた過度の発券を通じて投機的な与信を行う地方銀行が増えた，という上掲のバンク・コミッショナーの報告を受けて，都市部に所在の各州法銀行は1834年に重大な決断をする．すなわち，各種の地方銀行券の受け取りを拒否し，従来の兌換の方法を変更したのである．これまで，都市部の各州法銀行による地方銀行券の兌換は，発行元である各地の州法銀行が都市部の州法銀行に置いた残高を基に，小切手で決済するという方式であった．ところが，正貨の逼迫が懸念されるようになり始めた1834年以降，都市部の各州法銀行が各発行元に対して発行銀行券を額面通りに正貨と兌換することを直に迫るようになった．都市部の各州法銀行が地方銀行券への対応を変更したことによって，地方銀行券に対する信用貨幣としての信認が失墜することが懸念されるようになる．都市部で未決済のまま市中に滞留する地方銀行券は，ブローカーなどを通じて額面から大幅に割り引かれた取引が施され，減価した．しかしながら，発行元の各地方銀行が窓口において正貨との兌換を額面通りに行うのを拒否しなかったことと，セイフティ・ファンドの仕組みが銀行制度の背後に存在していたことで，州民など公衆の地方銀行券そのものに対する信用貨幣としての信認は，極度の失墜を免れることができたのである[23]．

表I-2および表I-3によると，1835年の時点で，セイフティ・ファンド法に基づいて特許の交付あるいは更新を受けた州法銀行は，実に76行に達した．これらの州法銀行の資本金総額は2,623万1,460ドルに，同じく発券総額は1,446万4,023ドルに達した．他方，これらの州法銀行が保有する正

---

[22] Chaddock [1910] pp. 275-277.
[23] Knox [1903] p. 407. Chaddock [1910] p. 277.

貨の総額は556万1,745ドルに過ぎず，このうち都市部の各州法銀行に置かれた正貨の総額は494万4,877ドルで，州法銀行による正貨準備の殆どがいわゆる都市銀行によるものであった．なお，セイフティ・ファンドの残高は約40万ドルあり，幸いにもこの基金から資金が拠出されざるをえなくなるほどの危機的な事態は，これまでになかった．遊休した状態にあるこの基金の残高は，セイフティ・ファンド法7条に基づいて運用され，その運用益が各州法銀行に対して比例配分されるものとなっていた．他方，セイフティ・ファンド法以外の州法に基づいて特許を交付されている州法銀行の資本金総額は，517万5,000ドルであった[24]．ここから，1829年に制定されたセイフティ・ファンド法に基づいて編成される銀行制度の規模がニューヨーク州域内において次第に大きくなりつつあることが窺われる．また，過去3年における州法銀行による配当率の平均が7.81%であり，特に，いわゆる都市銀行の配当率に比していわゆる地方銀行の配当率が大きいものとなっていた[25]．セイフティ・ファンド法に基づいて特許を受けた各州法銀行は，配当金を申告する際，セイフティ・ファンドに納付する課徴金を損失として勘定するのではなく資金として勘定したのである．

　景気が高揚するなかで，各種産業とそれらを資金面で支える各州法銀行による投機的な与信の拡張とが進む．それと共に，ニューヨーク州域内の通貨・信用秩序の不安定性に対するバンク・コミッショナーの懸念が益々高まることとなる．1835年の報告書において，バンク・コミッショナーは，初めて，このままゆけばセイフティ・ファンドが崩壊してしまう旨を明示した．その理由は，バンク・コミッショナーによれば，まず"Bank War"（銀行戦争）（これについては本章1.2項を参照）の結果として1836年までで第2次合衆国銀行が消滅することが確定し，正貨以外の出納が禁止される旨を記した「正貨回状」が連邦政府によって発布される．さらに，各州法銀行が，州法で規定された限度枠を超えて過度の発券を続ける．それゆえ，支払い不能という事態が連鎖的に波及・浸透してしまうことに基づいて，各州法銀行が自

---

24) Knox［1903］p. 407.
25) Knox［1903］p. 407. なお，この配当率の平均について Chaddock［1910］は 7.31% と示していて，見解の相違が見受けられる（Chaddock［1910］p. 278）．

行銀行券の兌換に際し必要となる正貨を求めてセイフティ・ファンドへの救済申請が殺到し，基金が枯渇してしまうことになる．以上のように予想されたのである．そのうえで，現存する正貨を節約するということを目的に，各州法銀行の業態についてさらなる厳格な規制や指導をバンク・コミッショナーは勧告する．具体的には，5ドル以下の金種の小額面券の発行を禁止することと，資本金総額を超える額の分について発券を禁止すること（現行では資本金総額の2倍を超える額の分の発券が禁止）とが提示された．加えてバンク・コミッショナーは，各州法銀行の株主がその保有株を担保に当該の州法銀行から融資を受ける旨の慣行について，注意を促す．そこから，州法銀行の特許が新規に交付される際に，「業務の開始から1年間は自行の株式を自行の融資の抵当に入れるということを禁止する」旨の条項を各州法銀行の特許の規定条項のなかに挿入するということを提案した[26]．

　バンク・コミッショナーによる「5ドル以下の金種の小額面券の発行禁止」という勧告については，1835年3月31日に州法に基づく規定として具現化される．バンク・コミッショナーによる勧告の段階においては，小額面券の発行総額が約400万ドル，うち正貨との兌換が可能な小額面券の総額は約200万ドルと見積もられていた．また，1834年6月28日付の連邦貨幣法の改定によって，金銀比価が1対15から1対16へと変更されていた．このために，金の珍重や退蔵が予想され，小額面券における正貨との兌換が困難となることが予見された．それゆえバンク・コミッショナーは，「額面1ドルの銀行券を6ヶ月後に，額面2ドルの銀行券を12ヶ月後に，額面3ドルの銀行券を18ヶ月後に，それぞれ廃止する」という勧告を出したのである．この勧告に基づいて成立した州法においては，1835年9月以降は額面2ドル以下の銀行券を，1836年3月以降は額面3ドル以下の銀行券を，1836年9月以降は額面5ドル以下の銀行券を，それぞれ廃止するということが規定された．ところが，こうした小額面券の段階的な発行の停止は，州民ないし公衆からの反発を買うことになる．遂には，この発行停止の措置をめぐる賛否が1836年の州知事選挙をめぐる主要な争点となる．選挙においては小額

---

26) Chaddock [1910] pp. 277-279.

面券の発行停止を推進する現職の William Marcy 州知事が勝利するも，妥協策を提示せざるをえなくなる[27]．結局，1837 年恐慌の波及によって正貨による支払いが全米の殆どの地域で中断された直後の 1837 年 5 月 16 日に，法律が修正されることになる．額面 1 ドルの銀行券は 1838 年 2 月まで，額面 2 ドルの銀行券は 1840 年 7 月 1 日まで，額面 3 ドルと 4 ドルの銀行券は 1841 年 1 月 1 日まで，それぞれ発行が容認されることとなるのである．

さらに 1835 年の州議会の会期中においては，上述した小額面券の発行停止をめぐる措置に加え，あらゆる小切手について交換時におけるプレミアムの取得を禁止する旨の規定が可決された．この規定は，州知事の演説を受けて，州下院の銀行委員会が各州法銀行を調査し，「割引された手形の借り換え時にプレミアムを取る」という悪しき慣行を摑んだことから，この慣行を禁止するために施された．結局，1835 年という年は，景気の高揚と共にニューヨーク州のみならず全米において通貨・信用秩序が弛緩と拡張とを続けるなかで，ニューヨーク州においてはバンク・コミッショナーによる警告が強く打ち出され，州議会も通貨・信用秩序の不安定性への対策を積極的に打ち出したという時期であった．この趨勢が反映されてか，1835 年の州議会の会期中に，セイフティ・ファンド法に基づいて新規に特許が交付された州法銀行は 1 件もなかった（表 I-3 を参照）．

1836 年 1 月の報告書において，バンク・コミッショナーは昨年に引き続いて，各州法銀行の株主がその保有株式を担保に当該の州法銀行から融資を受けるという慣行について，警告を発した．主要な投資対象としての銀行株式の魅力が増すにつれ，転売を目的とした銀行株式の取引のために資金を借入して，自らの融資の返済のために当該の州法銀行を食い物にする輩が増えたためである．この警告に加えて，各州法銀行における州法の規定を超えた額の発券に対する警告もまた示される[28]．さらに，いわゆる地方銀行による抵当融資が増え，農業融資と他の融資との峻別が成されないまま銀行信用が拡大したという事態が，報告書において述べられた[29]．1820 年代から

---

27) この州知事選挙において対立候補として名を挙げた Seward 候補は，「Little Bill Seward」と評された（Knox [1903] p. 407）．
28) Chaddock [1910] p. 279.

表 I-4　ニューヨーク州の銀行資本金の総額

(単位：米ドル)

	1826 年	1836 年
第 I 区	19,070,000	21,861,200
第 II 区	1,450,000	1,295,660
第 III 区	3,535,000	4,304,600
第 IV 区	0	500,000
第 V 区	1,400,000	1,630,000
第 VI 区	400,000	990,000
第 VII 区	1,300,000	1,930,000
第 VIII 区	250,000	1,750,000

出所：Chaddock [1910] p. 274.

1840年代にかけて，ニューヨーク州における主要な産業は依然として農業であり，各州法銀行は農業融資を事業の柱としていたのである[30]．

1826年の時点と1836年の時点とにおいて，ニューヨーク州における銀行資本金の要求総額を8つの上院選挙区ごとに並べて比較したのが，表I-4である（8つの上院選挙区の区域については，図I-1を参照）．このうち銀行資本金の要求総額が高い区域は商都 New York City のある第 I 上院選挙区であり，続いて州都 Albany のある第 III 上院選挙区である．両選挙区における銀行資本金の要求総額についての高い伸びは，1836年に第2次合衆国銀行が消滅したことと関係する．第 II 上院選挙区は近隣の商都 New York City に大規模の州法銀行が集中して存在していることの影響を受けて，第 IV 上院選挙区は未発達の区域のために，銀行資本金の要求総額がそれぞれ伸び悩む．注目すべきは，郊外の第 V・VI・VII・VIII 上院選挙区で銀行資本金の要求総額が著しく伸びているという点である．これは，西漸運動を背景とした土地開発をめぐる投機に対する州法銀行の融資が増えたことに由来した[31]．いわゆる地方銀行による抵当融資は，農業に対する融資に加えて土地開発・転売に対する融資にも及び，激増する．1832年から1836年までの間に，セイフティ・ファンド法に基づいて特許の交付を受けたすべての州法銀行につ

---

29)　Bodenhorn [2002] p. 165
30)　Bodenhorn [2002] によれば，1830年から1837年にかけて農産物価格が年率で4.64% 上昇した（物価全体では年率で2.93%）．農場主は，銀行融資を介した生産の拡張による相対価格の上昇に反応していたのである（Bodenhorn [2002] p. 165）．
31)　Chaddock [1910] pp. 282-283.

いて，割引・貸付総額は 182% も増え，資本金総額は 141% も増えた．借入資本金の総額は，州法の規定に基づいた限度枠（各自の資本金総額の 250%）に対して，235% という高い水準の限度枠内で推移した[32]．

1836 年の州議会の会期中，銀行業に係る特許の交付申請が 93 行にまでのぼり，州法銀行の創設はかつてないほどの盛り上がりを見せることになる．だが，州知事と州議会は，州域内における投機的な銀行融資の増長に対する懸念から，特許を与えて新規の州法銀行を増設することよりも既存の各州法銀行の増資を進めることを優先するという立場を採った．結局，この会期の州議会においては，12 の新規の州法銀行に対する特許の交付と既存の 2 つの州法銀行に対する増資とが認められた．これらの認可に係る票決は，州上院・下院共に賛成多数によるものであった．州下院議会においては 96 対 24 から 88 対 29 までの票決の範囲で，州上院議会においては 24 対 3 から 22 対 6 までの票決の範囲といった，圧倒的な賛成多数で決められたのである[33]．増資が認可された 2 行のうち，The Dutchess County Bank（資本金総額が 15 万ドルから 60 万ドルへと 45 万ドル分の増資が認められる）は，1829 年にセイフティ・ファンド法が制定される以前に特許が交付されていた州法銀行であった．だが，特許の有効期限をあと 9 年残した状態にあったもののその有効期限の延長は認められないという条件が付き，セイフティ・ファンド法に基づいて特許が更新されるかたちとなった[34]．

1829 年にセイフティ・ファンド法が制定されてから 1836 年までの間に，セイフティ・ファンド法に基づいて特許が新規に交付されたり特許が更新されたりした州法銀行は全部で 91 行にのぼった．大都市である New York City に所在のいわゆる都市銀行に関して言うと，23 行のうち 18 行がセイフティ・ファンド法に基づいて特許が交付されるに至った[35]．1836 年の時点における全 91 行の資本金総額は，実に 3,245 万 460 ドルに及んだ[36]．同

---

32) Bodenhorn [2002] pp. 160–161.
33) Chaddock [1910] pp. 282–284.
34) Root [1895a] p. 290.
35) Myers [1931] p. 84. 佐合 [1999] p. 23.
36) Root [1895a] は，この 91 行の資本金総額について，名目で 3,355 万 1,460 ドルと算定したうえで，おそらく 1839 年に特許が更新された 2 つの州法銀行の資本金総額を

じく全91行の資産総額は，1837年1月の時点で8,244万4,801万ドルに達した[37]．これまで本書において明らかにされてきたように，この間，景気の高揚と共に，自行の株式を担保とする投機的な融資を行う州法銀行や，土地開発や土地の転売に対して抵当融資を行う州法銀行が増えた．そして，ニューヨーク州における通貨・信用秩序や銀行制度そのものにおける不安定性の増大に対して，バンク・コミッショナーによる懸念や警告が続いた．こうした，各州法銀行における投機的な与信の拡張と監査当局によるそうした状況に対する懸念との交錯の先には，セイフティ・ファンドという仕組みそのものを揺るがす重大な局面が待ち受けることとなるのである．

2. セイフティ・ファンドの動揺：1836～1838年

2.1 監査不信の噴出

1837年の州議会の会期中に噴出したのが，銀行監査をめぐる問題である．これまで明らかにしてきたように，1830年代における各州法銀行の投機的な経営活動や各州法銀行の発行済み株式をめぐる不当な割り当ての方法に対し，銀行監査を担当するバンク・コミッショナーは，報告書において度々警告を重ねていた．ところが1836年の後半に，州法銀行の詐欺的な経営事例に関して州議会に申し立てられたことが，バンク・コミッショナーと銀行監査とに対する不信を招くこととなる．この申し立てとは，いわゆる地方銀行にあたる The Jefferson County Bank と The Oneida Bank との増資において，バンク・コミッショナー自身も絡んだ発行済み株式の不当な割り当てがあったとの疑惑についてであった．かねてから，セイフティ・ファンド法に基づいて特許が交付された状態にある各州法銀行の発行済み株式をめぐっ

そこから控除して実質は3,295万1,460ドルであると示している（Root [1895a] pp. 290-291）だが，この数字は誤りだと考えられる．本書に掲載された表I-2と表I-3から，91行の資本金総額は名目で3,350万460ドルである．ここから1839年に特許が更新された2つの州法銀行と破綻した州法銀行（The Middle District Bank）との資本金総額を控除して，実質は3,245万460ドルであるものと考えられる．

37) Bodenhorn [2002] p. 160.

て，転売益を得るための有効な手段として熾烈な獲得競争が生じていた．そして各州法銀行の発行済み株式が，各州法銀行の後援を受けて選出された代議士や代理人，あるいはその仲間達に対して優先的に割り当てられていたことが囁かれていた．時の州知事は，議会演説を通じてこの事態を憂いた．バンク・コミッショナーは，1837年1月の報告書において，「その果実は，公共心を低下させて社会の調和と和睦を破壊する，激しい論争と苦々しい個人的な憎しみとなっている」と強く警告していた[38]．ところがそのバンク・コミッショナー達自身が銀行株式の不当な割当に絡んでいる旨の疑惑の矢面に立たされたのである．これに伴い，州当局の銀行監査に対する社会的な不信が一挙に噴出したのである．

この当時バンク・コミッショナーによって明示された，各州法銀行の不法行為とは以下の3点である．

(1) 役員が自行から資金を調達して自行銀行券を額面から割り引いて購入することを実施する．
(2) 各種銀行券を仲買するマネーブローカーに対して高利で融資する．
(3) 一部の銀行券の受け取りを拒否したりその受け取りに関して法外な手数料を課す．

特に (1) (2) は，1835年に行われた銀行監査を通じて明るみに出るものとなった[39]．

1836年の後半に編成された州議会の特別委員会は，1837年1月中に，「合法的に銀行業を営む以上の目的でセイフティ・ファンドの便宜を受けることが罰せられるのか否か」ということに関して，州下院議会に対して審議を要請する．他方，州上院議会においては，銀行関連法案をめぐる審議において，多くの州上院議員が法案を支持することの見返りに新規の州法銀行の発行済

---

38) Knox [1903] p.405.
39) なおバンク・コミッショナーは，(1) (2) の行為を悪質な慣行として執り行っていた The Bank of Orleans を，1837年に業務停止処分にした (Chaddock [1910] pp.292-293)．

み株式を手にして転売益を上げていたということが明るみとなる．なかでも異常な高値で新規の州法銀行の発行済み株式を転売したある議員のケースについて，精査を求める旨の決議が採択された[40]．同年2月，ニューヨーク州域内の Alleghany 地区の住民達から陳情が出る．その陳情とは，「セイフティ・ファンドに基づいた現行の銀行制度は，投機を促し各人の道徳心を損ない，小規模の商人や事業者に対する貸し渋りを各州法銀行に可能にさせるので，反対する」という内容であった．特別委員会は，上記の The Jefferson County Bank と The Oneida Bank とにおける事例の告発をも踏まえて，「報告される各州法銀行の様々な「悪弊」は，セイフティ・ファンドによるものではなく，当該の州法銀行の役員の強欲による」ものだと評価する．そのうえで特別委員会は，セイフティ・ファンド法に基づいている各州法銀行の特別報酬に関する部分を調査することになる．この調査を通じ，株式を担保とする一時貸付という方法の廃棄とそれに代わる堅実な貸付方法の展開とが主張された．株式を担保とする一時貸付という方法は，担保価値の振幅次第では各州法銀行の支払い能力を貶めて危険に晒すものとなるし，担保としての株式を受け入れるということは，それを受け入れる側の各州法銀行にとって深刻なリスクを負ってしまうものと考えられたのである[41]．

　バンク・コミッショナーは，世論の不満を背景に，州法銀行の発行済み株式の割当方式をめぐる改革案を提示する．その内容は，以下の通りである．

(1) 3週間前までに時間と場所とを指定して公共の競売にかけて株式の売却を行う．売却できる総額は100ドルまでとする．
(2) 銀行株式の売却をめぐる行為が2日目に入った場合，その売却数は1人あたり10株までとし，同じく3日目に入った場合，1人あたり20株までとする．
(3) 株式を購入するという目的で競売場所のある上院選挙区に転居してはならない．
(4) 株式の購入者は，3ヶ月間，その株式を転売したり委譲したり抵当に

---

40) Chaddock [1910] p. 285.
41) Chaddock [1910] pp. 289-292.

入れたりしてはならない．
(5) 株式の購入者は，自己資金を投じて自らの意思で購入した誠実な保有者であることを宣誓する．

以上の内容である．この改革案は，1837年中に州法として規定されるものとなった[42]．しかしながら他方で，バンク・コミッショナーは，投機や経営上の「悪弊」が顕在化した各州法銀行について，支払い能力を損ねてしまうような特徴を抱えるものではなかったと，楽観の立場を表明した．さらに彼らは，前年の1836年に提出された報告書においても，各州法銀行における抵当融資の激増とそのリスクとを指摘しておきながら，合法的な通常業務の範囲においてはこうした抵当融資が清廉潔白なものであることを強調していた[43]．こうした緩んだ認識や体質が甘い銀行監査を惹き起したことは否めないというかたちで，バンク・コミッショナーに対する世論の不信は募る一方であった．

　もっとも，バンク・コミッショナーを柱とした監査体系そのものにも限界はあった．前掲の表I-2および表I-3によれば，1837年の時点で，セイフティ・ファンド法に基づいて操業する州法銀行は実に91行にものぼっていた．なおかつ，各州法銀行はニューヨーク州域内の遠隔地に点在しており，当時の交通環境の下では各州法銀行に出向くのにも時間がかかってしまう状態となっていた．また，総勢3人のバンク・コミッショナーによる年3回の定期監査が義務付けられていた．したがって，バンク・コミッショナー1人あたり30行の監査が年3回続けられてしまうという，バンク・コミッショナーにとってみれば極めて煩労を伴う監査業務の状態にあった．バンク・コミッショナーは，監査対象となっている各州法銀行から会計帳簿と宣誓書とを受け取って熟読し，当該の州法銀行の役員達から非公式に話を聞く．こうして，監査を執り行うには1行あたり1週間程度の時間がかかることになる．彼らは，高い質を保ちつつ職務を全うするだけの力量と体力とが不足していることを悟らざるをえない，極めて過酷な状態に追いやられていたのであ

---

42) Chaddock［1910］pp. 288-289.
43) Bodenhorn［2002］p. 161.

る[44].

　バンク・コミッショナーによる銀行監査の精度に対する世論の疑念がなかなか払拭されないなか，1837年5月，上述の特別委員会が報告書を提出することになる．ところが，この報告書の提出と時を同じくして，皮肉にも，ニューヨーク州域内の内陸部の都市Buffaloに所在の3つの州法銀行が，州法を犯した営業行為によって州政府から次々に営業停止命令を受け，支払い停止に陥ることになる．さらに別の2つの州法銀行がやはり州法に抵触して州政府によって特許を剥奪され，支払い停止に陥ってしまう．これらの事態をめぐる委細については後述することになるが（本章2.2項を参照），ともかく，こうした一連の事態を機に，世論のバンク・コミッショナーに対する批判はピークを迎えることになってしまったのである．そして遂に州議会において，バンク・コミッショナーの任命方法に関する改定案が可決された．従来の規定では，3人のバンク・コミッショナーについて，1人は州知事と州上院議会において任命された者で，残り2人は各州法銀行において任命された者であった．改定後は，3人とも州知事と州上院議会において任命される者となった．しかしながら，この時に生じた世論のバンク・コミッショナーに対する不信は，やがてセイフティ・ファンドを柱とする既存の州法銀行制度そのものへの不信というかたちへと醸成されてゆくこととなるのである．

2.2　営業停止命令と債務保証の処理

　そうしたなか，イギリスに端を発した世界恐慌がアメリカにも飛び火することになる．いわゆる1837年恐慌の到来である．この世界恐慌の波及を機に，全米の各地において，正貨による支払いを全面的に停止する旨の宣言が相次いで発表された．正貨による支払いの全面停止が全米において完全に解かれることになるのは，およそ1年後の1838年のことであった．この間，アメリカの全般的な価格水準は4.45％減で，農産物価格の水準は2.41％減に，銀行融資は28.5％も減った[45]．ニューヨーク州域内におけるすべての州法銀行の資産総額は，8,244万4,801万ドル（1837年1月の時点）から4,943

---

44) Bodenhorn [2002] pp. 167-168.
45) Bodenhorn [2002] pp. 165-166.

万 4,459 ドル (1838 年 1 月の時点) にまで落ち込んだ. 商都である New York City が正貨による支払いの全面停止に陥ったのは, 1837 年 5 月 10 日である. この時期, 商都である New York City に所在のいわゆる各都市銀行における当座の支払い能力は, 債務総額の 63% 程度に過ぎないものであった[46].

既述したように, 各州法銀行における投機的な事業経営と各州法銀行における発行済み株式の割当方式をめぐる不正疑惑の発生を通じて, バンク・コミッショナーによる銀行監査に対する社会的な信頼が揺らぎ始めていた. そうしたなかで, 1837 年恐慌の襲来と共に生じたのが, 先に触れた, ニューヨーク州の内陸部の都市 Buffalo に所在の 3 つの州法銀行が連続して営業停止命令を受けたことと, 別の 2 つの州法銀行の特許が州議会においての議決を経て州政府によって剥奪されたことである. ただしこれら 5 つの州法銀行が支払い停止に陥ったのは, いずれのケースにおいても, 業務・運営に係る州法の規定を犯してしまい州当局から営業停止命令を受けたことによる. 恐慌の襲来によってや, 正貨による支払いの全面停止が宣言されたことによる支払い不能でやむなく破綻に陥った, というわけではなかった.

まず, 営業停止命令の処分を受けた Buffalo に所在の 3 つの州法銀行とは, The Bank of Buffalo, The Commercial Bank of Buffalo, The City Bank of Buffalo の 3 行である. 1829 年州法すなわちセイフティ・ファンド法に則って営業停止命令の処分を受けた州法銀行に対する債務保証の処理を行うのは, 既述した 1829 年の The Middle District Bank と The Columbia Bank との事例 (本章 1.3 項を参照) に続いて, 2 度目のことであった. ただし The Middle District Bank と The Columbia Bank との事例においては, いずれも, セイフティ・ファンド法に基づいた特許の更新がまだ済まされていないという段階で, また, セイフティ・ファンドの仕組みそのものもまだ整備されていないという段階で, セイフティ・ファンド法に則って破綻処理を行わざるをえないという, 実に過度的な状態にあった. 今回の Buffalo に所在の 3 つの州法銀行のケースは, いずれもセイフティ・ファンド法に基づ

---

46) Chaddock [1910] p. 301.

いて特許が交付されている州法銀行であり，セイフティ・ファンドにもある程度の残高があったうえで，セイフティ・ファンド法に基づいて州法銀行の破綻処理ないし債務保証が行われるという，初めての事例となった．

ところが，上記した Buffalo に所在の3行の事態を受けてはじめて，「破綻ないし営業停止に陥った銀行の清算によってその資産の残高を確認したあとに，その銀行の債務保証に係る支払いが可能となる」という，セイフティ・ファンド法で規定された文言と内容との齟齬が，当事者や当局によって明白に認識されることとなる．この規定された文言の内容に基づくと，破綻ないし営業停止に陥った州法銀行の清算から債務保証の実施に至るまでにかなりのタイムラグが生じてしまう．そして，このラグの間に当該の州法銀行における発行銀行券の価値が急落し，銀行券保有者に損失を被らせてしまうということが，当事者や当局の間で懸念され始めたのである[47]．現に，営業停止に陥った Buffalo に所在の3行のうち，The Bank of Buffalo の発行銀行券は 1837 年 2 月 25 日の時点では額面から 1% 程度の割引が施されていたに過ぎなかった．ところが，それから約 2 ヶ月後の 1837 年 4 月 29 日から 5 月初頭にかけてその銀行券の価値は「ノーセール」(100% の割引) にまで下落してしまった[48]．

そこで 1837 年 5 月 8 日，セイフティ・ファンドからの資金拠出に関する重要な 5 つの取り決めが，それぞれ同日付の州法において規定されることになる．5 つの取り決めとはすなわち，

(1) セイフティ・ファンドの残高の 3 分の 2 は銀行券債務を保証するために，残高の 3 分の 1 は銀行券以外の銀行債務を保証するために，それぞれ利用される．

(2) 支払い不能に陥った州法銀行のうち，資産総額を超えた債務総額がセイフティ・ファンドの残高の 3 分の 2 を下回っている州法銀行の銀行券については，その兌換を速やかに行う旨の方策を州当局が執行できる．

(3) (2) の方策を運用するにあたっては，州監督官の裁量が認められる．

---

47) Chaddock [1910] p. 302.
48) Bodenhorn [1996] p. 24. Bodenhorn [2002] p. 161.

表 I-5 改定後の発券容認総額

払込資本金総額	発券容認総額	払込資本金総額	発券容認総額
10万ドル	15万ドル	60万ドル	45万ドル
12万ドル	16万ドル	70万ドル	50万ドル
15万ドル	17.5万ドル	100万ドル	80万ドル
20万ドル	20万ドル	149万ドル	100万ドル
25万ドル	22.5万ドル	200万ドル	120万ドル
50万ドル	35万ドル		

出所:Root [1895a] p.297の掲載データを基に筆者作成.

(4) 破綻時の銀行債務の保証を受け取るにあたっては,銀行券保有者が優先される.

(5) 破綻したあらゆる州法銀行について債務の弁済が行われたあと,特にセイフティ・ファンドからその債務の弁済のために拠出された資金の総額分については,当該の破綻銀行の残余資産に余裕があれば,州監督官によって再び既存の各州法銀行に対して課徴金が徴収される.

以上の内容である[49].

上記の一連の取り決めと並行して定められたのが,セイフティ・ファンド法に基づいて特許が交付された各州法銀行に対する,発券容認の総額をめぐる規制の改定である(表I-5を参照).この改定は,正貨による支払いの全面停止が宣言されたことに関する1年間の時限立法とされた1837年5月16日付の州法が制定されるなかで行われた.これまでは,1829年に制定されたセイフティ・ファンド法の27条によって,各州法銀行の発券総額は,一律に,自行の払込資本金総額の2倍に相当する金額分までとされていた(本章1.1項の(d)を参照).だが,この発券規制は必ずしも厳格なものでなかった.発券への依存度が高いいわゆる地方銀行と比較して,発券への依存度が低いいわゆる都市銀行にとってはあまり意味のない規制だったからである.発券をめぐる規制が改定されたあとは,表1-5で示されているように,払込資本金の総額に対応する発券容認の総額が細分化されたかたちで規定された[50].

---

49) Root [1895a] p.289. Chaddock [1910] pp.302-303, 327.
50) Root [1895a] p.297. Chaddock [1910] p.301.

なおこの州法においては，各州法銀行に対し各種銀行券を相互に受け取り合うのを義務付けることについても明記された[51]．

以上において掲げてきた諸々の州法が成立したあと，州監督官は，営業停止命令を受けた上掲のBuffaloに所在の3つの州法銀行に対して債務保証の処理を行う．これら3行における営業停止の時点においての資産総額は，およそ300万ドルであった[52]．同じく3行の営業停止の時点における未決済の銀行券総額は，実に41万3,961ドルにのぼった．内訳は，The Bank of Buffaloの発行銀行券が11万1,234ドル，The Commercial Bank of Buffaloの発行銀行券が17万4,782ドル，The City Bank of Buffaloの発行銀行券が17万7,845ドルであった[53]．州監督官は，これら3行の発行銀行券がエリー運河の利用料としての支払い手段ならびに州当局への納税手段として額面通りに受け取られうる旨を，エリー運河公社と税務署とに対して公示する．この公示のあと，市中に滞留したままの状態にあった3行の発行銀行券は，1837年5月8日から6月30日までの間にその大部分がニューヨーク州域内において支払い手段ないし納税手段として受け取られ，セイフティ・ファンドから拠出された資金でもって額面通りに兌換された．これら3行の発行銀行券の兌換をめぐる総額は，6万4,483ドルである．内訳はThe Bank of Buffaloの発行銀行券が2万1,815ドル，The Commercial Bank of Buffaloの発行銀行券が1万8,173ドル，The City Bank of Buffaloの発行銀行券が2万4,495ドルである．3行の発行銀行券6万4,483ドル分がセイフティ・ファンドの利用を通じて額面通りに兌換されたことによって，3行の発行銀行券に対する公衆の信頼は回復を遂げてゆく．1837年7月の時点でThe Bank of Buffaloの発行銀行券は額面から5%程度の割引でもって市中に流通するようになり，翌8月には額面通りの流通状態に戻ったのである[54]．

---

51) Knox [1903] p. 408.
52) Hubbard [1995] p. 75.
53) Root [1895a] p. 292.
54) Bodenhorn [2002] p. 162. なお Bodenhorn [1996] は，The Bank of Buffalo の発行銀行券が額面から5%程度の割引でもって流通される状態に回復した時期についてそれが1837年6月の時点であるものだと示している（Bodenhorn [1996] p. 24）.

結局，営業停止命令を受けた Buffalo に所在の 3 つの州法銀行は，いずれも，裁判所によって提示された複数の制限項目に基づいて，営業が再開されることとなる．ただしこの営業再開をめぐる裁判所の判定に関しては，様々な背景が交錯するものであった．そもそも，営業停止命令を受けた Buffalo に所在の 3 つの州法銀行は，いずれも，エリー運河の開通と共に急速に発展を遂げた州法銀行であった．そしてニューヨーク州当局はこれら 3 行に総額でおよそ 34 万ドルもの預金を置いていた．この預金の殆どがエリー運河からの収益金であった．また，エリー運河公社の名義による預金も 3 行に置かれていた．エリー運河を柱とした経済発展は，当時のニューヨーク州の経済を支える主軸となっていた．そのため，営業停止命令を受けた Buffalo に所在の 3 つの州法銀行を潰して処理してしまうということは，いわば州の金庫を潰すことになりかねない．それゆえバンク・コミッショナーは，これら 3 行の破綻認定を見送った．また州監督官も，The City Bank of Buffalo が支払い不能に陥っている状態を認識していたものの，州の金庫ないしはエリー運河の収益金庫としてこの州法銀行を建て直す方針を採ったのである[55]．

次に，特許の剝奪を受けた 2 行のケースについて見てゆこう．この 2 行とは，The Sackett's Harbor Bank と The Lockport Bank とである．前者の特許剝奪日が 1837 年 5 月 12 日，後者の特許剝奪日が 1837 年 5 月 15 日である．その後の 1837 年 5 月 20 日に，州監督官が，両行の発行銀行券の保証について上記した Buffalo に所在の 3 行の事例と同じ方式で行うことを宣誓する．この時点における両行の発行銀行券の総額は，The Sackett's Harbor Bank が 15 万 4,552 ドル，The Lockport Bank が 6 万 5,172 ドルであった．両行の発行銀行券もまた，エリー運河の利用料としての支払い手段ならびに州当局の納税手段として額面通りに受け取られることが公表される．その後，

---

55) Bodenhorn [2002] p. 178. また Bodenhorn [2002] は，営業停止命令を受けた Buffalo 所在の 3 つの州法銀行について裁判所が破綻手続きを開始する直前に，州監督官がこれら 3 行を「自行銀行券を兌換するだけの正貨を保有している」ものと認識し，営業停止命令を解除したものと記している（Bodenhorn [2002] pp. 161-162）．さらに Bodenhorn [1996] は，Golembe [1960] を引き合いにしながら，「3 行は資産の処分が始まる前に州監督官から自行銀行券を買い戻して弁済し営業を再開させた」と論じている．しかし Golembe [1960] にはそうした叙述がないので，この点の事実確認が必要である．

ニューヨーク州域内に所在のいわゆる都市銀行と地方銀行とが，いわゆる地方銀行券を額面通りに兌換するための経費を捻出することに関して，自主的な取り決めを結ぶことになる[56]．この自主的な取り決めが奏功すると，市中に滞留する両行の発行銀行券は，政府預金を扱っている州都 Albany に所在の各州法銀行によって額面通りに兌換されることが告知された．結局，The Sackett's Harbor Bank の発行銀行券については，9万2,361 ドル分がセイフティ・ファンドから拠出された資金を利用することによって兌換された．The Sackett's Harbor Bank の特許は，その後復活が認められることになる．したがって，セイフティ・ファンドから拠出された9万2,361 ドル分の資金は，7％の利子812 ドル29 セントと共に，口座振替を通じて The Sackett's Harbor Bank からセイフティ・ファンドに対して返還され填補されるものとなった．返還された資金の総額は，9万3,175 ドル29 セントである．一方，The Lockport Bank のほうは，その後も特許の復活が認められないままであった．結局1841 年に，セイフティ・ファンドを利用しない節約された方式でもって処理が果たされることとなる（この点については，本篇の第3章1.2項で後述される）[57]．

2.3 自由銀行制度の出現

既述したように，セイフティ・ファンド法に基づいて特許を交付された各州法銀行は，投機的な与信を活発化させることになる．さらに各州法銀行は，新規の州法銀行や増資を行った州法銀行における発行済み株式の不当な割り当てを通じ，一部の階層に莫大な転売益をもたらすものとなる．各州法銀行におけるこの態様と，この態様を公衆に分かるように明確なかたちで食い止めることができなかったバンク・コミッショナーの銀行監査とに対する批判は，やがてセイフティ・ファンドの仕組みを柱とする既存の州法銀行制度そのものに対する批判を惹き起こすための導火線となっていった．

先に見てきた銀行監査の体系や質の凋落と共に，1837 年の会期中に州議会において議題にのぼったのが，セイフティ・ファンド法に基づきセイフテ

---

56) Chaddock [1910] p. 347.
57) Root [1895a] p. 292. Chaddock [1910] pp. 303-304.

ィ・ファンドを柱とした特許の交付を踏まえた現行の銀行制度に代わる，個人銀行業を柱とした包括的な銀行制度への改革についてであった．個人銀行業を柱とする銀行制度を州議会において求めるうえでその中心勢力となったのが，新興の政治集団 Loco-focos（ロコ・フォコズ）である．Loco-focos は，ニューヨーク州民主党の左派から分裂した急進的な勢力であり，州主権を尊重した連邦統治を謳ういわゆるジャクソン主義の考え方をさらに徹底させることを目的とした．この集団は，おもに技術者や都市労働者，社会改革家の残党などによって構成される．Loco-focos は，反フリーメーソンの思想を基調とした熱烈な「平等主義」の考え方を基に，交付された特許が使い回しにされ人民の主権が制限されることを忌み嫌う．そして，いわゆる "Bank War" に基づいて第 2 次合衆国銀行が時の Andrew Jackson 連邦政権によって覆滅させられたあとも，各州において州法の規定に基づき特許を交付されることのできた各州法銀行のみが銀行業を営むという，既存の銀行制度に見受けられる排他性ないし独占性や特権性を批判する．加えて Loco-focos は，そうした銀行制度の排他性・独占性や特権性からくる様々な不正を覆滅することを目指したのである．

ところが Loco-focos も一枚岩ではなかった．それは，Loco-focos が銀行制度に関して，いわゆる硬貨主義の実践を唱え小額面券の発行停止を頑なに訴える一方で，緩慢な信用拡張を惹起しかねない発券や銀行参入の自由化を謳うという，一瞥すると極めて矛盾した政策理念を掲げていたことからも理解できる．これは，Loco-focos の内部で，厳格な硬貨主義を主張する「エヴァンス派」と，自由放任主義を主張する「リゲット派」とに分かれていたことに由来する．やがて，指導者の引退と機関紙の廃刊によって「エヴァンス派」が衰退するなか，「リゾット派」の指導の下で，硬貨主義の理念を尊重しつつも現実の銀行問題に対しては発券・銀行参入の自由化で臨む，という折衷案が登場することになる[58]．

---

58) Hubbard [1995] pp. 93-94. Sharp [1970] pp. 301-302. なお Loco-focos（ロコ・フォコズ）の名前は，ある幹部会議の際に敵対者が乱入してガス灯を切り落とした時にそのハプニングにも負けず，「ロコ・フォコ」というマッチの灯火で議論を続けたことに由来する（安武 [1968] p. 227, 西川・松井 [1989] p. 9）．Loco-focos における内部分裂の過程と自由銀行プランの醸成の過程については，安武 [1968] を参照のこと．

かくしてLoco-focosは,「特許の交付に基づく排他性を帯びた諸銀行は人民の権利平等に叛く」という政策綱領を基に，1837年1月，個人銀行業を柱とする包括的な銀行制度の導入を州議会に訴える．だがこの段階においては，州議会は「何があろうとニューヨーク州の銀行制度は世界一優れている」と言い放ち，取り付く島を与えなかった．もっとも，「銀行業に関して特許の交付による排他的な原則ではなく自然的自由の原則を導入すべき」という考え方は，州議会においてもセイフティ・ファンドが導入される以前から散発的に議論されていた．例えば，1825年の州上院議会において「個人銀行業に関する問題報告」が提示されたり，1826年の州上院議会の銀行委員会において上述の考え方が論議されたりしていた．それからおよそ10年の歳月を経て，1836年頃から個人銀行業への関心が再燃し始めたのである．ただし州議会においては，既存のセイフティ・ファンドについてそれが「銀行券保有者の保証装置である」とする積極的な意見と，「特許を持つ各州法銀行による割引・預金事業の独占化をもたらしてしまう」とする消極的な意見が対立するという事態に陥っていた．それゆえ州議会においては，特許を持つ各州法銀行による割引・預金事業の占有を撤廃する旨の法案の審議が進み，1837年2月までにこの法案が州上院・下院の両院において可決される．ただし，有力な都市銀行家であったAlbert Gallatinが，特許を持つ各州法銀行の発券をめぐる規定についてその一部を撤廃することには首肯しつつも，個人銀行家による割引・預金事業の参入には反対する旨の声明を，1837年1月14日に出す．こうしたことから，州上院の銀行委員会においては，「個人銀行家に対して発券業務を行う権限を与えるのは不得策である」「各州法銀行による発券事業の安全装置としてセイフティ・ファンドを賞賛する」といった意見が提示された[59]．このように，1837年の1月から同年2月にかけての時点においては，州議会における議論の流れとしては，個人銀行業を柱とする包括的な銀行制度の導入には抵抗感を持ってセイフティ・ファンドを肯定したうえで，特許を持つ各州法銀行の排他性を漸次修正する，という趨勢にあったのである．

---

59) Chaddock［1910］pp. 371-374.

ところが，特許の交付をめぐり排他性が強まったり関係各位の癒着が蔓延したりすることに対する批判は，右派のニューヨーク州ウィッグ党からも現れ始める．そこで Loco-focos はニューヨーク州ウィッグ党と選挙協力を実施し，1837 年春のニューヨーク市議選において勝利を収めた．他方で，時の William Marcy 州知事は現実的で紋切り型のいわゆるジャクソン民主主義者であったために，急進的な Loco-focos が保守勢力のニューヨーク州ウィッグ党と真っ向から戦うことをかねてから懸念していた．それゆえ William Marcy 州知事は，Loco-focos の意見を次第に汲み始めてゆく[60]．そして，個人銀行業を柱とした包括的な銀行制度の法案を求める声は，1837 年 5 月 18 日になってようやく州議会において真正面から取り上げられることとなる．これに先立って 1837 年 5 月 3 日には Abijah Mann が，「セイフティ・ファンドは，当時，第 2 次合衆国銀行に対抗するという社会的な土壌のなかで導入されたもので，第 2 次合衆国銀行の崩壊と共に野蛮で規制なき銀行業の業態をもたらした重大な責任がある」と，セイフティ・ファンドの存在を痛烈に批判した[61]．先に見たように，Abijah Mann は，かつて州下院議員に就任している時期に，特許の交付に基づいた銀行制度の弊害を打破することのできる改革案として，セイフティ・ファンド法の修正案に積極的に加担してきた人物である（本篇の第 1 章 2.3 項を参照）．その後 Abijah Mann は，連邦議会議員として第 2 次 Andrew Jackson 連邦政権の運営に尽力する．そして彼は第 2 次合衆国銀行の調査委員として働き，Andrew Jackson 連邦政権による第 2 次合衆国銀行の覆滅に貢献していた．この仕事の過程で彼はスコットランドの株式銀行制度の存在を知ることになる．この株式銀行制度から，周囲が必要だと判断した時には資金が引き揚げられるという性格を具えた政府証券によって大部分の投資が行われる，という仕組みが Abijah Mann によって学ばれることとなる[62]．

　それに続く州上院の特別委員会においては，まず，セイフティ・ファンド法に基づく各州法銀行によるこれまでの「悪弊」が列挙される．例えば，頻

---

60) Hubbard [1995] pp. 94–95.
61) Hammond [1957] p. 558.
62) Knox [1903] pp. 414–415.

繁な支払い停止による損失の発生や，市中において割引されてしまう発行銀行券の不保証性，特定の階層による利益の誘導に伴う欺瞞と汚職に満ちた特許の取得をめぐる過程や，特許更新の拒否が殆どないことなどである．そして，飽くなき発券益を求めて各州法銀行が自行銀行券を濫発する際に，大多数の市民が各種銀行券に対して利払いをしなければならない現行の銀行制度について，その排他性が特別委員会において非難される．そもそもセイフティ・ファンドが創設された目的がそれまでの州特別法の制定に基づく特許の交付に伴う州法銀行の独占性を打破することにあったものの，セイフティ・ファンドが導入された後も依然としてその独占性は破棄されていない．この点を踏まえて，特別委員会において既存の銀行制度に代わる体系の構想が披露される．まず，株主と銀行役員との無限責任を基盤に成功したとされる，スコットランドの株式銀行制度の実例が引き合いに出される．そのうえで，「払込資本金の総額の公表」・「株主名簿の公表」・「無限の個人責任」の3点の特徴が埋め込まれた，個人銀行業を柱とする包括的な銀行法案が提示されたのである．自由銀行制度をめぐる一般法案は，全17条から成るものであった[63]．

だが，自由銀行法案のあり方をめぐっては，州議会においても上院と下院とで意見が対立する．上院議会においては，「払込資本金の総額と同額分もしくはその1.5倍の総額分の不動産を抵当に入れた個人責任を織り込んだうえで，セイフティ・ファンドの原則とは独立した個人銀行業の制度を導入すること」が主張される．他方，下院議会においては，「セイフティ・ファンドの原則を含んだ個人銀行業の制度を導入すること」が主張される．結局，1837年の会期中には決着がつかず，自由銀行法案は継続審議となった[64]．

時のWilliam Marcy州知事は，1838年1月の年頭演説において，セイフティ・ファンドに基づく既存の銀行制度の改定と自由銀行法案の導入とをめぐる論議について，各州法銀行に際限なき発券の権限を与えるということに対する懸念を表明する．そのうえで州知事は，各州法銀行の発券総額を迅速な兌換の実現のために供与されうる資金の総額にまで制限することができれ

---

63) Knox [1903] pp. 413-414.
64) Chaddock [1910] pp. 374-376.

ば，特許の交付を柱とした現行の州法銀行制度のかたちは存続しうる，という見解を示した[65]．州知事としては，セイフティ・ファンドの仕組みを改良し存続させることを第一に考えたうえで，各州法銀行の発券において公衆の安全を保証する限りにおいて自由銀行制度を補完的に導入する，というかたちを考えていたのである．

　1838年の州議会が開幕された時点で，セイフティ・ファンドの存在に反対の意思を表明しているニューヨーク州民主党が，議会における勢力を拡大していた．州民主党は，早速，自由銀行制度に関する2つの法案（Verplanck 案と J. C. Spencer 案）を州下院議会に提出する．ところが，両案共に Abijah Mann によって反対される．Abijah Mann は，両案の欠陥をこう分析していた．すなわち，各州法銀行に対し州債を担保とした発券を求めるために，発券の総額に匹敵するだけの総額分の債券が共有される資格を各州法銀行が持つことになると，各種銀行券がそれぞれの保有者の手許において単なる証書に過ぎないものとなる，と．そのうえで Abijah Mann は，自身を委員長とする9人のメンバーに法案の起草を任命するよう，特別委員会に求めた．特別委員会は，Abijah Mann を委員長とする9人のメンバーに対して法案の起草を依頼する[66]．Abijah Mann を中心としたメンバーによる起草案（以下，Mann 案と略記）においては，ニューヨーク州憲法に違反する恐れがあるとの立場から，所定の基準さえ満たしていれば誰もが銀行業を営むことのできるかたちで創られる州法銀行，いわゆる自由銀行の創設を認める旨の条項が省かれた．また，各州法銀行における発券の担保として公債の預託を認める旨の条項も省かれた．ところが，これらの条項が省略されたことに特別委員会は反発する．その結果，ニューヨーク州債を唯一の発券担保とする旨の条項が挿入された．以上のように修正された Mann 案は，州議会に提出される．しかしながら州議会においては，Abijah Mann の意図からは離れて，発券担保の種類を拡充する旨の修正案が求められていった[67]．

　1838年2月19日，自由銀行法案に関する州下院議会における審議におい

---

65) Knox [1903] p. 414.
66) Root [1895a] p. 289. Knox [1903] p. 414.
67) Knox [1903] p. 415.

て，自由銀行における発券のための必要準備として，発券総額の 12.5% に当たる分の正貨の保有を義務付ける旨の修正案が提示された．なお預金準備については，のちの 1857 年恐慌に伴う各自由銀行の預金流出を機に修正案が論議されるまで，議論はなされないこととなる．結局，自由銀行法案は 86 対 29 の票決でもって州下院議会を通過する．州上院議会においても，発券に必要な正貨準備を発券総額の 15% に当たる分に内容を修正した以外は，ほぼ同じ内容で，20 対 8 の票決でもって州上院議会を通過した．両院とも，自由銀行制度の下に創設された各自由銀行の役員や行員に対する，銀行債務に対する個人責任の原則の認容については，峻拒の意が示された．上院と下院との双方において食い違いを見せた，発券に必要な正貨準備をめぐる規定については，両院協議会を通じて，発券総額の 12.5% に当たる分の正貨の保有を義務付けるということで決められた[68]．

1838 年 4 月 18 日，ニューヨーク州自由銀行法が成立する．全 26 条の条項から成るこの法制度は，まとめると，以下の特徴を有するものであった．

(1) 各行は少なくとも 10 万ドルの払込資本金を有すること．これを常備すれば，個人・法人あるいは特許の有無のいかんに拘らず，誰に対しても銀行業の開業資格が認められる．
(2) 各行は，あらゆる発行銀行券を保証するために，発券総額と同等分だけの担保を，公認された政府証券でもって州監督官に対して預託する．この時，発券用の印刷原版も州監督官に対して提出する．州監督官は，それぞれの発券銀行から預託された担保を確認する．そのうえで，先に提出された発券用の印刷原版でもって，法律で容認された量分の銀行券を刷る．そこに担保の認証を副署して，それぞれの発券銀行に対し自行銀行券として供与される．
(3) 発券は，建物を除く，開発されて生産的だとみなされうる不動産の価値に基づいた公社債や抵当証券の 5% に相当する額の分まで，また，抵当で保証される額の 2 倍に相当する額の分までとされる．さらに，年

---

[68] Chaddock [1910] pp. 379–380.

6％を上限とする利子が付せられる．各行は，自行の窓口において自行銀行券を兌換する場合にのみ，預託した担保証券から年利を受け取ることができる．
(4) 発券担保の預託については，公認された政府証券のほか，株式のみで認められる場合もある．また，債券と株式との半々で認められる場合もある．いずれの場合も，その旨を発行銀行券に記載したうえで印刷されることが義務付けられる．
(5) ある銀行が兌換不能に陥るか兌換を拒否した場合，州監督官は，警告を発して10日間の猶予を設ける．警告後も事態が改善されない場合，預託されていた担保証券を公開市場において売却し，その売却益でもって当該の銀行券を決済する．
(6) 各行は，発券のための必要準備として，発券総額の12.5％に当たる額の分の正貨の保有が義務付けられる．
(7) 各行は，独自に決定した，固定した銀行名・存在場所・存在期限を明示する．
(8) 各行の役員や行員は，自行債務に対する個人責任を不問にすることが保証される．州監督官は，預託された担保の適切な充用に関する点を除いて，各行の銀行券債務に対する責任は不問とされる．
(9) 各行の株主や債権者は，当該行の監査を裁判所に対して要請できる．各行は毎年1月と7月の第1月曜日までに，頭取と支配人との宣誓のもと，業務報告書の提出が義務付けられる[69]．

かくして，ニューヨーク州に自由銀行制度が導入されたことによって，既存のセイフティ・ファンド法に基づく特許の交付を伴った州法銀行制度との並存という，いわば二重の銀行制度が交錯する体制が，ニューヨーク州において展開されてゆくことになる．これまでのセイフティ・ファンド法に基づ

---

[69] Root [1895a] pp. 299-300. Knox [1903] pp. 415-416. Chaddock [1910] p. 380. Hubbard [1995] p. 95. なお，ニューヨーク州自由銀行法（1838年4月18日に制定）ならびに改定自由銀行法（1840年5月14日に制定）の全容については，Cleaveland [1864] pp. 81-106, 113-123, Samuelson & Krooss [1969] pp. 1183-1191を参照されたい．

いた各州法銀行は，特許の有効期限が迎えられ次第，自由銀行制度のほうに逐次参入させられてゆくものとなった．セイフティ・ファンドの仕組みは，自然消滅への足掛かりを否応なく背負ってしまうこととなる[70]．

---

70) 西川 [1983] は，自由銀行制度の導入の契機を，「1837 年恐慌の前では無力であったセイフティ・ファンドの経験を踏まえて州法銀行制度の体質改善を図った」と指摘されている（西川 [1983] p. 177. 同様の指摘に，西川・松井 [1989] p. 9）．確かに，セイフティ・ファンドを柱とする既存の銀行制度がニューヨーク州における正貨支払いの全面停止を回避できなかったという意味において，無力であったと言える．だが，本書の展開からすると，基金の枯渇という意味でセイフティ・ファンドそのものの無力さが露呈するのは，1840 年から 1842 年にかけての一連の銀行破綻に基づいてのことであり（後述の本篇の第 3 章 1.2 項を参照），恐慌に対するセイフティ・ファンドの無力さゆえというよりは，むしろセイフティ・ファンドを基盤とした特許銀行制度の排他性・閉鎖性に対する批判から自由銀行制度が導入されたと見るのが筋であろう．

第3章　交錯と崩壊：1838〜1866年
―― 自由銀行制度との並存と統一への志向

1. セイフティ・ファンドの危機：1838〜1845年

1.1　自由銀行制度との交錯

　1838年以降，ニューヨーク州においては，自由銀行法に基づく自由銀行制度とセイフティ・ファンド法に基づく特許の交付を前提とした州法銀行制度とが並存したかたちで展開されることになる．だが，双方の銀行制度は共に，相互に連関し交錯し合いながら，1840年から1842年にかけて最大の危機を迎えることとなる．まずは自由銀行制度について，危機を迎えるまでの具体的な過程を明示してゆくことにしよう．

　一定の条件を満たしてさえいれば各人に銀行業の開業資格が認められる自由銀行制度は，それが施行された直後から人気を集めるものとなる．1839年1月の時点で，48の個人や法人が州当局に対して必要書類や証書を提出し，銀行業の開業，すなわちいわゆる自由銀行の開設を申請した．この時点で州当局が確認したのは，この48行の払込資本金の総額が1,083万8,175ドルであった．このうち業務を開始した16の自由銀行について，州監督官に対して預託された発券をめぐる担保の総額は117万90ドルにのぼり，そのうち7万5,000ドル分の担保が不良とみなされた．16の自由銀行における実際の発券総額は，39万6,300ドルであった．1839年12月の時点で，133の自由銀行の開設に係る申請が認められ，うち76の自由銀行が運営されるに至った．76の自由銀行の払込資本金の総額はおよそ2,100万ドルに達し，同じく発券総額はおよそ600万ドルにまで伸びた[1]．

　自由銀行制度の下で，これまで銀行が存在しなかった各地域にも次々に銀

行が設営されてゆくことになる．既述したように，セイフティ・ファンド法の下においては銀行業に関する特許の有効期限が 20 年であり，特許の更新に際しては州議会においてその都度審議が必要であった．だが自由銀行制度の下では，各自由銀行が自らの存在期間を独自にかつ自由に決めてよい．多くの自由銀行は 100 年の存在期間を申請した．なかには 1,000 年や 4,050 年といった，常識では考えにくい存在期間を申請する自由銀行もあった[2]．自由銀行の増加と共に，州債を扱う流通市場もまた各州において形成され整備されてゆくこととなる．加えて，州債による預金の取り扱い業務を行う州法銀行も創設される．これは，自由銀行の発券をめぐる担保として州監督官に預託が必要とされることから，州債の需要が格段に増えたためである[3]．

　セイフティ・ファンド法に基づく特許の交付を前提とした銀行制度と自由銀行法に基づく自由銀行制度とでは，それぞれ全く異なる原則と法規制とに基づいていた．ニューヨーク州においては，二重の銀行制度が並存して展開されたことにより，市中の通貨供給量の減少が招かれることになる．1829 年に制定されたセイフティ・ファンド法に基づき特許が交付された各州法銀行は，1827 年州法の規定を引き継ぐかたちで，額面を下回る価格で自行銀行券を購入することが禁止されていた．ところが，1838 年に制定された自由銀行法に基づく自由銀行は，この禁止条項の対象外であった．それゆえ各自由銀行は，まず，額面を下回る価格でもって自行銀行券を購入する．そして自由銀行は，この購入した自行銀行券を，セイフティ・ファンド法に基づいて特許が交付された各州法銀行の発行銀行券と，額面通りに即座に交換する．こうして各自由銀行は，差益を獲得していったのである．加えて各自由銀行は，商都 New York City に所在の，セイフティ・ファンド法に基づいて特許が交付された各州法銀行の発行銀行券を，額面から割り引かれた価格でもって積極的に購入した．1839 年の夏の間中，セイフティ・ファンド法に基づく各州法銀行の発行銀行券の兌換が，急速にかつ大規模に進む．これに伴い，セイフティ・ファンド法に基づく各州法銀行は，窓口に相次いで持

---

1) Root［1895a］p. 301.
2) Hubbard［1995］p. 95.
3) Chaddock［1910］pp. 339-341.

ち込まれる自行銀行券を額面通りに兌換することに追われ，市中に滞留する各種銀行券を額面から割り引いて購入するという事業能力が低減してゆくことになる．これを尻目に各自由銀行は，上述した自行銀行券と他行銀行券との割引購入・交換事業の実践を通じて着実に利益を上げる．こうして，各自由銀行における発行銀行券は，市中における流通量が拡大することになる．各自由銀行によるこうした特殊な商慣行が，セイフティ・ファンド法に基づく各州法銀行の発券を抑制させる契機となったのである[4]．

また，1839年の初秋から，正貨の支払いの全面停止という事態が再び全米を襲うこととなる．すなわち1839年恐慌の襲来である．この事態の発生に伴い，ニューヨーク州においては，流通の過程で商都 New York City に集まってくるいわゆる地方銀行券について，それらが減価するという事態が招かれた．その減価率は2%から6%程度であった．減価の原因は，先の1837年恐慌の襲来の際に取り決められたいわゆる都市銀行と，いわゆる地方銀行との間の協定が，1839年恐慌が全米に波及したことを機に破棄されたことによる．この協定とは，以下の内容を持つものであった．すなわち，「都市銀行は，各地方銀行券を額面通りに受け取って保有するものとする．地方銀行と都市銀行は，各地方銀行券を額面通りに兌換するための経費を共同で負担する」．いわゆる都市銀行は，1839年恐慌の襲来を機にこの協定を一方的に破棄したのである．理由は，いわゆる都市銀行が，額面通りの兌換を求めて多数の地方銀行券が手許に堆積したことと，いわゆる地方銀行によっていわゆる都市銀行に置かれた兌換準備のための預金を維持管理することの必要性とを考慮したことにある．1839年の時点で，セイフティ・ファンド法に基づいた各州法銀行について，割引・貸付総額は1,551万2,000ドルにまで縮減し，発券総額もおよそ900万ドルにまで減ることとなった[5]．

表I-6によれば，この時期，セイフティ・ファンド法に基づいた各州法銀行の発券総額は，1,937万3,149ドル（1839年1月の時点）から1,036万592ドル（1840年1月の時点）に激減している．上述した，各自由銀行による発行銀行券の割引購入・交換をめぐる特殊な商慣行と，地方銀行券の兌換をめ

---

4) Chaddock［1910］pp. 305–306.
5) Knox［1903］p. 408.

表 I-6 セイフティ・ファンド法に基づく州法銀行と自由銀行との発券総額：1837〜1853 年

(単位：米ドル)

	S・F法銀行	自由銀行	総額
1837 年	24,198,000	—	24,198,000
1838 年	12,432,478	—	12,432,478
1839 年 01 月	19,373,149	—	19,373,149
1840 年 01 月	10,360,592	3,859,712	14,220,304
1841 年 01 月	15,235,036	3,221,194	18,456,230
1842 年 01 月	12,372,764	1,576,740	13,949,504
1843 年 01 月	9,734,465	2,297,406	12,031,871
1843 年 11 月	13,850,334	3,362,767	17,213,101
1844 年 08 月	13,797,277	4,294,046	18,091,323
1844 年 11 月	15,144,686	5,037,533	20,182,219
1845 年 08 月	14,924,096	5,228,123	20,152,219
1845 年 11 月	15,831,058	5,544,311	21,375,369
1846 年 11 月	16,033,125	6,235,397	22,268,522
1847 年 05 月	17,001,208	6,808,345	23,809,553
1847 年 11 月	16,926,918	9,810,378	26,237,256
1848 年 03 月	14,391,504	8,656,522	23,048,026
1848 年 11 月	14,311,077	8,895,272	23,206,289
1849 年 03 月	21,406,861	11,180,675	32,587,536
1850 年 01 月	20,669,178	14,203,115	34,872,293
1851 年 12 月	19,862,262	15,671,004	35,533,266
1852 年 12 月	19,631,929	19,159,056	38,790,985
1853 年 12 月	20,214,730	23,743,716	43,958,446

出所：*Hunt's Merchants' Magazine* [1846] p. 80, [1848b] p. 194, [1850] pp. 201-202, [1852] pp. 468-470, [1853] p. 353, [1854] p. 345.

ぐるいわゆる都市銀行どうしの自主協定が破棄されたことが，セイフティ・ファンド法に基づいた各州法銀行による発券を抑制させる契機となったのである．

　地方銀行券の兌換をめぐる混乱は，1840 年のニューヨーク州議会においても問題視されることになる．バンク・コミッショナーは，1840 年 1 月の報告書において，1839 年秋からの金融逼迫の深刻化を警告したうえで，セイフティ・ファンド法に基づく特許の交付を前提にした銀行制度と自由銀行法に基づく自由銀行制度とが並存している状態こそが事態を悪化させているものと主張した[6]．加えてバンク・コミッショナーは，自由銀行に対しても慎重な見方をしていた．バンク・コミッショナーは，各自由銀行が，融資を

行うのに必要な担保証券の取得に躍起となるも，なかなか担保証券が手に入らず，発券益を当てにした資金を保持しようとする動機が働き，良質の商業手形の割引を制限するものとなっている，と考えたのである[7]．かくしてニューヨーク州議会において，地方銀行券の兌換をめぐる混乱を収拾するために，以下の内容を含む法案が，1840年5月14日に可決された．それは，「州都Albany，大都市のNew York City，Brooklyn以外に所在の各州法銀行は，自由銀行法に基づくものであろうとセイフティ・ファンド法に基づくものであろうと，そのいかんを問わずすべて0.5%程度の割引率でもって兌換できるよう，州都Albanyや商都New York Cityに兌換代理人を任命して営業所を開設できるものとする」，という内容である．この取り決めに基づいて各州法銀行は，自行銀行券の兌換が自行の窓口以外の場所においてもできるようになった．さらにこの規定内容に付随して，「州都Albanyにおけるいわゆる地方銀行券の兌換に際しては，その割引率を一律0.25%にする」旨が決められた．なお州議会においては，各都市と当該の発券銀行の所在地との距離に応じて割引率を格付けして決めるべきではないか，という意見も出た．この内容は，州下院議会においては賛成多数で可決される．だが，州上院議会においては否決されてしまう．州法銀行が取得する金利のすべてが兌換のための経費に回されてしまいうるという点が，否決の理由である．結局，1840年5月4日に制定された州法によって，いわゆる地方銀行券の減価は防がれることとなり，兌換をめぐる混乱はひとまず沈静化した[8]．

このほか1840年には，自由銀行制度の展開にさらなる影響を与える3つの規定を含んだ州法が制定されている．1つ目は，セイフティ・ファンド法

---

6) Chaddock [1910] pp. 305-306.
7) Knox [1903] p. 417.
8) Root [1895a] p. 289. Chaddock [1910] pp. 347-348. なおこの州法の制定日（5月4日）について，Knox [1903] は「5月4日」と記す一方で（Knox [1903] p. 408），別の箇所では「3月4日」と記している（Knox [1903] p. 417）．またRoot [1895a] は，兌換代理人の設置を決めた規定を「1840年5月14日」と記しているが（Root [1895a] p. 289），これは誤りである．この点に関し，片山 [1967] はこの誤謬を指摘したうえで，「同年に行われた他の修正法と考えられる」と記していたが（片山 [1967] p. 137），本書で示されているように，「他の修正法」とは1840年5月4日付の州法だったのである．

に基づいたバンク・コミッショナーを柱とする銀行監査の体系を，自由銀行制度に基づく各州法銀行すなわち自由銀行に対しても援用する，という規定である．各自由銀行は，州法による監査の強制を「違憲」と主張したが，実際には1行を除いて全自由銀行にこの監査体系が甘受されるものとなった[9]．2つ目の規定は，自由銀行の発券をめぐる担保の預託について，ニューヨーク州債以外の債券の預託を制限する，というものである．さらにこの規定に付随して，これまで発券のために預託される担保として州監督官が受け取ってきた諸々の州債については，市場価値の変動を利用した転売と再預託とが認められる．また，発券の担保を新規に預託することに際して，ニューヨーク州以外の州債や合衆国債をその担保として利用することは禁じられた．この規定が生まれたのは，そもそもニューヨーク州債以外の州債の価値の不安定性に注意が払われ，州債による支払いの拒否がぽつぽつと出始めていたところに，ニューヨーク州債の価格吊り上げ問題が噴出したことをその契機とする．3つ目の規定は，先の1838年に制定された自由銀行法において規定されていた，支払い準備として発券総額の12.5%に当たる分の正貨を保有する義務を削除する，ということである[10]．1840年11月の時点で，自由銀行法の下では71行が運営されることとなる．71行の発券総額は536万7,976ドルで，662万580ドル分の州債と抵当証券とによって担保されていた．発券に係る担保の内訳は，453万5,550ドル分が州債で，208万5,030ドル分が抵当証券であった．州債の種類は，インディアナ，アーカンソー，ミズーリ，イリノイ，ミシガン，ニューヨーク，アラバマ，ケンタッキー，メーンの各州の州債であった[11]．

しかしながら自由銀行制度は，誰しも銀行業に参入できるというおおらかな特徴を持っていた反面，銀行経営をめぐる経験不足や悪弊，資本金の減耗などによって，極めて多くの自由銀行の廃業や破綻をもたらしてしまうこととなる．表I-7は，廃業ならびに破綻した自由銀行の一覧を示している．これによると，1840年から1861年までの間に廃業ならびに破綻した自由銀行

---

9) 監査を拒否した1行は，その後訴訟へと発展した（Knox [1903] p. 417).
10) Root [1895a] p. 300. Knox [1903] pp. 417–418.
11) Knox [1903] p. 416.

表 I-7 廃業・破綻した自由銀行の一覧

銀行名	破綻年度	未決済の銀行券総額（米ドル）	担保の類別	評価額（額面=100）	損失総額（米ドル）
Tenth Ward Bank	1840 年	11,303	a	94	678
Bank of Tonawanda	1840 年	15,485	a	68	4,955
Miller's Bank of Clyde	1840 年	137,380	b	94	8,243
		45,090	a	100	0
Farmers' Bank of Seneca County	1840 年	27,343	b	74	7,109
City Trust & Banking Co.	1840 年	22,234	a	100	0
Chelsea Bank	1840 年	1,200	a	100	0
		695	a	25	520
Allegany County Bank	1841 年	23,346	b	50	11,673
		3,051	a	36	1,956
Bank America of Buffalo	1841 年	69,920	b	76	16,541
		6,980	a	78	1,535
Bank Commerce of Buffalo	1841 年	65,025	a	76	15,606
Bank of Lodi	1841 年	31,766	b	97	953
		8,846	a	83	1,504
Bank of Olean	1841 年	50,124	b	74	13,032
		3,224	a	87	419
Bank Western N.Y.	1841 年	74,393	a	75	18,600
Binghamton Bank	1841 年	16,325	b	74	4,244
		8,960	a	79	1,881
Cattaraugus County Bank	1841 年	53,019	b	77	11,194
		6,181	a	85	927
Erie County Bank	1841 年	37,413	b	60	14,964
		19,720	a	72	5,521
Mechanics' Bank of Buffalo	1841 年	94,396	b	63	34,926
Merchants' Exchange Bank	1841 年	66,235	b	65	23,182
		47,760	a	81	9,074
Phoenix Bank of Buffalo	1841 年	27,490	b	73	7,422
Staten Island Bank	1841 年	19,702	b	56	8,669
St. Lawrence Bank	1841 年	40,475	b	50	20,237
		19,499	a	32	12,959
Union Bank of Buffalo	1841 年	46,150	a	81	8,768
U.S. Bank of Buffalo	1841 年	41,627	b	77	9,574
Washington Bank of Buffalo	1841 年	19,235	b	100	0
New York Banking Co.	1842 年	11,240	a	42	6,519
State Bank N.Y. of Buffalo	1842 年	2,890	a	30	2,023
Farmers' Bank of Orleans	1843 年	24,825	b	100	0
Clinton Bank	1844 年	2,582	a	60	1,132
Bank of Brockport	1844 年	25,000	b	80	5,000
Hamilton Bank	1844 年	8,245	b	100	0
小計（29 行）		1,236,374			291,540

(表 I-7)

銀行名	破綻年度	未決済の銀行券総額（米ドル）	担保の類別	評価額（額面=100）	損失総額（米ドル）
Farmers' & D'vers' Bank	1846年	5,971	a	100	0
Atlas Bank of Clymer	1848年	129,998	b	75	32,500
		48,202	a	97	1,446
Walter Joy's Bank	1850年	50,700	—	100	0
James Bank	1851年	76,743	—	91	6,908
Bank of N. Rochelle	1851年	85,113	—	a=100 b=81	15,200
Farmers' Bank on Onondaga	1852年	81,000	—	85	12,150
Merchants' & Mechanics Bank of Oswego	1853年	88,000	—	77	20,240
Eighth Avenue Bank	1854年	100,000	—	94	6,000
Bank of Carthage	1854年	53,643	—	100	0
Empire City Bank of NYC	1854年	110,464	—	100	0
Exchange Bank of Buffalo	1854年	17,235	—	100	0
S. Bank Sacket's Har.	1856年	48,462	—	100	0
小計（12行）		895,531			94,444
Island City Bank	1857年	99,528	—	100	0
Hamilton Exchange Bank	1857年	43,016	—	84	6,882
Ontario County Bank	1857年	49,063	—	100	0
Platt Bank of Buffalo	1857年	31,000	—	93	1,880
Chemung County Bank	1857年	58,167	—	100	0
Pine Plains Bank	1857年	66,956	—	100	0
Dairymen's' Bank	1857年	91,470	—	100	0
Agriculture Bank of Herkimer	1857年	80,528	—	100	0
Lake Mahopac Bank	1859年	40,400	—	100	0
Cataract Bank	1861年	51,556	—	93	3,609
Bank of Albany	1861年	65,673	—	100	0
Bank of the Capitol	1861年	73,449	—	100	0
J. W. Rumsery & County Bank	1861年	31,150	—	100	0
Nat. Bank of Albany	1861年	64,150	—	100	0
Medina Bank	1861年	100,168	—	100	0
Brockport Exchange Bank	1861年	41,156	—	100	0
小計（16行）		987,430			12,371
総計（57行）		3,119,335			398,355

注：担保の類別のうち，a は州債のみを担保に，b は州債と抵当証券を担保にしたものである．
出所：Root [1895a] p. 303 の掲載データを基に筆者作成．

は全部で57件にも及んでいる．特に1840年から1844年にかけて，そのおよそ半数に当たる29件もの自由銀行の廃業や破綻が集中している．表1-7から算出するに，29件の自由銀行の廃業や破綻によって，未決済の銀行券債務の総額は123万6,374ドル，損失総額は29万1,540ドルに及んだ．さらにこの29件の自由銀行の廃業・破綻のうち，自行銀行券の兌換が額面通りに実現したのは僅か6件で，残りはすべて額面を下回る評価額でもって自行銀行券が兌換されざるをえなかったことが分かる．また，ニューヨーク州債のみを担保とした自由銀行券は，平均20%程度の割引率でもって兌換され，ニューヨーク州債や他の州債，抵当証券でもって担保された自由銀行券は，平均25%程度の割引率でもって兌換された[12]．自由銀行制度の下では，州監督官がすでに預かっている各自由銀行の担保証券を強制売却するまでは自行銀行券を兌換することができなかった．それゆえ，このタイムラグのなかで銀行券がさらに減価し，銀行券の保有者に損失を被らせることになってしまったのである．加えて，破綻ないし支払い不能に陥った自由銀行券を兌換するために州監督官が担保証券の売却を推進すればするほど，債券市場に価格下落の圧力がかかり，担保証券の市場評価額がいっそう低落するという趨勢にあった[13]．それでも廃業・破綻した自由銀行の銀行券が兌換され続けられえたのは，先の1840年5月14日付で制定された州法によって，州都Albanyや大都市のNew York Cityに兌換代理人を置いて兌換に係る事業を代行することが認められていたことが奏効したことにあった．自由銀行の展開に慎重な見解を示していたバンク・コミッショナーは，自由銀行の展開をめぐる困難を，発券の担保として預託された各種証券が減価したことに基づく信頼の低減に求め，担保証券の対象をニューヨーク州債以外にも広く認めてしまっていた点に問題がある，と見たのである[14]．

1.2 セイフティ・ファンドの枯渇

1840年代に入ると，自由銀行法に基づいた各自由銀行のみならず，セイ

---

12) Root [1895a] p. 302.
13) 高橋 [1975] pp. 36-37.
14) Knox [1903] p. 417.

フティ・ファンド法に基づいた各州法銀行においても，支払い不能や破綻が立て続けに生ずることになる．1840年から1842年にかけて，実に11行が支払い不能に陥った．その11行とは，The City Bank of Buffalo, The Wayne County Bank of Palmyra, The Commercial Bank of NYC, The Bank of Buffalo, The Commercial Bank of Buffalo, The Commercial Bank of Oswego, The Watervlist Bank, The Clinton County Bank, The Lafayette Bank of NYC, The Bank of Lyons, The Bank of Oswego の各州法銀行である．これらの州法銀行の破綻に伴い，セイフティ・ファンドの残高が枯渇する．そして，州監督官によって買い取られ集積されたこれら破綻した諸々の州法銀行の保有資産について，その売却や換金も大幅に遅延してしまう．そうしたなかで，セイフティ・ファンドの存在意義が改めて社会的に問われることとなる．以下では，上記11行における破綻の原因と実状について，さらには，破綻への対処の過程でセイフティ・ファンドがどう変質してゆくのかについて，つぶさに解明してゆくことにしよう．

　1840年代に入って最初に破綻したのは，The City Bank of Buffalo である．この州法銀行は，そもそも1836年に適切な払込資本金の総額がないまま開業に踏み切られる．また，複数の政治家に対し自行の発行済み株式の割当が指図されていた．The City Bank of Buffalo の頭取自身も，怪しい担保でもって自行に対し10万ドルもの負債を抱えていた．既述のように，The City Bank of Buffalo は1837年にいちど営業停止命令を受けている（本篇の第2章2.2項を参照）．営業が再開されたあとも，支払い能力を健全化させるには至らず，結局1839年11月にバンク・コミッショナーが管財人を任命し，破綻が認定される．翌12月の第1火曜日に公聴会が開かれ，1840年2月3日まででこの州法銀行を閉鎖する，との結論が出る．創業時から破綻するまでの間に，The City Bank of Buffalo の保有不動産の評価額はおよそ6倍に増えた[15]．1840年3月の管財人報告によって，The City Bank of Buffalo の保有する担保の殆どが実質価値の低い不動産であることや，帳簿記載の不備，居住者なき場所に個人や法人の口座が置かれるなどの欠陥が

---

15) Bodenhorn [2002] p. 176.

表 I-8 セイフティ・ファンド法に基づいた破綻銀行の破綻時の資産総額

	破綻時の資産総額	1845年12月の時点で換金済の資産総額	1845年12月の時点で未売却の資産総額	未売却資産の見積評価額
City Bank of Buffalo	739,107.35	166,576.08	570,000.00	50,405.00
Wayne County Bank of Palmyra	293,970.39	56,743.60	246,200.69	22,627.53
Commercial Bank of NYC	858,471.68	303,338.74	301,405.96	※注1
Bank of Buffalo	1,221,843.30	82,836.69	—	—
Commercial Bank of Buffalo	985,063.92	172,863.64	456,447.31	49,689.86
Commercial Bank of Oswego	507,173.36	80,652.59	94,087.19	10,525.15
Watervliet Bank	202,378.91	19,458.73	204,137.49	—
Clinton County Bank	543,429.66	76,019.47	64,381.57	12,752.65
Bank of Lyons	385,608.08	37,444.64	236,229.34	11,524.47
Bank of Oswego	213,353.25	32,693.00	163,813.00	※注2
総計	5,950,399.90	1,028,627.18	2,336,702.55	157,524.66

注:1) The Commercial Bank of NYC は,自行債権者に対し70%の配当申告ができるほど,充分に資産を換金していた.残余資産の見積評価額は書き添えられなかったが,セイフティ・ファンドで負担されるべき不足分は生ずる見込みにあった.
2) The Bank of Oswego の管財人は残余資産に対する明確な評価額を添えなかったため,翌夏までに債務全額を支払うのに充分であったことが窺われる.なお The Lafayette Bank of NYC については不明.
出所:Root [1895a] p. 295 の掲載データを基に筆者作成.

明るみとなる.そして,営業停止命令の要請から関係者の事情聴取に至るまでの間にタイムラグが生じ,この間に The City Bank of Buffalo の資産価値の下落が進んだ.表 I-8 によると,The City Bank of Buffalo の破綻時の資産総額は,73万9,017ドル35セントである.このうち,1845年12月までに管財人によって取り立てられた資産総額は16万6,576ドル8セントで,未売却の資産総額は57万ドルとなっている[16].未売却の資産の見積評価額は,僅か5万405ドルに過ぎないものであった.1840年2月3日,セイフティ・ファンドに対し,未決済の債務を処理するための資金の拠出が申請された.1840年2月3日の時点で,セイフティ・ファンドの残高は87万615

---

16) Chaddock [1910] は,The City Bank of Buffalo における未売却の資産総額が57万6,895ドルであると指摘している.内訳は,有価の債券や抵当証券が17万8,508ドル,管財人が見積もった資産が6万7,534ドル,「良質」の割引手形が6万4,360ドル,「灰色」の割引手形が8万3,643ドル,「不良」の割引手形が18万2,850ドルである.管財人によって,諸々の割引手形のうち換金可能な総額は10万ドル相当であると見積もられた (Chaddock [1910] pp. 312-313.なお Bodenhorn [2002] は,The City Bank of Buffalo の保有不動産の総額は22万5,000ドルで,管財人はこの市場評価額をおよそ15万ドルと見積もったと指摘している (Bodenhorn [2002] pp. 177-178).

ドル76セントであった[17].

　次に破綻が生じたのは，The Wayne County Bank of Palmyra である．この州法銀行も，一時滞在的な株主の代理投票によって選出されたある支配人が，1840年5月まで業務を牛耳っていた．この支配人に利益を獲得するために自由裁量の行動を委ねるということが役員会で承認され，この支配人は長年に渡って内密に投機に従事することになる．支配人によるこの投機行為は，州法に違反こそしなかったものの，法の精神に適うものではなかった．この曖昧さがバンク・コミッショナーによる警告の判断を鈍らせる要因となり，支配人による投機の行為を野放しにしてしまうものとなったのである．The Wayne County Bank of Palmyra の役員会は，バンク・コミッショナーの心象を和らげるために，支配人の交替を決める．バンク・コミッショナーは，すでに1840年5月の時点で The Wayne County Bank of Palmyra における業務運営の怪しさや支払い不能の状態を認めつつも，追加監査を行わずにそのまま運営を継続させていたのである[18]．新任の支配人や役員達が業務整理を行う過程で，価値のない抵当証券や不良債務が次々と発見された．新任の支配人は，劣悪な保有手形の正確な量をきちんと把握できていなかった．バンク・コミッショナーは，1840年9月の定期監査においても，The Wayne County Bank of Palmyra の業態が閉鎖を認めるほどの損失ではないものと評価し，処理のタイミングを逸してしまう．ようやく1840年12月の監査を通じて，裁判所によって The Wayne County Bank of Palmyra に対し営業停止命令が出されることになる．結局，The Wayne County Bank of Palmyra は再建されずに廃業を余儀なくされ，セイフティ・ファンドに対し未決済の債務を処理するための資金の拠出が申請された[19]．表I-8によると，The Wayne County Bank of Palmyra における破綻時の資産総額は，29万3,970ドル39セントである．1845年12月までに管財人によって取り立てられることになる資産総額は，5万6,743ドル60セントである．未売却の資産総額は24万6,200ドル69セントで，その見積

---

17)　Root［1895a］p. 292.
18)　Bodenhorn［2002］p. 168.
19)　Chaddock［1910］pp. 328-329.

評価額は僅かに2万2,627ドル53セントであった．結局，1850年9月30日までにセイフティ・ファンドから The Wayne County Bank of Palmyra に対して拠出された資金の総額は，12万9,208ドル70セントにのぼった．このうち，銀行券債務の弁済に対しては11万3,131ドルが，他の債務の弁済に対しては1万6,077ドル70セントが，それぞれ充てられることになる．

　1841年1月23日付の州下院議会に対する報告において，バンク・コミッショナーは The Wayne County Bank of Palmyra の事例に触れ，セイフティ・ファンドを利用した債務保証の範囲が銀行券債務のみならず他の債務に対しても適用されうる，という点に疑問を投げかける[20]．既述のように（本篇の第1章2.3項を参照），セイフティ・ファンド法案をめぐる審議の際に「銀行債務」をめぐる規定で曖昧にされた部分が，ここにきて改めて問題視され始めることになってしまったのである．同時に，The Wayne County Bank of Palmyra の件を通じて，バンク・コミッショナーの監査能力や作業能力が改めて問われてしまうこととなった[21]．加えて，報告においては，セイフティ・ファンド法に基づいた各州法銀行と，自由銀行法に基づいた各州法銀行すなわち自由銀行とが比較される．報告によれば，いわゆる地方銀行券の減価が抑えられているという点が指摘されたうえで，商業手形の割引が制限されてしまうことと融通手形の発行が増加してしまうことが懸念される．自由銀行に関しては，発券のための準備として有価証券を州監督官に預託することが義務付けられ，発券のための準備が通常の兌換準備のみに依存しているということではない．また，貸付の手段はおもに短期の商業手形に依存するのが原則であり，発券による利益はそう大きくない．他方，セイフティ・ファンド法に基づいた各州法銀行は，発券の担保を自己資本に依存し，法定限度を超えてしまうような過度の発券が避けられない構造となっている．発券の抑制が要請されるにつれ，融通手形の振出しを通じて長期の与信を行おうという衝動に駆られてしまう．この衝動が，破綻した州法銀行において資産価値を急落させる誘因となってしまう．以上の分析内容が提示された[22]．

---

20)　Knox［1903］p. 409. Chaddock［1910］p. 272.
21)　Bodenhorn［2002］pp. 168-169.

1841年に入ってから，バンク・コミッショナーは2つの改革案を提示した．ひとつは，「支払い不能に陥ったあらゆる州法銀行の銀行券債務を弁済するのにセイフティ・ファンドから資金が拠出されてその残高が著しく減少した場合，塡補のために，支払い能力のある他のすべての州法銀行は即座に追徴が求められることになる」という改革案である．もうひとつは，「管財人は，問題となっている州法銀行の資産を短い指定期間中に公的な競売を通じて売却し，可能な限り最終配当を計上する」という改革案である．上記した2つの改革案のうち，前者の案が1841年5月26日付で制定された州法において，条項として規定された．規定されたその内容は，以下の通りである．すなわち，「セイフティ・ファンドの残高が1829年州法において規定された水準を下回った場合，州監督官が，セイフティ・ファンド法に基づいた州法銀行のうち支払い能力のある各州法銀行に対して，それぞれの払込資本金総額の0.5%に相当する金額分を上限に，直ちに追徴できる」という規定内容である．これまでは，1837年5月8日付の州法に基づいて，問題となっている州法銀行の処理が終了したあとにセイフティ・ファンドから必要資金が拠出されたあとの減耗分を塡補できる，という取り決めになっていた．したがって，上記の規定内容に基づいて，セイフティ・ファンドへの補塡を即時に行うことと，その補塡のために各州法銀行に対して追徴を行うこととが，さらに踏み込んで決められたということになる．上記の規定内容は，1829年に制定のセイフティ・ファンド法に基づいた各州法銀行に対して払込資本金総額の3%（年0.5%×6年間）に当たる金額をセイフティ・ファンドの財源として課徴するという従来の方式に対し，従来の方式での課徴がまだ終了していない，セイフティ・ファンド法に基づいた新興の各州法銀行に対して，通常の2倍に当たる，払込資本金総額の1%（通常0.5%＋追徴0.5%）に当たる金額を年毎に課徴させるという便宜的な解釈を，州監督官にもたらすこととなった[23]．また，同じく1841年5月26日付の州法において，銀行監査におけるバンク・コミッショナーの年次報告が州監督官による年2回の報告に取って代わられることも決められた[24]．なお1841年5月26日付の州法

---

22) Chaddock［1910］pp. 308–309.
23) Chaddock［1910］pp. 327–328.

は，1842年1月1日から施行されることとなる．

 こうした不安定な状況であったにも拘らず，有力な都市銀行家のAlbert Gallatinは，1841年の時点で，過去12年の円滑な実績を踏まえ，セイフティ・ファンドの展開とバンク・コミッショナーによる銀行監査の展開とを高く評価している．そのうえで彼は，他の諸州との比較において，セイフティ・ファンドの仕組みを基盤としたニューヨーク州の銀行制度の優秀さを顕示した[25]．だが，Albert Gallatinの評価とは裏腹に，ニューヨーク州においては銀行破綻がさらに連発することとなってしまう．1841年9月には，The Commercial Bank of NYCの破綻が生じた．The Commercial Bank of NYCは，1834年に開業する．特に1836年から1841年までの間に，ある支配人による隠れた投機行動が進む．この結果，The Commercial Bank of NYCは払込資本金額が半減し，営業停止命令を受けて破綻に陥ってしまう．The Commercial Bank of NYCは，自行の頭取から自行の株式を額面の20%以下の価格でもって購入し，この購入分のうち総額5万6,000ドル分を支配人が着服する．そして支配人は，この着服分が現金勘定される旨を記した覚書送り状を利用して，事態を隠蔽する．こうした慣行が支配人によっておよそ4年間続いた．破綻後の1843年の時点で，The Commercial Bank of NYCの資産内容は以下の通りである．引き受けを拒絶された割引手形が28万8,212ドル．株式か他の有価証券による担保貸付が11万5,059ドル．当座貸越が7万1,959ドル．支配人による不正流用分が5万6,000ドルである[26]．前掲の表I-8によると，The Commercial Bank of NYCの破綻時の資産総額が85万8,471ドル68セント，1845年12月までに管財人によって取り立てられる資産総額は，僅か30万3,338ドル74セントである．未売却の資産総額は30万1,405ドル96セントにのぼった．

 さらに，1841年11月から翌1842年4月にかけて州法銀行の破綻が連続して5件発生する．以下，この5件の破綻事例の内実を詳細に見てゆくこと

---

24) Root [1895a] p. 300.
25) Hammond [1957] p. 560. なおAlbert Gallatinは，かつてThomas Jefferson連邦政権の時代に連邦財務長官を務めていた（豊原[1962] p. 125, 豊原[1991] p. 289）．
26) Chaddock [1910] p. 314.

にしよう. まず 1841 年 11 月 2 日, The Bank of Buffalo が破綻を迎える. 既述のように (本篇の第 2 章 2.2 項を参照), この州法銀行は 1837 年にいちど営業停止命令を受けたあと, バンク・コミッショナーの厳格な監視の下で営業を再開していた. The Bank of Buffalo の保有不動産の価値は, 開業時の 1834 年から破綻に陥る 1840 年までの間におよそ 10 倍に膨らむ[27]. 1840 年 7 月の時点では, 法定限度額の 20 万ドルに対してそれに迫る 19 万 5,760 ドル分の発券が報告される. だが, 1841 年 10 月のバンク・コミッショナーによる監査において, 法定限度額を大幅に超える額の発券が確認され, 向こう 10 日以内に営業停止を受けることが発表される. この 10 日間で取り付け騒ぎが生じてしまう. さらに, 破綻処理をめぐる未決済の債務を弁済するために, セイフティ・ファンドから資金が拠出されようとした矢先, 新たな未決済分の銀行券債務の存在が発覚する. 発覚した銀行券債務の総額は, 帳簿や勘定書の調査から, およそ 29 万ドルにのぼった. バンク・コミッショナーはこうした The Bank of Buffalo のケースについて, 「詐欺の質や深刻さはニューヨーク州の銀行史上最悪のもの」と評する. そしてバンク・コミッショナーは, 翌 1842 年 11 月に The Bank of Buffalo の元役員達を喚問し偽証罪で告発した[28]. 表 I-8 によると, The Bank of Buffalo における破綻時の資産総額は, 122 万 1,843 ドル 30 セントであった. だが, 1845 年 12 月までに管財人によって取り立てられることのできた資産総額は, 僅かに 8 万 2,836 ドル 69 セントであった.

The Bank of Buffalo の破綻から僅か 2 週間後の 1841 年 11 月 15 日, The Commercial Bank of Buffalo が破綻する. この州法銀行も 1837 年にいちど営業停止命令を受け, その後業務を再開していた. だが 1841 年 11 月になって, 監査を通じて法定限度を 18 万ドル分上回る額の発券が実施されていたことが発覚する[29]. この点について The Commercial Bank of Buffalo の時の支配人は, 「法定限度を超える額の分の銀行券は, 州都 Albany

---

27) Bodenhorn [2002] p. 176.
28) Chaddock [1910] pp. 314-315.
29) Chaddock [1910] p. 316. なお Bodenhorn [2002] は, 法定限度を超える発券分について「14 万ドル」と示している (Bodenhorn [2002] p. 182).

や商都 New York City に置かれた兌換代理人によって兌換された」と証言する．だが，その後，頭取が各々の兌換代理人から多額の自行銀行券を受け入れては市中に流通させていたということが発覚する．これを機に営業停止命令が即座に下り，最終的に 19 万ドル分もの法定限度を上回る額の発券が算定された．表 I-8 によると，The Commercial Bank of Buffalo における破綻時の資産総額は，98 万 5,063 ドル 92 セントであった．このうち，1845 年 12 月までに管財人によって取り立てられることのできた資産総額は，17 万 2,863 ドル 64 セントであった．未売却の資産総額は 45 万 6,447 ドル 31 セントであったが，その見積評価額は 4 万 9,689 ドル 86 セントに過ぎなかった．

1841 年 12 月 7 日には，The Commercial Bank of Oswego が破綻に陥ってしまう．この州法銀行は，1836 年の開業以来，運営資金が株式の購入や経営陣による個人投機へと向かってしまっていた．1840 年に経営陣が交代するも，同年 4 月，貧しい担保でもって払込資本金の半分程度に相当する金額まで，特定の個人への債務を抱えているということが発覚する[30]．表 I-8 によると，The Commercial Bank of Oswego における破綻時の資産総額は 50 万 7,173 ドル 36 セントである．このうち，1845 年 12 月までに管財人によって取り立てられることのできた資産総額は，8 万 652 ドル 59 セントであった．未売却の資産総額は 9 万 4,087 ドル 19 セントであったが，その見積評価額はたったの 1 万 525 ドル 15 セントであった．

ところで 1841 年中においては，先の 1837 年に特許の剥奪を受けた The Lockport Bank の破綻処理が実施されている（本篇の第 2 章 2.2 項を参照）．この破綻処理は，1841 年に可決された特別法の下で清算が行われるというかたちで実施される．そして管財人によって，The Lockport Bank における未決済の債務総額が 978 ドル 25 セントであることとその利子分が 2,021 ドル 75 セントであることとが，州監督官に対して明示される．だが，これら明示された金額分を未決済の債務分として認めるか否かで The Lockport Bank と州監督官との間で争議となり，The Lockport Bank は支払い不能

---

30) Chaddock [1910] pp. 316-317.

表 I-9 セイフティ・ファンドの残高推移：1839〜1848 年

(単位：米ドル)

	残高		残高
1839 年 1 月 1 日	740,217	1844 年 9 月 30 日	145,943
1840 年 1 月 1 日	820,438	1845 年 1 月 1 日	321,105
1840 年 2 月 3 日	870,615	1845 年 11 月 1 日	236,268
1841 年 1 月 1 日	861,643	1846 年 5 月 1 日	173,000
1842 年 1 月 1 日	914,342	1846 年 11 月 1 日	169,234
1842 年 4 月 1 日	1,069,143	1847 年 8 月 1 日	147,954
1843 年 1 月 1 日	770,372	1847 年 11 月 1 日	140,392
1843 年 8 月 1 日	527,756	1848 年 3 月 4 日	68,368
1843 年 11 月 1 日	389,392		

注：本章の脚注 32 も参照されたい．
出所：*Hunt's Merchants' Magazine* [1841a] pp. 84, 480, [1843a] p. 379, [1843b] p. 278, [1844] p. 73, [1845] pp. 89, 565, [1847a] p. 305, [1847b] p. 317, [1848b] p. 108. Root [1895a] p. 292. Knox [1903] p. 409. Chaddock [1910] pp. 331, 353.

の状態に陥ってしまっていた．結局，ニューヨーク州議会は The Lockport Bank の主張を認めたうえで，支払い請求を受けることになる未決済の銀行券債務に対して，セイフティ・ファンドを利用した保証が行われることが誓約された[31]．

表 I-9 によると，セイフティ・ファンドの残高は，上述した連鎖的な銀行破綻が始まるまでは，74 万 217 ドル（1839 年 1 月 1 日の時点），82 万 438 ドル（1840 年 1 月 1 日の時点），87 万 615 ドル（1840 年 2 月 3 日の時点）と着実に伸びてきていた．だが，破綻した各州法銀行の債務処理が始まる 1841 年 1 月 1 日の時点では，その残高が 86 万 1,643 ドルと停滞を見せることになる．それから 1 年後の 1842 年 1 月 1 日の時点で，その残高は 91 万 4,342 ドル 27 セントに達した[32]．先の 1837 年 5 月 8 日付の州法に基づいて，セイフテ

---

31) Root [1895a] p. 292. なお Chaddock [1910] は，The Lockport Bank の処理が 1840 年に行われたと記している（Chaddock [1910] pp. 303-304）．

32) Chaddock [1910] は，1841 年 1 月 1 日の時点におけるセイフティ・ファンドの残高を「91 万 4,342 ドル 27 セント」と述べている（Chaddock [1910] p. 328）．だが，当時の *Hunt's Merchants' Magazine* は「86 万 1,643 ドル」と記しており（*Hunt's Merchants' Magazine* [1841a] p. 480)，Knox [1903] もそう記している（Knox [1903] p. 409）．Chaddock [1910] の上記の見解については，1842 年 1 月 1 日の時点におけるセイフティ・ファンドの残高を誤って記したものと考えられる．なお Chaddock [1910] に依拠してセイフティ・ファンドの展開を論じている Sowers [1914] は，

ィ・ファンドの残高の3分の2を銀行券債務の弁済に，3分の1をそれ以外の債務の弁済に，それぞれ充てることが決められていた（本篇の第2章2.2項を参照）．それゆえ1842年1月1日の時点で，60万9,561ドル49セントが破綻銀行の銀行券債務の弁済に回されうる金額であった．先に生じたThe City Bank of BuffaloとThe Wayne County Bank of Palmyraとの件を通じて，両行の銀行券債務の弁済に充てるため，この段階で47万7,876ドル分の金額がセイフティ・ファンドからすでに拠出されていた[33]．セイフティ・ファンドの枯渇が直近の課題として問題視され始めたのである．

　1842年に入って最初に破綻を迎えたのは，商都New York Cityに所在のThe Lafayette Bank of NYCである．一部の役員の手による投機を目的とした大規模な融資が引き金となり，払込資本金の総額の半分以上に相当する額が損なわれ，営業停止命令を受けた．続く1842年3月7日にはThe Watervlist Bankが破綻した．この州法銀行においては，支配人による帳簿記載の改竄が数年間に渡って行われていた．1841年にこの支配人が行方をくらまし，新しい支配人が着任する．だが，この間にThe Watervlist Bankの保有する資産価値が下落し，営業の継続が困難となる．また，融資の過程において自行銀行券を抵当に入れるという不埒な慣行も判明するところとなる．総じて，貧しい担保に基づく個人向け融資が数多く露呈したのである[34]．The Watervlist Bankにおける破綻時の資産総額は，20万2,378ドル91セントである．このうち，1845年12月までに管財人によって取り立てることのできた資産総額は，1万9,458ドル73セントであった．前掲の表I-8によると，1845年12月の時点でThe Watervlist Bankにおける未売却の資産総額は，20万4,137ドル49セントにまで膨らんだ．さらに1842年4月9日には，The Clinton County Bankが破綻を宣告される．この州

　1841年の時点におけるセイフティ・ファンドの残高を「11万9,342ドル」と記しているが（Sowers [1914] p. 55），これは「91万9,342ドル」の記載ミスであるものと考えられる．

33) Root [1895a] p. 293.

34) のちの1848年になって，The Watervlist BankにはPeter Comstockという個人に対する手形・銀行券が合計で11万3,098ドル分あり，やはりPeter Comstockという個人名義の債券や抵当証券が合計で10万6,000ドル分あったことが，州監督官によって確認されることとなる（Chaddock [1910] p. 317）．

法銀行は，1836年の開業以来，投機を目的に貧しい担保で融資を続ける．The Clinton County Bank は経営に対する厳格な自己管理もなく，排他的な操業が続けられたのである．1841年12月，州都 Albany に所在の兌換代理人機関において The Clinton County Bank の発行銀行券の兌換が一時的に中断される．結局，The Clinton County Bank はそのまま営業停止命令を受けて破綻した[35]．前掲の表 I-8 によると，The Clinton County Bank における破綻時の資産総額は54万3,429ドル66セントで，1845年12月までに管財人が取り立てることのできた資産総額は7万6,019ドル47セントであった．1845年12月の時点で The Clinton County Bank における未売却の資産総額は6万4,381ドル57セントで，その見積評価額は1万2,752ドル65セントであった．

　これまで詳細に見てきた一連の銀行破綻を通じ，未決済の債務を弁済するためにセイフティ・ファンドから拠出された資金の総額は，1841年4月1日の時点で実に91万8,949ドルにまでのぼっていた[36]．セイフティ・ファンドが枯渇してしまうという危機が，いよいよ間近に迫りつつあったのである．こうした事態を受けて1842年2月からは，セイフティ・ファンド法に基づいた支払い能力のある各州法銀行に対して追徴が施された．この追徴は，先の1841年5月26日付の州法において定められていたものである．このとき追徴によって集まった総額は，16万1,899ドル19セントであった[37]．表 I-9 によると，セイフティ・ファンド法に基づいた各州法銀行からの課徴金収入によって構成されるセイフティ・ファンドの残高は，1842年4月1日の時点で106万9,143ドルにまで回復した．ところが，これをピークに，残高は77万372ドル（1843年1月1日の時点），52万7,756ドル（1843年8月1日の時点），38万9,392ドル（1843年11月1日の時点）と，短い期間で激減してしまう．かくして，セイフティ・ファンドの枯渇を食い止めるための抜本的な構造改革が早急に求められ，適宜導入されてゆくことになるのである．

---

35) Chaddock [1910] pp. 317–318.
36) Chaddock [1910] p. 353.
37) Root [1895a] p. 293.

1.3 セイフティ・ファンドの構造改革

度重なる銀行破綻を通じて生ずるところとなってしまったセイフティ・ファンドの枯渇に対し，これを防止するために施された構造改革の内容は，大きく6点にまとめられる．

セイフティ・ファンドの構造改革の1点目は，1842年4月12日付の州法の制定である（1843年1月1日より施行）．この州法の内容は，以下の6点に集約される．

(1) 州監督官は，裁判所からの命令を基に，支払い不能に陥った州法銀行の発行銀行券を直ちに兌換するという目的で，セイフティ・ファンドに蓄えられた資金の一部または全部を充当できる権限を持つ．
(2) セイフティ・ファンドに蓄えられた資金は，すでに損失を被った未決済のあらゆる債務を残余資産の売却金などを利用してある程度まで弁済がなされたあと，初めて拠出される．その拠出先は，銀行券債務の保証を目的とした支払いに限るものとする．
(3) 法定限度を超える過度の発券を行った州法銀行の役員層に対しては，厳格な罰則制度が設けられる．
(4) 支払い能力のある各州法銀行は，支払い不能に陥った各州法銀行の発行銀行券でもって，セイフティ・ファンドへの課徴金や追徴金を4〜6年分まとめて前払いすることができる．
(5) 先に制定された州法（1841年5月26日付の州法）の規定に基づいてセイフティ・ファンドに対する追徴が行われる各州法銀行については，納められた追徴金の金額分だけ7%の金利を付けられる融資枠の設定が容認される．
(6) 自行銀行券を担保にした融資は禁止される．

以上の6点である．

1842年4月12日付の州法が制定されてから1843年1月1日にその州法が施行されるまでの端境期に，さらに2つの州法銀行の営業停止が生じた．

2つの州法銀行とは，The Bank of Lyons と The Bank of Oswego とである．The Bank of Lyons は，1836年の開業以来，The Bank of Lyons の発行済み株式の多くに多額の割増金を支払う2名の人物によって経営が支配される．この2名の人物は，The Bank of Lyons の発行済み株式に対し割増金を支払うために，The Bank of Lyons から資金を借り入れる．こうして借り入れられた資金は，The Bank of Lyons からその借り入れ分が着服され，The Bank of Lyons に対する銀行券や有価証券の預託という形態で返済されていた．1839年から The Bank of Lyons は新しい経営陣に代わり，こうした不明朗な慣行の払拭に尽力されることとなる．だが，The Bank of Lyons の保有する資産価値の下落に対応することができず，保有資産の換金が困難となり，1842年9月13日に破綻した[38]．前掲の表 I-8 によると，The Bank of Lyons における破綻時の資産総額は38万5,608ドル08セントであったが，1845年12月までに管財人によって換金された資産総額は，僅か3万7,444ドル64セントに過ぎないものであった．1845年12月の時点で The Bank of Lyons における未売却の資産総額は23万6,229ドル34セントで，その見積評価額は僅か1万1,524ドル47セントであった．

　他方，The Bank of Oswego については，破綻の原因の詳細がいまだに分かっていない．前掲の表 I-8 によれば，The Bank of Oswego における破綻時の資産総額は21万3,353ドル25セントで，1845年12月までに管財人によって換金された資産総額は，3万2,693ドルであった．1845年12月の時点で The Bank of Oswego における未売却の資産総額は16万3,813ドルであったものの，未売却の資産の見積評価額について管財人はそれを計上していない．これは，翌1846年の夏までに残余債務の弁済が可能であるとの見通しを管財人が立てていたためである[39]．

　1842年4月12日付の州法の内容をめぐる上記の（1）（2）に関して，セイフティ・ファンドに蓄えられた資金の拠出先となる債務保証の対象が銀行券債務に明確に限定されたことで，預金者から非難の声が上がる．州議会においては，預金債務の保証に対するセイフティ・ファンドからの資金の拠出

---

[38] Chaddock [1910] p. 313.
[39] Root [1895a] p. 295.

については全く論議されなかった．「預金者は銀行を選択できるが銀行券保有者は銀行を選択できないので，銀行券債務に保証の対象と支払いを限定すべき」という，当時の世論の考え方が反映されたのである[40]．この規定によって，セイフティ・ファンドの保証対象をめぐるこれまでの「銀行債務」の規定の曖昧さが一掃されることとなった．ただしこの規定は，1843年1月1日以降に営業停止や破綻に陥った各州法銀行に対して適用されるものとされた．そのため，1840年から1842年の間に破綻した11の州法銀行については，先の1837年5月の州法による規定（「セイフティ・ファンドの残高のうち3分の2までは銀行券債務に対して，3分の1までは他の債務に対して，それぞれ充てられうる」）（本篇の第2章2.2項を参照）が適用されてゆく．この点は，セイフティ・ファンドの枯渇をめぐる問題の解決を長引かせてしまう主因となってしまったのである．

1842年4月12日付の州法の内容をめぐる上記の（4）（5）に基づいて，1843年に入ってから，支払い能力のある64の州法銀行が，総額47万7,609ドル分の追徴金ないし課徴金を，支払い不能の州法銀行が発行した各種銀行券でもって支払うことになる．これらは6ヶ月以内にすべて払い込まれた．払い込まれた総額47万7,609ドル分に関する支払い手段の内訳は，以下の通りである．すなわち，The Bank of Oswegoの発行銀行券が14万330ドル分，The Commercial Bank of Buffaloの発行銀行券が13万8,528ドル分，The Watervlist Bankの発行銀行券が9万8,877ドル分，The Clinton County Bankの発行銀行券が7万3,679ドル分，The Bank of Lyonsの発行銀行券が2万5,545ドル分，The Lewis County Bankの発行銀行券が636ドル分，The Lafayette Bank of NYCの発行銀行券が54ドル分，以上の内訳である．なお，The Lewis County Bankについては，業況が劣悪なものとなっていったために一時的に業務停止がなされていた．その後業務が再開され，自行銀行券の兌換もまた再開されることとなる[41]．

1842年4月12日付の州法の内容をめぐる上記（6）に関しては，すでに1842年1月の時点において，バンク・コミッショナーによって警告されて

---

40) FDIC [1983] p. 15. Bodenhorn [2002] p. 162.
41) Root [1895a] p. 293. Sowers [1914] pp. 54-55.

いた．セイフティ・ファンド法に基づいた各州法銀行による発行銀行券が，事実上，「セイフティ・ファンド抵当証券」とみなされる．そして，それらの発行銀行券を担保に融資がなされ高利が得られるという事態が蔓延していたのである[42]．

　セイフティ・ファンドの構造改革の2点目は，銀行監査制度についてである．度重なる銀行破綻を眼前にして，1842年の1月頃から，バンク・コミッショナーによる銀行監査に対する力量不足や不信の声が再度高まることとなる．1843年には，当時のBouck州知事によって，上述した一連の銀行破綻を招いた銀行役員による悪弊の慣行を改善するための権限を持ちえないバンク・コミッショナーの現実について，弁明された．そして，バンク・コミッショナー職の廃止を求める法案が州議会に提出された．州下院議会においては，「銀行役員が正直な時にはバンク・コミッショナーは不要で，銀行役員が不正直な時にはバンク・コミッショナーは効果なく無駄である」と痛烈に批判された．結局，1843年4月28日付で制定された州法，すなわちバンク・コミッショナー廃止法によって，バンク・コミッショナー職は廃止される．銀行監査については，今後，各州法銀行が年4回の報告書を作成して州監督官に対して提示することが義務付けられる．そして，州監督官が年4回の報告書を州議会に提出するという形態に変更されたのである[43]．

　セイフティ・ファンドの構造改革の3点目は，セイフティ・ファンド法に基づいた各州法銀行に対する発券管理の方法を，自由銀行法ないし自由銀行制度に基づいた各州法銀行に対する発券管理の方法と一体化したことにある．まず1843年4月に，セイフティ・ファンド法に基づいた各州法銀行に対して，発券用の印刷版の管理を州監督官に移管させる旨の命令が出される．続く1843年7月には，セイフティ・ファンド法に基づいた各州法銀行が発行したすべての銀行券について，州監督官による副署と登録とが義務付けられた[44]．州監督官による副署・登録のないこれまでの銀行券は，兌換のため

---

42) Chaddock [1910] p. 324.
43) Root [1895a] pp. 290, 300. Knox [1903] p. 418.
44) Knox [1903] p. 410. ところで同じKnox [1903] において，この義務が制定されたのが「1843年4月」と記載されている箇所があり（Knox [1903] p. 419），記載に食い違いが見られている．確認が必要とされるところである．

に次々と州監督官の下に集められた．こうして，非合法の発券をより厳格に監視するための体制が整備されたのである．

　セイフティ・ファンドの構造改革の 4 点目は，破綻に陥った各州法銀行における処理の順序を明示したことにある．1843 年 5 月に，セイフティ・ファンドから拠出される資金について，破綻した時期の早い順から，The City Bank of Buffalo, The Wayne County Bank of Palmyra, The Commercial Bank of NYC, The Bank of Buffalo の計 4 行の債務処理に優先して充てることが，州監督官に対して命令された．1840 年から 1842 年の間に破綻した残りの 7 行については，上掲の 4 行の債務処理が完全に終了したあとに，順次実施されることとなった．1844 年に入ると州監督官は，The City Bank of Buffalo, The Wayne County Bank of Palmyra, The Commercial Bank of NYC, The Bank of Buffalo といった，債務処理が優先された 4 行の発行銀行券の兌換を着実に進めてゆく．州監督官の報告書によれば，1844 年 9 月 30 日の時点で，兌換された銀行券の総額は 150 万 2,170 ドルにものぼっている．同日の時点で，債務の弁済に必要な資金の総額は 101 万 7,000 ドルであると見積もられたものの，セイフティ・ファンドの残高は，僅か 14 万 5,493 ドル 72 セントに過ぎないものであった[45]．

　このとき州監督官は，州議会に対してセイフティ・ファンドの構造改革に係る 2 つの申請を行う．ひとつは，当該の債権者すべてによるセイフティ・ファンドへの支払い請求に対応するために，特例のニューヨーク州債の発行を容認してもらいたいという申請である[46]．これは，セイフティ・ファンドにおける第 5 点目の構造改革に当たるものである．もうひとつは，支払い能力のある各州法銀行によって納められるセイフティ・ファンドへの将来的な課徴金ないし追徴金を利用したかたちで，各種銀行券における額面通りの兌換を容認してもらうという申請である．これは，セイフティ・ファンドにおける第 6 点目の構造改革に当たるものである．

---

45) Chaddock [1910] pp. 330-331. なお，Knox [1903] は，同日付のセイフティ・ファンドの残高を「17 万 9,193 ドル」と記している（Knox [1903] p. 410）．
46) 州監督官による特例の州債を発行すべしとの勧告は，1845 年と 1846 年における州監督官報告書において記載されている（Knox [1903] p. 410）．

第5点目の構造改革の申請に関しては，1845年に入ってから，州議会が「セイフティ・ファンドへの追徴だけでは今後10年間ですべての破綻銀行の清算を解決することができない」との認識を深めることとなる[47]．そして1845年4月28日，セイフティ・ファンドの抜本的な枯渇対策として，6%利付の特例のニューヨーク州債の発行が容認されることが，州法によって定められた．この特例の州債はバンク・ファンド債と名付けられる．バンク・ファンド債の担保とされたのは，セイフティ・ファンド法に基づいた各州法銀行によって将来的にセイフティ・ファンドに納められることになる課徴金や追徴金であった．バンク・ファンド債の発行総額は，1849年までに90万892ドルに達した[48]．セイフティ・ファンドの枯渇に対して，公信用を援用したかたちで資金を調達するという抜本的な施策案が，ここに初めて登場したのである．

　1845年4月28日付の州法の制定を受けて，州監督官は，以下の手法によって，破綻した各州法銀行の清算を進めることとなる．すなわち，まず，額面で1,000ドル以下の債務をすべて現金によって決済する．額面1,000ドル以上のより大規模の債務については，バンク・ファンド債の発行で対応する．この手法に基づいて，州監督官は，1845年4月28日から同年9月30日（会計年度末）までのおよそ5ヶ月間で，支払い請求のあった破綻3行の債務について，総額37万3,722ドル8セント分を弁済した．内訳は，The Bank of Buffaloの債務が14万9,241ドル22セント，The Commercial Bank of NYCの債務が14万6,129ドル23セント，The Commercial Bank of Oswegoの債務が7万8,351ドル63セントである．弁済された債務総額37万3,722ドル8セントのうち，現金による決済は6万9,488ドル39セントであり，バンク・ファンド債の発行による決済は30万4,233ドル69セントであった[49]．

　さらに，第6点目の構造改革の申請に関して，1845年6月6日，州監督

---

47) Bodenhorn [2002] p. 164.
48) Helderman [1931] p. 13. Sowers [1914] p. 55.
49) Root [1895a] は，現金による決済分を「6万9,488ドル」と示しているが（Root [1895a] p. 294），この数字では計算が合わない．

表 I-10 セイフティ・ファンド法に基づいた破綻銀行における破綻後の銀行券の兌換状況：1845〜1847 年

(単位：米ドル)

	1845 年	1846 年	1847 年	総計
現金による決済				
Commercial Bank of Buffalo	21,071	1,304	1,295	23,670
Bank of Lyons	12,830	3,877	1,855	18,562
Commercial Bank of Oswego	11,845	2,877	848	15,570
Clinton County Bank	4,928	1,281	1,603	7,812
Watervliet Bank	4,461	270	317	5,048
Bank of Buffalo	1,349	205	255	1,809
Commercial Bank of NYC	447	184	81	712
Wayne County Bank of Palmyra	76	47	3	126
City Bank of Buffalo	35	55	40	130
Lafayette Bank of NYC	0	21	17	38
小計	57,042	10,121	6,314	73,477
バンク・ファンド債による決済				
Watervliet Bank	27,568	0	0	27,568
Bank of Lyons	0	10,186	0	10,186
小計	27,568	10,186	0	37,754
総計	84,610	20,307	6,314	111,231

出所：*Hunt's Merchants' Magazine* [1848a] p. 430 の記載データを基に筆者作成．

官は「支払い不能に陥った各州法銀行が発行した未決済の銀行券を，追徴金を用いて額面通りに兌換する」という告知を出した．これで，上記した2つの構造改革の申請は共に結実した．この告知に基づいて，1845年6月6日から1850年9月30日までのおよそ5年間で，11万3,000ドル分の銀行券が州監督官に対して提示され，それらは額面通りに兌換された．銀行券の兌換総額11万3,000ドルのうち，現金による決済は3万7,754ドルで，バンク・ファンド債による決済は7万5,246ドルであったという[50]．ここで表I-10を参照されたい．表I-10は，1845年6月6日から1847年までの約3年間における，セイフティ・ファンド法に基づいた州法銀行のうち破綻した各州法銀行の発行銀行券をめぐる兌換総額の推移を表したものである．これによると，1845年6月6日から1847年までの間にすでに11万1,231ドル分

---

50) Root [1895a] pp. 293-294.

の発行銀行券が兌換されている．このうち，現金による決済は7万3,477ドルであり，バンク・ファンド債による決済は3万7,754ドルである．したがって，すでに1847年の時点において，セイフティ・ファンド法に基づき破綻に陥った各州法銀行が発行した銀行券について，その未決済分の殆どが額面通りに兌換されていたのである．

かくして，以上の6点の構造改革を受けたセイフティ・ファンドの仕組みは，ひとまず枯渇の危機を回避することになる．バンク・ファンド債という公信用の利用を下支えにして，1840年から1842年の間に生じた11の破綻銀行のうち，セイフティ・ファンドからの資金の拠出が結果的に不要となった The Bank of Oswego を除く10行の債務処理が，1850年9月30日まで延々と続けられることとなるのである．

2. 銀行制度の崩壊と遺産：1845〜1866年

2.1 新州憲法の制定と銀行制度の迷走

これまでにその詳細を明らかにしてきたように，ニューヨーク州においては，セイフティ・ファンド法に基づいた州法銀行のうち，破綻の状態に陥った各州法銀行の管財人に対して，当該の各州法銀行が各自の債権者に弁済するのに必要な見積総額を1845年中に報告するよう，州監督官が命令を出すことになる．この命令を受けて1845年12月にその破綻した各州法銀行の管財人達が提出した資産売却・換金の状況を示した報告内容が，前掲の表 I-8 において示されているものである．表 I-8 によると，破綻の状態に陥り債務保証のためにセイフティ・ファンドに対し資金の拠出を求めた各州法銀行の資産総額は，総額で595万399ドル90セントにのぼっている．一方で，各管財人によって取り立てられた資産総額は，総額で102万8,627ドル18セントに過ぎなかった．さらに，破綻に陥ったいずれの州法銀行においても，破綻時の資産総額に比して，1845年12月の時点における売却済みの資産総額が著しく低廉なものになっていることが分かる．また，未売却の資産の総額についても，その評価額の減価が著しいものになっていることが分かる．

ここから，破綻に陥った各州法銀行の資産売却や換金が遅々として進んでいない傾向が見受けられる．破綻に陥った各州法銀行の保有資産は，州監督官が公的な競売を通じて購入することになっていた．州監督官は，破綻の状態に陥った州法銀行の資産ということで廉価での投げ売りが必須となるその資産に相応の値を付けるための代理人を，指名することになっていた．前掲の表I-8に見受けられるように，破綻に陥った各州法銀行における資産売却・換金作業の遅延は，資産の質の劣化が著しく速かったことと，州監督官が当該の各州法銀行の保有資産を適正な価格を大幅に下回って買い取ってしまっていたことによって，生じてしまっていたのである[51]．

こうしたなか1846年には，1821年に制定された既存のニューヨーク州憲法に代わる，新しいニューヨーク州憲法の内容が論議されることになる．このなかで，セイフティ・ファンドの枯渇という現実を踏まえて，セイフティ・ファンドが銀行券債務と預金債務との双方を保証すべきものとするか否かについて，州議会で論議された．既述のように，1842年4月12日付の州法による規定に基づいて，1843年1月1日以降に破綻に陥った各州法銀行の債務処理にあたっては，まず，当該の州法銀行の保有資産の売却益でもってあらゆる債務が弁済される．そこで残った未決済の債務については，銀行券債務に限定したうえでセイフティ・ファンドからの資金の拠出によって弁済される，という仕組みとなっていた（本章1.3項を参照）．ところがこの仕組みの下では，破綻した州法銀行における保有資産の売却益では決済ができなかった預金債務について，セイフティ・ファンドを利用した債務保証が受けられないものとなってしまう．そのため，州議会においては，こうした預金債務の保証をセイフティ・ファンドを利用して行うことについて，銀行券債務と同じ程度に行う旨の肯定的な意見とそれへの反対意見とが対立することとなる．反対意見の論拠は，「銀行券保有者は非自発的な債権者であるのに対して預金者は自発的な債権者であるがゆえに，前者には特別の保証を求め，後者には自己責任を求める」という考え方にあった[52]．

---

51) Bodenhorn [2002] p. 164. なお1846年の州監督官の報告書には，額面で総額47万ドルのThe City Bank of Buffaloの資産が僅か1万6,900ドルの値段で購入されてしまっていたことが記されている（Chaddock [1910] pp. 332-334）．

結局,1846年に制定された新たなニューヨーク州憲法においては,セイフティ・ファンドの運営や州域内の銀行制度の運営に関連するものとして,3点の重要な条項が規定されることになる.1点目は,支払い不能に陥った各州法銀行の債務処理について,当該の州法銀行における保有資産の売却益が当該の銀行券保有者の保証に対して最優先に充てられるものとする,と規定されたことである.2点目は,「株主の個人責任」の復活である.既述のように,「株主の個人責任」は1827年州法においては認められていたものの,1829年の州法すなわちセイフティ・ファンド法の制定の際に撤廃されていた(本篇の第1章1.3項と2.3項を参照).それが,ここにきて復活したのである.「株主の個人責任」の復活は,枯渇気味のセイフティ・ファンドに対し将来的に訪れることが予想される支払い請求をできるだけ制限するために実施された[53].3点目は,セイフティ・ファンド法に基づいた特許の交付ならびに特許の有効期限の延長を停止することである[54].すでに1838年にニューヨーク州自由銀行法が制定された時に,1829年に制定されたセイフティ・ファンド法に基づいて特許を受けた各州法銀行は,特許の有効期限の満了と共に自由銀行制度の下に組み込まれる旨の方針が決められていた.新州憲法の制定によって,そうした方針がより強化され明確にされることとなったのである.以上の3点に渡る重要な条項規定に加えて,新州憲法においては,各州法銀行が発行する各種の兌換銀行券や手形について,登記を義務化して充分な担保を付けるよう規定された[55].

1843年から1845年にかけて実施された,セイフティ・ファンドに関する一連の構造改革(本章1.3項を参照)を経て,セイフティ・ファンド法に基づく各州法銀行によって発行された未決済のかつ未登記の銀行券は,その殆どが1847年中に兌換されることとなる.1847年12月31日付の州監督官の報告書によれば,そうした未決済の銀行券は71万6,620ドル分を残すまでに至った.ただし,1845年4月28日以降,セイフティ・ファンド法に基づい

---

52) Chaddock [1910] p. 352.
53) Bodenhorn [2002] p. 164.
54) 高橋 [1975] p. 46. 戸田 [2000] p. 137.
55) Root [1895a] p. 301.

た各州法銀行から徴収される課徴金や追徴金はすべて，バンク・ファンド債の抵当に入るものとなっていた．既述のように，バンク・ファンド債は，1840年から1842年にかけて破綻に陥った，セイフティ・ファンド法に基づいた各州法銀行における債務保証・債務処理のための新たな財源とされていた．このため，セイフティ・ファンド法に基づいた州法銀行のなかから新たな債務保証や債務処理の要求が出たとしても，セイフティ・ファンドを即座には利用できないという状態にあった．それゆえ，セイフティ・ファンド法に基づいた各州法銀行は，依然として，セイフティ・ファンドに依存することなく各自の支払い能力に依存した発券が強く求められたのである[56]．1848年12月30日の時点で，セイフティ・ファンド法に基づいた各州法銀行からの課徴金や追徴金の納付によるセイフティ・ファンドの総収入額は，延べ187万6,063ドルに達した．一方，セイフティ・ファンドから銀行債務の弁済に拠出された総額は延べ154万8,558ドルであった．セイフティ・ファンド法に基づいた州法銀行のうち，破綻に陥った各州法銀行の銀行券債務の弁済のみであれば，計算上は充分にセイフティ・ファンドを利用して賄われうるのにも拘らず，実際には特例のニューヨーク州債すなわちバンク・ファンド債が発行されざるをえないほど不足している．この現状について当時の州監督官は，セイフティ・ファンドが適用される債務保証の対象を銀行券債務のみならず預金債務にまで拡げてしまっていることによるからだ，と解釈していたのである[57]．

　こうしたなかで問題になってくるのが，ニューヨーク州域内において並存する2つの銀行制度の交錯した関係についてである．すでに明らかにしてきたように，1838年以降，ニューヨーク州の銀行制度はセイフティ・ファンドと自由銀行制度が並存するかたちで展開を見せてきた．自由銀行制度は，セイフティ・ファンドの仕組みを基盤に州議会による承認のもと州政府からの特許の賦与に基づいた既存の銀行制度の排他性を突き，銀行業界への参入機会を拡げるという意図の下に登場してきた．そして，1829年州法すなわちセイフティ・ファンド法に基づいた既存の各州法銀行について，セイフテ

---

56) Knox［1903］p. 411
57) Helderman［1931］p. 13.

ィ・ファンド法に基づいた特許の有効期限が満了したあとは，そのまま自由銀行法の下で特許が交付されるかたちが採られ，自由銀行法に基づく州法銀行すなわち自由銀行として，自由銀行制度に随時組み込まれるかたちとなっていた（本篇の第2章2.3項を参照）．1848年の時点で，セイフティ・ファンド法に基づいて操業する州法銀行は80行（2つの支店銀行を含む）で，これら80行の特許すべてが1866年までで満了することになっていた[58]．つまりセイフティ・ファンドは，1866年までで消滅することが確実なものとして予定されていたのである．だが，自由銀行制度が運用されてからのセイフティ・ファンドは，セイフティ・ファンド法の下で特許を受けた各州法銀行がすべて特許の有効期限を迎えるまでの形骸化したいわば「つなぎ」のような債務保証の仕組みとして消極的に運営されていたのではない．むしろ，自由銀行制度とセイフティ・ファンドとは絶えず相互に評価され合うかたちとなり，銀行制度としての善悪が常に議論されていたのである．

　セイフティ・ファンドと自由銀行制度という両制度の比較をめぐる議論は，遡ること1840年の州議会においてすでに行われていて，特に地方銀行券の兌換をめぐる混乱の元凶として両制度の並存という現状が問題視されていた（本章1.1項を参照）．そして，1846年のニューヨーク州新憲法の制定をめぐる論議のなかで，両制度の比較論議が再燃する．前掲の表I-7を見ると，1846年までの時点でセイフティ・ファンド法の下で破綻処理がなされた州法銀行の数が11行であったのに対し，自由銀行法ないし自由銀行制度の下で破綻した州法銀行すなわち自由銀行の数が30行に達している．この点を踏まえ，当時のAzariah C. Flagg州監督官は「セイフティ・ファンドによる課徴金制度のほうが，自由銀行制度による発券担保の預託制度よりも公衆の保護に関して優れている」と報告した[59]．1840年代の後半から1850年代の初頭にかけて，両制度の修正や改革をめぐる論議とその実施とが活発に行われることとなる．

　1848年には，州監督官がMillard Fillmoreに交代する．Millard Fillmoreは，のちに第13代連邦大統領に就任することになる人物である．

---

58) Knox [1903] p. 412.
59) Root [1895a] p. 305.

Fillmore 州監督官は，銀行制度として並存するセイフティ・ファンドと自由銀行制度との双方について，大胆な制度改革の構想を勧告していった．州議会においても各種の制度改革が決定され，次々に実現されてゆくこととなる．まず，セイフティ・ファンド法に基づいた各州法銀行に対しては，1848年4月12日に「資本金総額に応じた発券の容認限度額」に係る規定が改定される．「資本金総額に応じた発券の容認限度額」は，既述のように，1837年5月16日付の州法においてきめ細かく区分されるかたちで制定されていた（本篇の第2章2.2項と表 I-5 とを参照）．細分化されたこの規定を一部改め，資本金総額が 20 万ドル以下の各州法銀行については，各自の資本金総額に相当する金額分にまで発券の容認限度を緩和する，という措置が取られたのである．同時に，そうした容認限度の緩和によって増えた金額分の発券に対して，州監督官に対し担保証券を預託することが義務付けられた[60]．すでに 1843 年 7 月の時点で，セイフティ・ファンド法に基づく各州法銀行が発行した銀行券には州監督官による印刷原版の管理ならびに登記・副署が義務付けられていたので（本章1.3項を参照），今回の容認限度の緩和に伴い追加的に発行された金額分の銀行券については，自由銀行法ないし自由銀行制度の下で自由銀行によって発行された銀行券と，発行の形態において全く同質の性格を持つこととなったのである．

　他方，自由銀行制度については，1848年の時点で全部で 53 の自由銀行（うち 51 行はプライヴェート・バンカーの手によるもの）が運営を続けていた．州監督官に対して各自由銀行が預託した発券担保の総額は 1,064 万 182 ドルで，各自由銀行による発券総額は 999 万 3,762 ドルであった．担保証券の内訳は，ニューヨーク州債が 762 万 7,092 ドル，合衆国債が 11 万 4,000 ドル，その他公債や抵当証券が 151 万 4,979 ドル，現金が 4 万 9,906 ドルであった．その他公債は，イリノイ，アーカンソー，インディアナ，アラバマ，ミシガンの各州債によって構成されていた．こうした自由銀行制度の現状に対し，各種の改革がもたらされることになる．

　まず，1848 年 4 月 12 日付の州法に基づいて，すべての自由銀行は発券銀

---

60) Root [1895a] p. 290. Knox [1903] pp. 412, 419.

表 I-11　発券担保証券の売却状況（1849年1月1日時点）

(単位：米ドル)

	保有高	売却高	割合 (額面＝100％)
インディアナ州債	449,000	220,381.35	49.08
イリノイ州債	239,000	117,423.25	49.13
アーカンソー州債	176,000	103,445.00	58.77
ミシガン州債	66,000	48,147.50	72.95
アラバマ州債	79,000	56,142.50	71.07
ニューヨーク州債	257,555	239,143.64	92.86
その他債券・抵当証券	472,988	320,261.00	67.71
計	1,739,543	1,104,944.24	63.51

出所：Root [1895a] p. 304 の掲載データを基に筆者作成.

行であると同時に割引や預金業務を扱う商業銀行となることと，証明書に記載された所在地において銀行業務を行うことが求められた．さらに同じ州法によって，この州法の施行日（1842年4月12日）以降に発券担保として各自由銀行が州監督官に対して預託する公債や抵当証券のうち，ニューヨーク州債のみ利率が5％から6％に引き上げられ，抵当証券の利率は7％に据え置かれることとなった．その抵当権については，建物を除く開発不動産の価値の5分の2まで，価額にして5,000ドルまでと制限された[61]．これらの制度改革が行われるに至った動機は，いったいどこにあるのか．それは，過去の自由銀行の破綻事例から発券の担保の質が問題視されてきたことにある．表 I-11においてその実態が明らかにされているように，Fillmore州監督官は1848年12月30日付の報告書において，各自由銀行が預託した発券の担保として州監督官自らが保有する債券や証券の類いが，ここ10年間で額面の平均67.71％の価格水準で売却されているのに，5％利付のニューヨーク州債だけは額面の平均92.86％の価格水準で売却され，高い信頼性を持たれていることを示す．そのうえで，各自由銀行の発券に係る担保証券をすべてニューヨーク州債に置き換えるよう，彼は勧告したのである[62]．

---

61)　Root [1895a] pp. 301-302. Knox [1903] p. 420. なおこの時Fillmore州監督官は，第13代連邦大統領への就任が内定していた．

62)　Root [1895a] p. 302. ところでKnox [1903] は，各自由銀行における発券担保の債券や証券がここ10年間で額面の平均66.71％の価格水準で売却された，と記している（Knox [1903] p. 420）.

さらに 1849 年 4 月 10 日付の州法において，発券の担保として各自由銀行が州監督官に対して預託される証券のうち，ニューヨーク州債に続いて合衆国債の利率が 6% に引き上げられることとなった．同時に，発券の担保の種類として少なくともその半分程度はニューヨーク州債でもって預託するということが決められた．それから 2 日後の 1849 年 4 月 12 日付の州法においては，先の 1846 年に制定されたニューヨーク州新憲法において復活した「株主の個人責任」の理念に係る規定を受けて，自由銀行の株主責任が強められることとなる．1850 年 1 月 1 日以降，自由銀行の株主は各々の出資金額の 2 倍までの金額分について責任を持つということが規定された[63]．

続く 1850 年 4 月 10 日付の州法においては，自由銀行の破綻処理における担保資産の最終分配に関する手順と方法とが，明確に規定された．破綻に陥った自由銀行が州監督官に予め預託しておいた担保証券について，その売却・換金による残余債務の弁済が 6 年かけて行われる．6 年経ったあと，州監督官は，破綻に陥った自由銀行の発行銀行券すなわち破綻銀行券の保有者に最終警告を発し，警告日から 6 ヶ月以内に未決済の破綻銀行券の提示を求める．警告は少なくとも 6 週間公示され，州監督官が破綻銀行券の保有者への告知に最良と判断した複数の新聞紙上にもその警告が掲載される．警告日から 6 ヶ月以内に提示された破綻銀行券については，州監督官が手許に保有している，担保資産の売却によって得られた資金でもって弁済される．この弁済は，以前に同種の破綻銀行券が提示され弁済された時と同じ割引率でもって実施される．以前に額面通りに兌換されていたものは額面通りに弁済される．これまで額面通りに兌換されてこなかった破綻銀行券の保有者は，未払証明書の発行資格が生ずる．6 ヶ月の警告期間が終了した時点で，州監督官は，手許に保有している担保資産の売却資金の残高を確認する．そして直ちにその売却資金から必要経費（新聞への警告掲載の費用も含まれる）が控除されたあと，その残余資金は，割引のうえ兌換される破綻銀行券の各保有者によって提示された未払証明書に基づいて，最終的にその各保有者に対して比例配分のうえ分配される．この時点までに提示されなかった破綻銀行券につ

---

63) Cleaveland [1864] pp. 170–172. Root [1895a] p. 301.

いては，弁済されない．最終分配のあとさらに資金が残った場合，その残余分は州公庫に預託され，州自由銀行局における通常経費の一部に充てられることとされた[64]．

また，各自由銀行は，自行銀行券を額面を下回る市場価格でもって購入し，セイフティ・ファンド法に基づく各州法銀行が発行した銀行券と額面通りに即座に交換する．各自由銀行は，そうして手許に集まった，セイフティ・ファンド法に基づく各州法銀行による発行銀行券を各発行元に送付して，額面通りの兌換を実現していた．さらに各自由銀行は，セイフティ・ファンド法に基づく各州法銀行が発行した銀行券を額面の最大 0.5%（これは 1841 年 7 月に制定された州法に基づいて制定された水準）の割引率でもって購入のうえ，それらを各発行元に送付して額面通りの兌換を求め，それを実現していた．こうして，各自由銀行は差益を上げ続けていたのである（本章 1.1 項を参照）．これらの商慣行は 1840 年代を通じて続くことになる．1850 年になって，州知事や州上院の銀行委員会が，各自由銀行によるこれらの商慣行を問題視した．これを受けて，1851 年 4 月 15 日，セイフティ・ファンド法に基づいた州法銀行，自由銀行法に基づいた自由銀行のいかんを問わず，ニューヨーク州に存在するあらゆる州法銀行の発行銀行券について，兌換都市における割引率の上限が一律 0.25% に規定された．なお兌換都市とは，発行元である州法銀行が自行銀行券の兌換に関して代理人機関を設置できる場所（都市）のことを指している．この兌換都市に関しては，同日付の州法において，これまでに規定されていた州都 Albany と商都の New York City に加え，新たに Troy が加えられることとなった[65]．

さらに，こうした州法による規定の動きと同調するように，商業中心地に流入しては未決済のまま市中に溢れる各種銀行券の集中的な兌換を自発的に行う動きも見受けられるようになる．商都 New York City に在住の仲買業者達は，隣接するニューイングランド諸州において商業銀行どうしの間に自発的に組成され各種銀行券における額面通りの流通および兌換を成功裡に展開し続けていた決済組織，サフォーク・システムに倣い，1851 年に州法銀

---

64) Cleaveland [1864] pp. 175–177. Root [1895a] p. 301.
65) Chaddock [1910] p. 349.

行の The Metropolitan Bank in NYC を創設した．The Metropolitan Bank in NYC は，未決済のまま市中に滞留するニューヨーク州の地方銀行券（都市部以外の地域の各州法銀行が発行した銀行券）を一律 0.25％ の割引率でもって購入のうえ，額面通りの兌換を迅速に図るという事業を集中的に展開していったのである[66]．しかしながら，The Metropolitan Bank in NYC による各発行元に対する銀行券の執拗なまでの兌換請求は，やがて各発行元である各地方銀行，すなわち都市部以外の地域の各州法銀行からの反発を生むこととなる．そうした地方銀行のうち，The Mechanics' Bank と The Bank of Interior とは互いに手を組んで，兌換を専門に行う機関として Albany Sorting House を州都 Albany に創設するに至り，The Metropolitan Bank in NYC による独占的な兌換事業に牽制を投げかけることとなる．銀行券の兌換事業に関して，The Metropolitan Bank in NYC と Albany Sorting House とは熾烈な競争を展開することとなったのである[67]．

　1848 年から 1851 年にかけて，発券の弾力性に関しては，自由銀行制度を基盤とする各自由銀行よりもセイフティ・ファンド法を基盤とする各州法銀行のほうが勝っていたようである．自由銀行制度の下においては，自由銀行の発券総額は各自由銀行がその時に州監督官に預託していた担保資産の総額によって規制されていた．各自由銀行は，自らの発券総額を増大させるために，自己資本を担保資産に結合させる．自由銀行における発券の需要の高まりに応じて，その発券の担保として調達される債券の取得需要が高まり，債券市場の金利が上昇基調となる．担保として入手される債券の調達コストを相殺して余りあるようにするために，各自由銀行が追加発券分に高額の利子を課そうとしても，それは州法によって禁じられている．結局，自由銀行における追加の発券は，調達可能な担保資産の総額に制約されてしまい，自由銀行制度は通貨供給の弾力性が削がれるような制度となっていたのである．これに対し，セイフティ・ファンド法の下では，それに基づく各州法銀行は各自の資本金総額に応じた容認限度額の範囲までであるならば，弾力的に追加の発券を行うことができた．もっとも，上述のように，1848 年 4 月 12 日

---

66) サフォーク・システムの実態については，大森 [2004] を参照されたい．
67) Sumner ed. [1896] p. 422. Lake [1947] p. 189. Redlich [1947] p. 79.

付の州法において規定された，各州法銀行における発券総額の容認限度額の緩和によって，緩和された追加の発券分については州監督官に対する担保資産の預託が義務付けられていた．それにも拘らず，通貨供給の弾力性においては，自由銀行制度よりもセイフティ・ファンドの仕組みのほうが勝っていたのである[68]．

このように，セイフティ・ファンド法を基盤とする銀行制度と自由銀行法を基盤とする自由銀行制度，この2つの銀行制度は，互いに評価され合い互いに部分修正を施しながら，とはいえ，どちらかの銀行制度に収斂するということもないまま，並存したかたちで存続してきたのである．

2.2　セイフティ・ファンドの最終利用状況

既述のように，1840年から1842年の間に生じた一連の銀行破綻は，潤沢な資金の蓄えを誇っていたはずのセイフティ・ファンドを枯渇へと追いやり，セイフティ・ファンドの構造改革の実施を余儀なくさせるに至った（本章1.2項と1.3項を参照）．これら一連の銀行破綻に伴って生じた未決済の銀行債務すべての履行は，紆余曲折を経た結果，1850年9月30日までに漸く終了した．では，一連の銀行破綻に伴うセイフティ・ファンドの最終的な利用状況の実態とはいったいどのようなものであったのだろうか．

表I–12は，1848年の時点における，1840年から1842年の間に生じたセイフティ・ファンド法に基づく11の破綻銀行による，セイフティ・ファンドへの課徴金の納付総額とセイフティ・ファンドからの拠出総額とを示したものである．続く表I–13は，それから約2年後の1850年9月30日の時点における，やはり1840年から1842年の間に生じたセイフティ・ファンド法に基づく11の破綻銀行によるセイフティ・ファンドの最終的な利用状況を示したものである．表I–12によると，まず，11の破綻銀行がセイフティ・ファンドに対して納めていた課徴金の総額は，僅かに8万6,282ドル42セントである．これに対し，11の破綻銀行の債務処理のためにセイフティ・ファンドから拠出された資金の総額は，1848年の時点で257万7,926ドル

---

[68]　Chaddock［1910］p. 341に掲載されている付表についても，併せて参照されたい．

表 I-12 セイフティ・ファンド法の下の破綻銀行における課徴金の納付と基金からの拠出（1848 年の時点）

(単位：米ドル)

	払込資本金の総額	基金への納付	基金からの拠出
City Bank of Buffalo	400,000	4,333.33	278,645.29
Wayne County Bank of Palmyra	100,000	3,000.00	129,213.70
Commercial Bank of NYC	500,000	15,000.00	285,950.23
Bank of Buffalo	200,000	6,000.00	584,603.22
Commercial Bank of Buffalo	400,000	12,000.00	611,010.87
Commercial Bank of Oswego	250,000	5,308.21	241,220.63
Watervliet Bank	250,000	5,416.66	127,131.26
Clinton County Bank	200,000	4,263.00	227,875.39
Bank of Lyons	200,000	5,211.22	92,238.08
Lafayette Bank of NYC	500,000	17,500.00	38.00
Bank of Oswego	150,000	8,250.00	0
計	3,150,000	86,282.42	2,577,926.67

出所：*Hunt's Merchants' Magazine*［1843a］p. 430 の掲載データを基に筆者作成．

67 セントに達した．保険原理の仕組みを介して，支払い能力のある他の諸々の州法銀行が 11 の破綻銀行の処理をいかにして支えていたのかが垣間見られる．さらに表 I-13 によれば，それから約 2 年後の 1850 年 9 月 30 日の時点になると，12 の破綻銀行（ちなみに増えた 1 行はその行名が不明となっている）について，債務処理のためにセイフティ・ファンドから拠出された資金の総額は 270 万 3,411 ドル 21 セントに増えている．内訳は，銀行券債務の履行に 161 万 5,302 ドル，他の債務（預金債務など）の履行に 108 万 8,109 ドル 21 セントである．これに対し，破綻が認定されたあとの当該の州法銀行に関する残余資産の売却によってセイフティ・ファンドに対して返還された資金の総額は，僅か 13 万 8,277 ドル 38 セントであった．したがって，セイフティ・ファンドから 12 の破綻銀行に対して拠出された資金の純総額は，1850 年 9 月 30 日の時点で，256 万 5,133 ドル 83 セントであった[69]．

---

69) Chaddock［1910］は，The Bank of Lyons について，残余資産の売却によってセイフティ・ファンドに返還された総額を 3,761 ドルであると示している（本書の表 I-11 によると，この総額は 3,960 ドル 60 セントと示されている）．それゆえ Chaddock［1910］は，セイフティ・ファンドから拠出された資金の純総額を 256 万 5,334 ドルであると示している（Chaddock［1910］p. 332）．

136

表 I-13 セイフティ・ファンド法の下の破綻銀行における基金の利用状況（1850 年 9 月 30 日時点）

（単位：米ドル）

	発券容認総額	破綻前に報告された発券総額	破綻時の未決済の銀行券総額	基金拠出			資産売却による基金への返還総額	基金からの純拠出総額
				銀行券債務の履行	他の債務の履行			
City Bank of Buffalo	300,000	268,922	—	317,107	—		99,995.52	217,111.48
Wayne County Bank of Palmyra	150,000	144,392	139,392	113,131	16,077.70		—	129,208.70
Commercial Bank of NYC	350,000	121,370	120,000	139,837	146,129.23		7,188.17	278,778.06
Bank of Buffalo	200,000	195,760	290,000	435,540	149,241.22		—	584,781.22
Commercial Bank of Buffalo	300,000	246,662	488,257	186,861	424,514.87		5,000.00	606,375.87
Commercial Bank of Oswego	225,000	216,096	230,187	163,162	78,351.63		2,392.33	239,121.30
Watervliet Bank	225,000	114,510	126,778	134,107	77,484.09		13,258.52	198,332.57
Clinton County Bank	200,000	167,781	150,203	71,896	156,257.39		—	228,153.39
Bank of Lyons	200,000	80,825	109,000	52,898	40,053.08		3,960.60	88,990.48
Lafayette Bank of NYC	350,000	71,598	—	38	—		—	38.00
Bank of Oswego	175,000	95,450	—	—	—		—	—
Not Specified	—	—	—	725	—		6,482.24	−5,757.24
計	2,675,000	1,723,366	1,653,817	1,615,302	1,088,109.21		138,277.38	2,565,133.83

出所：Root [1895a] p. 295 の掲載データを基に筆者作成。

既述のように,遡ること1844年中に,破綻に陥った6行の管財人達が「債務処理のためにセイフティ・ファンドからの拠出を要する資金総額が101万7,000ドルである」との見積書を提示していた.この時の見積書の内容は,以下の通りであった.すなわち,破綻に陥った各州法銀行がセイフティ・ファンドからそれぞれ必要とされる資金総額の見積もりについて,The Bank of Buffaloが15万ドル,The Commercial Bank of Buffaloが43万5,000ドル,The Watervliet Bankが10万ドル,The Commercial Bank of Oswegoが9万ドル,The Clinton County Bankが14万2,000ドル,The Bank of Lyonsが10万ドルという内容である.

だが,実際に蓋を開けてみると,これらの見積りの総額はその殆どが大幅に超えてしまうものとなった.改めて表I-13を参照してみると,破綻に陥った11行と拠出先不明の1行とに対してセイフティ・ファンドから拠出された資金の総額は,270万3,411ドル21セントである.内訳は,銀行券債務への弁済が161万5,302ドルで,預金債務など他の債務への弁済が108万8,109ドル21セントである.このうち,破綻が認定されたあとの残余資産の売却を通じて,合計で13万8,277ドル38セントがセイフティ・ファンドに対して返還された[70].それゆえ,セイフティ・ファンドからの純拠出総額は256万5,133ドル83セントとなっている.上述の見積書において提示された6行についても,表I-13に基づいて実際にセイフティ・ファンドから拠出された資金の総額を見てみると,The Bank of Buffaloが58万4,781ドル22セント,The Commercial Bank of Buffaloが60万6,375ドル87セント,The Watervliet Bankが19万8,322ドル57セント,The Commercial Bank of Oswegoが23万9,121ドル30セント,The Clinton County Bankが22万8,153ドル39セントである.見積額を下回ったのは,The Bank of Lyonsの8万8,990ドル48セントのみであった.

先に指摘したように,6点に渡るセイフティ・ファンドの構造改革に基づいて,破綻認定の早い銀行から順番に未決済の債務処理を行うということが決められていた.この取り決めに基づいて,まずThe City Bank of Buffa-

---

70) Sowers [1914] はこの返還総額を「13万8,077ドル」であると示しているが,この記載は誤りだと考えられる(Sowers [1914] p. 55).

lo, The Wayne County Bank of Palmyra, The Commercial Bank of NYC, The Bank of Buffalo の債務処理が優先され，これら4行の債務処理が完了したあとに残り7行の債務処理を行うよう取り決められていた（本章1.3項を参照）．前掲の表I-13によれば，1850年9月30日までに，セイフティ・ファンドから The City Bank of Buffalo に対して拠出された資金の総額は31万7,107ドルで，これらの資金はすべて銀行券債務の弁済に充てられた．このうち，破綻が認定されたあとの残余資産の売却によって，9万9,995ドル52セントがセイフティ・ファンドに対して返還された．同じくセイフティ・ファンドから The Wayne County Bank of Palmyra に対して拠出された資金の総額は，12万9,208ドル70セントである．このうち，銀行券債務の弁済には11万3,131ドルが，他の債務の弁済には1万6,077ドル70セントが，それぞれ充てられた．The Commercial Bank of NYC に対しては，結局，総額で28万5,966ドルの資金がセイフティ・ファンドから拠出される．内訳は，銀行券債務の弁済に対して13万9,837ドル，他の債務の弁済に対して14万6,129ドル23セントである．このうち，破綻が認定されたあとの残余資産の売却によってセイフティ・ファンドに返還されたのは，僅か7,188ドル17セントに過ぎないものであった．The Bank of Buffalo に対しては，セイフティ・ファンドから拠出された資金の総額は，58万4,781ドル22セントにのぼる．内訳は，銀行券債務の弁済に対して43万5,540ドル，他の債務の弁済に対して14万9,241ドル22セントであった．

さらに，拠出先不明の1行を含む残りの8行について，表I-13に基づいて，セイフティ・ファンドの最終的な利用状況を見てみよう．まず，セイフティ・ファンドから The Commercial Bank of Buffalo に対して拠出された資金の総額は，61万1,375ドル87セントである．内訳は，銀行券債務の弁済に対して18万6,861ドル，他の債務の弁済に対して42万4,514ドル87セントであった．このうち，残余資産の売却を通じてセイフティ・ファンドに対して返還されたのは，僅か5,000ドルである．The Commercial Bank of Oswego に関しては，結局，1851年までにセイフティ・ファンドから拠出された資金総額は，24万1,513ドル63セントとなる．内訳は，銀行券債務の弁済に対して16万3,162ドル，他の債務の弁済に7万8,351ドル63セ

ントであった．このうち，残余資産の売却を通じてセイフティ・ファンドに返還された金額は，僅か 2,392 ドル 33 セントに過ぎないものであった．

次に破綻処理の必要性を受けていたのは，特許を剥奪された The Lockport Bank である．ところが，表 I-13 にこの行名は見当たらない．銀行券債務の弁済のために拠出されたセイフティ・ファンドの資金のうち，未決済の銀行券債務の弁済に充てられた 725 ドル分が，拠出先不明（Not Specified）のままとなっている．既述のように，The Lockport Bank は，1837 年に特許の剥奪を受けたあと復活することなく 1841 年中に破綻が認定される．その過程で，管財人によって提示された未決済分の債務総額を支払い不能とみなすか否かで The Lockport Bank と州監督官との間で争議となり，州議会の調停によって，兌換が請求されることになる銀行券債務をセイフティ・ファンドでもって保証する旨の誓約がなされていた（本章 1.2 項を参照）．それゆえ，不明とされる拠出先については，実は The Lockport Bank に対してではなかったかと考えられる．

その次に破綻が認定されたのは，The Lafayette Bank of NYC である．債務の弁済については，公衆からの支払い請求のすべてに対応し，払込資本金の半分に相当する金額分に対応した[71]．結局，セイフティ・ファンドから The Lafayette Bank in NYC に対して拠出された資金の総額は，銀行券債務の弁済を目的に利用するための僅か 38 ドルに留まった．The Watervlist Bank に関しては，結局のところセイフティ・ファンドから拠出された資金の総額は，21 万 1,591 ドル 9 セントにのぼった．内訳は，銀行券債務の弁済に対して 13 万 4,107 ドル，他の債務の弁済に対して 7 万 7,484 ドル 9 セントである．このうち，破綻が認定されたあとの残余資産の売却でもってセイフティ・ファンドに対して返還された金額は，1 万 3,258 ドル 52 セントであった．The Clinton County Bank の場合，セイフティ・ファンドから The Clinton County Bank に対して拠出された資金の総額は，22 万 8,153 ドル 39 セントである．内訳は，銀行券債務の弁済に対して 7 万 1,896 ドル，他の債務の弁済に対して 15 万 6,257 ドル 39 セントであった．The

---

71) Chaddock [1910] p. 318.

Bank of Lyons に対しては，セイフティ・ファンドから総額で9万2,951ドル8セントの資金が拠出され，銀行券債務の弁済に対して5万2,898ドル，他の債務の弁済に対して4万53ドル8セントがそれぞれ充てられた．The Bank of Oswego の破綻処理については，破綻が認定されたあとの残余資産の売却益でもってすべて賄われたようであり，セイフティ・ファンドを利用した形跡は見受けられなかった．

2.3 銀行制度の消滅と遺産の伝承

　先に触れたように，1838年にニューヨーク州自由銀行法の制定に基づく自由銀行制度の登場によって，1829年の州法すなわちセイフティ・ファンド法の下で特許の交付を受けている各州法銀行は，特許の有効期限が満了次第，自由銀行制度のほうへ随時参入することが決められていた．すべての州法銀行が特許の有効期限を迎えるのは，1866年のことである．では，セイフティ・ファンドの仕組みが消滅するに至る過程とはいったいどのようなものであったのか．細密に論究してゆこう．

　1840年から1842年までの間に生じた一連の銀行破綻のあと，セイフティ・ファンド法の下で操業する州法銀行が破綻をきたしたのは，1848年のことである．1848年7月17日，The Canal Bank of Albany が破綻した．原因は，支配人による内密の資金流用とそれに伴う帳簿の改竄が行われたこと，それに，適切な担保なしに役員層に対する莫大かつ不品行の融資が応諾されてしまっていたことにある．こうした点は翌1849年に管財人によって報告され，さらに州上院議会の特別委員会による調査報告によって明らかとなった．The Canal Bank of Albany における破綻時の財務内容は，以下の通りである．資産総額は107万1,000ドル，負債・資本総額は115万6,690ドルであった．資産総額107万1,000ドルのうち，不良資産は10万9,074ドル，焦げ付きの可能性が極めて高い資産は36万4,547ドル，灰色資産は22万2,538ドルで，総額69万6,159ドル分が損失の可能性の濃い資産であった．負債・資本総額の内訳は，株式資本が30万ドル，銀行券債務が19万2,486ドル，預金債務が19万6,294ドル，他行への債務が46万7,910ドルであった[72]．先に見たように，1846年に制定された新州憲法において，銀

行券の保有者に対してその発行元である当該の破綻銀行における保有資産の売却益を最優先に充てる,ということが規定されていた(本章2.1項を参照).それゆえ,The Canal Bank of Albany における破綻処理の過程においては,管財人によって,The Canal Bank of Albany の保有資産の売却益を用いて銀行券債務が額面通りに迅速に履行された.ただ幸いなことに,枯渇の危機を絶えず気にせざるをえないセイフティ・ファンドから資金が拠出されるという事態となるまでには至らなかった.

　セイフティ・ファンド法に基づく州法銀行に関して,次に銀行破綻が生じたのは1854年11月のことである.The Lewis County Bank of Martinsburg が破綻に陥ってしまう.原因は,自行銀行券の兌換不能に陥ってしまったことにあった.The Lewis County Bank of Martinsburg は,1842年にいちど営業停止命令を受けていたものの,同年中に営業を再開していた.The Lewis County Bank of Martinsburg における資本金総額は15万ドルであったので,The Lewis County Bank of Martinsburg における発券の容認限度額は,1848年4月12日付の州改定法に基づけば15万ドルということになる(本章2.1項を参照).1854年の年次報告書によると,債務総額15万1,504ドルのうち,実に銀行券債務が14万8,545ドルと大勢を占めていた.ちなみに預金債務は1,998ドルに過ぎず,他行への債務に至っては僅か961ドルである.こうした実態ゆえに,The Lewis County Bank of Martinsburg が発行した未決済の銀行券を兌換するのに管財人が充分な資金を集められない,ということが明白なものとなる.

　さらに,全米を襲ったイギリス発の世界恐慌,1857年恐慌の襲来によって,商都 New York City においても同年10月13日,正貨による支払いが全面的に中断される.この煽りを受けて,セイフティ・ファンド法に基づいた3つの州法銀行が破綻に陥った.3つの州法銀行とは,The Bank of Orleans(資本金総額20万ドル・発券の容認限度額20万ドル・破綻時の発券総額20万ドル),The Reciprocity Bank(資本金総額20万ドル・発券の容認限度額20万ドル・破綻時の発券総額15万9,577ドル),The Yates County Bank(資本金総額

---

72) Chaddock [1910] pp. 360-363.

10万ドル・発券の容認限度額15万ドル・破綻時の発券総額14万8,958ドル）である．これら3行における未決済の発行銀行券の総額は，50万8,535ドルにのぼった[73]．このときセイフティ・ファンドの状態はと言えば，枯渇時における緊急の資金調達手段として発行されていたバンク・ファンド債の担保として，1860年まで，セイフティ・ファンド法の下で操業する各州法銀行からの課徴金の収入分がすべて抵当に入っていた．それゆえ，セイフティ・ファンドに対し債務保証の必要性から新規に資金の拠出の請求がきたとしても，セイフティ・ファンドとしてはそれに即応することができない状態にあったのである．

全米を襲った1857年恐慌は，セイフティ・ファンドの仕組みに対して以上に，自由銀行制度に対して深刻な打撃を与えるものとなった．前掲の表I-7によれば，1857年には8つの自由銀行が，1861年までにさらに8つの自由銀行が破綻ないし廃業してしまっている．1857年から1861年までに生じた一連の銀行破綻によって，未決済の自由銀行券の総額は98万7,430ドルに達し，1万2,371ドルの損失が計上された．すでに1846年から1856年までの10年間において12の自由銀行の破綻ないし廃業が見られ，未決済の自由銀行券の総額が89万5,531ドルに達し，9万4,444ドルもの損失が計上されていた．結局，1838年から1861年までの自由銀行制度の運営期間において，自由銀行制度の下では57行が破綻・廃業し，最終的な損失総額は39万8,355ドルに達した．こうした損失の発生は，各自由銀行が州監督官に対して預託を義務付けられていた，発券を裏付けるための担保証券が市中において額面割れで売却されてしまったことによるものである．

1857年恐慌の煽りを受けたあとの1858年から1861年までの間におけるニューヨーク州の州法銀行についての発券の弾力性に関しては，依然として，自由銀行法ないし自由銀行制度の下で操業する自由銀行群よりも，セイフティ・ファンド法の下で操業する州法銀行群のほうが四半期毎の変化率が大きかった[74]．もっとも，前掲の表I-6から発券総額に関して見ると，1853年

---

73) Root [1895a] p. 296. Chaddock [1910] pp. 365-366.
74) 1858年から1861年にかけてのそれぞれの銀行制度におけるそれぞれの州法銀行群について，発券の弾力性の変遷をめぐる比較を示している図表として，Root [1895a]

第 3 章　交錯と崩壊：1838〜1866 年　143

以降は，自由銀行法ないし自由銀行制度の下で操業する自由銀行群のほうが，セイフティ・ファンド法の下で操業する州法銀行群を上回ってきていた．1838 年より並存して展開されてきたニューヨーク州の 2 つの銀行制度は，相互に評価され合いながら論議がなされ，双方において適宜修正が施されてゆくことにはなるも，どちらともニューヨーク州の銀行制度の支柱とは成りえないまま，まさに中途半端に推移してきていたのである．そして，並存したまま停滞気味に推移する 2 つの銀行制度の間隙を縫うように，1840 年代の後半から，対外貿易や証券取引の仲介を手がける個人商会による銀行業が，独自に簇生し少しずつ伸展を見せることとなる．これら個人商会は，1850 年代に入ると，証券取引の仲買いを行いながら預金を集め融資を行うという，投資銀行と呼ばれる業態に特化し始める．個人商会は，短期の融資を基調とした，これまでの自由銀行やセイフティ・ファンド法の下で操業する州法銀行とは異なった事業展開の態様を見せてゆく．預金債務をめぐる取り扱いが主流化し全米各地から大都市の New York City に所在の各州法銀行に銀行間預金の口座開設を通じて他行預金が集中してゆくという，コルレス制度の発達に伴うニューヨーク金融市場の変化を背景にして，個人商会は，ニューヨーク証券取引所で活躍するブローカーを相手に，証券担保金融というかたちで，資金を短期で借りて長期で貸す，という融資事業を推し拡げていったのである．

　1858 年には，債務処理のためにセイフティ・ファンドからの資金の拠出を必要とする The Lewis County Bank, The Bank of Orleans, The Reciprocity Bank, The Yates County Bank の 4 つの州法銀行について，以下の取り決めがなされた．すなわち，「バンク・ファンド債の完全償還のあとに計上されることになるセイフティ・ファンドの残余分でもって，4 行の未決済の銀行券を兌換する」という内容である．バンク・ファンド債の担保として，セイフティ・ファンド法に基づいた各州法銀行からの課徴金収入分が 1860 年まで抵当に入っていたため，1861 年から 1866 年までの僅か 6 年間でもってセイフティ・ファンドの下に集められる新たな課徴金収入分と残余分

---

p. 346 を参照されたい．

とを併せた資金でもって，4行の未決済の銀行券が兌換されることとなったのである．それゆえ，破綻に陥ってから未決済の銀行券債務の履行に至るまでにかなりのタイムラグがもたらされてしまうこととなる．その間，4行の保有資産の価値は急速に目減りしてしまい，4行それぞれの銀行券の保有者に対してかなりの損失を被らせてしまうこととなったのである[75]．

結局，1829年から1866年までの間に，セイフティ・ファンド法に基づいて特許を受けた各州法銀行による納付から得られることのできた課徴金の収入総額は，311万4,999ドル51セントであった[76]．他方，未決済の銀行債務の処理のためにセイフティ・ファンドから拠出された資金の純総額は，前述のように256万5,133ドル83セントであった（前掲の表I–13を参照）．セイフティ・ファンドから拠出された資金の総額のなかには，90万829ドル分のバンク・ファンド債の発行・償還に係る総額も含まれている．基金の枯渇を回避するための緊急避難的な苦肉の策として1845年から発行され続けたバンク・ファンド債は，1860年までに，セイフティ・ファンド法の下で操業する州法銀行のうち，支払い能力のある各行からの課徴金収入と各破綻銀行の資産処分に伴う売却益とによって，全額償還されるところとなった[77]．収入総額から拠出総額を控除したセイフティ・ファンドの残余分54万9,865ドル68セントについては，6％利付のバンク・ファンド債の利払いと上述の4行における未決済の銀行券債務の履行とに充てられることとなる．

セイフティ・ファンドの残余分からバンク・ファンド債の利払い分を除いた残額8万8,048ドルについては，その具体的な使途が州議会において審議された．州監督官は，未決済の銀行券を兌換するために上述の4行に対しその残額を均等に配分することを勧告する．結局，州監督官によるこの均等配分の提案が州議会において可決された．残額8万8,048ドルから上述の4行が発行した未決済の銀行券を兌換するために必要とされる資金が均等に配分されたあと，最終残余として1万3,144ドル19セントが計上される[78]．

---

75) Root [1895a] p. 296.
76) Root [1895a] p. 296. なおChaddock [1910] やSowers [1914] は，この総額を311万9,999ドル24セントと示していて，見解の相違が見受けられる（Chaddock [1910] p. 336, Sowers [1914] p. 55）．
77) Hammond [1957] p. 561.

1866年4月13日付の州法に基づいて,この最終残余分がニューヨーク州の公庫に納められることが決まった.この最終残余分が実際に公庫に払い込まれたのは,1867年末のことである[79].セイフティ・ファンドの最終残余が公庫に入金されたあと,残務整理の過程において,遡ること1842年にThe late Bank of Oswegoがセイフティ・ファンドに対する課徴金を過度に納めていたことが発覚する.これを受けて,The late Bank of Oswegoの代表者に対し,超過納付分に対する還付金として3,959ドル75セントが公庫から支払われた[80].発券の担保として州監督官に預託されていた各種の担保証券が額面割れで売却され最終的に39万8,355ドルもの損失を計上してしまった自由銀行制度とは対照的に,セイフティ・ファンドの仕組みは,最終残余を生じさせたうえでその最終残余分を州公庫に納めるというかたちで,1866年にその幕を閉じることとなったのである.

だが,セイフティ・ファンド法に基づいた各州法銀行が特許の有効期限を迎えたあとの移転先となっていた自由銀行制度もまた,同じく1866年に消滅の憂き目に遭う.それは1861年に勃発した内乱たる,南北戦争の影響によるものである.1860年代に入ってから,南北戦争の影響がニューヨーク州にも忍び寄るところとなっていた.増税や債券の発行に加え,より有効な戦費調達を目指して全米単位での通貨・信用制度の統合を図ろうとする連邦政府の意に基づいて,連邦議会による審議を経て1864年6月3日に制定された国法銀行法に従って,国法銀行制度の導入が全米で進められる.連邦政府(いわゆる北軍)の側に付いたニューヨーク州においても,既存の州法銀行の展開を柱とした自由銀行制度ないし州法銀行制度から国法銀行制度の導入が進められてゆくこととなるのである.国法銀行法においては,既存の各州法銀行に対し各々の発券総額に対する2%の禁止的な連邦課税が施される

---

78) Lainer [1922] は,「1866年に残余分8万8,048ドルを1842年以降に破綻した4行の銀行券決済に充ててセイフティ・ファンドは終わりを遂げた」と記している(Lainer [1922] p. 201).だが,厳密には,それでセイフティ・ファンドは終わりを遂げたのではなく,本書においてその仔細が明示されているように,1万3,144ドル19セントが最終残余として計上されていたのである.

79) Root [1895a] p. 290. Knox [1903] p. 412.

80) Chaddock [1910] pp. 366-367. Sowers [1914] p. 56.

ことが定められ，既存の州法銀行が国法銀行へと転換してゆくよう促された．だが，この転換は，州益に直結するものとして州単位で管轄されてきた銀行業に連邦の介入・支配を許す契機とみなされるところとなったために，遅々として進まなかった．そこで連邦政府は，州法銀行から国法銀行への転換を促すために，1865年3月3日，上述の禁止的な連邦課税が2%から10%に大幅に引き上げる措置を講じ，これは1866年7月1日より施行されることとなった．連邦政府によるこの禁止的な連邦課税の引き上げは効果てきめんで，発券をやむなく取り止めて国法銀行へと転換する自由銀行が，各州において相次いだのである[81]．奇しくもセイフティ・ファンドの存在期限であった1866年に，もうひとつの銀行制度であった自由銀行制度のほうもまた終焉を迎えるかたちとなってしまい，ニューヨーク州の州法銀行制度そのものがその幕をひとまず閉じることとなったのである．

セイフティ・ファンドという仕組みの構想・創設・運営の展開を通じニューヨーク州において独自に育まれ洗練されてきた，緻密な銀行監査の体系と保険原理を援用した銀行債務の保証体系との縫合に係るその基本原則については，他の複数の州において制度設計に係る重要な参考対象として注目され，伝播されてゆくこととなる．ニューヨーク州においてセイフティ・ファンドが運営されていた期間中に，バーモント州（1831年），ミシガン州（1837年），オハイオ州（1845年），アイオワ州（1858年）の各州において，緻密な銀行監査の体系と保険原理を援用した銀行債務の保証体系とが縫合されたうえで織り込まれた銀行制度が，創出のうえ導入されていった[82]．ニューヨーク州において，セイフティ・ファンドの盛衰をめぐるその経験と，その運営実績

---

81) 小野［1971］p. 10.
82) これらの州で導入された銀行制度の摘要については，FDIC［1983］pp. 16-17, 戸田［2000］p. 136を参照されたい．なお，銀行監査の体系と保険原理を援用した債務保証の体系とを縫合した銀行制度の導入が予定されたものの結局導入されなかった州に，サフォーク・システムを擁するマサチューセッツ州があったことは注目すべき点である（Redlich［1947］p. 94）．また，ルイジアナ州においては，1842年州法に基づいて銀行券と預金との双方の債務を保証するための仕組みが導入される（楠井［1997］p. 346）．さらに本書の第Ⅱ篇においてその展開の詳細が明らかにされることになるが，インディアナ州においては，セイフティ・ファンドのような基金こそ組成されなかったものの，預金債務に付保するための仕組みを早くも導入していた（戸田［2000］p. 135）．

のなかで培われた債務保証の体系に係る基本原則は，やがて銀行債務の主流が銀行券債務から預金債務へと遷移してゆくなかで，預金債務を柱とした銀行債務の保証体系を備えた銀行制度として，後世に継承されてゆくこととなる．すなわち，全米を震撼させた1907年恐慌の襲来のあと，中西部の8つの州において，預金債務を保証するための体系，つまり預金保険制度が次々と展開されてゆくこととなるのである[83]．これらの州預金保険制度はその後1920年代に農業恐慌の煽りを受けて崩壊してしまうことになる．とはいえ，セイフティ・ファンドの捻出から脈々と受け継がれてきたこれら一連の制度運営の経験が咀嚼され，1929年の世界大恐慌を受けたあとの疲弊したアメリカにおいて，緻密な銀行監査の体系と保険原理を援用した預金債務の保証体系とが縫合された連邦単位の制度，つまりアメリカ連邦預金保険制度の誕生へと結実することとなるのである．

---

83) 中西部の8つの州とは，オクラホマ州（導入年：1909年），テキサス州（同：1909年），カンザス州（同：1909年），ネブラスカ州（同：1909年），ミシシッピ州（同：1914年），サウスダコタ州（同：1909年），ノースダコタ州（同：1917年），ワシントン州（同：1917年）である．これらの州預金保険制度の概要については，Robb [1921] pp. 20-175, FDIC [1983] pp. 22-29, 戸田 [1985] pp. 92-101, 磯谷 [2002] pp. 96-103 を参照されたい．

第II篇

黎明期アメリカ・インディアナ州の銀行制度
―― 分権と集権とを兼備した銀行間組織の淵源 ――

第1章 存立背景：1679〜1832年
―― 反銀行主義の理念と通貨・信用秩序の混乱

1. 准州時代の銀行制度

　本篇の舞台となるインディアナ州は，アメリカ中西部の北東地域に位置する州である．まずは州の成立に至る過程を辿っておこう．1679年にフランス人の探検家 La Salle によって初めて足が踏み入れられる．1763年2月10日のパリ条約を機にフランス人入植者が去って，現在のオハイオ州・インディアナ州ならびにその周辺に当たる領域がイギリス領となり，独立戦争（1776〜1783年）の頃は北西領土（Northwest/Northwestern Territory）と呼ばれた．北西領土と呼ばれる領域は，独立戦争を経て1783年にアメリカ領となる．1786年には Arthur St. Clare の統治下で，北西領土のうち，現在のインディアナ州に当たる領域が現在のオハイオ州に当たる領域の一部に組み込まれる．1787年には北西領土それ自体がひとつの州として編成され，翌1788年には Marietta が州都に指定された．1800年には，Gen. Wm. H. Harrison の統治下にあった北西領土のうち，連邦議会が現在のオハイオ州に当たる領域を州として独立させることを決め，残りの領域，すなわち現在のインディアナ州・イリノイ州・ミシガン州・ウィスコンシン州を包含する中西部一帯の広大な領域が，ニューインディアナ領と呼ばれるようになる．同年，ニューインディアナ領のうち現在のインディアナ州に当たる領域が，インディアナ准州として成立した．州都は1800年から1813年まで Vincennes に置かれ，初代の准州知事には上述の Gen. Wm. H. Harrison が就く（1801〜1812年）．その後 John Gibson が繋ぎ，1813年からは Thomas Posey が知事職を継いだ．インディアナの准州時代は1800年から1816年までの約17年間に及んだ．1816年12月11日付でインディアナ准州は本州へ

の格上げが決まり，19番目の州として，インディアナ州は連邦議会において連邦への加入が正式に承認され，州都は Indianapolis に置かれ，今日に至っている[1]．

　北西領土ないしニューインディアナ領を構成していた，アメリカの中西部の北東地域に位置する諸州（オハイオ州・インディアナ州・ミシガン州・ウィスコンシン州）では，それぞれ准州の時代から，「アグラリアニズム（Agrarianism）」すなわち農本主義ないしは土地均分主義の考え方に基づいた，「反銀行主義」の理念が浸透する．「反銀行主義」の理念とは，「銀行の数が少なければ少ないほど良い」という考え方である．もともと「反銀行主義」の理念を標榜していたのは，「アグラリアニズム」を謳ったアグラリアンズ（The Agrarians）すなわち農本主義者である．彼らは，何よりも安寧を志向し，安寧に基づく秩序の安定を揺るがすものの根源が銀行業にあると見て，銀行業の全面廃棄と，信用貨幣に代わる金属貨幣の全面利用すなわち硬貨主義の実践を叫び続けてきていた．この独特な考え方に触発され影響されながら，オハイオ・インディアナ・ミシガン・ウィスコンシンの各州においては，銀行業に対する州政府の規制や管理のあり方がそれぞれ独自に模索され培われてゆくことになる．もっとも，こうしたアメリカ中西部の北東地域に位置する諸州においては，銀行業を忌避し全面的に排斥するといったアグラリアンズの根源的な叫びがまかり通ることはなかった．銀行業の存在を認めたうえで銀行数が少なければ少ないほど良い，というやや妥協的な考え方に中和されたかたちで，「反銀行主義」の理念が人口に膾炙することになるのである[2]．上述の各州においては，複数の支店銀行を本店銀行が束ねる単一の銀行のかたちこそが銀行間組織の理想型であるとして，それぞれの州憲法にその旨が掲げられた．この理想型を実現するうえでその模範とされたのは，合衆国銀行（The Bank of United States）の組織形態である[3]．

---

1) Baker [1857] p. 161. Knox [1903] p. 692. 外務省北米局監修 [2002] pp. 59-63. 井上・藤井編 [2001] p. 404. なおインディアナの植民地時代および准州時代についての詳細に関しては，Barnhart & Riker [1971] を参照されたい．
2) 「アグラリアニズム」や「反銀行主義」の理念については，Hammond [1957] p. 607, p. 612, 楠井 [1997] pp. 155-159 についても参照のこと．
3) White [1911] p. 333.

合衆国銀行とは，独立革命ないし独立戦争を思想・実践の両面で率いたいわゆるフェデラリスト（Federalist：連邦権力の主導による統一的な連邦制国家の形成を謳う人々）を中心に独立後の国家体系や連邦権力が整備されるなか，1791年に生み出された，アメリカ初の国法銀行である．合衆国銀行は，連邦法に基づいて連邦議会の承認の下で連邦政府から営業に関する特許を20年の期限付で与えられ，特許の更新時に改めて銀行の存否が連邦議会に諮られるものとされた．合衆国銀行は，連邦政府から交付された特許を盾に，全米各地に複数の支店銀行を置き，各州・地域を跨いで事業を展開した．合衆国銀行は，中央銀行なき時代のアメリカにおいて，連邦単位で銀行業ならびに通貨・信用秩序を統轄する中央銀行としての役割を担うことが期待された．だが，特許の期限に当たる1811年，連邦議会において特許の更新が諮られるも否決され，合衆国銀行は消滅する．なぜなら，19世紀に入り，フェデラリストの主導による国家形成の趨勢の強まりに反発する，ジェファーソン主義と呼ばれる勢力が台頭し，州統治がまずもって尊重され，それを脅かす事態に連邦権力が対峙し後援するという連邦制国家の展開を謳う勢力が，連邦議会で大勢を占めるようになっていたためである．

　すでに本書の序章において筆者が述べた通り，アメリカには，連邦政府ないし連邦権力による州統治への介入を各州が忌み嫌うという，「州と連邦との相克」の体質が，生来的に横たわっている．銀行業は，州益に直結する特に重要な分野でもある．ましてや連邦権力の息が強くかかった機関が幾つかの州に支店を置き貨幣の取り扱いや与信の業務をクロスボーダーで展開することについては，各州が特に厭わしく思うこと必須である．合衆国銀行は各州における利益の獲得の動向に強い影響を与えかねない驚異的な存在として全米各地で認識され，政争の具とされてしまい，遂には消滅にまで追い込まれてゆくことになるわけである[4]．

　それにしても，「反銀行主義」の理念が根強く浸透しているオハイオ・イ

---

4) いわゆるフェデラリストの定義や考え方，およびフェデラリストが独立の実現や建国に果たした役割の詳細については，ハミルトン他［1998］を参照．合衆国銀行の展開については，奥田［1926］pp. 22-38, 片山［1967］第4章，Myers［1970］pp. 66-71, 西川・松井［1989］pp. 1-7, ロベット［1994］pp. 37-45, Cowen［2000］などを参照されたい．

ンディアナ・ミシガン・ウィスコンシンといった中西部の北東地域に位置する各州において，理想とされる銀行間組織の雛型が合衆国銀行の組織形態にあったというのは，実に皮肉な話である．なぜなら，州と連邦との間の相克が強く横たわるアメリカのそれも中西部・北東地域の各州にあって，合衆国銀行は州統治に介入のうえ州益を掠め取るものの象徴として，まさに州にとっての仮想敵とみなされている．そうした仮想敵であるはずの合衆国銀行の組織形態が，実は「銀行数が少なければ少ないほどよい」という「反銀行主義」の理念を忠実に実践するための理想的な銀行間組織を創るうえで，その最適の雛型と考えられていたからである．

さて准州時代のインディアナにおいては，「反銀行主義」の理念の根強い浸透とは裏腹に，その副作用として慢性的な通貨不足に悩まされ，商取引の展開にも深刻な影響が生ずる．准州域内で当時流通していたおもな通貨は，スペインからの輸入鋳貨，合衆国銀行券，隣接するオハイオ州所在の各州法銀行が発行した銀行券の計 3 種類である[5]．通貨不足を地域単位で解消するためには，当該の地域において信用貨幣を持続的にかつ安定的に供給するための主体が定着していることが望ましい．准州時代のインディアナにおいては，プライヴェート・バンク（Private Bank）が散見された．プライヴェート・バンクとは，当局からの特許を得ずに銀行業を展開する私企業のことである．准州時代のインディアナには，プライヴェート・バンクを規定し規制するための法律は存在しなかった．貨幣の取り扱いや発券・与信などの銀行業を営みたいと思えば，個人・法人・共同組合などといった所有・経営形態のいかんに拘らず，営業に関する特許の取得なしに自由に起業し，貨幣の取り扱いや発券・与信などの商務を展開することができたのである．インディアナ准州における最初のプライヴェート・バンクは，当時の主要都市のひとつ，Knox 地区の Vincennes において創設されたものである．インディアナでは初となるこのプライヴェート・バンクは，手形割引と預金取扱との事業のみを行い，良好な経営体質にあった．その後もプライヴェート・バンクはインディアナ准州域内の各地で叢生し，Jefferson 地区の Madison およ

---

5) Knox [1903] p. 692.

第 1 章　存立背景：1679～1832 年　155

び Corydon, Dearborn 地区の Lawrenceburg といった他の主要な都市においても続々と創設されていった[6]．しかしながら，こうした散発的なプライヴェート・バンクの展開のみでは，准州域内における慢性的な通貨不足を抜本的に解消させるには至らなかったのである．

　1814 年 9 月 10 日，インディアナ准州において初となる銀行が 2 行創設される．1 つは The Bank of Vincennes（Vincennes 所在・資本金総額 50 万ドル）で，もう 1 つは The Farmers & Mechanics' Bank of Madison（Madison 所在・資本金総額 50 万ドル）である[7]．両行は，インディアナ准州議会の承認に伴う准州特別法の制定に基づいて，准州政府から特許を交付されて業務を行う商業銀行である．准州特別法に基づいて制定された両行における特許の規定の内容に関する特徴は，以下の 6 点に集約される．すなわち，

（1）特許の有効期限は 1835 年 1 月までの約 20 年とする．
（2）資本金の容認限度額は 50 万ドルとする．
（3）准州政府が発行済み株式の 25％（12 万 5,000 ドル分）を保有できる．
（4）貸出金利の利率および割引率は 6％ を上限とする．
（5）准州政府は株式に対する課税責任がある．
（6）融資総額は資本金総額の 2 倍までとする[8]．

以上 6 つの特徴を具えた特許の規定に基づいて，両行によって発行されたそれぞれの株式の割り当てが迅速に行われることになる．株式の発行については，それぞれの銀行で対応が分かれる．The Bank of Vincennes は額面 100

---

6) インディアナ准州におけるプライヴェート・バンクの展開については，Knox [1903] p. 693 を参照されたい．
7) Arndt [1975] p. 84. なお Redlich [1947] は，The Bank of Vincennes が特許の交付を受けた年を 1815 年と記している（Redlich [1947] p. 23）が，これは誤りである．
8) Barnhart & Riker [1971] p. 426. Carmony [1998] p. 18. ところで The Farmers & Mechanics' Bank of Madison の資本金総額に係る容認限度額について，准州特別法に基づく特許の規定においては 50 万ドルと定められているにも拘らず，Baker [1857]・Knox [1903]・楠井 [1997] は同行の資本金総額について 75 万ドルであると記している（Baker [1857] p. 161, Knox [1903] p. 692, 楠井 [1997] p. 159）．この点は疑問の余地が残るところである．

ドルの株式を5,000株発行し，The Farmers & Mechanics' Bank of Madison は額面50ドルの株式を1万株発行した．両行の発行済み株式の割り当て時に，株式の引受者は引受株1株当たり5ドルを手数料として別途支払うことが求められた[9]．さらに前述の特許の規定に基づいて，両行の発行済み株式の25%に当たる分（それぞれ12万5,000ドル分）を准州政府が引き受けることとなる．准州政府によって引き受けられた分の株式は，准州議会によって複数回に渡る再割り当ての機会が決められ，再割り当てが進められる．こうした株式の引き受け・割り当てをめぐる銀行と准州政府との特殊な連繋を基盤にして，准州政府は俸給の支払いや融資の際に両行に依存することが可能な状態となった．

これに対し時の Thomas Posey 准州知事は，2つの銀行と准州政府との間に起こりうる癒着の可能性ないしは危険性をすでに察知してか，銀行の特許に係る規定を謳った准州特別法の制定と同じ日に，ある共同決議にも署名を施している．その共同決議の内容は，(1) 准州議会による特段の要請があるまでは准州政府の引受分にあたる両行の発行済み株式の再割り当てを停止する，(2) 准州知事からの命令が下るまでは准州政府の財務当局は両行に融資を求めることをしない，というものである[10]．このように，インディアナではすでに准州時代から政府と銀行との間に特殊な絡み合いが根付き，そうした絡み合いを牽制する動きもまたすでに生じていたのである．

他方で，最終決済の安定性を担保する兌換準備については，両行共に特許において何の規定も示されていなかった．発券に関しては，特許の規定に基づいて1ドル・5ドル・10ドル・20ドルの各金種の発券が両行共に容認され，やがて准州特別法の改定に基づき，2ドル・3ドルの金種の発券が追認された．両行によって発行された The Bank of Vincennes と The Farmers & Mechanics' Bank of Madison との両行による発券によって，准州域内に

---

9) Arndt [1975] p. 84.
10) Barnhart & Riker [1971] p. 426. なお Knox [1903] は，特に The Farmers & Mechanics' Bank of Madison について，その発行済み株式の大部分が准州政府によって引き受けられるものとなっていた，と述べている（Knox [1903] p. 692）．だが，本書において示されているように，この銀行株式の政府引受分は特許の規定に基づいて発行済み株式の25%に当たる分になっており，必ずしも「大部分」であるとは言えない．

おける慢性的な通貨不足の解消が図られてゆくことになる．両行の発券による与信の展開は，准州域内における金融逼迫を緩和する一助となり，インディアナ准州における商況を回復へと誘うひとつの契機となったのである[11]．

2. 州の成立と銀行制度

　そうしたなか，1816年に重大な転機が訪れる．それは，本章の冒頭で示したように，同年12月11日にインディアナが准州から本州へと格上げされることが決まり，インディアナ州として連邦に正式に加入した，という事態である．奇しくも同じ日，The Bank of Vincennesでは役員を決める選挙が行われていた[12]．インディアナ州の成立に伴い，州憲法が制定される．この州憲法の制定が，准州時代からのインディアナの銀行制度の展開に変容をもたらす契機となったのである．州憲法が起草される段階においてその起草に携わっていた有識者層は，特許なしに自由に銀行業を展開するプライヴェート・バンクが叢生していた准州時代の状況にかねてから懸念を示し，プライヴェート・バンクによる事業展開の法的禁止を求めていた．また，預金の取り扱いを事業として営むすべての機関について要求払いの際には鋳貨を，または特許を受けた2行，すなわちThe Bank of VincennesとThe Farmers & Mechanics' Bank of Madisonとによる発行銀行券を支払い手段として迅速に支払う旨を定めた法律が一刻も早く制定されるよう，准州時代の1815年頃から准州政府に対して求められてきていた[13]．1816年6月20日には，James Nobleを座長とする，州憲法の起草に係る銀行業に関する委員会が，特に銀行業に関する箇所についての憲法の条文案を作成する．この条文案に対してさらにプライヴェート・バンクの設立禁止をめぐる文言も盛

---

11) Knox [1903] p. 692.
12) Arndt [1975] p. 159.
13) Knox [1903] pp. 704-705. なおKnoxは，この法律が制定されて「迅速な支払いができなければ州会計検査官が告訴でき，当該の銀行が5日間の警告期間のあとも支払いができないようであれば，州会計検査官はその銀行を清算できる」という規定が与えられたと記している．この法律が実際にいつどのような内容を備えて制定されたのかについては，追究の余地が残されている．

り込まれ、そのうえでほぼ原案通りに憲法の条文として収められることとなった[14]。こうした事態は、プライヴェート・バンクの濫立が州域内の通貨・信用秩序の混乱をきたすのだという強い懸念が、州憲法が制定されるその前夜において、すでに有識者層やいわゆるパワーエリートの間に浸透し共有されていたことを窺わせるものである。

州憲法においては、すでに准州時代に特許が交付されている The Bank of Vincennes と The Farmers & Mechanics' Bank of Madison とについて、引き続き特許の有効性を認める旨の規定が示された。これに加えて、州議会での審議に基づいてこの2行のうちいずれかを単一の州法銀行である The State Bank として改編しても構わない、ということも明示された。かくして州憲法において、銀行業に関する一般条項については、以下のように記されることとなる。

> インディアナ州ではいかなる銀行・銀行会社もしくは金融機関についても、信用貨幣もしくは指図手形・持参人払い手形の発行目的のためにこれを創設してはならない。ただし州議会に State Bank を創設させないという解釈の余地はここには含まれていない。支店銀行については、3つの区域に1つ以上の支店銀行を設置してはならず、また、State Bank の役員層が選定するかもしれないような区域内への設置もしてはならない。さらに資本金については、3万ドル分を個々人に割り当てて正貨で払い込んでも差し支えない[15]。

上述の一般条項の条文を眺めてみると、州特別法の制定を踏まえ州議会からの承認を得て州政府から特許を交付された州法銀行（The State Bank）以外には、銀行業を営む事業体は一切創設してはならない、ということが明示されている。これは、前述のプライヴェート・バンクの濫立に対する憲法起草者達の懸念がここに反映されたものであると考えられる。また、州法銀行

---

14) Barnhart & Riker [1971] p. 457. Myers [1970] p. 83.
15) 一般条項の原文については Knox [1903] p. 692 を参照されたい。また Carmony [1998] においてもこの摘要が示されている（Carmony [1998] pp. 17-18）。

に関して，3つの区域に1つ以上の支店銀行を設置することを禁じたり，州法銀行の役員が個人的に便宜を図るとおぼしき区域内への支店銀行の設置を禁じたりするなど，支店銀行の設置についても癒着の危険性に注意を払いながら，より立ち入った規定が施されているのが特徴的である．また，銀行制度ないし銀行間組織の形態について，本章の冒頭で述べた「反銀行主義」の理念に基づく銀行間組織の理想型が，インディアナ州にとってあるべき銀行制度の姿として，すでに1816年の時点で州憲法において明示されているのが興味深い．すなわち，闇雲に銀行や金融機関を濫立させることを厳しく牽制する一方で，州域内を複数の区域に分け，それぞれの区域内に支店銀行を設置し，複数の支店銀行を抱えそれを統轄する州法銀行の体系を敷設する，ということが州憲法において容認されうる条文の内容となっているのである．

州憲法が制定されたあと，1816年の12月中旬以降に開催されたインディアナ州としての初の州議会において，ある州特別法に関する法案の採択が具申される．その法案とは，「The Bank of Vincennes を The State Bank of Indiana として採用することならびにその他の諸目的に関する法律（*An act adopting the Bank of Vincennes, as the State Bank of Indiana, and for other purposes*）」である．この法案は，単一の州法銀行である The State Bank of Indiana（通称 The First State Bank）の組成に向けて[16]，すでに特許を交付され事業を続けている The Bank of Vincennes をその本店銀行として組み込み，州域内の各区域に設置された複数の支店銀行を統轄させるかたちで再編する，というものである．この法案が採択されると，中枢組織の強化を目的として，The First State Bank の資本金の容認限度額が旧来の The Bank of Vincennes の50万ドルから3倍増の150万ドルにまで引き上げることが可能となる．また，The First State Bank による発行済み株式のうち25%

---

[16] 本書を通じその全容が解明されてゆくことになるが，The State Bank of Indiana は1816～1823年と1834～1857年の2度に渡って登場する．双方の The State Bank of Indiana を学術上の観点から区別することを目的に，*The History of Indiana*, Vol. I–II（Arndt [1975], Carmony [1998]）では，前者を The First State Bank（of Indiana），後者を The Second State Bank（of Indiana）と呼称している．本書でもこの方針を踏襲し，それぞれの The State Bank of Indiana について，以後これらの通称を用いることとする．

は州政府が引き受けて保有するものと規定された．さらに The First State Bank の役員に関しては，3名が州議会において選出され，12名が民間の株主によって選出されるものと定められた．

なおこの法案においては，発行銀行券における正貨との兌換をめぐる諸々の規定については明示されていなかったものの，The First State Bank が州政府に対して年利6%の融資を最高5年間・最大5万ドルまで行うことが可能で，しかもその融資にあたっては正貨もしくは The Bank of Vincennes ないし The Farmers & Mechanics' Bank of Madison の発行銀行券を用いて行うことができる旨が明示された．准州時代に創設された The Bank of Vincennes および The Farmers & Mechanics' Bank of Madison による発行銀行券は，州域内で額面通りに流通している信頼性の高い信用貨幣だったのである．この法案を提示された当の The Bank of Vincennes の経営陣は，法案に記された内容を受け入れることを直ちに表明する．この結果，法案は州議会において可決・成立し，1817年1月1日付で The First State Bank の創設に関する州特別法として施行されたのである[17]．

1817年1月1日付で制定された州特別法に基づいて，The First State Bank の増資が実施される．その増資額は100万ドル分である．これは，本店銀行として発展的に吸収された The Bank of Vincennes の資本金50万ドル分（額面100ドルの株式を5,000株発行済み）がすでにあるので，資本金に係る法定の容認限度額である150万ドルを満たすべく追加される分である．100万ドル分の増資にあたっては，額面100ドルの株式が1万株発行される．The First State Bank の発行済み株式のうち，3,750株が州政府によって引き受けられるかたちとなった．

3,750株という州政府によるこの引受分は，州法には抵触しない．なぜなら，既存の The Bank of Vincennes の発行済み株式に増資分の発行済み株式を加算すると，The First State Bank の資本金総額150万ドル分は額面

---

17) Arndt [1975] p. 315. Carmony [1998] p. 18. なお Baker [1857] は，1816年から1834年までの約18年間において州法銀行の創設はなかったと記している（Baker [1857] p. 162）．おそらく Baker は，The First State Bank の創設から The Second State Bank の創設までの間のことを念頭に置いてそれを記したものと考えられるが，厳密に言えばこの表記は誤りである．

100 ドルの株式を 1 万 5,000 株発行済みのかたちで構成されることになる．1 万 5,000 株の発行済み株式のうち州政府が引き受けることのできる法定限度の 25％ に当たる分が，3,750 株というわけである．

州政府によって引き受けられた The First State Bank の株式は，州知事によりその再割り当てが適宜行われるとされた．The First State Bank の発行済み株式のうち，州政府の引受分を除いた残余分については，一定の制限の下で各種団体や企業・個人などの民間部門に割り当てられ，引き受けられることとなる．増資に伴い新規に発行された株式の割り当てを行うために，インディアナ州域内が 14 区域に分割され，各区域に名前が付けられた．新規発行株式の割り当てに係る申し込みの募集は，各区域において公平かつオープンに実施されたが，応募者が殺到する．申し込みの応募者が殺到した理由は，100 ドルから 350 ドルまでの価格帯の相場変動を睨み，取得した株式の転売による利益の獲得を目論んだ応募者が多かったためである[18]．

では，The First State Bank の支店銀行はどのように編成されたのか．上述した，州憲法における銀行業に関する一般条項に明示されていたように，The First State Bank は 3 つの区域に 1 つ以上の支店銀行を設置してはならない，と規定されていた．全部で 14 の区域が作られたが，結局のところ 14 の区域すべてに 1 つずつ支店銀行を設置するには至らなかった．Vincennes に本店銀行が置かれたほかは，Brookville, Corydon, Vevay の 3 都市に計 3 つの支店銀行が置かれ開業されるのみであった[19]．これら 3 つの支店銀行に加え，准州時代に特許を交付されたもうひとつの銀行，The Farmers & Mechanics' Bank of Madison については，The First State Bank の Madison 所在の支店銀行として，「条件」付で迎え入れられることが取り決められた．その「条件」とは，The Farmers & Mechanics' Bank of Madison を The First State Bank の Madison 所在の支店銀行として形式的に編入するかたちを容認はするが，内実としてはあくまで准州時代の

---

18) Knox [1903] pp. 692–693. Arndt [1975] p. 316.
19) Knox [1903] p. 693. Arndt [1975] p. 519. Carmony [1998] p. 18. なお Helderman [1931] は，「The First State Bank は 14 の支店銀行を抱える単一の州法銀行として企図された」と示している（Helderman [1931] pp. 46–47）．この企図の真偽は定かでないが，結果的に 14 の数の支店銀行の設置に至らなかったのは事実である．

1814 年に交付された特許規定に基づく独立の一商業銀行として独自の裁量で事業を展開する，というものである．この「条件」を The Farmers & Mechanics' Bank of Madison の経営陣が役員会で採択したため，その採択が尊重され，The Farmers & Mechanics' Bank of Madison は「条件」付で The First State Bank の一支店銀行に編入されることとなった．

かくして，1817 年 3 月 22 日に，時の Jonathan Jennings 州知事が「The Bank of Vincennes を The First State Bank とする」と宣言し，Vincennes に本店銀行を置き，Brookville, Corydon, Vevay そして Madison の 4 都市に支店銀行を抱えるかたちで，The First State Bank の運営が名実共に始まったのである．

The First State Bank は，インディアナ州随一の州法銀行として，州域内の通貨・信用秩序の展開に強い影響を与えうる存在であり，州域内の政財界に多大な影響を及ぼしうるいわゆるパワーエリートとの繋がりもまた密であった．例えば時の Jonathan Jennings 州知事は，Corydon 支店銀行の役員に就いていた．他にも繋がりのあった人物として，州憲法で銀行業に関する一般条項を作成する委員会をとりまとめた連邦上院議員の James Noble, 彼の実弟で後に州知事となる Noah Noble，州財務長官の Daniel C. Lane, Jonathan Jennings 州知事の後継となった Ratliff Boon，最後の准州知事の子息にあたる Thomas Posey，The Vincennes Land Office の収入役の Nathaniel Ewing，Brookville 所在の有力商人 William Sads，Corydon 所在の有力商人 Jordan Vigus，Vincennes 所在の有力商人 John D. Hay，州域内の有力紙 Indiana Gazette の編集者 Armstrong Brandon，Vevay 在住のスイス人会責任者の John F. Dufour など，実に錚々たる顔ぶれであった[20]．

このように，州政府との繋がりや州の政財界に強い影響を与えるパワーエリートとの繋がりを深めてゆく一方で，The First State Bank は，「連邦政府預金の取り扱い」という特権を得るべく奔走する．連邦政府預金と言えば，連邦政府の管轄下にある極めて重要な巨額の公金である．この巨額の重要な

---

20) Carmony [1998] p. 19.

公金を扱うということになれば，金融機関としての社会的な信用度も高まることになるし，資金の取り扱いをめぐる規模も格段に大きくなり，経営面でも安定することになる．この特権を是が非でも得るために，The First State Bank は早速ロビー活動に入る．時の連邦財務長官 William H. Crawford との会談が実現すると，The First State Bank は，その会談の場で「すでに 1817 年 2 月 20 日付で当行では正貨による支払いが再開されている」と告げた．周知のように，米英戦争の勃発に伴い英軍がアメリカの首都 Washington D.C. へ攻撃を仕掛けたことによって，アメリカでは 1814 年 8 月からニューイングランドを除く各地の州法銀行で正貨による支払いが全面停止に追い込まれる事態が続き，連邦単位で信用・決済機構の連鎖が事実上ほぼ麻痺した状態にあった[21]．そうした最中にあって，インディアナ州に所在の The First State Bank は正貨による支払いをいち早く再開している旨を Crawford 連邦財務長官に伝えることによって，商業銀行としての支払い能力の高さと財務基盤の安定性とを猛烈にアピールしたのである．

ところが，連邦政府預金の取り扱いを全米各地の有力な州法銀行にまで拡張しようとする動きに，第 2 次合衆国銀行の総裁が難色を示す．第 2 次合衆国銀行とは，米英戦争の勃発に伴う戦費の調達やインフレ対策などの国策を遂行する必要性から，1816 年に連邦法に基づいて急遽創設された単一の国法銀行である．既述のように 1791 年から 1811 年まで合衆国銀行が存在していたが，連邦議会で特許の更新が認められず，消滅の憂き目に遭っていた．その後に再び合衆国銀行の名を冠した国法銀行が創設されたため，学術上の区別を施す必要性から，その国法銀行が第 2 次合衆国銀行と呼ばれるようになっている[22]．第 2 次合衆国銀行は，連邦法に基づいて国策を遂行する随一の国法銀行として，連邦政府が抱える資金の取り扱いを専門的に引き受けていた．それゆえ第 2 次合衆国銀行の総裁は，自らの支店銀行どうしを通じたネットワーク以外のところで連邦政府預金が扱われることに難色を示したのである．連邦政府預金の在処が分散されれば連邦政府預金に対する管理リスクがいっそう高まるからだというのが，総裁による表向きの理由である．

---

21) Nussbaum [1957] pp. 64-65. 大森 [2004] p. 49.
22) 第 2 次合衆国銀行の展開の詳細については，Catterall [1902] を参照されたい．

だが実際には，巨額の公金を取り扱う特権を通じて得られていた第2次合衆国銀行の経営基盤の安定が殺がれることに対する強い懸念が働いていたものと考えられる．だが Crawford 連邦財務長官は，第2次合衆国銀行の各支店銀行による取扱いとは別に，全米各地に存在する幾つかの商業銀行についても連邦政府預金を扱わせることが国益に繋がることになるし，各地の人々や金融機関にとっても実質的な利益をもたらすことに繋がると考えた．連邦政府との交渉の結果，The First State Bank は連邦政府預金を取り扱う機関として認められ，1817年の5月には連邦政府預金の受託を始めることとなる[23]．

　では，The First State Bank による連邦政府預金の取り扱いはいつ始められたのか．表II-1 によると，少なくとも1817年5月23日の時点で，Bank of U.S.（payable at Vincennes）から第2次合衆国銀行ワシントン支店に宛てて3万ドル分の連邦政府預金の移管が行われていることが確認できる．Bank of U.S.（payable at Vincennes）とは，第2次合衆国銀行（インディアナ州の中核都市 Vincennes において支払い可能）との意を示していることから，連邦政府預金の取り扱いを託されたインディアナ州の唯一の銀行である，The First State Bank のことを示しているものと考えられる．

　なお表II-1 によると，1817年5月23日付の移管において，振出先が Bank of U.S.（payable at Vincennes）という表記になってしまっている．これは，本章においてすでに述べてきたように，The Bank of Vincennes を本店銀行として吸収し発展的に編成された機関として，The First State Bank が連邦政府預金の取り扱いを少なくとも1817年の5月中には実施し始めてはいた．しかし他方で，これまで連邦政府預金の取り扱いを専門的に行ってきた第2次合衆国銀行において，連邦政府預金の取り扱いを他行に委ねるかどうかまだ統一的な判断が示されていなかったという過度的な状況にあった．それゆえに，このような表記になってしまっているものと考えられる．なお連邦政府預金の取り扱いをめぐる一連の実績が評価され，The First State Bank は，第2次合衆国銀行の支店でなかったにも拘らず，

---

23) Carmony［1998］p. 19.

表 II-1 インディアナ州法銀行における連邦政府預金の移管状況:1817~1822 年

	From	To	金額(ドル)
1817 年 5 月 23 日	Bank of U.S. (payable at Vincennes)	Branch Bank, Washington	30,000.00
1819 年 10 月 19 日	Vincennes	Bank of U.S.	40,000.00
1819 年 11 月 18 日	Vincennes	Bank of U.S.	20,000.00
1819 年 12 月 28 日	Vincennes	Branch Bank, Washington	20,000.00
1820 年 3 月 16 日	Vincennes	Bank of U.S.	50,000.00
1820 年 4 月 13 日	Vincennes	Branch Bank, Washington	250
1820 年 7 月 7 日	Vincennes	Branch Bank, Washington	250
1820 年 8 月 15 日	Bank of Columbia	Vincennes	1,200.00
1820 年 10 月 7 日	Madison	Branch Bank, Washington	250
1821 年 1 月 9 日	Madison	Branch Bank, Washington	250
1821 年 4 月 6 日	Madison	Branch Bank, Washington	250
1821 年 5 月 17 日	Vincennes	Branch Bank, Louisville	32,736.79
1821 年 5 月 17 日	Vincennes	Branch Bank, Washington	6,732.91
1821 年 7 月 2 日	Madison	Branch Bank, Washington	250
1821 年 8 月 13 日	Madison	Branch Bank, Louisville	32,000.00
1821 年 9 月 17 日	Madison	Branch Bank, Louisville	140,000.00
1821 年 10 月 5 日	Madison	Branch Bank, Washington	250
1821 年 11 月 13 日	Madison	Branch Bank, Louisville	44,416.12
1822 年 1 月 7 日	Madison	Branch Bank, Washington	250
1822 年 5 月 3 日	Madison	Branch Bank, Washington	250
1822 年 7 月 6 日	Madison	Branch Bank, Washington	250
1822 年 9 月 30 日	Madison	Branch Bank, Louisville	5,000.00
1822 年 10 月 4 日	Madison	Branch Bank, Washington	250
1822 年 12 月 11 日	Madison	Branch Bank, Louisville	87,000.00

注:1) Vincennes=The First State Bank の本店(旧 The Bank of Vincennes).
Madison=The First State Bank の Madison 支店(支店編成は形式上のもので,The First State Bank の動向のいかんを問わず,旧 The Farmers & Mechanics' Bank of Madison の経営陣が独自の裁量で運営を行っている).
2) Bank of U.S.=第 2 次合衆国銀行の本店.Branch Bank=第 2 次合衆国銀行の支店.
出所:American State Papers [1998] pp. 322-349 に記載された諸表を基に筆者作成.

1819 年 4 月には連邦政府預金の追加の受託が連邦財務省から認められるに至ったのである[24].

---

24) Carmony [1998] p. 19.

3. 銀行制度の瓦解

かくして The First State Bank は，州政府ならびに州の政財界に影響を与えうる有力層との繋がりを確保しながら，連邦政府預金の取り扱いを担う特権をも得て，連邦政府との繋がりも手中に収めることとなる．The First State Bank は，インディアナ州域内の通貨・信用秩序を統轄する随一の州法銀行であり，かつ絶大な権力性を帯びた機関としてその運営が進められてゆくこととなったのである．ところが，The First State Bank の世評は開業当初から芳しいものではなかった．The First State Bank が創設された際に，州域内の伝統ある有力紙には「政治性を帯びた機関」と揶揄され，さらにその各支店銀行における払込資本金が不足しているのではないか，という嫌疑が取り沙汰される[25]．加えて，The First State Bank はおもに小額面券（発行金種は 6.25 セント・12.5 セント・25 セントの計 3 種類）を発行し，小銭や釣銭としての通貨需要に応えるかたちで市中に流通していた[26]．The First State Bank による発行銀行券は，州特別法に基づいた特許の規定に叛き，兌換の請求に対して必ずしも正貨との兌換をきちんと行わなかったため，通貨ないし信用貨幣としての信頼性に乏しかったのである．1818 年 1 月には，州域内の Posey 地区に在住の 21 名の住民が州議会に陳情に訪れている．彼らは，州域内を隈なく流通しうる通貨の発行を求めると共に，真の社会的役割を果たす銀行となるべく，所有者すなわち株主をある程度限定したかたちでの銀行所有の形態を求めるに至ったのである[27]．さらに The First State Bank は，特許の規定に違反して，預金総額の 2 倍を超える総額分の融資を行ったり，獲得利益の規模に見合わない高い配当率を決めて高額の配当金を株主に供与したりするなど，絶大な権力性を帯びた存在とは裏腹に，The First State Bank は不安定な運営を続けることとなる．株式の配当率に関して見ると，開業年度に当たる 1817 年には 5 月 31 日と 11 月 29

---

25) Carmony [1998] p. 20.
26) Knox [1903] p. 693.
27) Carmony [1998] p. 20.

日の 2 回,1818 年には 6 月 6 日と 12 月 12 日の 2 回,1819 年には 6 月 5 日の 1 回,1821 年には 6 月 16 日の 1 回,それぞれ The First State Bank によって配当金の支払いが行われている.配当率は,いずれも 8% から 10% という高い比率を示すものであった[28].

　1819 年は,The First State Bank にとって大きな転換点となる.1819 年恐慌が全米を襲い,インディアナ州域内にもその影響が及んだためである.1819 年恐慌は,産業革命が始まり資本主義化への道を進み始めたばかりのアメリカにおいて,資本主義経済の律動ゆえに生じ始めた景気変動の過程でもたらされた初の本格的な周期性恐慌であった[29].1819 年恐慌の影響がインディアナ州域内にも及んだことで,州の基幹的な産業たる紡績業を担う有力企業のひとつが経営面で打撃を受ける.その有力企業とは The Vincennes Steam Mill Company で,信用貨幣としての小額面券を自ら発行するほどであった[30].1819 年恐慌の襲来による州域内への経済的な打撃によって,The Vincennes Steam Mill Company にこれまで多額の融資を続けてきた The First State Bank もまた,多額の不良債権の発生リスクが色濃く現れてくることとなる.1819 年 5 月には,「The Vincennes Steam Mill Company が公衆に対し The First State Bank の発行銀行券の授受を無理やり押し付けるためのいわば原動機となっている」と,州民の 1 人が批判声明を出した.The Vincennes Steam Mill Company と The First State Bank とは蜜月の関係にあるといわれ,融資や提携をめぐる不明朗な関係が巷で評判となっていたのである.

　The Vincennes Steam Mill Company のオーナーの殆どが The First State Bank の株主になっているなどしていて,双方の経営陣どうしの関係が清廉なものであったかどうかについては,不透明であった.そのうえで,上掲の批判声明を出した州民は,以下の要求を示す.すなわち,The First State Bank の発行銀行券を市中から取り除くか,名目だけではなく実質を

---

28) Carmony［1998］p. 640 の脚注 64 を参照されたい.
29) アメリカにおける 1819 年恐慌の詳細については,Rothbard［1962］および永田［1968a］［1968b］を参照されたい.
30) Arndt［1975］p. 718.

伴う信用貨幣として The First State Bank の発行銀行券と正貨との兌換を他の誰かに求める，という要求である[31)]．さらに 1819〜1820 年の会期の州議会が開催されると，The First State Bank の特許規定を謳った州特別法の条項改定案を，州下院議員の有志が 1819 年 5 月 1 日付でまとめる．改定案の摘要は，以下の 4 点である．すなわち，

(1) 発行銀行券に対する責任を The First State Bank の株主が負うこと．
(2) 自行銀行券の兌換ができない銀行の特許を剥奪すること．
(3) 要求払いが忌避された銀行券の発行元に対しその銀行券の額面の 6% の利払いが求められること．
(4) 業務の遂行に起因した職権の濫用と悪行とが調査されること．

以上である．

しかしながら，これらの摘要を具えた条項改定案は，会期中に州議会に提出こそされたものの，議決には至らなかった[32)]．

では，The Vincennes Steam Mill Company と The First State Bank との融資や提携をめぐる不明朗な関係とは，いったいどのような実態を持つものであったのか．この点を探るうえで貴重な資料が存在する．それは，時の Crawford 連邦財務長官が 1823 年 2 月 24 日付で連邦下院議会に提出した，*Public Deposits In Bank of Vincennes* との表題が付けられた公文書である[33)]．この公文書によると，The First State Bank は債務者リストの提出が年 4 回と決められているにも拘らず，1819 年には 2 回しかそのリストを提出していない．1819 年に提出された債務者リストのうち，1 回目に提出された 1819 年 6 月 1 日付の債務者リストによると，The First State Bank 宛ての債務総額が 16 万 370 ドル 22 セントで，そのうち The Vincennes Steam Mill Company に関係するのは，

---

31) Knox [1903] p. 693. Carmony [1998] pp. 19-20.
32) Carmony [1998] p. 20.
33) この公文書の全容は，American State Papers [1998] に収められている．

（1）B. Parke, agent & C：1,000 ドル
（2）Smith & Parke, Com. & C：24,148 ドル
（3）同上：2,000 ドル
（4）同上：2,000 ドル
（5）Smith & Parke によって割り引かれた小切手：2,000 ドル
（6）B. Parke によって割り引かれた小切手：2,000 ドル

の合計3万3,148ドルである．2回目に提出された1819年10月1日付の債務者リストによると，The First State Bank 宛ての債務総額が17万7,200ドル91セントで，そのうち The Vincennes Steam Mill Company に関係するのは，(1) B. Parke & agent of Vincennes Steam Mill Company：3万6,757ドルである．

　これら2回分の債務者リストを一瞥して浮かび上がってくるのは，特に1回目のリストにおいて，債務者である The Vincennes Steam Mill Company の名前が明記されずに，その代表者である B. Parke に関係する会社云々というかたちで，表現を巧みに変えて債務者の名前が記されている点にある．これはつまり，The Vincennes Steam Mill Company の名前を伏せたうえでそこに The First State Bank が融資を行い続けていた，ということを意味するものであり，双方の不明朗な関係を窺わせるものである．これら2回のリストに関する表記内容から，The First State Bank 宛ての債務総額に占める The Vincennes Steam Mill Company に関係するもの宛ての債務総額の割合を算出してみると，1819年6月1日の時点と同年10月1日の時点とでそれぞれ21.6%・20.7% に達している．それぞれの時点において，The First State Bank の債務総額の5分の1程度が The Vincennes Steam Mill Company 宛てのもので占められていることになる．つまり The First State Bank は，The Vincennes Steam Mill Company をかなりの大口融資先としていたのである．

　The First State Bank は，こうした不安定で不明朗な経営を行っていたにも拘らず，この時期に連邦政府預金の獲得をさらに進める．既述の通り The First State Bank は，連邦政府預金の取り扱いをめぐる特権を得てい

表 II-2　インディアナ州法銀行における連邦政府預金の保有残高：1819〜1822 年

	Vincennes	Madison		Vincennes	Madison
1819 年 Q1	0	0	1821 年 Q1	82,382.97	47,405.44
1819 年 Q2	122,539.14	0	1821 年 Q2	168,453.27	68,036.27
1819 年 Q3	191,036.87	0	1821 年 Q3	168,453.27	81,769.88
1819 年 Q4	113,794.12	0	1821 年 Q4	168,453.27	36,754.91
1820 年 Q1	80,366.37	0	1822 年 Q1	168,453.27	34,538.25
1820 年 Q2	92,254.63	0	1822 年 Q2	168,453.27	34,109.62
1820 年 Q3	90,348.56	0	1822 年 Q3	168,453.27	39,792.24
1820 年 Q4	89,808.56	26,331.00	1822 年 Q4	168,453.27	39,432.14

注：1）Vincennes＝The First State Bank（旧 The Bank of Vincennes）
　　　Madison＝The First State Bank の Madison 支店（旧 The Farmers & Mechanics' Bank of Madison）
　　2）1819 年の第 1 四半期以前は両行ともに残高なし．
出所：American State Papers［1998］pp. 303-321 を基に筆者作成．

たが，このことを盾に自らのブランド力をフルに活用し，獲得預金の総額を増やしていったのである．前掲の表 II-1 によれば，The First State Bank は 1819 年を通じて連邦政府預金の移管を計 3 回実施している．1819 年 10 月 19 日には，第 2 次合衆国銀行に宛てて総額 4 万ドル分の連邦政府預金を，同年 11 月 18 日にも同じく第 2 次合衆国銀行に宛てて総額 2 万ドル分の連邦政府預金をそれぞれ移管させ，連邦政府預金としての公金の取り扱いをめぐる実績を着実に積み重ねてゆく．1819 年 4 月から 1820 年 6 月までの 1 年 2 ヶ月の間に The First State Bank が獲得した預金の総額は，29 万 5,325 ドル 77 セントにのぼった[34]．

では，1819 年 4 月から 1820 年 6 月までの間に The First State Bank が獲得した連邦政府預金の総額は，どれほどのものであったのか．表 II-2 によると，1819 年の第 1 四半期までは，The First State Bank における連邦政府預金の保有残高はゼロであった．しかし同年の第 2 四半期から第 3 四半期にかけて，その残高が急増しているのが分かる．ピークの第 3 四半期にはその残高が 19 万 1,036 ドル 87 セントに達した．その後は減少傾向を辿り，1820 年の第 1 四半期に 8 万 366 ドル 37 セントでトラフを迎え，同年の第 2 四半期から 1821 年の第 1 四半期まではおよそ 8 万ドルから 9 万ドル前後の

34）Carmony［1998］p. 20.

残高で推移している．このように，1819年の第2・第3四半期にかけてThe First State Bankは連邦政府預金の獲得をとみに進め，急激にその保有残高を上げていったのである．

しかしながら，The First State Bankの勢いは次第に萎え始め，The First State Bankを取り巻く環境は厳しさを増すようになる．まず1819年11月27日，Jonathan Jennings州知事がThe First State BankのCorydon支店の役員を辞任する[35]．そしてこの州知事による役員辞任劇に至るなかで，さらに注目すべき事態があった．1819年恐慌の波及に伴い，いわゆるシステミック・リスクの問題が社会的に深刻化したことで，インディアナ州議会において，債権者ならびに債務者を救済する法案が1819年中に迅速に成立されていた．それは競売が免除となる個人資産の額を上げることを目的とした法律で，債務者を扶助するためのものであった．

だが実はこの法案の成立と同時に，もし債務者がThe First State BankもしくはThe Farmers & Mechanics' Bank of Madisonの新規の発行銀行券を額面通りに受け取ることをしないのであれば上述の債務者扶助の法律は施行が1年猶予されてしまう，という法案も併せて成立していた．つまり，債務者が扶助を受けるためにはThe First State BankもしくはThe Farmers & Mechanics' Bank of Madisonによる新規の発行銀行券を額面通りに授受することを条件として呑まなければならない，ということが法律で定められてしまっていたということである．

続けて1820年1月18日には，さらに債務者扶助をより厳しくするための法案が，インディアナ州議会においてさしたる反対もなく成立する．この法律は，個人資産の評価額の3分の2程度の価額で競売を行うが債務者はこの規定の遂行を1年猶予できる，というものである．実はこの時の州議会において，債務者扶助ないし救済法そのものへの反対というよりはむしろ，The First State Bankをはじめとする銀行業の業態や発行銀行券の信頼性のほうに非難が集中した[36]．これら一連の事態は，The First State Bankの信頼性がすでに地に落ちてしまっていて，州法に基づいて強制されない限りも

---

35) Carmony [1998] p. 19.
36) Rothbard [1962] p. 41.

はや発行銀行券が額面通りには流通しえない状況にあったことを物語っている．前述のように，もともと「反銀行主義」という伝統的な理念が広く州民の間に伏在していたところに，1819年恐慌の襲来を機に，放漫で不埒な経営管理が露呈したことや発行銀行券の信用度をめぐる嫌疑が強まったことが重なり，The First State Bank に対する世論の不信が一気に噴出することになっていったのである．

1820年に入ると，The First State Bank における財務体質の悪化が一段と進む．上述のように，連邦政府預金の取り扱いをめぐる特権の保持を背景に預金の獲得や受け入れを進めた結果，1820年6月末の時点で The First State Bank の連邦政府預金の保有残高は21万8,262ドル90セントとなった．前述のように，1819年4月から1820年6月までの約1年2ヶ月の間に The First State Bank は総額で29万5,325ドル77セントもの預金を獲得していたので，そのうち実に73.9％に当たる分が連邦政府預金で占められていたということになる．

さらに前掲の表II-1によれば，1820年は8月までに連邦政府預金の移管を少なくとも3回（3月16日付・4月13日付・7月7日付）に渡って実施している．このうち3月16日付の取り扱いは，The First State Bank から第2次合衆国銀行の本店に宛てて総額で5万ドルもの連邦政府預金が移管されたものであった．一見すると，The First State Bank は巨額の公金を扱う実績を積み重ねて金融機関としての社会的な信頼性を高めているかのようであった．ところがその反面，同じ1820年6月末の時点で，保有手形の未決済分の総額が約14万ドルにも達していたのである．

そうしたなか，The First State Bank の特許が規定された条項をめぐる改定案も実現されないまま，1819～1820年の会期の州議会が会期末を迎える．そして会期の期間延長が認められた1820年6月から7月にかけて，一部の有力紙が The First State Bank への批判を展開する．批判の趣旨は以下の通りである．すなわち，The First State Bank に対する社会的な不信がこれまでに増幅したのは，代議員の面々が The First State Bank ならびにその各支店銀行を調査してこなかったからであり，調査こそが銀行の良質性に与するものとなる．また，詐欺や不正の慣行は矯正されるべきである，

第1章 存立背景：1679〜1832年　173

と．さらにこの有力紙の編集者は，1820年7月4日付の観察報告として，「The Banking System——詐欺師が神となり正直者が馬鹿を見る」という報告書を出版するに至った[37]．刺激的とも言えるこの報告書の題目は，1819年に州域内のWashington地区で生じた市民集会における，銀行業に対する住民の反感の表れを，その地区在住の穀物農園主が名付けたものが引用されたものだ，といわれている[38]．

　1819〜1820年の州議会の会期が終了するとすぐ，1820年の8月中に州議会の代議員選挙が行われる．選挙の結果，現職の代議員が軒並み落選するという尋常ならぬ事態が訪れた．なぜこのような事態が招かれたのか．その背景のひとつとして考えられるのは，上述のように，The First State Bankに対する世論の批判が高まっていたにも拘らず，The First State Bankの特許規定に関する条項の改定案が議決されなかった州議会の態様に対する有権者の意思表示が，如実に現れたことにある．この選挙結果に伴いThe First State Bankに対する州民の信頼性に翳りが明確に見えたことで，連邦政府はThe First State Bankに連邦政府預金を託さないようにすることを決定した．さらに連邦公有地当局は，The First State Bankの発行銀行券について連邦の公有地の売買をめぐる支払い手段として受け取ることを1820年末まで拒否する旨の判断を下したのである[39]．連邦政府によるこれら2つの重要な決断によって，The First State Bankによる連邦政府預金の取り扱いに支障が出ることとなり，The First State Bankの事業主体としての信頼性の失墜にさらに拍車がかかることとなった．

　政局を混乱に貶める事態にまで発展したことを重く見たJonathan Jennings州知事は，The First State Bankの経営をめぐる実態の解明とその改革とにようやく着手することとなる．選挙終了から1ヶ月も経たない1820年9月中に，同州知事は，The First State Bankならびにその各支店銀行の業況に関する情報の調査と収集とを本店・各支店のすべての経営陣に対して命じた．この命令は，The First State Bankの創設を規定した1817年1

---

37) Carmony [1998] p. 20, pp. 329–330.
38) Carmony [1998] p. 330.
39) Carmony [1998] pp. 20–21.

月1日付の州法に則った権限に基づくもので，同州知事は1819～1820年の会期の州議会で「情報不足のままの論議が不便宜を生じさせた」という反省に立って，その命令を発したのである．情報が州知事の下に集まるなか，1820～1821年の会期の州議会が始まる．1820年11月28日には，同州知事が以下の発言をしている．すなわち，「インディアナ州の銀行の殆どがきちんとした予見もせずに自由気ままに発券を軽率に行っていたが，しかし最も信頼できる情報からすると，各行はこの1年に渡って自行銀行券の市中からの回収にほぼ従事してきた」と．要するに同州知事は，各行が自行銀行券を濫発してしまったことについては認めたうえで，その兌換に向けて各行が着実に尽力しているとの認識を示して，銀行側を弁護する姿勢を見せたわけである．この発言に加えて同州知事は，「正貨支払いの再開の時期について慎重に吟味すべし」との見解を州議会に伝える．正貨支払いを州の全域において一斉に再開させることこそが各行による自行銀行券の正貨との兌換を強制することに繋がり，それが各行の支払い能力をめぐる不安定性や不確実性の払拭に向かうことになる，と同州知事は考えていたのである[40]．

さらに翌日（1820年11月29日），Jonathan Jennings 州知事は，The First State Bank の出納を司る本店銀行の支配人からの声明書を州議会に提出する．この声明書には，The First State Bank における Vincennes 所在の本店銀行のほか，Brookville・Corydon・Vevay 所在の各支店銀行からの声明書も含まれていた．声明書には，本店銀行の貸借対照表の中身も示されていた．それによると，本店銀行の貸借総額は54万5,559ドル67セントである．内訳を見ると，負債・資本項目については，(1) 発券総額18万260ドル（各支店銀行の発券総額16万7,158ドル・未決済分の銀行券総額1万3,102ドル），(2) 預金総額21万5,357ドル51セント（すべて連邦政府預金），(3) 払込資本金総額12万8,469ドルである．資産項目については，(1) 手形割引19万9,259ドル91セント，(2) 州政府（州財務当局）への貸付総額2万9,000ドル，(3) 正貨3万3,168ドル92セント，(4) 支店銀行3行への預金総額23万9,234ドル59セントである[41]．なお声明書に記載されたこれらの

---

40) Carmony [1998] p. 21.
41) Carmony [1998] p. 21.

数字を一瞥すると，負債・資本項目で 2 万 1,473 ドル 16 セント，資産項目で 4 万 4,896 ドル 25 セント，それぞれ不足分が見受けられる．明らかにされていない内訳はそれぞれいったい何だったのか，さらなる追究が残されていることに注意を払っておかなければならない．一方，Brookville, Corydon, Vevay 所在の各支店銀行からの声明書においては，支店銀行の全体における貸借総額は 27 万 3,404 ドル 58 セントであることが示され，支払い操作をめぐる経営陣の意思決定など施策面の内実については触れられていなかった．ただし，「ある役員が支店銀行の利益としてというよりはむしろ自分と自分にごく近い知人層の利益のために事業を行っていた」と，Vevay 支店銀行の支店長による報告が明らかにされた．もっともこれら声明書の内容については，「期待通りのものではない」という皮肉を込めた見解が Brookville 在住の編集者から出るほど，懐疑的な見方が世間に流布していたのである[42]．

1819〜1820 年の会期の州議会に続いて，1820〜1821 年の会期の州議会においても，銀行業に関係する様々な条項改定案が審議された．既述のように，前回の会期の州議会においては，条項改定案が 1 つもまとまらなかったことで，それが政局の混乱に繋がった．今回の審議では，「発行銀行券と正貨との兌換請求を忌避する銀行に対して 6% の金利を請求できる」旨の権限が条項に明記されることのみが決まる．しかし正貨支払いの再開に関する事柄については，今回もなに 1 つ決まらなかった．こうした州議会の態様に業を煮やしたある編集者は，「地元の選挙区民の期待を満足させるために代議員はなにか行動で示さねばならない」と，私見を示している[43]．だが，州議会が The First State Bank に対し厳格な処遇を図ろうにもなかなかそこまで踏み込めない理由が存在したのである．既述のように，The First State Bank の創設ならびに特許の賦与を謳った州特別法において，州政府が The First State Bank から金利 6% で最長 5 年間までで最大 5 万ドルの融資を受けられる旨の条項が，そこに織り込まれていた．それゆえ，州政府が財政運営を安定化させるうえで，The First State Bank の存在や役割が密接に

---

42) Carmony [1998] pp. 21–22.
43) Carmony [1998] p. 22.

絡み合っていたのである．The First State Bank が廃止に追い込まれれば，州政府の財政運営にも支障をきたしてしまう．州議会は，州政府に対して，これまで The First State Bank から受けた融資総額の金利分を州政府が支払えるようにするために，2つの方途を承認していた．1つ目の方途は，インディアナ州財務局証券（中期利付債：treasury notes）の発行によって1万ドル分を調達することである．2つ目の方途は，支払い不能に陥った別の商業銀行から 1,800 ドルの借り入れを実施することである[44]．州政府と州法銀行とを密に繋ぐこうした構造が背後に横たわっていたために，州議会は The First State Bank を改廃にまで追い込むほど厳しく追及することがなかなかできなかったものと考えられる．

　1821 年に入ると，州議会において会期の延長が決まる．会期の延長が決定されたあとすぐ，The First State Bank の株主 12 名が株主総会の開催を呼びかけた．その目的は，The First State Bank の資産の明け渡しが生じた場合に株主の権利を明確に主張することにあった．株主総会の開催は 1821 年の 3 月上旬に決まる．さらに株主総会の開催前の 1821 年 2 月 10 日には，The First State Bank の凋落を強く印象付ける事件が発生する．それは，火災による The Vincennes Steam Mill Company の焼失である．既述のように，The Vincennes Steam Mill Company は The First State Bank にとってかなり大口の融資先であり，1819 年恐慌の際には双方の蜜月の関係をめぐって世論は批判に沸いた．大口の融資先である The Vincennes Steam Mill Company が火災で焼失したことで，The First State Bank に降りかかる不良債権のリスクがいっそう高まってしまったのである．The Vincennes Steam Mill Company の The First State Bank に対する負債総額は約 9 万 1,000 ドルにものぼり，弁済がなされないままの状態となる．この事件を経て 3 月上旬に開催された The First State Bank の株主総会では，もはや風前の灯という認識が社会的に強まっていた，The First State Bank の業況をめぐる調査委員会の設置が決められた．時の William H. Crawford 連邦財務長官も含めた協議の結果，委員長には David Brown が指名さ

44）　Carmony［1998］p. 22.

れる．David Brown は，これをしぶしぶ引き受けた．彼は指名を受けた際に，Crawford 連邦財務長官に対して「なんて不幸なことでしょう．すでに壊滅した機関の責任が私に降りかかってくるとは」と，真情を吐露している[45]．The First State Bank の廃止・消滅は，もはや時間の問題となりつつあったのである．

The First State Bank の経営体質については，市民集会でも度々問題となる．前述のように，早くも 1819 年の時点で州域内の Washington 地区で市民集会が開かれていて，銀行ないし銀行業に対する反感が示されていた．このとき，点検がなされないのであるならば権限として銀行ないし銀行業を完膚なきままに破壊することもやむなし，ということが謳われる．そして，現行の銀行制度に対し，欺瞞と詐取に満ちたもので，多数が得るはずの利益が少数利益の犠牲になっている仕組みだ，との痛烈な非難が示された．この Washington 地区では，それから 2 年後の 1821 年に再び市民集会が開催され，「銀行業の廃止」が採択される．そしてこの採択を基に，Washington 地区の住民代表は，州議会に対して，銀行業の廃止を陳情するに至っている[46]．

加えて 1821 年 6 月 9 日には，州域内の中核都市のひとつ，Princeton の Gibson 地区における市民集会において，Richard Daniel 州上院議員が挨拶の際に，The First State Bank を「汚職の温床だ」と非難した．Daniel 州上院議員は，Gibson 地区の弁護士出身で州下院議員を 2 期 8 年務めたあと現職を務めていて，州政府との交わりが濃厚であった The First State Bank の経営状態にかなり精通していた人物である．

それから 4 日後の 1821 年 6 月 13 日には，3 月上旬に開かれた総会に引き続いて The First State Bank の株主総会が開催される運びとなっていた．ところが The First State Bank の経営陣は，株主に対する配当率を 10% とすることを，この株主総会の開催前に突如決定した．この決定は，業況に懐疑的であった株主との宥和を土壇場に及んで経営陣が狙ったものと考えられるが，ただでさえ脆弱な財務体質に陥っていた The First State Bank にと

---

45) Arndt [1975] p. 718. Carmony [1998] p. 22.
46) Carmony [1998] pp. 329-330.

って，高額配当を供与するというこの決定は自殺行為だといっても過言ではない．案の定，1821年6月13日付の株主総会において，The First State Bankの業況をめぐる調査委員会のDavid Brown委員長が，「The First State Bankは支払い不能に陥った」と明言する．ここにThe First State Bankの営業停止が決定した．そのうえで委員長は，The Vincennes Steam Mill CompanyとThe First State Bankとの間における蜜月の関係を咎めた．株主総会での結論は，「The First State Bankが執り行っている業務を漸進的に閉鎖させる」というものであった[47]．かくしてThe First State Bankは，営業停止に追い込まれることとなったのである．

4. 銀行の消滅と銀行制度の模索

すでに斜陽を迎えていたThe First State Bankに対し，追い討ちをかけるように，1821年の晩夏から初秋にかけてひとつの疑惑が世間を騒がせる．その疑惑とは，「The First State Bankが抱える担保付負債が連邦政府に転嫁されてきたのではないか」というものである．この疑惑については，ここ1ヶ月に渡って地元の有力紙が特集を組んで報道していた．加えて，The First State Bankの各支店銀行が発行した銀行券は，すでに信用貨幣としての信頼性が落ち，かなりの減価を示していた．それなのに連邦財務当局は，インディアナ州に対する債務の償還を行うのにその減価したThe First State Bankの発行銀行券を支払い手段として利用し続けていたのである．こうした疑惑の噴出によって，Jonathan Jennings州知事は1821～1822年の会期の州議会の開催を2週間も早めざるをえなくなる．この疑惑が拍車をかけることとなり，州議会の議員達は，租税の納付手段や州への諸債務を弁済するための支払い手段としてThe First State Bankの発行銀行券を受け取る，という慣行を終わらせた．そのうえで州議会は，The First State Bankの本店銀行の所在地Vincennesを抱えたKnox地区の巡回裁判所に対し，特許の取り消しを求めてThe First State Bankを告訴するための準備

---

47) Carmony [1998] p. 22.

を，遂に始めることとなる．州議会の議員達は，告訴に向けて，被告となる The First State Bank の現経営陣に対して代理人を立てられるよう，その任命権限を認めた[48]．この頃 The First State Bank の経営陣の殆どが，支店銀行の所在地のひとつ，Brookville 近辺に在住の役員で構成され，彼らに The First State Bank の経営管理が一任されていた．現経営陣は一部の株主に 40％ という極めて高率の配当の供与を実施し，The First State Bank の Nathaniel Erving 総裁に対しては，これまでの仕事に対する報酬との名目で 3,500 ドルの臨時支給を決めていた[49]．The First State Bank は，すでに社会的な信用が失墜していたにも拘らず，依然として放漫な経営が続けられていたのである．

特許の取り消しを求めるべく The First State Bank に対して起こされた訴訟の形態は，権限開示令状に基づく権限回復訴訟であった[50]．これはつまり，権利保有者に対してその権利保有がどういう権限によるものかを証明したり，権利の不法所有者に対してその権利の返還を求めたりする訴訟の形態である．州議会によるこの告訴に対して，1822 年 6 月，Knox 地区の巡回裁判所は「The First State Bank から特許を剥奪すべし」と宣告し，債権者の便益を保護するために The First State Bank が保有する全財産の差し押さえを命じた．この裁定に異議を唱えた The First State Bank は，インディアナ州最高裁判所に上訴する．それから約 1 年半後の 1823 年 11 月 22 日に州最高裁判所は，The First State Bank の資産と株主とを共に残す旨の条項を除いたすべての特許条項の終了を宣言し，The First State Bank からの特許の剥奪・取り消しを宣告した．特許の剥奪・取り消しの裁定に至った理由陳述のなかで，州最高裁判所は The First State Bank の実態に関する特徴をこう明かしている．すなわち，

（1）The First State Bank は約 25 万ドルもの連邦政府預金を着服し続けてきた．

---

48) Carmony [1998] p. 23.
49) Carmony [1998] p. 23.
50) Harding [1895] p. 1.

(2) The First State Bank は特許において規定された容認限度額を超える債務総額を有していた．
(3) The First State Bank は兌換能力を逸脱した発券を行っていた．
(4) The First State Bank は適正な資本金と正貨との保有に見合った以上の数の支店銀行を創設していた．
(5) 需要にそぐわない莫大な配当金を株主に対して支払っていた．
(6) 莫大な債務の弁済計画もなしに機関の解散に向けたステップを踏んでいた．

以上の6点である．連邦政府はインディアナ州での公有地売却をめぐる預貯金が預託先の The First State Bank によっていわば横領されたかたちとなってしまい，預金総額のうち極僅かの金額分しか得られないことになってしまったのである[51]．かくして The First State Bank は，消滅の憂き目に遭う．消滅が確定した時点で，The First State Bank の金庫には僅か34ドルしか残っておらず，The First State Bank の本店銀行ならびに Brookville, Corydon, Vevay の各支店銀行の銀行券保有者や預金者は，結局1セントたりとも受け取ることができなかったのである[52]．

The First State Bank の本店銀行ならびに Brookville, Corydon, Vevay の各支店銀行は，閉鎖を余儀なくされる．だがそれとは対照的に，准州時代から続くもうひとつの州法銀行である The Farmers & Mechanics' Bank of Madison は，堅実な経営を続けて支払い能力を保ち続けた．既述したように，The Farmers & Mechanics' Bank of Madison は，准州時代に准州議会による議決を踏まえ，准州特別法に基づく特許を交付されて開業した．1816年にインディアナが准州から正式な州に昇格し，州憲法の制定を経て1817年に The First State Bank が創設される．The First State Bank の創設にあたり，准州特別法に基づいて規定された特許条項の内容の下で独立した事業組織体としての立場が保全されることを条件に，あくまで形式的に The First State Bank の Madison 支店としての看板を掲げること

---

51) Knox [1903] p. 693. Carmony [1998] pp. 23-24.
52) Knox [1903] p. 693.

にしておく，という状態にあった．そして The Farmers & Mechanics' Bank of Madison は，堅実な経営が続けられた．その結果，同行は，米英戦争の勃発に伴い全米で正貨支払いの停止に陥ったあと 1817 年に正貨支払いが全米で再開されるまでに，州域内の中核都市のひとつ Lawrenceburg に独自に支店銀行を設置する，という快挙を成し遂げる．1818 年からは，The First State Bank と同様に，連邦公有地の売買において The Farmers & Mechanics' Bank of Madison の発行銀行券が支払い手段として公有地当局によって受け取られてきた．すでに見たように，1820 年から 1821 年にかけて The First State Bank の業態に対する世論の批判が一挙に高まる．そして The First State Bank の発行銀行券は，連邦公有地の売買における支払い手段として受け取ることが連邦公有地当局によって拒否される．加えて，The First State Bank は，連邦政府預金の取り扱い機関としての特権を連邦政府から剥奪されていた．こうした事態を尻目に，The Farmers & Mechanics' Bank of Madison は連邦政府預金の獲得を伸ばし，1820 年から 1821 年までの間に少なくとも 14 万ドルの連邦政府預金を受け入れるに至ったのである．

　ところで The Farmers & Mechanics' Bank of Madison は，連邦政府預金の取り扱い機関としての特権をどのようにして入手していたのか．The Farmers & Mechanics' Bank of Madison が連邦政府預金の取り扱い機関として連邦政府に認められるためには，有力者からの推奨を受けることが必要である．この推奨に関しては，William Hendricks 連邦下院議員と James Noble 連邦上院議員とが対応した．既述したように，後者の James Noble 連邦上院議員は，The First State Bank とも親交が深かった人物である．両議員による推奨の内容の摘要は，以下の通りである．すなわち，(1) The Farmers & Mechanics' Bank of Madison の支払い能力と堅実な経営とについては，西部区域のあらゆる銀行のそれと同等のものだということが充分に確認される．(2) The Farmers & Mechanics' Bank of Madison の経営陣ならびに株主には「富裕で誠実な人達」が含まれていて，連邦政府預金は"完璧に安全"である[53]．以上の 2 点である．

　かくして，有力者からの推奨と，The First State Bank における連邦政

府預金の取り扱いをめぐる特権の剝奪とが契機となって，The Farmers & Mechanics' Bank における連邦政府預金の取り扱いが活発となり，その保有残高もまた急上昇していくことになる．前掲の表 II-1 によれば，The Farmers & Mechanics' Bank of Madison は，1820 年 10 月 7 日付で第 2 次合衆国銀行 Washington 支店に宛てた 250 ドルの送金を始点として，1821 年中に計 7 回，1822 年中に計 6 回の連邦政府預金の出納を行っている．さらに表 II-1 を俯瞰すると，1820 年から 1822 年にかけて実施された The Farmers & Mechanics' Bank of Madison による計 14 回に渡る公金の取り扱いのうち，送金の宛先は第 2 次合衆国銀行 Washington 支店と同 Louisville 支店の 2 箇所である．前者への送金は少額であるのに対し，同じインディアナ州域内にある後者への送金が極めて多額のものとなっている点が特徴的である．例えば 1821 年 8 月 13 日，同年 9 月 17 日，同年 11 月 13 日，1822 年 12 月 11 日には，それぞれ 3 万 2,000 ドル，14 万ドル，4 万 4,416 ドル 12 セント，8 万 7,000 ドルもの送金が実施されている．加えて，1820 年までは The First State Bank による連邦政府預金の出納が圧倒的に多かったのに対し，1821 年に入ってからは連邦政府預金をめぐる殆どの取り扱いが The Farmers & Mechanics' Bank of Madison によって行われるようになっていて，The Farmers & Mechanics' Bank of Madison が The First State Bank に代わって連邦政府預金の出納を行う枢要なインディアナ州法銀行として台頭してきた，ということが分かる．

さらに表 II-2 に基づいて連邦政府預金の保有残高を見ると，1820 年の第 4 四半期から The Farmers & Mechanics' Bank of Madison による連邦政府預金の残高が示されている（2 万 6,631 ドル）．それから約 1 年に渡って右肩上がりにその保有残高が伸び，1821 年の第 3 四半期に一度ピークを迎える（8 万 1,789 ドル）．その後は下落し，1822 年の第 4 四半期までは約 3 万 4,000 ドルから約 3 万 9,000 ドルの範囲内で推移している．このように，連邦政府預金の保有残高の動きからしても，とりわけ 1821 年において The Farmers & Mechanics' Bank of Madison による取り扱いが大きなものにな

---

53) Carmony [1998] p. 24.

ってきた，ということが分かる．かくして，形式的に The First State Bank の Madison 支店という看板を掲げつつも独立して事業を展開してきた The Farmers & Mechanics' Bank of Madison は，閉鎖の憂き目に遭った The First State Bank に代わり，インディアナ州域内の通貨・信用秩序において重要な影響を与えうる，いわば「通貨の番人」としてのポジションへとのし上がっていったのである．

　The Farmers & Mechanics' Bank of Madison によって発行された銀行券は，1826 年まで連邦公有地当局によって公有地売買の際の支払い手段として受け取られる．しかし前述した The First State Bank の盛衰をめぐる経験に伴い，州域内では「反銀行主義」を叫ぶ声が再び強まるようになる．The Farmers & Mechanics' Bank of Madison もまた，堅実な経営を実践していたにも拘らず，こうした世論の煽りをまともに受けてしまうこととなる．その結果，The Farmers & Mechanics' Bank of Madison は，すべての債務が弁済されたあと，特許が維持されたままの状態で業務停止に追い込まれてしまうことになるのである．The Farmers & Mechanics' Bank of Madison が業務停止に陥ったその時期をめぐっては，1823～1824 年，1824～1825 年，1825～1826 年の各説が混在したままの状態にある[54]．この時期の特定はまだ材料不足で難しいが，少なくとも The Farmers & Mechanics' Bank of Madison の発行銀行券が公有地売買の折の支払い手段として連邦公有地当局によって受け取られていた 1826 年以降に業務停止の憂き目に遭った，と見るのが筋ではないかと考えられる．その後，The Farmers & Mechanics' Bank of Madison の業務停止が解かれて業務が再開されるのは，1832 年のことである．したがって，The First State Bank が消滅したあと The Farmers & Mechanics' Bank of Madison が一時的に業務停止となる 1826 年から 1832 年までの約 6 年間は，州議会の承認を得て州政府から特許を得た商業銀行がインディアナ州にはひとつも存在しない，という状態になったのである．まさに州民が古くから望んでいた，「反銀行主義」の考え方

---

54) 1823～1824 年説については Harding [1895] p. 1 を，1824～1825 年説については Golembe [1955] p. 114 を，1825～1826 年説については Carmony [1998] p. 24 を，それぞれ参照されたい．

に基づくあるべき姿が,究極のかたちで実現した状態になった,と言うことができよう.

銀行不在の期間中,インディアナ州域内における通貨需要や与信需要に充分に応えられうる機関が当然ながら州域内にはなかったことで,インディアナ州は慢性的な流動性不足に陥ってしまう.このとき,通貨の供給や与信を担った主体ならびに供給された通貨は,おもに4点存在する.1点目は,インディアナ州政府の財務当局が発行した,インディアナ州財務局証券(中期利付債:treasury notes)である.しかしこれは州民によって"red dogs"と揶揄され,極めて評判の悪い決済手段であった[55].2点目は,連邦議会の承認を得て連邦政府から特許を受け,州際的に業務を展開していた唯一の国法銀行,第2次合衆国銀行が発行した銀行券である[56].3点目は,近隣のオハイオ州やケンタッキー州,それにルイジアナ州の中心都市 New Orleans から流入してきた各州法銀行券である[57].4点目は,当時2〜3社あった保険会社や,商人層や製粉業者などによって発行された,持参人払いの小額面券である[58].もっともこの小額面券は,いわば即興通貨としてごく限られた圏内でしか流通せず,地域間の交易を部分的に助長するに留まり,州域内における金融逼迫を全面解決に導くには至らなかった.この金融逼迫の緩和に一矢報いたのが,連邦公有地を購入した人々が拵えた些細な基金である[59].

しかしながら,発行元の財務状況や経営体質の安定性が明確で,額面通りの決済が確実な支払い・決済手段というものは,遂に現れなかった.皮肉にも「反銀行主義」という伝統の理念を世論が頑なに貫き,その理念型ないし理想型を純粋に突き詰めて実現させたかたちになった結果,与信や通貨の不足がインディアナ州域内に招かれ,なおかつ価値の不安定な通貨がインディアナ州域内に滞留しては横行する事態となってしまう.この結果,インディ

---

55) 楠井 [1997] p. 160.
56) Harding [1895] p. 1.
57) Helderman [1931] pp. 46-47.
58) Knox [1903] p. 694. なお楠井 [1997] は,この時期に預金銀行としての若干のプライヴェート・バンクも小額面券を発行した旨を述べているが(楠井 [1997] p. 160),発券を禁じられていたはずのプライヴェート・バンクがなぜ小額面券を発行できたのか,疑問が残る.
59) Knox [1903] p. 694.

アナ州の通貨・信用秩序は，これまでにない混乱を迎え逼塞した状態に陥ることとなる．信用および信用貨幣の利用は，各人の経済活動をより円滑に促す．一方で，信用の過度な利用は，デフォルト・リスクやシステミック・リスクをより膨らませる．この本源的な矛盾を和らげるために，どう手立てを施したらよいのか．この厳しい問い掛けに，インディアナ州域内の人々は，さらなる知恵を絞らざるをえなくなるのである．

第2章　生成：1832〜1834年
―― 分権性と集権性を兼ねた銀行間組織の創出

　前章で究明されたように，当時のインディアナ准州においては，銀行業の存在を認めたうえで銀行数が僅少であればあるほど良いという，やや中和された「反銀行主義」の理念が州民の間に浸透する．他方で，州域内に必要な通貨や信用が不足するという事態が生ずる．この隘路を突破すべく，准州議会は准州特別法を制定し，准州政府25%・民間75%の共同出資による州法銀行が2行設けられた．インディアナの准州から本州への昇格（1816年）に伴い，州憲法の制定と共に，「複数の支店銀行を備えた単一の州法銀行」という，ありうべき銀行制度の独特なビジョンが醸成される．そして既存の2つの州法銀行を改編し増資のうえ，州政府25%・民間75%の出資による，4つの支店を抱えた The State Bank of Indiana，通称 The First State Bank が誕生する．このとき，増資した分の株式の割り当てを均分すべく，インディアナ州域内が14の区域に分けられた．

　ところが開業後の The First State Bank は，連邦政府預金の取り扱いを通じ信頼の高さを社会的にアピールする一方で，乱脈な融資と不誠実な経営判断で不良債権を累積させ，財務内容の悪化を招いた．また優遇条件による融資を通じ州の財政の安定に寄与するという，州政府と州法銀行との間の蜜月の関係も相俟って，The First State Bank は「反銀行主義」の理念に彩られた世論による批判の的となる．世論による銀行批判のうねりはやがて州議会や州政府をも動かすに至り，The First State Bank はその不誠実な業態ゆえ法廷闘争の果てに廃止にまで追いやられる．皮肉にも，州法銀行はインディアナ州域内からすべて消滅し，「反銀行主義」の理念がまさに忠実に貫かれた状態になったことで，インディアナ州域内の通貨・信用秩序には再び逼迫と混乱とがもたらされてしまったのである．

本章では，黎明期のインディアナ州において独創性を帯びた銀行間組織ないし銀行制度がまさに自発的に創出されるに至った，1832〜1834年の時期におけるその態様の中身を綿密に探る．まず，インディアナ州域内の通貨・信用秩序の逼迫と混乱を眼前にして，連邦政府や連邦系の各種機関の動向に翻弄されながらも，試行錯誤しつつ州単位でどう対処が試みられてきていたのかを究明する（第1節）．次に，この対処を模索する過程で，州単位で銀行制度に係る法案がどのように作成されどのような経緯によって成立し，独創性を帯びた銀行間組織がどのように編まれたのかを追究する（第2節）．最後に，州単位で自発的に編制された銀行間組織の独創性の根源を探るべく，州政府の深い関与の下に銀行間組織を包括的に支える一連の機構の内実を解剖し，インディアナにおいて生み出された特殊な銀行制度の全容を明らかにする（第3節）．

1. 混乱と創造

1.1　州法銀行の再創設

インディアナ州においては，「反銀行主義」という独特の理念が准州の時代から徐々に人々の間に認知されてくる．この理念が社会的に染み渡った結果，州法銀行を州域内から全面的に排斥されるという画期的な状況が，紆余曲折の末に成し遂げられる．つまりインディアナ州においては，当初こそ上述のやや中和された「反銀行主義」の理念としてその浸透が見られたにも拘らず，結果的には，銀行ないし銀行業の全面排斥という，「反銀行主義」者すなわちアグラリアンズが主張し続けてきた根源的な意味での「反銀行主義」の理念を実践させるという最終目標が，一気呵成に達せられてしまったのである．この結果，1826年から1832年までの約7年もの長きに渡り，インディアナ州では銀行不在という状態が続く．だが，銀行不在ゆえの副作用として，インディアナ州域内の通貨・信用秩序は逼迫と混乱に陥ってしまう．この頃インディアナ州では，州境を跨いだ通商活動が日増しに活発になるが，商取引の増大と共に決済手段としての通貨や信用に対する需要もまた日増し

に高まる．しかし現実には，通貨や信用の供給主体は州域内に存在しない．それゆえ，額面通りに兌換されるかどうかその信憑性に乏しい近隣諸州の州法銀行券が流入してきたり，発行元の信頼性に不安を残す小額面券が市中に流通したりする．つまり，安全性が不分明で必ずしも価値の安定しない信用貨幣がインディアナ州で横行することになるのである．このため，兌換・決済の確実性に裏打ちされて安心の果てにいわば無自覚に額面通りに授受し合える信用貨幣が安定的にかつ継続的に供給されうるよう，インディアナ州において認められた銀行を州域内に設置すべきではないか，そうした声が州民の間で再び静かに高まり始めることになる．

　さらに別の角度から，インディアナ州において銀行の設置要求を生み出す動因が現れる．それは，移住者の増大である．移住者の増大によって州域内の人口が増え，州域内の経済開発の需要が否応なく高まり，通貨や信用の新たな需要が生じ始めたのである．移住者という，過去のいきさつや上述の「反銀行主義」の理念に必ずしも縛られない新たな州民が州域内に増えてくる．このことによって，これまで州民の間に根付いてきた「反銀行主義」の理念や過去の The First State Bank の盛衰をめぐる一連の経験についての認識が薄らぎ社会的に風化し始めていたことも，銀行設置の要求を後押しする要因となったのである[1]．

　かくして，1820 年代後半におけるインディアナ州経済の伸長とそれに伴う通貨・信用需要の膨らみに呼応し，州域内の通貨・信用秩序の基盤を改めて整備しようという動きがにわかに見られ始める．まず 1827～1828 年会期の州議会において，州財務局の管轄下の公設機関として州融資事業所（state loan office）を設置する法案が可決・成立した．これは，州域内の Monroe 地区と Gibson 地区という神学校を擁する 2 つの町区からもたらされた資金と，かつてインディアナ州立神学校であったインディアナ大学などからの収入金とを原資に，融資を行う機関である[2]．さらに 1829～1830 年会期の州下院議会では，ある代議員から画期的な提案が出される．それは，(1) 3～4 つ程度の支店を備えた州法銀行を州都 Indianapolis に設置する，(2) 州法

---

1) Carmony［1998］p. 165.
2) Carmony［1998］p. 165 および p. 691 の脚注 63 を参照のこと．

銀行の資本金には神学校からの資金など州議会の管理下の財源を活用する，(3) この財源の活用については特別委員会で斟酌する，旨の内容である．この提案に刺激されたのか，同じ会期の州上院議会においても銀行設置をめぐる提案が出る．John Sering 州上院議員は，州域内の経済開発の促進を目的とした州法銀行の設置を提案する．Sering 案による銀行制度の具体像は，州政府と民間との折半によって出資され株式が所有される資本金総額 200 万ドルの州法銀行を州都 Indianapolis に設置し，州都以外の州域内の各地に複数の支店銀行を置く，というものである[3]．

　この Sering 案は，結果的には時期尚早でこの時点ではまだ具体的な制度として結実こそしなかったが，のちにインディアナ州において実際に導入される銀行制度の仕組みの原型をすでに備えたプランになっていて，注目に値するものである．半官半民による出資・所有の形態や複数の支店銀行の設置に関する仕組みが当時すでに提唱されている点は，先進的で興味深い．なぜなら，1820 年代のアメリカの各州においては，一部地域を除き，開発政策の推進を目論んだ州政府による銀行業に対する独占的な出資や所有のあり方がまだ一般的で，1830 年代に入ってから 1837 年恐慌に至るまでの間に，アメリカ南東部・南西部・中西部の各州を中心に，州政府による銀行業への出資・関与・制御が徐々に小さくなる[4]．ところがインディアナ州では，州特別法の制定に基づいて，増資分を均分すべく州域内を 14 の区域に分け，州政府 25%・民間 75% の出資で 4 つの支店銀行を備えた The First State Bank の運営が過去に展開されている．この展開を通じ，インディアナ州においては，州政府の関与を踏まえた「複数の支店を抱えた単一の州法銀行」の運営経験が積まれている．また 1816 年に制定された州憲法においても，銀行業を営む企業の新設は禁じられていたが，複数の支店を抱えた単一の州法銀行の形態であれば，銀行の設置は合法的に可能であった[5]．こうした過去の運営経験や州憲法による規定の存在を念頭に上掲の Sering 案が醸成さ

---

3) Carmony [1998] p. 165.
4) Sharp [1970] pp. 39-40.
5) 銀行設置に係る州憲法の一般条項については，本篇の第 1 章 2 節ならびに Knox [1903] p. 692 を参照されたい．

れたものと見て，この Sering 案の中身を過去の銀行制度の態様と比較してみよう．すると Sering 案では，州都に本店を構え複数の支店を抱える単一の州法銀行という基本骨子こそ継承されるも，銀行に対する州政府の出資比率が 25% から 50% に上がっている．これは，上述した全米での趨勢とは異なり，銀行業に対する州政府の関与がむしろ強められた独創的なプランになっている．

このように，インディアナ州では，銀行不在の状態に入って間もない 1820 年代の後半の段階で，州民によって葬られたはずの過去の銀行制度の運営経験に手掛かりを求め，州法銀行の再創設に向けて制度を設計しようと蠢いていたのである．

1.2　連邦の動向と州の対応

インディアナ州において銀行不在という極めて特殊な状況に見舞われた当時，全米では，折しも銀行業の許認可や監督権限をめぐり，連邦と各州との間の相克が著しく表面化していた．銀行業は州単位で統轄されるべき範疇のものであって連邦が容喙すべきものではないとの理念が，建国以来アメリカでは根強く残り続けている．したがって，米英戦争に関する有効な戦費調達を目的に連邦議会で 1816 年に設置が認可され期間 20 年の特許を付与された当時唯一の国法銀行，第 2 次合衆国銀行が，中央銀行的な機関としての役割を徐々に自覚し州際的な活動を活発化させて各州の通貨・信用秩序の領域に巧みに入り込んでくることに，全米各地で賛否の意見が噴出した[6]．そして第 2 次合衆国銀行の処遇やその特許更新の是非をめぐる激しい政争，いわゆる銀行戦争（Bank War）が勃発する．このとき，州による主権の尊重を最大限考慮した連邦統治の遂行を求めて選挙戦を制し連邦大統領に就いたのが，民主共和党（Democratic Republicans：1832 年に民主党（Democrats）に改称）の Andrew Jackson である．Andrew Jackson は 1828 年に就任し 1836 年に退任するまでの 2 期 8 年に渡って連邦政権の座に就き，州主権の裁量性を前

---

6)　第 2 次合衆国銀行の中央銀行的な政策・行動の推進過程については，Catterall [1902] のほか，片山 [1967] pp. 74-80, 寺地 [1998] 第 6 章，Milada [1994] Chapter III などを参照されたい．

面に押し出した必要最小限の連邦統治を実践し，ジャクソニアン・デモクラシーと呼ばれる時代を作り上げる．特に2期目を目指した1832年の連邦大統領選においては，対抗勢力たる国民共和党（National Republicans）の大統領候補 Henry Cray が，「第2次合衆国銀行の存在の是非」を最重要の争点に掲げて挑む．この挑戦を機に，Jackson 連邦大統領は敢えてこの挑発を受けるよう仕向けて選挙戦を展開し，「非」の立場を貫いて再選を果たす[7]．選挙戦の決着がついた直後の1832年7月10日，Jackson 連邦大統領は「拒否教書」を示した．「拒否教書」とは，第2次合衆国銀行の特許更新の拒否とその理由とが謳われた教書である[8]．「拒否教書」が世間に示されたことを機に，連邦機関としての中央銀行化をこれまで推し進めてきた第2次合衆国銀行の総裁 Nicholas Biddle と，Jackson 連邦大統領との間にかねてから燻り続けていた確執が激化し，銀行戦争は頂点を迎える．そうしたなか，銀行業に対する連邦の介入が徐々に影を潜め，州単位で独自に銀行業や銀行制度の管理・整備を行い州域内の通貨・信用秩序を発展させてゆこうというムードが，やがて全米を覆い始める．

この頃インディアナ州においては，かつて吹き荒れた「反銀行主義」の理念は次第に影を潜め，安定した通貨や信用の供給ならびに銀行制度の整備を州単位で積極的に行うことを求める声が高まる．そして，州域内における通貨・信用秩序の管理・整備を目指すというその方向性が，折しも州主権を最大限に尊重した連邦統治の遂行を謳うジャクソニアン・デモクラシーの時世と絡む．その結果，1832年頃からインディアナ州において，新規の州法銀行の創設を睨んだ動きが慌ただしさを見せる．だが，ジャクソニアン・デモクラシーに伴う連邦の動向とインディアナ州における銀行制度の管理・整備とをめぐる因果の絡み方については，ジャクソニアン・デモクラシーに後押しされて州単位で銀行業を統轄せんとする動因が全米で膨らんできたためにインディアナ州域内でも通貨・信用秩序の管理・整備を試みる動きが自ずと

---

7) Morrison［1972］訳 p. 57. なお Hammond［1970］は，いわゆる銀行戦争における Andrew Jackson の為政と第2次合衆国銀行との関係および政治的影響について論じている．

8) 「拒否教書」の全容については，Taylor ed.［1949］pp. 7-20 を参照せよ．

高まってきたという，短絡的な理解では容易には片付かない．双方の関係をめぐる実態分析をさらに厳密に進めてみよう．

州統治の裁量性を前面に出し必要最小限の連邦統治を実践する Jackson 連邦政権の下にあって，インディアナ州においては Jackson 連邦大統領に忠誠を誓う立場が鮮明に示される．ところが，Jackson 連邦政権の考え方とは対極にあるいわゆるフェデラリスト（Federalist：連邦主義者）が伝統的に目指してきた，統一的な連邦国家の形成理念に基づく種々の政策，例えば保護主義に基づく内国産業の育成を念頭に置いた高関税政策や，各州を跨いだ内国開発政策などの遂行に対しても，インディアナ州では賛意が大勢を占める．刮目すべきは，Jackson 連邦大統領が忌み嫌い大統領選の最大の争点にまでなった第 2 次合衆国銀行の存続について，インディアナ州では賛意が大勢を占めていたことである．これまでに明らかにしてきた，「反銀行主義」の理念の浸透に基づくこれまでの一連の経緯ゆえに，第 2 次合衆国銀行は当時インディアナ州に支店を置くことができなかったが，インディアナ州境に隣接したオハイオ州 Cincinnati やケンタッキー州 Louisville といった都市には支店を置いていた．そこで発行される第 2 次合衆国銀行券が，商取引の過程で有力な決済手段として利用され，州境を越えてインディアナ州域内に入り込む．そしてインディアナ州民の間に有力な信用貨幣として第 2 次合衆国銀行券の利用が拡がり，インディアナ州域内の通貨不足を緩和する貴重な一助になっていたのである[9]．

さらに 1831〜1832 年会期の州議会では，第 2 次合衆国銀行の支店をインディアナ州域内に 1 つ以上設置しそのための記念式典を行う旨の話が持ち上がる．この話について，州議会内に設置された銀行問題に関する特別委員会では，支持が表明される．理由は，第 2 次合衆国銀行の支店の設置が，州域内の商工業の支援や資本の拡大に寄与しうる点と，州域内における第 2 次合衆国銀行券のさらなる利用拡大を誘うことで，近隣諸州から絶えず流れ込み

---

9) Esarey [1912] p. 247. Madison [1975] p. 2. Madison [1986] p. 88. Carmony [1998] p. 164. なお第 2 次合衆国銀行とオハイオ州との関係については Brown [1998] を，南北戦争以前におけるオハイオ州の銀行業については Huntington [1915] を，同じくケンタッキー州の銀行業については，Root [1895b] pp. 225-228 を参照のこと．

発行元の信頼性に不安を残す各州法銀行券の減価に振り回される，という懸念が払拭されることに貢献しうる点とである．この特別委員会の委員長は誰か．それは，かつて1829～1830年の会期中に州上院議会で独創的な州法銀行の制度案を提示した，John Sering 州上院議員である．

しかしながら，画期的な制度案を提示し州域内で独自に通貨・信用秩序の再整備を試みていたはずの Sering 委員長が，なぜ連邦の息のかかった第2次合衆国銀行によるインディアナ州への支店の設置に賛意を示したのか．さらに特別委員会によるその賛意は，州憲法（1816年制定）の規定や州民の間に伝統的に根付く「反銀行主義」の理念に照らした時に齟齬をきたさないのか．また「反銀行主義」の理念を貫き The First State Bank を廃止に追い込んだかつての社会的な経験は全く生かされていないのか．ここは次々に疑問が湧くところである．特に過去の社会的経験との齟齬に関して，この特別委員会は，州憲法における銀行業に係る条項規定を，「減価した通貨の横行を立法府の下で防ぐための規定」として解釈する．そのうえで，すでに州域内で広く利用されつつあった第2次合衆国銀行券について，発券の法的な根拠を連邦法から上述の解釈に沿って州憲法に読み替えてみたとしても支障はないものと判断する．つまり特別委員会は，連邦法に根拠のある第2次合衆国銀行券をいわばインディアナ州で発行・流通する価値の安定した州法銀行券とみなしたとしても州法に則して問題はなく，州憲法の理念や精神と齟齬はきたさないという，実に大胆な判断を示したのである．

もちろん特別委員会の大胆な判断に反発し，第2次合衆国銀行の支店を州域内に設置することは州憲法の理念・精神を破るものだと主張する議員もいた．例えば Rush 地区選出の Marinus Willet 議員は，第2次合衆国銀行の支店がインディアナ州域内に置かれた場合，州憲法の字義や精神に叛くだけでなく，その支店が秘匿の金融機関として利用され，州域内の一部の特権階級を育んでしまうと主張し，インディアナ州域内における第2次合衆国銀行の支店設置に異を唱えた[10]．このような批判的意見が噴出するなか，第2次合衆国銀行の Nicholas Biddle 総裁は，インディアナ州域内での支店設置

---

10) Carmony [1998] p. 166.

に関して，インディアナ州政府からの請願書と，多数のインディアナ州議会議員の署名が入った州都 Indianapolis への支店誘致に係る推薦・請願書との受け取りを認めていたことを明かす．また，第 2 次合衆国銀行への請願とは別に，州域内の各地から有力とされる州議会議員に対して，第 2 次合衆国銀行の支店の誘致を陳情する動きも現れる．例えば，1832 年 3 月 7 日付で John Tipton 州上院議員（のちに連邦上院議員）に宛てられた書簡によれば，イリノイ州とインディアナ州との境を成す Wabash 川沿いの市街地に第 2 次合衆国銀行の支店の設置を支持するよう，Lafayette 地区から 3 名の人物が John Tipton 州上院議員に陳情している[11]．このように，ジャクソニアン・デモクラシーが全米を席捲し第 2 次合衆国銀行の存在に対する批判が全米に吹き荒れる最中にあって，インディアナ州においては，Jackson 連邦政権への忠誠を誓いつつも第 2 次合衆国銀行の支店誘致がむしろ積極的に行われて第 2 次合衆国銀行の存在を擁護するという，極めて特異な姿勢が示されていたのである．

しかしインディアナ州における第 2 次合衆国銀行の擁護に向けた動きは，1832 年 7 月に Jackson 連邦大統領が 2 度目の大統領選を制し再任を決めたことで歯止めがかけられてしまう．前述のように，再任が決定した直後の同年 7 月 10 日に Jackson 連邦大統領が「拒否教書」を示し，第 2 次合衆国銀行の廃止がほぼ確定する．その後開かれた 1832～1833 年会期のインディアナ州議会において，「特許の期限が切れる 1836 年に廃止を控えた第 2 次合衆国銀行に代わりうる，支店を有した州法銀行の創設を求む」との声が一部の議員から上がる．この声に時の州知事，Noah Noble（国民共和党）が応対する．前職はプライヴェート・バンカーでもあった Noble 州知事は，1832 年 12 月に州議会における所信表明演説において，「複数の支店を抱えた州法銀行の創設」について，通貨や金融が逼迫し貧窮に喘ぐ各地域の各階層の州民が貧窮軽減策として高い関心を寄せているのは事実だ，との見解を示す．折しもケンタッキー州やオハイオ州など近隣の他州では，州法銀行の整備が着々と進んでいた[12]．こうした近隣の状況を踏まえ，Noble 州知事は，イ

---

11) Carmony［1998］p. 166.
12) Esarey［1912］p. 243. なおオハイオ州の Lucas 州知事（当時）は，「複数の支店を

ンディアナ州において「複数の支店を抱えた州法銀行の創設」を具体的に進める場合，その方策の指針や実用性については州域内の各地区でそれぞれの置かれた実状を勘案のうえ議論し決めてもらう，との意見を述べる．そして，自身の理解の範囲内と前置きしたうえで，銀行制度のプランに関する州知事自身のイメージが披瀝される．それは，州法銀行が州政府と民間との折半による出資で株式所有された資本金総額80万ドル程度のもので，州政府が出資する分の原資は，株式所有に伴い定期的に手許に入る配当金を担保に5％金利・期間30年の借入金で賄うことになるという，かなり踏み込んだ内容であった．Noble州知事は，「複数の支店を抱えた州法銀行の創設」を推進したい意向を公の場で事実上示すに至ったのである[13]．

さて，ここまで実態分析を進めてくると，ジャクソニアン・デモクラシーが席捲し州主権のさらなる尊重が全米で強く謳われるなか，Jackson連邦大統領が出した「拒否教書」を追い風に州単位で銀行制度を創る動きが活発化したといった，短絡的な理解に拘泥してはならないことが分かる．そうではなく，ジャクソニアン・デモクラシーに包まれるなか，インディアナ州としては，銀行業の展開に関してはあくまでJackson連邦政権の意向とは対峙して第2次合衆国銀行の支店設置を真摯に考える．そして第2次合衆国銀行の廃止の確定という突き付けられた現実を憂い，その廃止に伴うインディアナ州域内の通貨・信用秩序のさらなる混乱を危急の事態として州の統治者が懸念し，かねてから湧き上がっていた州民からの対策を要望する声の高まりをも斟酌しつつ，州単位で銀行制度の整備を早急に模索し始めた．実態に即せば，このように理解するのが本筋なのである．

1.3 法案の整備

かくして1832年に入り，州域内の通貨・信用秩序の逼迫や混乱に対処するための具体策や法制度の設計に向けた作業が活発化する．1832年7月10日に「拒否教書」がJackson連邦大統領によって示されたあと，まず1832

抱えた州法銀行」の設置形態をオハイオ州議会に勧奨していた（Esarey [1912] p. 243）．
13) Redlich [1951] p. 23. Carmony [1998] p. 166.

年10月13日までにThe Farmers & Mechanics' Bank of Madisonと州政府との和解を連邦議会が承認する．前章（第Ⅱ篇第1章）で明らかにされたように，The Farmers & Mechanics' Bank of Madisonは，准州時代の1814年に創設され事業を開始し，1817年に形式上はThe First State BankのMadison支店として再編されるも，事業自体は独立して続けられる．だがThe Farmers & Mechanics' Bank of Madisonは，The First State Bankの失態に伴う世論の批判の煽りを受け，特許が維持されたまま全債務が弁済されたあと1820年代半ばに業務停止に追いやられ，長らく休眠状態にあったのである．この和解を機に，The Farmers & Mechanics' Bank of Madisonの業務が再開される[14]．再開後のThe Farmers & Mechanics' Bank of Madisonの運営には，John Seringが取締役の1人として携わる．既述のように，彼はかつて州上院議員として斬新な州法銀行の制度案を示し，その後は州上院議会の銀行問題に係る特別委員会の委員長として第2次合衆国銀行のインディアナ州域内への支店設置を推奨していた[15]．もっともThe Farmers & Mechanics' Bank of Madisonは，創設から20年目に当たる1835年1月に特許の期限を迎えることになるが，1834〜1835年会期の州下院議会において，特許期限の更新が41対33の票決で棚上げされてしまう．そして清算と債権回収とに必要な3年間の特許期限の延長のみが容認され，The Farmers & Mechanics' Bank of Madisonは消滅の憂き目に遭うことになる[16]．こうしたその後の憂き目についてはともかく，The Farmers & Mechanics' Bank of Madisonの業務再開を機に，インディアナ州において銀行業務が久々に再開されたのである．

続いて，州議会における所信表明演説において州知事が推進の意向を事実上示した「複数の支店を抱えた州法銀行の創設」について，法案の作成に向けてその中身が吟味され彫琢されてゆく．そもそもインディアナ州では准州の時代にThe Bank of Vincennesという州法銀行が存在し，その後The

---

14) Carmony [1998] p. 24.
15) 再開後のThe Farmers & Mechanics' Bank of Madisonの経営陣の陣容は，Victor King（頭取），John Sering（取締役），John Woodburn（取締役），Milton Stapp（取締役），J. F. D. Lanier（支配人）である（Esarey [1912] p. 247）．
16) Golembe [1955] p. 114. またCarmony [1998] p. 166および脚注67を参照のこと．

First State Bank に改編され 4 つの支店を抱えた銀行業務を展開していたという実績がある．前章において究明されたように，The First State Bank の放漫な経営体質がインディアナ州域内における銀行不信への発火点となり，結果的に The First State Bank は廃止の憂き目に遭ったのだが，ともかく「複数の支店を抱えた州法銀行」に関しては，すでに州域内においては実践済みでノウハウもある．この過去の経験を踏まえ，銀行関連法案の作成が州上院・下院の双方で進む．1832〜1833 年の会期の州議会が 1832 年 12 月に始まったあと，州上院法案と州下院法案とが創出される．2 つの法案は，州議会で同時期に上院・下院で紹介される．双方の法案は，州憲法に照らして合法的な「複数の支店を抱えた州法銀行」の形態をモチーフに，支店銀行の数やその設置場所の選定など同一の内容箇所も多く，互いに酷似した内容を有するものであった．

　州下院法案は，特に意匠を凝らした内容を有した．目玉は，支店銀行の独立機関化である．それはかつての The First State Bank に見られた，複数の支店銀行を傘下に従えた単一の州法銀行という垂直的なピラミッド型の組織形態とは異なり，9 つの支店銀行を相互責任なしに分離独立させた機関として並存させ，その集積体としてのフラットな銀行群を連想させるような組織形態であった．さらに特筆すべき要素が，銀行監査体制の導入である．これは，州議会によって選出され任命された 3 人の銀行監督官（Bank Commissioner）が各行の監査に当たるという仕組みである．州単位で整備された銀行監査体制の淵源は，東部沿岸のニューヨーク州において 1829 年に導入された革命的なセイフティ・ファンドの仕組みにある．ニューヨーク州のセイフティ・ファンドは，1830 年代の前半にはすでに全米で関心を惹き付ける存在となっていた．インディアナ州においても，ニューヨーク州方面からの移住者が州議会の特別委員会の委員に就くようになる．そしてセイフティ・ファンドの存在やその内実が州議会内にも紹介され，銀行関連法案の作成にも影響を及ぼしつつあった．例えば，州下院議会内に設置された，銀行関連法規に係る特別委員会には，ニューヨーク州から移住した法律家の George H. Dunn 州下院議員（国民共和党）が委員に就き，見聞した知識をその特別委員会に披瀝・伝授していた．銀行監督官の人数設定や州当局の管理下での

監査体制については，このセイフティ・ファンドの仕組みがインディアナ州下院法案で提示された銀行監査体制の有力な参考例にされたようである[17]．もっともセイフティ・ファンドでは年3回の定期監査および臨時監査という仕組みであったが，インディアナ州における州下院法案においては，年2回の定期監査および臨時監査として提示された[18]．このほか，州法銀行の資本金を160万ドルとし，払い込みが未了の株式には担保保証が求められる．保有する州法銀行の株式は当該の州法銀行から融資を受ける際に担保とすることができない．地方公共団体への融資は5,000ドルまでとする．州法銀行の取締役は13人とし，うち5人が州議会から，8人が株主からそれぞれ任命を受ける．現職の公務員は州法銀行の取締役に就くことができない．州法銀行の利益は教育分野に還元する．各支店銀行の最低資本金額を5万ドルとする．これらの仕組みが備えられた[19]．

他方，州上院法案は，9つの支店銀行を抱えた合資・利潤分配制の州法銀行という設置形態が骨子となる．各支店銀行は6%の利益率を達成しないと閉鎖される．州政府は州法銀行への出資にあたりその発行済み株式の半分を保有する．州政府の保有する株式については非課税とされる．特許期間は27年とする．以上のような仕組みが備えられた．この法案のほか，州上院議会には，州下院法案と似た内容を持つFarrington案と以下に掲げる委員会案の計3本の銀行関連法案が上程された[20]．

アメリカにおいて二院制を採る議会においては，法案は本会議への上程に際し，上院・下院にそれぞれ設置される委員会で厳格な審議を行い，Committee Reportと称される委員会報告書が添付される．上院議会へ法案を上程する際には上院の委員会で，下院議会へ法案を上程する際には下院の委員会で，それぞれ審議を経て委員会報告書が付けられるわけである[21]．この

---

17) Redlich [1951] pp. 23–24. Golembe [1955] pp. 113–114.
18) 銀行監査体制の導入の経緯など，ニューヨーク州のセイフティ・ファンドの仔細や盛衰に関する実態分析については，大森 [2003a] [2003b] ならびに本書第I篇を参照のこと．
19) Esarey [1912] p. 250.
20) Esarey [1912] p. 249.
21) この点に関連して，アメリカ連邦議会における法案審議の手続きの行程に関しては，阿部 [1993] pp. 106–136を参照されたい．

時インディアナ州上院議会内に設置された,銀行関連法規に係る特別委員会の委員長に就いたのが,Vincennes 地区から選出された John Ewing 州上院議員(国民共和党)である[22].この特別委員会は,上程された州上院法案を徹底的に審議し,法案の目的・適用範囲・当該委員会による承認理由などが記された委員会報告書(Committee Report)を作成する.そして法案の上程と共に州上院議会にその報告書を提出するという,重要な役割を担った.

Ewing 委員長は,1833 年 1 月 1 日付の委員会報告書において,州域内に健全な通貨を安定的に供給させるための仕組みとして,以下に掲げる 5 つの案を提起する.

(1) 第 2 次合衆国銀行のような国法銀行の特許更新を行う連邦議会のためにインディアナ州議会は記念式典を執り行う.
(2) 連邦議会が連邦単位の統一通貨(national currency)を発行し,それを人口数に応じて各州に割り当てる.
(3) インディアナ州議会が運河や学校用地や有料道路等からの収益を担保にした州単位の統一通貨(state currency)を発行し,理事会がこれを管理する.
(4) インディアナ州議会が 5% 利付の州財務局証券の発行を命ずる.
(5) インディアナ州議会が州政府と州民との共有による銀行を編制する[23].

以上の 5 点である.

Ewing 委員長はいわゆる連邦主義の色彩が強い保守勢力の国民共和党員で,第 2 次合衆国銀行の存続に賛同し,時の Jackson 連邦政権とは対峙する政治的立場を採る.それゆえ,上記 5 つの案のうち,賛否の対象になって

---

22) John Ewing は,1813 年に当時のインディアナ准州の州都 Vincennes に移住し,商業への従事後の 1819 年に Vincennes 地区選出の州上院議員となる.彼の選挙区は,当時インディアナ州に存在した州法銀行 The Bank of Vincennes の御膝元で,また彼自身も地元紙に論説を寄稿するなど,古くから銀行問題に関心を寄せていた(Esarey [1912] p. 247, Redlich [1951] p. 23, Shade [1972] pp. 29–31).
23) Esarey [1912] p. 248.

いた第2次合衆国銀行に新規の特許を与える（1）の案が最善だという見解を示した．連邦の機関を用い連邦の権力を敢えて利用することを通じ，連邦単位で流通する統一的な通貨供給の仕組みの設営にインディアナ州も加担することで，州域内に健全な通貨を安定的に供給しようとする目算が彼にはあったのだろう．特別委員会の他の委員達も Ewing 委員長の見解に概ね賛成で，インディアナ州によって制御される州支店を抱えた国法銀行の設置形態に賛意を示す．そのうえで特別委員会としては以下の方策が推奨される．すなわち，インディアナ州がこの州支店としての銀行を編制し，5%利付の州債の発行で調達した資金で連邦単位の統一通貨を80万ドル分購入する．そしてこの銀行への出資に伴い州政府に定期的に入る株式配当金の収入から，州債を償還し利払いを行い，さらにそこからの残余分を州域内に小学校を創設するための資金に充てるというプランである[24]．

しかしながら第2次合衆国銀行の廃止が確定的になると，Ewing 委員長は，今度は「複数の支店を抱えた州法銀行」の設置形態を探ってゆくこととなる．これは，銀行業を営む事業体の設置が1816年に制定された州憲法で禁止されていて，複数の支店を抱えた州法銀行の設置形態であるならば合憲であったからである[25]．そして「州政府と民間とで所有される州法銀行」と「州政府が排他的に占有する州法銀行」という2つの案を天秤にかけ，最初は後者の案を支持する．しかし論議の末に前者の案を受け容れ，「州政府と民間とで所有される州法銀行」をモチーフとする銀行間組織を描いた議案を委員会案として自ら起草する[26]．つまり委員会報告書で Ewing 委員長が示した上述の5つの案のうち，（5）の案の仔細が詰められていったことになる．ここで委員会案の概要を以下に示しておこう．まず資本金総額160万ドルの州法銀行について，本店銀行が州都 Indianapolis に置かれる．本店銀行の取締役に対し，彼らが最適と考える地域を選定し計5つの支店を設置できる旨の権限が与えられる．本店銀行の取締役については，年毎に7名が州議会によって選出される．本店銀行の取締役は，各支店銀行の取締役6名を

---

24) Esarey [1912] p. 249.
25) Esarey [1912] p. 248.
26) Redlich [1951] p. 23.

選出する．民間株主は，本店銀行の取締役6名と各支店銀行の取締役7名を選出する．非居住者は株主総会で投票権を行使できない．額面50ドルの株式が発行され州政府と民間との折半でこれを保有する．取締役は，複数の支店銀行の取締役兼任が禁止されるほか，少なくとも10株の保有が義務付けられる．株式は非課税とされる．利率は法定の6%とする．特許期間は27年とする．州の会計検査官および出納局長は本店銀行ならびに各支店銀行に立ち入り監査を行う．以上のような内容を有した[27]．

さらに州上院議会では，州下院法案の内容やその審議の進行を気にかけながらGeorge H. Proffit州上院議員（国民共和党）から画期的な提案が出される．それは，支店銀行の独立機関化をさらに推し進めて本店銀行と各支店銀行との損益関係をより対等にすることを目的に，各支店銀行を単なる預金・割引業務のみの事業体とする，という提案である[28]．この提案は，「分離独立した各支店銀行の集積体としての銀行群」という州下院法案の内容からさらに踏み込み，曖昧模糊としたその銀行群の中身について，本店銀行と各支店銀行との経営関係をめぐる相互の繋がりを明確にさせた独特の銀行間組織の構図を示したもので，実に画期的な提案だったのである．ちなみに当初のProffit提案では，支店銀行の法人化が目指されたが，やがて支店銀行の独立機関化の方向に妥協的に修正された．

ところが「州政府と民間とで所有される州法銀行」というEwing委員長の起草による委員会案は，州上院議会では審議されなかった．対案のひとつFarrington案を論弁したWayne地区選出のJames Rariden州上院議員がこの委員会案を論駁したためである．Rariden州上院議員による委員会案への批判の摘要は，以下の通りである．

(1) 5%利付の州債発行により得られた資金で連邦単位の統一通貨80万ドル分が連邦から購入されると，州債の利払い分（5%）に当たる年4万ドルが州域外に出る計算となり，州民は連邦への莫大な貢納を強いられるかたちとなる．

---

27) Esarey [1912] p. 250.
28) Redlich [1951] p. 24.

(2) 州政府と民間との合資・共有による州法銀行は政治組織の礎となり，選挙や人事の統制や，融資業務を巧みに運営し事業の独占を招く怖れがある．
 (3) 州法銀行の経営陣や株主は州を支配し，州法銀行の得意先や債務者は選挙を支配することになりかねない．
 (4) 州法銀行の資本金を各区域の商業需要に応じて区域毎に配分すべきなのにそうした方策が考慮されていない．
 (5) 州法銀行からの借手一覧が秘匿扱いにされ，ある人が別の人の金融上の地位・立場を知ることができず，信用と信頼とを崩壊させてしまう．

以上の5点である．輪をかけて，委員会案が広く認知されればされるほど，州法銀行を求める利点を見出せない農民層・労働者層と，州法銀行を求めんとする富裕層・商人層との間に対立がもたらされ，委員会案に対する世間の風当たりが強くなってしまうことになる[29]．

結局，委員会案は，起草者の Ewing 委員長が主宰する特別委員会（1833年1月29日開催）で報告されるに留まった．この報告では，「支店銀行の独立機関化とそれに伴う本店銀行との対等性」を打ち出した上述の Proffit 提案に同調しつつ，Ewing 委員長は自ら起草した委員会案を披露する．この委員会案に対し，出席者であった法律家の William Graham は，各支店銀行と本店銀行との相互責任をめぐる仕組みの不備を鋭く指摘する．そのうえで，支店銀行が支払い不能や破綻に陥った場合に最終責任を負えるよう，各支店銀行が各々の配当金の一部を共有すべきだ，という刮目すべき提言を行っている[30]．だが1832～1833年会期の州議会において，上院・下院議会でそれぞれ上程された一連の銀行関連法案の採決は，遅々として進まなかったのである．

---

29) Esarey [1912] p. 249.
30) Redlich [1951] p. 24.

2. 銀行制度の組成

2.1 法案の否決

　銀行関連法案の成立を急き立てるべく世論を喚起するかのように，1832～1833年会期の州議会の開催中，州法銀行の再創設に向けた一連の動きについて，ジャーナル誌による論説記事が頻繁に掲載され，州議会の周縁で論議が活発化する．州法銀行の再創設に関するジャーナル誌の論調は，総論賛成・各論反対の様相を呈した．すなわち，州法銀行の創設することそれ自体は支持するが，詳細について賛否が分かれる，という状況にあったのである．

　当時のジャーナル誌は，州都Indianapolisで発行されていたIndiana Democrat誌とIndiana Journal誌とがその代表格として双璧を成していた．前者は，時のJackson連邦政権を擁護する革新勢力，すなわち民主共和党ないし民主党系の定期刊行誌で，後者は，時のJackson連邦政権を批判する保守勢力，すなわち国民共和党系の定期刊行誌である．Indiana Democrat誌は，Jackson連邦政権の施策を擁護する見地から，第2次合衆国銀行の覆滅を予見しつつ，州法銀行の創設は想定されるなかで最善の選択肢だという評価を下す．そのうえで，州法銀行への出資やその所有については，東部大西洋岸の投資家や大西洋を跨いだ外国人投資家に利払いを行うくらいなら州に利払いを行い将来的に減税の実現へと向かうほうが望ましいとの観点から，一部を州によって，一部を州域内の各居住者によって行うのが望ましい，と主張する．他方Indiana Journal誌は，州法銀行とその支店との創設については是認する．同誌はその是認の根拠を，1832年12月29日付の論説で4点示している．すなわち，

(1) 州域内の商取引の沈滞化．
(2) 州民からの要望の高まり．
(3) 銀行の再創設に係る論議が充分に重ねられてきたこと．
(4) Jackson連邦大統領の「拒否教書」を機に第2次合衆国銀行が特許

の更新を拒否されて消滅した場合，特許が失効する1836年までに総額で約200万ドルもの連邦政府預金が今後引き出され州域外に流出してしまう怖れがあり，与信のための準備金が社会的に減って州域内の信用秩序の収縮や逼迫をもたらしかねないので，第2次合衆国銀行に代わる金融機関が早急に求められること．

以上である[31]．だが一方で同誌は，Jackson連邦政権を批判する見地から，Jackson連邦大統領がいわゆる銀行戦争を背景に特許更新の署名を忌避し第2次合衆国銀行を覆滅させてしまわなければ，州法銀行の再創設を求める叫びが人々の間から生ずることはなかった，とも主張した．そしてJackson連邦政権が第2次合衆国銀行の消滅を決定付けたために，州域内で流通を続ける第2次合衆国銀行券が市中からやむなく回収されることになれば，資産価値の下落が導かれ資産の投げ売りが促されかねない，との考えを示したのである[32]．

かくして1832～1833年会期の州議会において，銀行関連法案をめぐる採決が，ようやく年を跨いだ1833年1月中旬より始まる．同年1月18日に，州下院議会においては州下院法案が41対28の票決で可決される．州上院議会においては，まずこの州下院法案が審議の対象となるが，13対13の同一得票数ゆえ可決に至らなかった．さらに前掲の州上院法案については，僅か2票差で否決されてしまう．残り2つの対案のうち，委員会案は上述のように審議の対象に上がらず，州下院法案の内容に似たFarrington案は，州上院法案の否決を受けて州上院議会で討議が再開された．しかし討議の再開とはいっても，Jackson連邦大統領が発した第2次合衆国銀行の「拒否教書」の摘要を多くの州上院議員が冗長に演説するだけで，議案を議会で通すまでには至らなかった．ただし，銀行設置に係る州上院法案を次年度の会期まで継続審議にすることに関しては，14対13の票決で可決された[33]．上述のよ

---

31) Harding［1895］p. 2.
32) Carmony［1998］p. 167.
33) Esarey［1912］pp. 249-250 およびCarmony［1998］p. 690 の脚注70を参照．なお州下院議会での議決に関して，Esarey［1912］は「42対28の票決」と記している（Esarey［1912］p. 249）．また州上院議会での議決に関して，Shade［1972］は「1票差

うに州上院議会においては，州法銀行の再創設それ自体に異論はなく，州域内の銀行業の沿革をめぐる情報と評価とに係る提言をかねてより行っていた事務方から説明報告を求める旨の議決は行ったものの，州法銀行の所有・経営の仕組みなどの仔細について，採決の直前までに議員間の意見対立が調整されなかったのである．

　州民の要望も高かった州法銀行の再創設が州議会で否決されたことに，強い責任を感じる州上院議員もいた．州都 Indianapolis を抱える選挙区が出自の Calvin Fletcher 州上院議員が，その代表例である．Calvin Fletcher は，19歳でバーモント州からオハイオ州に移住し，農場で短期間働いたあと学校教員となり，さらに法律学を修めるべく法律事務所に入る．23歳でインディアナ州都 Indianapolis に渡り，州上院議員を7年間勤めてきた[34]．ちなみに本篇で後述されるが，彼はのちに本店銀行の取締役として新設の州法銀行の運営に力を発揮することになる人物である．

　Calvin Fletcher は，この採決に反対票を投じたあと議員を辞職する．インディアナ州域内における通貨・信用秩序の健全性維持を重視する観点から，複数の支店を抱える州法銀行は州民に災いをもたらすというのが，彼の旗幟であった．だが，彼の旗幟は自身の選挙区民から非難を浴びる．彼の選挙区民はむしろ当該区域における経済の活性化を望み，通貨や信用を弾力的に供給しうる州法銀行の再創設を待ち望んでいたからである．それゆえ Calvin Fletcher は，州法銀行を要望する自らの選挙区民の声との齟齬に悩み，結果的に反対票を投じたことで選挙区民に対し自らけじめを付けざるをえなかったのである．

　通貨・信用秩序の健全性維持か地域経済の活性化か，双方の狭間で蠢く Calvin Fletcher 州上院議員の旗幟と苦悶に対し，かつて第2次合衆国銀行の支店誘致に係る陳情を受けた有力者の John Tipton 連邦上院議員は，すでに彼の辞職前から彼の旗幟には賛同していた．John Tipton 連邦上院議員もまた，第2次合衆国銀行の消滅に代わる存在としての州法銀行に懐疑

　　（a single vote）での否決」と記している（Shade［1972］p. 29）．これは本章で示されたように継続審議の際の票決だと考えられるが，さらなる検討を要するところである．
34）　Knox［1903］pp. 709-710.

だったようである[35]．このように，州上院議会においては，第2次合衆国銀行の廃止が確定したことの衝撃からなかなか立ち直れず，州域内の通貨・信用秩序の維持のために代替機関は必要だという点は一致していた．けれども，愁嘆を込めながらの第2次合衆国銀行との対比を強く念頭に置いてしまうことで，代替機関としての州法銀行の中身や将来性に物足りなさや懐疑を覚える州上院議員が過半を占めることとなり，結果的に僅か2票差で州上院法案が否決されることに繋がってしまうのである．

かくして，銀行関連法案は州議会において否決され，州民の期待とは裏腹に，インディアナ州で州法銀行を再創設する試みは儚くも消えてしまう．しかし1832～1833年会期の州議会が閉会した直後の1833年3月頃から，ジャーナル誌による銀行問題の論議の啓発が盛んになる．時のJackson連邦政権を擁護する民主党系のIndiana Democrat誌は，民衆が待ち望む州法銀行ならびにその支店の創設を捗らせようと，1833年3月に，州下院議会に対して銀行関連法規に関する特別委員会の臨時開催を3回に渡って誌面上で強く呼びかけた．他方，Jackson連邦政権に批判的な国民共和党系のIndiana Journal誌は，1833年5月に，州議会の臨時開会には反対する旨の論調を明示する．通常会期中において州法銀行の再創設に「否」の結論を下した議会の時と同一の議員構成のまま議会の臨時招集をかけて開会するのは浅薄だというのが，その理由である．ところが当時のジャーナリズムの双璧を成す両誌による論戦の隆盛とは裏腹に，州議会や特別委員会の臨時開会に向けた動きは皆無であった．痺れを切らしたかのように，1833年6月，民主党系のIndiana Democrat誌は，州法銀行の再創設を支持する候補者への投票を誌面上で呼びかける．インディアナ州では，実は2ヶ月後の1833年8月に州議会議員選挙を控えていて，Indiana Democrat誌による呼びかけは，この選挙を念頭に置いたものだったと考えられる．

1833年8月，州議会議員選挙が実施され，州法銀行の再創設をめぐる問題が，その主要な争点として注目される．選挙の実施に絡み，盛夏の各地で公開討論が開催され，州法銀行の再創設を要求する主張が頻繁に叫ばれる．

---

35) Carmony [1998] p. 167.

加えて，銀行を新設するかどうかについての問題を考究し討議するために現在休会中の州議会を再招集すべきだ，との示威運動が，州都 Indianapolis で高まる．この運動の中心にいたのが，前述の Calvin Fletcher 前州上院議員である．彼は議員を辞めたあとも州域内の通貨・信用秩序のことを考え，啓蒙を試みていたのである．そして選挙が行われ，新人候補者の大多数が当選するという結果が出る[36]．

選挙結果が出たあと，国民共和党系の Indiana Journal 誌は，州法銀行の再創設を支持する旨を鮮明に表した．なぜか．実はこの頃，消滅が確定した第2次合衆国銀行に代わる連邦政府預金の預入先について，連邦政府は全米から複数の候補機関を選定し，中西部の北東地域に関してはインディアナ州の外囲に当たる12の箇所をその候補機関のリストに上げていた．Jackson 連邦政権に批判的な Indiana Journal 誌は，選挙結果を見て，次の州議会で特許の交付が是認されインディアナ州に州法銀行が設置されるのは確実だとして，上述のリストにこの新設の州法銀行も入れておくべきだ，と論じたのである[37]．こうした一連の経緯を踏まえると，上述の選挙の結果は，州法銀行の再創設を支持する立場の候補者の当選が少なくとも過半を占めたものであったことが窺われる．

2.2 法案の再審議とその成立

一連の世論の動きや上掲の選挙結果に後押しされ，1833～1834年会期の州議会において，銀行関連法案が再び審議にかけられることになる．1833年12月に州議会が開かれるとすぐに，州下院議会において，懸案である州法銀行の再創設をめぐる問題について，Noah Noble 州知事が公の立場で意見を開陳する．その意見とは，州法銀行の再創設の是非をめぐる州知事としての価値判断の提示は敢えて注意深く避けられたうえで，「政治的な中立を図り役員・行員の業務濫用や不行跡を生じさせぬよう，銀行の適切な監督・管理を実践するための規制体系や監視体制のあり方を，銀行の必要性を謳う各議員に紹介してほしい」，という旨の内容である[38]．州法銀行の再創設に

---

36) Shade [1972] p. 29.
37) Carmony [1998] p. 168.

係る法案は，1833年12月28日にまず州下院議会においてGeorge H. Dunn州下院議員（国民共和党）によって紹介される．前述のようにDunn州下院議員は，前年度の会期の州下院議会で設置された，銀行関連法規に関する特別委員会の委員としてニューヨーク州のセイフティ・ファンドの真髄を紹介し，銀行監査体制を組み込んだ独創的な銀行関連法案の取りまとめに尽力したとされる人物である．

州下院議会に再上程された銀行関連法案について，1834年1月6日に再審議が行われる．再審議の過程で争点になったのは，支店銀行の数である．再上程された法案では，支店銀行の数を前年度の「9」から1行増やし「10」と記していた．審議の結果，支店銀行の数は少なければ少ないほど良いという考え方が大勢を占め，支店銀行の数を「5」に減らすことが決まり，法案が一部修正された[39]．この審議の決定過程においても，銀行業の存在を認めたうえで銀行数が僅少であればあるほど良いとする，前掲のやや中和された「反銀行主義」の考え方が色濃く反映されていたのである．そして修正された銀行関連法案をめぐる投票が1834年1月18日に州下院議会で行われ，前の会期での票決（41対28）よりも賛成数が伸び，49対24の票決で可決された．49の賛成票の内訳は，野党の民主党系（Jackson連邦政権の支持派）が27票，与党の国民共和党ないしウィッグ党系（Jackson連邦政権の反支持派）が19票，その他が3票であった．24の反対票の内訳は，野党の民主党系が10票，与党の国民共和党ないしウィッグ党系が14票であった[40]．この法案は，州上院議会に送られる．

ここで，与党の国民共和党について附説しておく．同党は，建国時にいわ

---

38) Noah Noble州知事による意見陳述の全容は，以下の通りである．「公衆の願いや利害が銀行の必要性にあると皆さんが見ているのならば，銀行創設の際に必要とされる規制や監督や監視を紹介されたい．つまり，銀行を政治的な偏倚から守り，管理業務で雇われた一部の役員等の業務濫用や不行跡を防ぎ，最大限の損失可能性から公衆を保護する，規制や監督や監視についてである」（原文については，Harding [1895] p. 2を参照）．

39) Esarey [1912] p. 251. Dewey [1910] p. 139.

40) Carmony [1998] p. 169およびp. 691の脚注77を参照．なおEsarey [1912]は48対23による票決と記している（Esarey [1912] p. 251）．ここはさらなる検討を要するところである．

ゆる連邦主義の理念を実践する政党として連邦国家の形成に尽力しその後消滅を余儀なくされた，連邦党（Federalist Party）の支持者を取り込んでゆく．そして，建国時に連邦党の対抗勢力であったジェファーソン共和党（Jeffersonian Republicans）を淵源とする民主共和党（1832年から民主党に改称）を支持基盤とするJackson連邦政権に対し，批判勢力を結集する．特にインディアナ州国民共和党は，1833年末から1834年を跨いだ冬季の間に「ウィッグ党」と党名を変え，一新されたのである[41]．

続いて，前年度の会期において銀行関連法案を否決のうえ継続審議にした，として世間で物議を醸した州上院議会においても，銀行関連法案の再審議が開始される．既述のように，前年度の州上院議会においては，州上院法案のほかFarrington案・委員会案の計3本の銀行関連法案が出ていた．法案の再上程にあたり，各案の長所や特性が再検討される．そして，州下院議会を通過した内容に手直しが施された銀行関連法案が，審議入りする．審議の序盤では，前年度の会期での議決に基づき，インディアナ州域内の銀行業の沿革をめぐる情報・評価について提言を続けてきた事務方のトップが州上院議会に呼ばれ，聴聞の対象となった．この事務方とは，Samuel Merrill州財務局長である．

Samuel Merrillは国民共和党員であったが，聴聞の時点では，上述の経緯ゆえに党名が変わり，ウィッグ党員である．彼は，若き頃にインディアナ州に移住し，法律学を修めたあと法律家として開業する．1822年に州議会から州財務局長に任命され，爾来11年間に渡って州財務局に奉職してきた人物である[42]．

Samuel Merrill州財務局長による州上院議会での陳述・提言の摘要は，以下の通りである．まず，自らの銀行実務の未経験を謙遜気味に前置きしたうえで，中西部諸州（テネシー，オハイオ，ケンタッキー，イリノイ，インディア

---

41) アメリカにおける共和党や民主党の歴史的な変遷については，Beard [1928] Chapter IV，有賀 [1972] p. 83，阿部 [1993] pp. 222-224, p. 240 を参照のこと．
42) Samuel Merrillが州財務局に在職中に務めてきた古文書の保管は完璧で，正確な文書保存の模範とされた．また彼が奉職後すぐCorydonからIndianapolisへの遷都が決まり，12日間かけて自ら荷馬車を運転し州の公文書を運び込んだという逸話が残っている（Knox [1903] pp. 708-709）．

ナの各州）の銀行業の特質とその杜撰な実態とが述べられる．すなわち，上記5州では85もの州法銀行が簇生したがその殆どの76行が破綻し，残った銀行は「貸すことから借りること」へ，すなわち融資主体から自己宛債務の振出しつまり発券主体へと，その業態が変質した．各行による紙幣の濫発がかえって紙幣の減価を招き地域を貧窮させ，個人資産や不動産の価値を貶めている．さらに州法銀行が不要であるような場所での立地が多く，過信と経験不足に満ちた経営陣による怠惰な業務運営が跋扈している，と．中西部諸州の銀行業況をこのように総括したうえで，Samuel Merrill 州財務局長は，州法銀行に出資するための特別基金から最初の5年間と次の5年間とで30万ドルずつ確保できる見通しを明らかにする．そのうえで，堅実な銀行運営に必要とされる経験や規則や注意は州議会から寄せられる種々の期待に応えられるものとは異なるとの見地から，上記の特別基金への投資を州債を用いて行うことを提案した．最後に彼は，州法銀行に対する特許の賦与に関しては熟慮すべし旨を付け加えた[43]．

Samuel Merrill 州財務局長によるこの提言の内容は，銀行関連法案の特許規定に係る箇所に適宜編入され，法案が一部修正される．特に支店銀行の数に関して，上述のように州下院議会では当初原案の「10」から「5」に削減のうえ修正されたものの，州上院議会では10に戻されるかたちで法案が再修正された[44]．1834年1月22日に法案の採決が行われ，18対11という7票差の票決で，銀行関連法案は懸案の州上院議会において遂に可決・成立する．18の賛成票の内訳は，野党の民主党系が5票，与党のウィッグ党系が10票，その他が3票である．11の反対票の内訳は，野党の民主党系が6票，与党のウィッグ党系が5票である[45]．州上院議会においては，Jackson連邦政権の反支持派で Noah Noble 州知事の所属政党でもあるウィッグ党系の州上院議員の票について，賛成票（10票）が反対票（5票）を大きく上回った点が特徴的である．さらに野党の民主党からも賛成票へ半分近く流れている．これらの動向が，法案の可決に大きく貢献したのである．

---

43) Carmony [1998] pp. 168–169.
44) Dewey [1910] p. 139.
45) Carmony [1998] p. 169 および p. 691 の脚注 77 を参照せよ．

投票結果の内訳からも明らかなように, 銀行関連法案について反対から賛成へと翻意した州上院議員は, 与党・ウィッグ党と野党・民主党との双方に存在した. これらの議員について, この時期どのような心境の変化が見受けられたのか. また, 双方の党内においてどういう意見集約の経過があったのか. まず野党・民主党内では, 少数ながら一部の議員が法案に反対の意を示してきた. 政治組織として州法銀行が基礎付けられてしまうこと, 信用貨幣なき硬貨主義に想いを馳せるがゆえに銀行不要論を頑なに支持すること, などがその理由である. しかし民主党系の Indiana Democrat 誌は, 不埒な州法銀行の簇生かいわゆる硬貨主義を好み法案に反対する議員を,「卑しい政治家」として非難する. また, Thomas Brown 州上院議員を筆頭に賛成派の議員達が反対者の説得に回り, これが奏功する. 彼らによる説得の論拠は,「州法銀行が設置されることで, 他州から流れ込む減価した各種銀行券がインディアナ州域内において利用されずに済み, 何よりも農業従事者の利益に与することになる」, というものであった[46].

他方, Jackson 連邦政権を支持しない州政権与党の国民共和党ないしウィッグ党は, いわゆる連邦主義を重視する立場から, これまで第 2 次合衆国銀行の存続に肝胆を砕いてきた. さらにインディアナ州域内における第 2 次合衆国銀行の支店の誘致に積極的に動き, Jackson 連邦政権による第 2 次合衆国銀行の覆滅を批判してきた. 銀行関連法案に反対の意を示してきた一部の議員達の論拠を列挙すると, 準則主義に基づくフリーバンキング制を支持するから, 第 2 次合衆国銀行の特許の更新を阻んでしまうから, 州法銀行が減価した銀行券の横行を導く政治組織になりうるから, 等々である[47]. 第 2 次合衆国銀行の廃止がほぼ確定したあと, 国民共和党ないしウィッグ党員の大多数は,「州法銀行が, 貧窮による圧迫から州民を救い, 交易を促す刺激を与え, 事態の打開に寄与するものになる」として, 第 2 次合衆国銀行の代替機関としての州法銀行の再創設に対し, 積極的にあるいは消極的に賛意を示してゆく[48].

---

46) Shade [1972] p. 30.
47) Shade [1972] p. 30.
48) Shade [1972] p. 30.

例えば，第 2 次合衆国銀行の代替機関としての州法銀行の創設に懐疑的だった John Tipton 連邦上院議員が，Calvin Fletcher 前州上院議員に 1834 年 1 月 6 日付で宛てた書簡によれば，John Tipton 連邦上院議員は，Washington D.C. における連邦議会での推移を眼前にして，第 2 次合衆国銀行における特許の更新はもはや不可能で連邦政府預金が第 2 次合衆国銀行にはもう戻らないことを悟り，州法銀行の是認をしぶしぶ勧奨している．また，前年度の州議会の会期中に州上院に設置された，銀行関連法規に係る特別委員会の委員長，John Ewing 州上院議員が 1834 年 1 月 18 日付で Noah Noble 州知事に宛てた書簡がある．これによれば，John Ewing 州上院議員は，再創設が予定されている州法銀行について，合衆国憲法にどう照らし合わせてみてもその妥当性が疑わしく第 2 次合衆国銀行の代替機関としては物足りない，との見解を示している[49]．既述のように彼は，第 2 次合衆国銀行において特許の更新が困難であるという現実をやむなく受け容れ，前年度の州議会の会期中に「州政府と民間との共有に基づく州法銀行」の設置案を独自に起草した人物である．つまり彼は，再創設が予定されている州法銀行が第 2 次合衆国銀行の代替機関として物足りないという見方を依然として抱え続けながらも，州法銀行を再び創設するという現実的な対応を進めてゆかざるをえない，との判断をしたというわけである．

このように，Jackson 連邦政権を支持しない保守勢力の州政権与党，すなわち国民共和党ないしウィッグ党の州議会議員の多くは，第 2 次合衆国銀行の廃止の決定をもはや覆せないという諦念ゆえに，第 2 次合衆国銀行における特許の更新は不可能だ，という現実を直視する．そして役不足ながらもその代替機関としての必要性をやむなく鑑みる観点から，州法銀行の再創設をしぶしぶ応諾するに至る．

他方で，Jackson 連邦政権を支持する革新勢力の野党，つまり民主党の州議会議員は，州法銀行の再創設が価値の安定した信用貨幣の流通を州域内に導き農民層の利益に与するという観点から，法案の賛成に翻意する議員が続出する．このように，両党に見受けられた法案成立への応諾が主たる原動

---

49) Golembe [1978] p. 205. Carmony [1998] p. 691 の脚注 79 および Shade [1972] p. 268 の脚注 22 を参照のこと．

力となり，前年度は否決された州上院議会において賛成票数が反対票数を上回ることとなり，銀行関連法案は可決・成立に至ったのである．

かくして州法銀行の設置に係る法案は，州上院・下院の両議会でようやく可決・成立し，インディアナ州に念願の州法銀行の再創設が約束されることとなった．しかしまだ問題は残る．州法銀行の総裁の選出方法をめぐり州上院と州下院とで意見が分かれたため，協議委員会の設置がNoah Noble州知事によって任命され，協議委員会が即日開催されたのである．総裁選出の手続きに関して1834年1月24日に協議委員会から折衷案が提示され，州上院・下院の双方が同意した．1834年1月28日にNoah Noble州知事が署名をして，州法銀行設置法 *Act establishing a state bank* が遂に制定され，即日施行された[50]．この州法に基づいて，総数10の支店銀行を抱えた単一の州法銀行が，The State Bank of Indianaという名を冠して営業に係る特許（期間：1857年1月1日までの約23年間）を与えられ，州都Indianapolisにその本店銀行が設置される．

なお1834年に創設されたThe State Bank of Indianaについては，かつてインディアナ州に存在した州法銀行，The First State Bank（存在期間1817～1825年）の正式名称と同一である．双方の峻別を図るという学問上の観点から，一般にはThe Second State Bankと呼ばれている．本書でもこれに倣い，1834年に創設されたThe State Bank of Indianaのことを，以下ではThe Second State Bankと表記してゆくこととする．

2.3 組織編制への着手

州法銀行設置法によれば，The Second State Bankを司る首脳陣は，資本金を持たずに組織の統轄に専従する本店銀行の運営に携わる，総裁1名と7名の取締役との計8名で構成される[51]．任期は，総裁が5年，本店銀行の取締役が4年，支店銀行の取締役が1年と定められた[52]．取締役の任期に

---

50) Harding [1895] pp. 2-3.
51) Esarey [1912] は，本店銀行について "parent bank" ではなく "head office" だとみなしている（Esarey [1912] p. 252）．これは，本章において詳述するように，本店銀行が資本金を持たず通常の銀行業務を行わずに組織の統轄に専従する特殊な組織であることを鑑みての評価であろう．

関しては，本店銀行のそれが支店銀行のそれよりも長く設定され，支店銀行の統轄に関して本店銀行の影響力が伝わりやすい仕組みに設計されている．なお総裁に対しては，1,000 ドルから 5,000 ドルまでの範囲内の金額で俸給が支払われる[53]．

The Second State Bank を司る計 8 名の首脳陣のうち，総裁 1 名と本店銀行の取締役 4 名の計 5 名が，州法銀行設置法に基づき，1834 年 1 月 30 日に州議会で指名・選出され，州政府によって任命される．この 5 名は，任命先の州政府に対して行為責任を負い，州議会から解職請求を受けた場合，直ちに辞職を求められた．まず The Second State Bank の初代総裁には，Samuel Merrill 州財務局長に白羽の矢が当たる．既述のように，Samuel Merrill は，州域内の銀行業に係る業況や法制度に精通した事務方のトップで，インディアナ州の銀行業の現況と銀行制度の再編に係る提言とを州上院議会で述べ，提言内容の一部が法案に組み入れられ法案が修正されるほどの影響力を有した人物である[54]．州法銀行設置法においては，外国籍を持つ人々や，かつて反社会的な政治陰謀を画策し実践した人物，現職の州議会議員，州政府に仕える現職の公務員については，The Second State Bank の本店銀行および支店銀行の取締役に就く資格が与えられないものとされている[55]．このため Samuel Merrill は，The Second State Bank の総裁の指名および任命を受けたことに伴い，11 年間勤め上げてきた州財務局長の職を辞した．さらに本店銀行の 4 名の取締役には，Calvin Fletcher（Marion 地区），Seton W. Norris（Marion 地区），Lucius H. Scott（Vigo 地区），Robert Morrison（Wayne 地区）の各氏が，州議会によって指名・選出され州政府によって任命される[56]．注目は，本店銀行の 4 名の取締役のなかに Calvin Fletcher という人物の名前があることである．既述のように（本章 2.1 項

---

52) 奥田 [1926] は，本店銀行の取締役の任期を 5 年と記しているが（奥田 [1926] p. 133），これは誤りである．
53) Esarey [1912] p. 252.
54) Madison [1975] は，Samuel Merrill が州都 Indianapolis を拠点に活動する実業家の顔を持っていた，と紹介されている（Madison [1975] p. 3）．
55) Harding [1895] p. 5. Esarey [1912] p. 244. 楠井 [1997] p. 161.
56) Harding [1895] p. 10.

を参照），彼は，複数の支店銀行を抱えた州法銀行の存在がかえって州域内の通貨・信用秩序の不安定性を増大させてしまう，という旗幟の下に，自らの選挙区民の民意にやむなく背き州議会で法案に反対票を投じたあと，州上院議員を辞職する．そして辞職後すぐの1833年盛夏に，州域内の銀行制度のあり方を熟考することを目指し，州議会の臨時招集を求めて示威運動の蜂起を主導した，曰く付きの人物である．州法銀行の設置に係る法案に対しかつては反対票を投じた人物が，The Second State Bank の本店銀行の取締役に州議会において選ばれ，銀行運営に携わる重責を担う地位に就いたという点が，極めて興味深いところである．

　かくして，Samuel Merrill 総裁と本店銀行の取締役4名の計5名は，The Second State Bank の舵取りを担うべく州議会によって指名・選出され，州政府によって任命され，州政府に対して行為責任を負うことになる．この5名は1834年2月13日に初会合を開き，The Second State Bank の組織編制に着手する．最初に着手されたのは，The Second State Bank の出納を包括的に管理する，本店銀行の支配人の選定についてである．初代支配人に指名されたのは，Marion 地区の会計検査官であった James M. Ray である[57]．支配人への就任を受けるため，彼は会計検査官の職を辞した．そして1834年3月1日付で辞令が下り，彼は支配人に就任する．この素早い辞令交付の対応は，民間割り当て向けの株式引き受けの公募を行うために帳簿を州域内の全行政区において迅速に開示しなければならない，という特段の事情に沿ったものである[58]．次に決められたのは，理事会の設置である．理事会とは，州都 Indianapolis に所在の本店銀行内に設けられ，各支店銀行の業務運営を統轄し The Second State Bank の組織全体の舵取りを担う，枢要な評議機関である．州政府によって任命された Samuel Merrill 総裁と本店銀行の取締役4名の計5名は，理事長ならびに理事としてこの理事会の構成員とされた[59]．ちなみに理事会は，本店銀行内のみならず各支店銀行

---

57) Madison [1975] は，James M. Ray が州都 Indianapolis を拠点に活動する実業家の顔を持っていたと紹介されている（Madison [1975] p. 3）．

58) Esarey [1912] p. 255.

59) なお Knox [1892] や Root [1895b] は，「州議会で任命されたのは総裁と5名の理事」と示しており（Knox [1892] p. 977, Root [1895b] p. 231），検討の余地が残され

内にも設置される．各支店銀行の業務運営については，各支店銀行の理事会の指揮下で遂行される．各支店銀行の理事会は，総勢10名から13名の間で構成される．内訳は，本店銀行から1年の任期で理事に任命された3名と，各支店銀行の民間株主の内からやはり1年の任期で理事に任命された7名から10名の人員とである．各支店銀行の理事会は，支店銀行の業務を遂行するために，支配人の選定・任命と必要に応じた取締役の人選・任命を行うことができた[60]．

この初会合においては，支配人の選定，本店銀行内に理事会を設置することに加え，重要な事柄が定められる．それは，広大な州域内をできる限り均等に近づくようなかたちで複数の行政区に区分けし，区域毎に The Second State Bank の支店銀行を1行ずつ設置して，支店銀行が独立採算の事業展開の下に当該区域の通貨・信用秩序を管轄する，という画期的な仕組みを定めたことである．そして各支店銀行を円滑に開業させるために，The Second State Bank の発行済み株式を民間に割り当てることに従事する複数の委員が，本店銀行の理事会によって任命された[61]．

図II-1は，このとき定められた10の行政区の地理的な位置を示している．さらに各行政区の中枢都市に設置された The Second State Bank の支店銀行の総覧を示したのが，表II-3である．図II-1および表II-3によれば，The Second State Bank が開業した1834年の時点では，10の行政区が設けられ，各地区の中枢都市に10の支店銀行が設置されている．すべての支店銀行に，ギリシャ建築様式の影響を受けた柱廊式玄関が備えられた[62]．続けて図II-1を見ると，1834年の時点で，インディアナ州の行政区は中南部を中心に組成され，北部は依然として未開発であることが分かる．これは，全米各地からインディアナ州に来た人々がまずは州の中南部に住み，そこから北部に向けて発展が進んだためである．州法銀行設置法に基づく The

---

ている．
60) Esarey [1912] p. 252. Carmony [1998] p. 170. ちなみに州都 Indianapolis を擁する第1行政区に置かれた支店銀行，The Indianapolis Branch Bank の理事・役員の一覧については，Madison [1975] pp. 4-5 を参照されたい．
61) Carmony [1998] p. 172.
62) Hammond [1957] p. 300.

218 第Ⅱ篇 黎明期アメリカ・インディアナ州の銀行制度

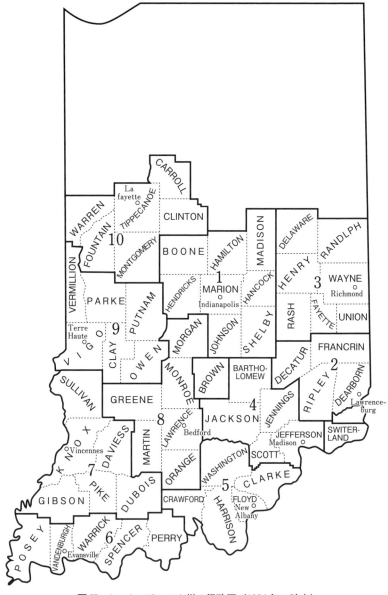

図Ⅱ-1 インディアナ州の行政区（1834年の時点）

出所：Harding [1895] pp.10-11.

表 II-3　インディアナ州の行政区と本店・支店銀行

行政区	中枢都市	本店・支店銀行	開業年度
州都	Indianapolis	The State Bank of Indiana（本店）	1834 年
第 01 区	Indianapolis	The Indianapolis Branch Bank	1834 年
第 02 区	Lawrenceburg	The Lawrenceburg Branch Bank	1834 年
第 03 区	Richmond	The Richmond Branch Bank	1834 年
第 04 区	Madison	The Madison Branch Bank	1834 年
第 05 区	New Albany	The New Albany Branch Bank	1834 年
第 06 区	Evansville	The Evansville Branch Bank	1834 年
第 07 区	Vincennes	The Vincennes Branch Bank	1834 年
第 08 区	Bedford	The Bedford Branch Bank	1834 年
第 09 区	Terre Haute	The Terre Haute Branch Bank	1834 年
第 10 区	Lafayette	The Lafayette Branch Bank	1834 年
第 11 区	Fort Wayne	The Fort Wayne Branch Bank	1835 年
第 12 区	South Bend	The South Bend Branch Bank	1838 年
第 13 区	Michigan City	The Michigan City Branch Bank	1839 年

注：第 13 行政区の The Michigan City Branch Bank の開業年度については，1840 年という説もある．

Second State Bank の特許に関する条項の内には，10 の支店銀行に加えさらに 2 つの支店銀行を州北部に早期に追加設置する，という旨のものもあった．上述のように，インディアナ州は移住の進んだ南部から開拓が進み，開拓が進むと共に行政区が新設される．州北部は未開拓ゆえ，2 つの支店銀行の追加設置という条項の規定には，この州北部への開拓を促しそれを資金面で後援する，という州政府の政策的な意図が多分に込められていると言える．表 II-3 によれば，州北部に追加設置が予定された 2 つの支店銀行とは，The Fort Wayne Branch Bank（1835 年創設）と，The South Bend Branch Bank（1838 年創設）とである．州域内の発展が南部から北部へと拡がるのに応じて行政区の数も増え，1840 年代末までに全部で 17 の行政区が設けられる．ただし，17 の行政区の設置に対して支店銀行の数は最終的に 13 で止まり，行政区の数と支店銀行の設置数とは必ずしも一致することはなかった[63]．

---

[63] Knox［1903］や Studenski & Krooss［2003］は，The Second State Bank の支店銀行数が 17 まで増やされた旨を記しているが（Knox［1903］p. 694, Studenski & Krooss［2003］p. 115），この 17 という数はあくまで計画段階のものであり，厳密には誤りである．

図 II-1 と表 II-3 とを照合しながら The Second State Bank の各支店銀行が設置された場所の地理的分布を見てゆくと，ある特徴が析出される．インディアナ州は，四方が他州によって囲まれている．南部は Ohio 川を州境にケンタッキー州と接している．西部は途中まで Wabash 川を州境にしながらイリノイ州と接している．東部はオハイオ州と隣接し，北部は五大湖の 1 つ Michigan 湖の南端部を含みつつミシガン州と接している．加えて，州域内の中央部を 2 つの国道が縦横に走る．2 つの国道が交差した十字路に当たる場所が，The Second State Bank の本店銀行と第 1 行政区の支店銀行 (The Indianapolis Branch Bank) とが置かれた州都 Indianapolis である．1834 年に設けられた 10 の支店銀行のうち，第 1 行政区の支店銀行 (The Indianapolis Branch Bank) のある州都 Indianapolis と第 3 行政区の支店銀行 (The Richmond Branch Bank) のある Richmond とが，国道沿いの立地である．第 2 行政区の支店銀行 (The Lawrenceburg Branch Bank) がある Lawrenceburg, 第 4 行政区の The Madison Branch Bank) がある Madison, 第 5 行政区の支店銀行 (The New Albany Branch Bank) がある New Albany, 第 6 行政区の支店銀行 (The Evansville Branch Bank) がある Evansville が，Ohio 川に沿った立地である．さらに，第 7 行政区の支店銀行 (The Vincennes Branch Bank) がある Vincennes, 第 9 行政区の支店銀行 (The Terre Haute Branch Bank) がある Terre Haute, 第 10 行政区の支店銀行 (The Lafayette Branch Bank) がある Lafayette が，Wabash 川に沿った立地である[64]．10 の支店銀行の所在地を俯瞰して分かるのは，いずれも陸路・水路に基づく運輸・交通の要衝に立地し，所在地の多くが隣接する諸州との交易が盛んな州境に近い場所にある，という点である[65]．

では，なぜ広大な州域内を複数の地区に分け，区域毎に The Second State Bank の支店銀行を置いては当該の区域内の通貨・信用秩序を独立採算の事業展開の下で統轄させるというかたちで，制度が設計されたのか．そ

---

64) Carmony [1998] p. 172. なお各支店銀行の頭取・取締役の人名一覧については，Esarey [1912] pp. 255-256 を参照のこと．

65) Dwyer Jr. [1996] は，インディアナ州における各支店銀行の立地をめぐる趨勢について，「南の州境である Ohio 川沿いと概して州境に沿った立地の他に明瞭なパターンはない」と述べている (Dwyer Jr. [1996] p. 12).

れは，州域内でも地区や地域毎に人口数や住民生活の質や経済的な依存先が異なるために経済環境が地区・地域毎に異なっていた，という事情が存在していたからである．経済的な依存先に関しては，州南部においてはアメリカ南部の諸州，とりわけケンタッキー州との繋がりが深く，州北部においてはアメリカ東部の諸州，とりわけミシガン州との繋がりが深い．経済環境が地区・地域毎に異なれば，融資が必要な産業や商業の種類・性格も地区・地域毎に異なってくる．それゆえ，地区・地域毎に異なる経済環境に細やかに対応できるよう，広大な州域内を複数の行政区に分け，独立採算の利いた支店銀行を各行政区に1行ずつ配置させてはその区域内における資金需要・決済需要への対応や通貨・信用秩序の安定に腰を据えて従事できるよう，独創性溢れる制度設計が図られたのである．

3. 銀行制度の内実

3.1 銀行間組織の構成

では，独創性溢れる銀行制度の根幹を成す The Second State Bank の独特な銀行間組織とは，いったいどういう内部構成を持つのか．The Second State Bank は，本店銀行と10の支店銀行とから成る集合組織体である．この集合組織体を一括りすることで単一の州法銀行とみなされ，そこに「The State Bank of Indiana」の名称がかぶせられる．本店銀行も各支店銀行も，州議会に対する年次報告書の提出が義務付けられている．州議会は，The Second State Bank に対する監査の全権を有すると共に，必要ならば，The Second State Bank に対する監査のために特別監査員をいつでも任命できた．州議会に提出される年次報告書は，本店銀行の総裁・取締役および各支店銀行の頭取・取締役によって執筆される．年次報告書の内容を改竄したり誤った内容を記載したりした者に対しては，州議会が重罪に科すことができた．また，州知事や特別監査員が，州法銀行設置法で定められた特許に関する条項の規定を The Second State Bank が侵害していることを発見したりその証拠をつかんだりすれば，特許は即刻剝奪される．

本店銀行と各支店銀行とは，独特の繋がりを持つ．まず，発券や手形割引，融資や決済など一連の銀行業務については，各支店銀行が，それぞれの管轄する区域内において独自の裁量で行う．本店銀行は，資本金を持たず，一連の銀行業務を一切行わない[66]．次に，各支店銀行は，字義通りの「支店銀行」とは異なり，本店銀行の手からは離れて独立採算制を採り，各支店銀行内に置かれた理事会が独自の査定や業務判断を示し，発券や手形割引，融資や決済の事業を行う．どの手形や銀行券を選別し受け取るのか，必要とされる担保の種類をどれにすべきか，準備金をどれだけ積んでおくか，債権を取り立てる際の優先順位をどう付けるかなど銀行業務の運営に係る事項の一切については，各支店銀行の理事会が独自の裁量で決定する[67]．利益の獲得や分配，資産の保有についても，各支店銀行が独自の裁量の下に執り行う．各支店銀行が独自に織り成す業務運営の方策や経営判断に対しては，本店銀行による指導や介入を受けない．ただし本店銀行は，各支店銀行の業務内容や財務状況に係る監督・監査について強い権限を有している．もっともこれは，本店銀行が各支店銀行に対し上から一方的に監督・監査権限を押し付けるといった，上意下達の単純な厳格統制という形態のものではない．

なぜ，そのように言い切れるのか．その根拠は，本店銀行内に置かれた理事会の仕組みにある．理事会とは，既述のように，The Second State Bankという独特な銀行組織体を司るために本店銀行内に置かれた評議機関であり，各支店銀行の監督・監査を担う．理事会は，総勢6名で構成される．内訳は，州議会が選出・指名し州政府が任命した総裁1名および本店銀行の取締役4名の計5名に加え，残り1名の理事枠には，各支店銀行の民間株主の内から各支店銀行の理事会が推挙した代表者1名が輪番で座る[68]．総裁は本店銀行の理事会の理事長を兼任し，本店銀行の理事会で審議事項の採決が分かれた場合に投票権を行使する．また，必要に応じて本店銀行の理事会を招集する権限も有した．理事長職に座るThe Second State Bankの総裁に加え，本店銀行の取締役4名，および各支店銀行の理事会を通じて推挙された民間

---

66) 奥田 [1926] pp. 132-133. FDIC [1953] p. 46.
67) Harding [1895] pp. 4-5.
68) White [1911] p. 334. Hepburn [1924] p. 146.

株主の代表者1名が，理事として本店銀行の理事会に名を連ねる．つまり，本店銀行の理事会に支店銀行の側から代表者を推薦のうえ理事として送り込むことができたために，支店銀行を監視するためのルールの策定や吟味や改定を行う際に各支店銀行の意向を反映させうる余地を充分に残した仕組みになっていたのである[69]．

本店銀行の理事会が各支店銀行に対して行使される権限については，おもに4点ある．第1に，本店銀行の理事会は，支店銀行の新設・増設や閉鎖に関する事柄を決定することができた．ある支店銀行が他の支店銀行の業務運営に悪影響を及ぼす事態に陥ってしまったり，投資（払込資本金）に対し年6％の利益率を開業後1年以内に達成できなかったりしたならば，本店銀行の理事会はその支店銀行を不採算店舗として認定し，管財人の立会いの下で閉鎖することができたのである．

第2に，本店銀行の理事会は，支店銀行の取締役の選出に関与することができたほか，支店銀行の株式配当率を一律に統制することができた．支店銀行の業務運営を執り行う取締役の総数は，本店銀行の理事会の監視の下に10名から13名の間で固定され，うち3名を本店銀行の理事会が直接任命してそこに送り込むことができた．各支店銀行の株式配当率を本店銀行の理事会が一律に統制する理由は，まず，株主への配慮を重視するあまり過度の株式配当金の供与を実践することで生じてしまいうる減資を防ぐためである．さらに，各支店銀行から払込資本金総額の16分の1に当たる金額を本店銀行の理事会が徴収し，この徴収金を元手に必要最低限度の「剰余基金」が創られることになっており，この「剰余基金」を堅持するためである（「剰余基金」の仔細については本章3.2で後述する）．なお，各支店銀行において生ずる株主への未配当に伴う剰余金については，各支店銀行で維持することが義務付けられた．

第3に，本店銀行の理事会は，各支店銀行が独自の裁量で行う業務，特に発券・手形割引・預金の獲得・融資をめぐる査定の態様について監督することができた．発券については，本店銀行の理事会がすべての支店銀行におけ

---

[69] Harding [1895] pp. 4-5.

る発券用の印刷原版を管理し，各支店銀行からの発券要請に基づいて必要な金額分だけ印刷を行う．印刷された各支店銀行券には，本店銀行の総裁名義によるサインと発行元である支店銀行の支配人名義のサインとが必ず施された．この方式によって，各支店銀行の発券総額が本店銀行の理事会によって事実上コントロールされ，州法銀行設置法に基づいた発券総額の上限（払込資本金総額の2倍に当たる金額分まで）を超えないよう配慮された[70]．印刷された支店銀行券は，その支店銀行の頭取や取締役が本店銀行から当該の支店銀行まで荷馬車で運んだ[71]．発行銀行券の金種についても，額面5ドル以下の小額面券の発行が，州法銀行設置法に基づいて禁止された．ただし，必要に応じて額面10ドルにまで金種の制限を緩和できる権限を州政府が有した[72]．本店銀行は，5ドル以下の額面の他州の州法銀行券を，通貨として受け取ったり手許に置いたりすることが禁じられた[73]．各支店銀行は，自ら発行した支店銀行券の兌換が請求された際には，額面通りに正貨との兌換に応ずることが求められた．また，各支店銀行は，他の支店銀行が発行した支店銀行券を額面通りに受け取ることが求められた[74]．手形割引による与信については，支店銀行における手形割引の総額が自らの払込資本金総額の1.25倍に達した段階で，それ以上の手形割引の遂行を制御することを，支店銀行の健全な経営を維持するという観点から，本店銀行の理事会が決定することができた[75]．また手形割引の総額は，払込資本金総額の2.5倍を超えてはならないものとされた[76]．預金の獲得については，州民から各支店銀行への預託を経由して本店銀行に集められた総預金を各支店銀行に均等に割り振る権限を，本店銀行の理事会が有した．支店銀行がそれぞれの管轄する区域内で独自に集めた預金をそのまま保有する，という仕組みではなかったのである．融資の査定については，ある支店銀行が500ドル以上の融資案件

---

70) Root [1895b] p. 231. Esarey [1912] p. 253.
71) White [1911] p. 335.
72) Root [1895b] p. 231. Sharp [1970] p. 45.
73) Knox [1903] pp. 694–695. Esarey [1912] p. 252.
74) White [1911] p. 335. Hepburn [1924] p. 147.
75) Harding [1895] p. 4.
76) Hepburn [1924] p. 147.

を扱う場合，その支店銀行の理事会において頭取・取締役の全員による投票が行われ，投票総数のうち7分の5以上の賛成票が必須であった[77]．また，投票をめぐる一連の経過に関しては，この投票を行った頭取と取締役全員の記名も含めて，当該の支店銀行における理事会の議事録に収められるものとされた[78]．なおかつ，ある支店銀行が5,000ドル以上の高額の融資案件を扱う場合，本店銀行の理事会への報告と本店銀行の理事会による承認とが必要とされたのである[79]．

なお，各支店銀行が各自の判断の下に実践する融資業務についても，厳格かつ慎重に行うための様々な規制が存在した．融資の目的については，インディアナ州が農業州であることに鑑み，農業資源の開発に係るものに絞られた．商人向けの融資は1件当たり300ドル以内，製造業者への融資は1件当たり500ドル以内に，それぞれ制限された．ちなみにThe Second State Bankが創設された1834年の時点で，インディアナ州の人口約100万人のうち，商業従事者は約1,000人，製造業の従事者は1,000人を下回る人数に留まっていた[80]．商業・製造業向けの融資対象者はごく限られていたのである．農業者向け融資は，長期ではなく短期・中期のものを柱とした[81]．当時，各支店銀行において最も要求の多かった融資の形態は，抵当権の付いたモーゲージ融資である[82]．各支店銀行による融資をめぐる査定の基準としては，借り手の資産保有の状態よりも，むしろ借り手の人間性（日常生活における勤勉・誠実・謹厳）が重視された[83]．

第4に，本店銀行の理事会は，各支店銀行に対する財務監査を統制することができた．本店銀行の理事会は，州法銀行設置法15条に基づいて3名の

---

77) Dewey [1910] p. 191. Hepburn [1924] p. 147. 奥田 [1926] p. 134. なおKnox [1903] や楠井 [1997] は，「7名の理事のうち少なくとも5名の同意が必須であった」と示しているが（Knox [1903] p. 695, 楠井 [1997] pp. 161-162），支店銀行の理事会の構成員数は必ずしも7名ではない．
78) White [1911] p. 334. Hepburn [1924] p. 147.
79) Knox [1903] p. 695. Dewey [1910] p. 191.
80) White [1911] p. 338. 奥田 [1926] p. 135.
81) Bodenhorn [2002] p. 225.
82) White [1911] p. 338.
83) Knox [1903] p. 695. 楠井 [1997] pp. 161-162.

銀行監督官を選任し，同法63条に基づいて原則年2回，これに加え必要と判断されれば適宜，各支店銀行の監査に当たらせることができた．各支店銀行に対する監査は，本店銀行の理事会の長である総裁の手によって実施されるものとされた．また本店銀行の理事会は，各支店銀行に対して統一的な会計方法を定めた．それは，試算表を月毎に作成し半年毎に決算表を作成することを各支店銀行に義務付ける，というものである．さらに本店銀行の理事会は，各支店銀行から財務内容に係る月例報告書の提出を要求することができた．提出されたこの月例報告書の内容に基づいて，本店銀行の理事会は，各支店銀行に対してそれぞれの保有資産における不足分の填補を要求することができたのである[84]．

なお，本店銀行および各支店銀行に関しては，上述の仕組みのほか，商務に係る種々の事柄が，州法銀行設置法に基づく特許に関する条項のなかで事細かに規制された．なかでも重要だと思われるおもな規制内容を，以下に記しておく．

(1) 支店銀行は，不動産の保有が禁じられた．ただし業務取引の上で必要とされる不動産の保有や，債務を履行するための手段として利用され手中に収められた不動産の保有・処分については，この適用の対象外とされた．
(2) 支店銀行における本店銀行宛の未払い債務の総額は，払込資本金総額の2倍に相当する金額分までに制限された．また，各支店銀行による本店銀行宛ての債務総額は，払込資本金の総額に相当する金額分までとされた（ただし，預金債務および州当局の認可による債務は，計算から除かれる）．
(3) 本店銀行の債務総額（預金債務を除く）は，払込資本金総額に相当する金額分までとされた．
(4) 支店銀行は，自行の発行済み株式を担保とした融資が禁じられた．
(5) 支店銀行は，融資について返済の延滞を容認することを禁じられた．
(6) 本店銀行および支店銀行の取締役および行員は，公衆に示したものと

---

84) Harding [1895] p. 4. Esarey [1912] p. 253. White [1911] p. 336. 奥田 [1926] p. 132. Redlich [1951] p. 23.

は異なる条件で借り入れを行うことや，取締役もしくは行員どうしの間の裏書きによる与信・受信を行うこと，財政的に利害関係が絡む議題への投票を行うことが禁止された．

(7) 本店銀行および支店銀行は，払い込みが未了の株主に対する株式配当金や株式の譲渡について，株主に各自の株式による割賦を可能にさせるための割引の実施について，株主による払込資本の即座の引き出しについて，それぞれ禁止した．

(8) 支店銀行は，融資の際に複利計算で 6% 以上の金利を付すことが禁止された．

(9) 支店銀行は，手形割引の際に 6% 以上の割引率を施すことが禁止された．

(10) 支店銀行は，正貨による支払いを停止させてはならず，正貨による支払いが停止される事態に陥った場合，当該の支店銀行の債務総額に対して 12.5% の罰則金利が科された．

(11) 支店銀行は，他行からの借り入れならびに自行銀行券に利子を付して利払いを行うことを禁じられた．

ちなみに，州法銀行設置法における特許に関する条項の規定に基づいたこれらの規制は，州議会での審議・承認を踏まえないと改定することができなかったのである[85]．

3.2 株主構成の実態

このように，The Second State Bank は，独立採算の下で自由裁量に動く複数の支店銀行の集合体を本店銀行が緩やかに束ね統轄するという，独創性を帯びた銀行間組織を持つものとして制度化された．では，こうした独特な銀行間組織を具備する The Second State Bank において，「所有と経営」

---

85) Harding [1895] pp. 7–10. Knox [1903] p. 694. Esarey [1912] pp. 251–252. White [1911] pp. 334–335. Hepburn [1924] p. 147. 奥田 [1926] pp. 133–135. Carmony [1998] pp. 170–171. なお (10) について，Harding [1895] は罰則金利を第 2 次合衆国銀行の場合と同じ 12% と記していて (Harding [1895] p. 7, p. 9)，ここは検討の余地が残されているところである．

のメカニズムはどうなっているのか．この点の解明は，独立採算の下で各自の裁量で動く 10 の支店銀行とそれらを緩やかに束ねる本店銀行との結節点に係る実態を探るものとなり，ひいては，この銀行間組織の独創性を醸し出す重要な要素のひとつを明らかにするものとなる．そこで，The Second State Bank をめぐる株主構成の内実について，追究を試みてみよう．

The Second State Bank の資本金は，州法銀行設置法に基づき，総額で 160 万ドルと定められた．資本金は，本店銀行の下に集められたあと，最終的に，10 の行政区の通貨・信用秩序を管轄する 10 の支店銀行に対し，各々の資本金として 16 万ドルずつ均分される[86]．上述のように，本店銀行は，資本金を持たず，一般の与信業務を行わず，銀行間組織の統轄および各支店銀行の監査・破綻処理に係る業務に専従する．The Second State Bank は，額面 50 ドルの株式を発行して市中から資金を調達し，出資にあたっては正貨による払い込みを必須とした．特筆すべきは，出資者ないし株主として，州政府による関与が極めて濃厚であった点にある．発行済み株式の 50% を州政府が保有し，残りの 50% を民間の個人や法人が保有するという，文字通り「半官半民」の株主構成によって，The Second State Bank への出資・所有がなされた[87]．

The Second State Bank の発行済み株式に対しては，1 株当たり 12.5 セントの年特別課税が施される．この年特別課税は，教育目的への利用に限定されるものであった．この年特別課税については，配当金とは別に支払うべきものとされたが，インディアナ州における従価税制度に基づいて，納税の総額が保有株式の総額の 1% に相当する額に達するまで続けられた．なお州特別課税は，その後，保有株式 100 ドル当たり 25 セントが徴収される，という形式に改められてゆくことになる[88]．また，州法銀行設置法の 3 条に基づいて，民間に対する株式の割り当てはインディアナ州民に限定された[89]．民間による株式の引き受けについては，法人よりも個人に，非居住

---

86) Baker [1857] p. 162. Harding [1895] p. 5. White [1911] pp. 333-334. 奥田 [1926] p. 132. Helderman [1931] pp. 46-48. 楠井 [1997] pp. 161-162. Carmony [1998] p. 169.
87) Myers [1970] p. 154. Carmony [1998] p. 169.
88) Baker [1857] p. 162.

者よりも居住者に，大規模よりも小規模の株式引き受けの申し込み者に，優先権が与えられた．株主総会における非居住者の株主の委任状は，個人100名分までしか認められないものとされた．さらに，株主総会における1株当たりの議決権を減らすという意図で，個人株主の数をできるだけ増やす配慮がなされた[90]．この配慮ゆえ，保有株式の数と議決権との関係は，州法銀行設置法に基づいて複雑に定められた．保有株式の数が4株までの場合，保有株式1株につき1票の議決権が与えられる．しかし保有株式の数が4株を超え30株までの場合は，2株につき1票の議決権が与えられる．保有株式の数が30株を超え90株までの場合は，4株につき1票の議決権が与えられ，同じく90株を超え150株までの場合は，6株につき1票の議決権が与えられる．保有株式の数が150株を超えると，10株につき1票の議決権が与えられるのみであった．こうした，議決権の付与を縮減することを組み込んで株式の大量保有を制限させる，という仕組みは，アメリカの独立後すぐ連邦によって創設された第1次合衆国銀行（1791～1811年）において，その特許の規定に盛り込まれたのが最初である．インディアナ州も，その仕組みを第1次合衆国銀行の仕組みを手本に導入したのである[91]．

　The Second State Bankの株式引き受けを申し込むための帳簿が州域内の各地区で初めて開示されたのは，1834年4月7日である．州法銀行設置法に基づいて，民間に向けた株式引き受けの申し込みは30日間とされ，申し込みの期間中は，3人の理事によって毎日午前9時から正午まで帳簿が開示され続けた．この公募情報は，インディアナ州において発行されているすべての新聞紙上に掲載された．そして，「株式の大量保有者を減らし個人株主の数を増やす」という上述の方針の下，大量引受を希望する申し込み者が続出し株式の適正な割り当てに支障をきたすという事態が生じた場合については，対象者から除外するための手続きが，準備のうえ進められる．手続きの流れは，以下の通りである．まず非居住者の申し込み分が除かれ，次に法人の申し込み分が外され，最後に，残ったすべての申し込み者の申し込み分

---

89) Esarey [1912] p. 244.
90) Esarey [1912] p. 255. Carmony [1998] p. 170.
91) Esarey [1912] p. 244.

を対象に，一律500ドル分までというところで株式購入の限度枠を掛ける．このような順序である．

　この公募こそが，The Second State Bank の株式引き受けを民間に割り当てるための最初の公募となる．この公募では，当初は応募者が現れなかったが，締め切り間際になって，公募分の株式すべてに対して申し込みの希望者が現れた[92]．では，The Second State Bank の株式引き受けがなぜ成功裡に進みえたのだろうか．

　民間による株式の引き受けの実状については，以下に掲げる特殊な背景が存在した．すなわち，発行済み株式の50％を民間に引き受け・保有してもらうために，インディアナ州政府は，州域内の各地を隈なく回り，株式引受の嘆願や勧誘を行う．そのうえで，民間による株式の引き受けを誘う究極の手段として，州政府は，株式の引き受けを認諾したすべての個人や法人に対し，株式の引き受けをより容易くするために，必要資金の一部を立て替えるという，驚くべき方策を展開したのである．具体的には，抵当権を設定し払戻しに陥った時のための株式の先取特権を設定したうえで，額面（50ドル）の62.5％に当たる1株当たり31.25ドルに引受予定の株式数を乗じた金額分を立替金額として算定し，これに年利6％を付して，民間の株主予定者に対し2〜3回程度の割賦を前提に貸し付ける．この貸付は，州政府による立替金額分の少なくとも2倍の価値を有する，当該の民間の株主予定者における所有不動産の抵当権利証書に基づいて，行われる．この貸付の元利返済は，20年から30年の間の長期タームで行われる．州政府によるこの貸付が行われるまでに，当該の民間株主は，額面（50ドル）の37.5％に当たる1株当たり18.75ドルに自ら引き受けた株式数を乗じた金額分を，正貨で払い込んでおく[93]．このような巧妙な仕組みを有した出資金の融通を，州政府は進めていたのである．

　こうした出資金の融通は合法とされ，州法銀行設置法の7条に基づいて，

---

92) Harding [1895] p. 11. Esarey [1912] p. 255.
93) Knox [1892] p. 977. Harding [1895] pp. 24-26. Knox [1903] p. 694. Esarey [1912] p. 253. White [1911] p. 333. Hepburn [1924] p. 146. 奥田 [1926] p. 132. Bodenhorn [2002] p. 235.

州民に対する株式の割り当てを促し州民を助成する目的のために州政府によって行われるもの，と解釈された[94]．株式を引き受けるための必要資金を州政府が民間株主の予定者に融通する，というこの特殊な出資金融通の仕組みを媒介にしつつ，民間の株主による個別の株式引受額の最高は，5,000 ドル（これは 100 株の引受に相当する）に達する[95]．実際には 1834 年 5 月 10 日の時点で，まず第 1 行政区の The Indianapolis Branch Bank と第 2 行政区の The Lawrenceburg Branch Bank とに係る分の民間向け割り当て分の株式すべてが引き受けられ，正貨が払い込まれる．それから 10 日後の 1834 年 5 月 20 日までには，各支店銀行の資本金に用立てられる 8 万ドルずつ計 80 万ドル分の民間向け割り当て分の株式すべてが引き受けられ，正貨が払い込まれたのである[96]．

他方，州政府による株式の引き受けについては，以下のような背景があった．すなわち，The Second State Bank の株式の購入資金を調達すべく，州政府は，州債の発行および販売を画策する．州債の発行は，州政府の外郭団体，「減債基金」（この仔細は本章 3.3 で後述する）の理事達が行い，州債の販売を実際に執り行ったのは，州域内の開発を目的とした州政府の外郭団体，The Wabash & Erie Canal Fund の理事達である．The Wabash & Erie Canal Fund の理事達は，すでに 1834 年 3 月の時点でアメリカ合衆国東部の株式市場が活気を帯びつつあったことを認識するが，この時点での州債の販売は見送られる．その後市況は回復・上昇の過程を辿り，4 ヶ月後の 1834 年 7 月に，The Wabash & Erie Canal Fund の理事達によって，5% 利付の額面 1,000 ドル・期間 30 年の州債が初めて販売される[97]．この州債は，満期（30 年）が The Second State Bank の特許の有効期間（1857 年 1 月 1 日までの約 23 年間）よりも長く，州政府によって保有される The Second State Bank の株式が，その株式配当金を当てにすることを通じて担保に付けられ，The Second State Bank の民間株主にその担保の先取特権が付けられた[98]．

---

94) Esarey [1912] p. 244.
95) Knox [1903] p. 694.
96) Esarey [1912] p. 255. Carmony [1998] p. 172.
97) Harding [1895] p. 11.
98) Hepburn [1924] p. 146. 奥田 [1926] p. 132. なお Bodenhorn [2002] は，"Bank

この州債は"Bank Bond（銀行債）"と命名される[99]．"Bank Bond"の発行総額は，州政府が当初決めた130万ドルを上回り，3年間で3回（第1回目：総額50万ドル分：1834年8月販売，第2回目：総額45万ドル分：1835年8月販売，第3回目：総額44万ドル分：1836年販売）発行され，その発行・販売総額は139万ドルにのぼることになる[100]．

なお，"Bank Bond"の第1回目の販売総額（50万ドル分）は，各支店銀行に対して州政府が行う第1回目の株式の払い込み（支店銀行1行当たり5万ドルで計50万ドル）に相当する金額分である．1834年8月6日には，イギリスのロンドン証券市場で初めて販売された"Bank Bond"が，交渉の末，額面に1.05％のプレミアムが付いた市場価格（時価総額50万5,250ドル）で，New York City所在の商会，The Messrs. Prime, Ward & King に売却される．プレミアムが付いたことで，州政府の利払い分の出費負担が軽減された[101]．では，州政府による出費負担の軽減は，どの程度のものだったのか．州政府の利払い分（州債発行額の5％：50万ドル×0.05＝2万5,000ドル）に対し，ここにプレミアム分（州債発行額の1.05％：5,250ドル）が充てられる．したがって，州政府は，総額で21％に当たる金額分の出費負担の軽減となったのである．州政府は，"Bank Bond"の引受先からスペイン銀貨やメキシコ銀貨で正貨を入手し，その正貨を出資金として The Second State Bank に払い込み，The Second State Bank の発行済み株式を取得することになる．

各支店銀行は，州法銀行設置法に基づき，認可された資本金総額16万ドルのうち，開業前までに総額8万ドルの資本金を正貨で備えておくことが義務付けられた．開業までに必要な資本金総額8万ドルの内訳は，1816年に制定された州憲法の規定に基づいて，5万ドル分が州政府による払い込み，3万ドル分が民間による払い込みである．残りの資本金8万ドル分は，2回の年賦によって正貨で払い込まれ，正貨による資本金の払い込みを開業後2年間で完了することが求められた[102]．さらに，州政府による支店銀行への

Bond"の満期を25年と記しているが（Bodenhorn [2002] p. 235），これは誤りである．
99) Harding [1895] pp. 24-26. White [1911] p. 333.
100) Harding [1895] p. 6, p. 24.
101) Hunt's Merchants' Magazine [1849] p. 151. Esarey [1912] p. 256. Bodenhorn [2002] p. 235.

出資金の総額 8 万ドルのうち，当該の支店銀行が開業後もこの出資金を未使用のままになっている場合，この未使用分は他の支店銀行に移管することができた[103]．州政府から出資金として払い込まれた総額 50 万ドル分の正貨は，1834 年 10 月 15 日の時点で，本店銀行の理事会の手中に置かれ，各支店銀行に対し，資本金として 5 万ドルずつ均分のうえ配られた．さらに，民間における株式の引き受けを円滑に進めるために始められた，州政府による上述の出資金斡旋の方策が奏功する．前述のように，すでに 1834 年 5 月の時点で，民間に向けた株式引き受けの募集が終わっている．開業を間近に控えた 1834 年 11 月 10 日までに，The Second State Bank の発行済み株式を取得した民間の株主による第 1 回目の払い込みについて，すべて正貨で，具体的にはスペイン銀貨やメキシコ銀貨など輸入銀の鋳貨で済ませられたことが確認された[104]．ある支店銀行の民間株主が他の支店銀行の民間株主に名を連ねることはなく，民間株主の陣容は支店銀行によって異なるものであった[105]．支店銀行の資産や稼ぎはその支店銀行の株主の占有とされたが，株式配当金の支払いの公表については，本店銀行によってのみ可能であった[106]．これは，本店銀行内の理事会が各支店銀行の株式配当率を一律に規制できた，という仕組みに由来するものであろう．なお満期の有無に拘らず，融資に付した利子未払い分を株式配当金に算入させてしまう，ということはできなかった[107]．

ともかくこれで The Second State Bank には，州法銀行設置法において開業までに必要と定められた額の資本金（総額 80 万ドル分：認可された資本金総額 160 万ドルの半分に相当する金額）がすべて正貨で払い込まれ，開業に向けた準備が整う．翌 11 月 11 日の時点で，各支店銀行は，それぞれの理事会において頭取と取締役とを選出した[108]．ただし各支店銀行の頭取と取締役と

---

102) Harding [1895] p. 6. Esarey [1912] p. 245. 州憲法の銀行業に係る規定については，本篇の第 1 章第 2 節を参照されたい．
103) Carmony [1998] p. 691 の脚注 82 を参照．
104) Harding [1895] p. 11. White [1911] p. 333.
105) Harding [1895] pp. 4-5.
106) White [1911] p. 334. Hepburn [1924] p. 146.
107) White [1911] p. 334. Hepburn [1924] p. 146.
108) Harding [1895] p. 11.

の選出・任命については，支店銀行が置かれた各行政区域内の有力商人層が，地元有力者かつ株主としての立場を利用し，仲間内で済ませてしまっていた[109]．本店銀行の理事会に派遣される支店銀行の側からの代表者についても，各支店銀行の理事会において選出・任命が済まされた．

このように，The Second State Bank は，州政府による民間への積極的な出資金斡旋と，州債を活用した資金調達の枠組みとを基盤にしながら，半官半民によるその出資・所有が展開されるという，驚くべき特性を具えていたのである．

こうした半官半民による株主構成の態様に加え，さらに注目すべき特徴が The Second State Bank には具わっていた．それは，州政府と銀行間組織と株主（州政府と民間の個人・法人）とを結ぶ資金の脈流のトライアングルの狭間に「緩衝」が組成される，というものである．この緩衝は，「剰余基金」「徴収基金」「減債基金」の計3種類の基金で構成される．「剰余基金」とは，州法銀行設置法の54条に基づいて，各支店銀行が株式配当金を拠出する前の段階で，各支店銀行から各自の払込資本金総額の 0.0625%（16分の1%）に相当する金額分を，本店銀行の理事会が自らの権限に基づき徴収・プールして管理下に置いた基金である[110]．「徴収基金」とは，前述のように，The Second State Bank の株式の保有に際し1株当たり 12.5 セントの金額が州特別課税として株主から徴収されることになっているが，まさにこの徴収金がプールされた基金である．なお「徴収基金」は，教育目的にその利用が限定され，州政府が運営する「公立学校基金」（The Common School Fund）に全額寄附されるものとなっている[111]．「減債基金」は，The Second State Bank への出資金を調達すべく州政府が発行した "Bank Bond" の迅速な償還と利払いとを主たる目的として組成された基金である．それゆえ，州域内の通貨・信用秩序を安定化させる銀行制度の維持にとり，上記の3つの基金のなかでは最も重要な基金である．そこでこの「減債基金」の構造と，州域

---

109) White [1911] p. 334. なお，地元の有力商人層による各支店銀行の運営は概ね良好であったという（Madison [1986] p. 88）．
110) Dewey [1910] p. 226.
111) Esarey [1912] p. 252.

内の通貨・信用秩序を最終ラインで包括的に支える銀行債務の保証体系の内実とについて，項を改めて詳細に分析してゆくことにしよう．

3.3　減債基金と債務保証

「減債基金」とは，The Second State Bank の筆頭株主である州政府に定期的に入る莫大な株式配当金などをプールし，減債すなわち "Bank Bond" の償還と利払いとを迅速に進めることと，遊休する基金の一部を政策的に有効活用することとを目的に，運営を外郭団体に委ねるかたちで州政府が創設した機関である．「減債基金」の運営を管掌するのは，「減債基金」の運営理事会（The Sinking Fund Commission）である．この運営理事会は，The Second State Bank の総裁 1 名と州議会で任命された 4 名との計 5 名で構成され，「減債基金」の運営に係る年次報告書を州議会に提出することを義務付けられている[112]．「減債基金」をめぐる年次決算の報告も，この年次報告書で明示される．なおこの決算で計上された剰余金については，翌年度への繰越金とはならず，上述の「徴収基金」と同様に，州政府が運営する「公立学校基金」（The Common School Fund）に全額寄附されることになっている．

「減債基金」の原資は，4 つのルートから流れ込んで集まる資金のプールで構成される．第 1 のルートは，上述のように，筆頭株主の州政府が保有する The Second State Bank の株式から得られる株式配当金で，原資を成すメインルートである．第 2 のルートは，複数回の分割払い込みを前提に州政府から資金の一部立替を受けながら The Second State Bank の株式を取得した民間株主のうち，州政府からの立替資金が未返済の状態にある民間株主に宛てて供与されたものの，州政府が暫定的に保有することになっている株式配当金である．第 3 のルートは，州債つまり "Bank Bond" の引き受け先から得られる資金総額のうち，The Second State Bank の株式の購入に実際に充てられた総額を差し引いた，残余金である．第 4 のルートは，集めたあと遊休する「減債基金」のプールそのものを元手にした，長期融資の利息収入である．この長期融資は，融資総額の 2 倍に相当する評価額の分を不動

---

112) Harding [1895] pp. 8-9.

産で担保するという，不動産担保融資の形態が採られた[113]．担保は不動産が原則で，株式による担保は禁止された．融資先については，州域内の開発や発展に資する案件を重視する一方で，不動産取得への融資を，商業上不可欠とされる場合や抵当流れの取得を支援する場合を除き，禁止した．「減債基金」が長期融資を柱とする一方で，The Second State Bank の各支店銀行は，不動産を担保として受け入れず，手形割引の利用を中心とした中・短期融資の事業を，各々の管轄する区域内で着実に遂行する[114]．これにより，インディアナ州における融資事業は，長期と中・短期との両面で相互に補完され合った，独創的な仕組みを完備したのである．

「減債基金」の構造を俯瞰すると，以下の特質が浮き彫りとなる．すなわち，州政府が，5% 利付の州債（"Bank Bond"）の引き受け先から得られた資金を元手に，The Second State Bank の発行済み株式の 50% を保有し，筆頭株主となる．それゆえ，各支店銀行による業務活動の所産である The Second State Bank の総利益の一部が，株式配当金として，筆頭株主の州政府に経常的に入る．州政府は筆頭株主としての立場を活用し，経常的に手許に入る巨額の株式配当金をプールして，「減債基金」を創る．なおかつ州政府は，「減債基金」を自らの影響下に置きながらあくまでも直轄ではないという形態で「減債基金」を管理すべく，外郭団体をこしらえる．州政府は，この外郭団体を介しこの基金を利用することで，減債つまり "Bank Bond" の迅速な償還・利払いを進めてゆく．要するに，「減債基金」を通じて，州政府は借金をして入手した株式の配当金でまさにその借金を返済する，というわけである．同時に，遊休する基金の一部を，政策効果が期待される領域に，州域内の活性化や発展に資する政策的な長期融資を行うかたちで活用する．州政府は，占有こそしないが銀行間組織に陰に陽に深く関与することで，州域内の通貨・信用秩序の健全性をめぐる管理を主導するのみならず，州域内の開発をも金融面で主導できる，瞠目すべき仕組みを巧みに作り上げたのである．

続いて，銀行債務の保証体系について見てゆこう．銀行債務の保証対象は，

---

113) Harding ［1895］p. 24.
114) Harding ［1895］p. 24.

銀行券や預金を始めとして，支店銀行の債務全般に及ぶ[115]．債務保証は，以下の手続きを経て行われる．The Second State Bank の本店銀行内に置かれた理事会は，州法銀行設置法の15条と63条とに基づき，3名の銀行監督官が各支店銀行の財務状況について原則として年2回，要請があれば適宜監査を行い，問題点の発掘と対処に努める．監査の遂行にも拘らず一部の支店銀行が支払い不能に陥ってしまった場合に，以下の手続きが実施される．まず，支店銀行の閉鎖を決める権限は本店銀行の理事会にあるので，この理事会が当該の支店銀行を閉鎖するか否かを決める．次に，閉鎖が決まった支店銀行について，支払い不能に陥った要因が汚職によるものか否かが見極められる．反証が不能であるならば，支払い不能に陥った要因は基本的には汚職による詐欺行為によるもの，とみなされる[116]．そのうえで，州法銀行設置法の44条に基づき，本店銀行の理事会が管財人を任命する．支払い不能に陥った支店銀行の保有資産については，当該の支店銀行の株主に出資金を返還するために，州政府が最上位の先取特権を有する[117]．支払い不能に陥った要因が汚職にあるものと認定された場合，当該の支店銀行の経営陣（頭取や取締役）は，債権者に対して無限責任が課せられ，経営陣それぞれが所有する資産の売却による債務弁済が要求される．経営陣による各々の保有資産の売却による弁済後にもなお残るいわば残余債務については，州法銀行設置法の102条に基づいて，当該の支店銀行に出資した株主にその履行責任が求められる．各株主の責任の大きさは，各株主の持株数の大きさに比例する．各株主が責任を負う金額は，各自の出資総額を超えないものとされた．各株主は，上述の残余債務に対して，各々の出資総額を超えない範囲内で，持株数の大きさに応じて比例配分し，その履行責任をシェアするものとされたのである[118]．

　もっとも，銀行債務の保証を担う責任主体は，当該の支店銀行の経営陣や株主に留まらない．他の諸々の支店銀行や本店銀行の経営陣も，債務の保証

---

115) FDIC [1953] p. 46.
116) White [1911] p. 335.
117) White [1911] p. 334. 奥田 [1926] p. 133.
118) Harding [1895] pp. 6-7. White [1911] p. 335.

に当事者として関与する．これは，本店銀行と各支店銀行とが全債務について相互に責任を負うということが，州法銀行設置法の9条で規定されていたことによる．具体的には，支払い不能に陥った支店銀行が現れた場合，当該の支店銀行が抱える不履行債務を弁済するために，まずは上述のように，支払い不能に陥った支店銀行の経営陣や株主が自ら保有する各種資産の売却によって得られた資金でもって，充当される．ここで残った不履行債務については，州法銀行設置法の26条に基づいて，本店銀行の経営陣が責任を負う．この残余債務の履行を完遂するために，本店銀行の経営陣は，権限を行使して，当該の支店銀行が支払い不能に陥ってから1年以内に，他の各支店銀行に対し，その残余債務を均分して弁済負担を共同で行わせるのである[119]．さらに州法銀行設置法の46条と102条とに基づいて，本店銀行の理事会が，他の各支店銀行に対し，それぞれの割り当てを示して「寄附金」の拠出を訴えかけることができた．そしてこの「寄附金」を，支払い不能に陥った支店銀行が抱える不履行債務の最終弁済に充てることができたのである．

このように，州法銀行が再び創設されたあとのインディアナ州の銀行制度の下では，各支店銀行は独立採算により各々の管轄する行政区域内で与信・決済業務を遂行し，資産や利益を各自で獲得・保持する．一方で負債については，支店銀行の経営陣・株主のみならず，本店銀行およびすべての支店銀行をも含めた包括的な相互責任の紐帯が張られ，その紐帯をさらに包容するかたちで必要に応じて「寄附金」が組まれ，債務保証の備えに万全に期す．州域内の通貨・信用秩序の安定を確保することを強く意識した実に緻密で重層的なメカニズムが，州単位で独自にこしらえられたのである[120]．

---

119) White [1911] p. 334. Hepburn [1924] p. 147. 奥田 [1926] p. 133. Redlich [1951] p. 24.

120) 「支店銀行における資産の独立保有と負債の共有」というインディアナ州の銀行制度の特性については，すでに先学の指摘がある（White [1911] p. 334, Hepburn [1924] p. 148, 奥田 [1926] p. 132）．ただし先学は，資産の独立保有を「競争的運営による効率性」を担保するものとみなしてしまっている．しかし本章で解明してきたように，仕切られた各々の行政区域内で各支店銀行がそれぞれ独自に業務を行うインディアナ州の銀行制度の下では，支店銀行自らの経営判断に基づいて独立採算を踏まえたより効率的な運営を目指すことは見受けられても，支店銀行どうしの間でお互いを意識し合いながら預金・資産・利益を奪取し合うといった完全競争は生起しないし，完全競争に基づいた銀行運営を踏まえながら業務効率が上げられるといったことも生じない．

かくして，中央銀行なき状態の黎明期アメリカにあって，実に特異でかつ精度の高い銀行制度が，インディアナ州に誕生する．本店銀行の理事会が1834年11月17日に開催され，2日後の11月19日には，時のNoah Noble州知事が，The State Bank of Indianaの開業を記した宣言書を発布する．この発布に基づいて，本店銀行と10の支店銀行とで構成される単一の州法銀行，The State Bank of Indiana，通称The Second State Bankが翌11月20日に正式に開業する運びとなる[121]．地方分権と中央集権という相反する2つの性格が縫合された，全米でも類稀にみる独特な性質を帯びた銀行制度が，いよいよインディアナ州域内で動き始めることとなるのである．

---

121) Hunt's Merchants' Magazine [1849] p. 151. Knox [1903] p. 695. なおEsarey [1912] は11月19日を開業日と記している (Esarey [1912] p. 256). Harding [1895] は開業日を12月1日と記しているが (Harding [1895] p. 11), これは誤りである．

第3章　興隆と試練：1834〜1842年
—— 経済開発による増資と恐慌への対峙

　前章までの論究で明らかにされたように，黎明期アメリカ・インディアナの銀行制度は，中央銀行なき状態のアメリカにあって，独特の経緯の下に独創的な制度設計の着想が生まれ，州域内において独自に育まれてゆく．インディアナ州においては，安寧を脅かすものとして銀行の存在を憂い，銀行が少なければ少ないほど良いという「反銀行主義」の理念が，古くから州域内に浸透する．一方で，州域内の開発と発展に対する渇望もまた，沸き上がってくる．そして，「反銀行主義」の理念にこだわりつつも，あくまで経済成長を遂げるべく通貨や信用の供給を実践し続けなければならない，という現実にも直面する．この二律背反の命題に挑むことを余儀なくされるなかで，インディアナ州においては，試行錯誤しながら銀行制度の構築と破壊とが繰り返される．この結果，銀行数を僅少にするという体裁を保ちつつ，州域内を複数の行政区に分割して，各支店銀行に対し，自らの経営と当該の行政区域内における通貨・信用秩序の管理とを委ね，各行政区域内で業務を行う各支店銀行の監督・統轄を本店銀行が担う，という仕組みが発案される．

　つまりインディアナ州においては，現行のアメリカ中央銀行制度の特殊性を特徴付けている，地方分権と中央集権という相反する2つの特性を縫合のうえ兼備させた，特異な銀行間組織のかたちが，アメリカで中央銀行制度が成立するその遥か以前に，連邦単位ではなく州・地域単位で独自に紡ぎ上げられていた，と言えるわけである．

　本章では，現行のアメリカ中央銀行制度の雛型としての性格をすでに帯び始めていた黎明期のインディアナの銀行制度について，強靭とおぼしきその耐性が恐慌に瀕した折に現実にどう発揮されていたのかを究明する．特に，1837年と1839年の2つの世界恐慌の襲来という危機的な事態にこのインデ

ィアナの銀行制度がどのように対峙し，州域内の通貨・信用秩序の混乱をどこまで抑え，州域内の経済社会を実際にどう守り抜いたのか．この点が，本章を貫く問題意識である．

　本章を繙くうえで鍵概念となるのは，1837年および1839年の2つの世界恐慌である．これらの恐慌は，資本主義経済の当時の基軸国イギリスを発端とする，当時としては未曾有の世界恐慌である．中央銀行なきアメリカにこれらの恐慌が襲来し伝播すると，全米の各州・各地域の金融経済や実体経済にたちまち深刻な影響がもたらされる．そうしたなか，ニューイングランドやインディアナなど極僅かの州・地域のみが，恐慌による経済的な大打撃をなんとか回避することができた[1]．経済的な大打撃を免れた極僅かの州・地域に共通するのは，精緻な銀行制度の存在に裏打ちされた高度な決済機構を州・地域単位で独自に備え，恐慌の際にも決済機能が粛々と持続されていた，という点である．恐慌の際にも州・地域単位で決済機能が滞りなく持続されていたことによって，当該の地域の通貨・信用秩序において，通貨の減価やいわゆるシステミック・リスクの顕現が抑えられ，通貨・信用秩序が麻痺することもなく危急の事態を乗り切ることができたのである．州単位で独自に育まれた銀行制度によって度重なる世界恐慌の襲来から州民の経済生活をどうにか守り抜くことができたのは，果たしてインディアナの銀行制度の独創性に由来するものなのか．本章を通じ，この点が明らかとなる．

　本章は3点で構成される．まず，1830年代の前半に全米を覆った開発と投機とをめぐる狂騒のなかで，インディアナ州域内における開発と投機の推進にインディアナの銀行制度が果たした役割について，分析する（第1節）．次に，1837年の世界恐慌の襲来にインディアナの通貨・信用秩序はどう動揺し，インディアナの銀行制度がその動揺による州域内への悪影響をどう食

---

1) 1837・1839年の両恐慌の襲来でニューイングランドの経済的な大打撃を回避することができたのは，マサチューセッツ州法銀行のひとつ，ボストン所在のThe Suffolk Bankが「銀行の銀行」として中央銀行的な役割を担おうと自発的に動き，サフォーク・システムと呼ばれる私的な銀行間組織をまとめ上げ，ニューイングランドにおける銀行間決済の機能を恐慌の襲来下でも持続させることができたからである．サフォーク・システムおよび，1837・1839年の両恐慌とサフォーク・システムとの関係については，大森［2004］［2007］を参照されたい．

い止めたのか,実態を究明する(第2節).最後に,1839年の世界恐慌の再来にインディアナ州はどう喘ぎ,窮する現状の打破に向けてどう改革を実践していったのかを追究する(第3節).

1. 開発と投機

1.1 州経済の急伸

複数の支店銀行を抱えた単一のインディアナ州法銀行 The State Bank of Indiana,通称 The Second State Bank が開業したのは,1834年11月20日である.The Second State Bank が開業した当時,全米を覆う西漸運動・フロンティア開発の煽りで,インディアナ州は経済開発の真只中にあった.表II-4によれば,州域内の人口は1810年代および1820年代に激増し,30年間で4,875人(1800年)から343,031人(1830年)に達する[2].1830年代に入り,州域内への移民がさらに増える.The Second State Bank が開業した1834年の時点では,州域内の人口は約50万人に達したと言われている.州の人口の拡大と共に,社会資本の整備や,農用地・居住地などの確保を目的とした公有地開発,それに資源開発の需要が日増しに高まる.当時のインディアナ州の産業構造は,農業が主軸に,農産物の取引・輸送に係る商業が副軸にあった.加えて第3の軸として,州域内の開発に係る諸産業が台頭する.こうした複層性を帯びた産業構造より派生する多彩な資金需要にどう呼応するかを踏まえつつ,The Second State Bank の役割が州法銀行設置法(1834年1月28日に制定・施行)によって定められていた.例えば,The Second State Bank の各支店銀行がそれぞれ管轄する行政区域内でそれぞれ融資を行う場合に,農業資源の開発に係るものに融資の対象が優先されるなど,おもに農業開発に銀行融資が振り向けられることになっていたのである[3].

---

2) White [1911] や奥田 [1926] は,The Second State Bank の開業時におけるインディアナ州の人口を約100万人と記しているが(White [1911] p. 338,奥田 [1926] p. 135),本書に掲載の表II-4に基づけば,これは過大な積算だと考えられる.
3) 本篇の第2章3.1項を参照されたい.

表 II-4　インディアナ州の人口推移：1800～1860 年

	人口	増加率		人口	増加率
1800～10 年	4,875	―	1830～40 年	343,031	133.07%
1810～20 年	24,520	403.14%	1840～50 年	685,866	99.94%
1820～30 年	147,178	500.23%	1850～60 年	988,416	44.11%

注：1) Vedder & Gallaway [1975] は，1800～10 年の人口を 5,641 人と記している．
　　2) 1816 年まではインディアナ准州としての人口．
出所：Hunt's Merchants' Magazine [1849] p. 147. Vedder & Gallaway [1975] p. 163. Madison [1986] pp. 325-326.

では，The Second State Bank の開業時におけるインディアナ州の産業構造と資金需要との関係はどうなっていたのか．産業構造の主軸である農業，副軸である農産物の取引・輸送に係る商業，新しく伸びてきた第 3 の軸である開発事業の順で，それぞれ分析しておこう．

　まず農業については，インディアナ州においては，おもに畜産業とりわけ養豚業が発達する．そのほか，牛や馬などの飼育事業が展開される．養豚業は，豚を春季に購入し，夏季に肥育させ，秋季に船で輸送し，冬季に包装し商品として市場に出す．養豚業への資金需要も，この年次サイクルの下で規則的に動く．養豚業における資金需要のピークは，肥育した豚の商品取引が活発になる冬季から初春にかけての 1～3 月の期間で，この時期は「ポークシーズン」と呼ばれる[4]．「ポークシーズン」は，地理的な位置によってズレがあり，全米でも内陸部の州や地域であればあるほど遅くやってくる．インディアナ州には例年 1 月以降に訪れるが，東部寄りに隣接するオハイオ州には，前倒しで例年 11～12 月頃に到来する．他方，養豚業における資金需要のトラフは，肥育が実施される夏季の 7～8 月である．一般に農業における資金需要の年次サイクルは，夏季から秋季の収穫期にかけて増え冬季に減るが，養豚業はそれとは全く逆の様相を呈していたのである．こうした農民層に対し，The Second State Bank の各支店銀行は，事業継続のための運転資金として，農地などの不動産を担保にした融資を積極的に展開することとなる．

　次に，農産物の取引・輸送に係る商業については，そもそも従事者が僅少

---

4)　Harding [1895] p. 26.

であった.インディアナ州域内の生産年齢人口の大部分が農業に従事し,1834 年の時点では,総人口約 50 万人のうち,商業従事者の数は僅か 900 人程度であった.また川沿いの交易事業者がやはり 900 人程度で,家畜専門の商業従事者と製造業者とが共に若干名,といった具合である[5].さらに州法銀行設置法に基づいて,The Second State Bank の各支店銀行による融資については,商人向けの融資が 1 件当たり 300 ドル以内に,製造業者向けの融資が 1 件当たり 500 ドル以内にそれぞれ抑えられていた[6].従事者の僅少と融資額の法的な制限ゆえに,農産物の取引・輸送に係る商業についての資金需要はそれほど大きなものではない,と社会的にはみなされるようになる.

最後に,州域内の開発事業について見ておこう.州域内の開発事業は,1832 年に着工された大運河,Wabash & Erie Canal の建設が,州域内の開発ブームに向けた新たな段階への火付け役となる.この大運河の計画・着工は,資金融通の機構を社会的に整備することの必要性を生み,The Second State Bank の創設を後押しする要因の 1 つとなる[7].そして The Second State Bank が開業した 1834 年末から景気の過熱がピークを迎える 1837 年恐慌寸前までの時期にかけて,州域内の開発事業は,州域内の人口の増加とシンクロしながら拡大の一途を辿る.これは,居住者の増加に応じて,社会資本整備や公有地開発,資源開発の需要が日増しに高まってきたためである.開発事業は,公共事業として州政府が深く関与するかたちで実践され,やがて州経済の発展を促す牽引車として,景気を引っ張る原動力となる.開発事業が州政府と深い関係を持つのは,公共事業の遂行ゆえである.なぜなら公共事業は,州政府が州議会の承認の下に開発計画と予算とを立てて外郭団体や民間企業に発注をかけて行われる.そしてその遂行は,有効需要の創出を見込んでマクロ面で経済の機序に刺激を与えうる,政策効果が期待される性質を帯びたものだからである.州域内の開発事業に係る資金調達については,おもに州政府による州債の発行を利用するかたちで行われる.

では,この時期にインディアナ州政府はどれだけの州債を発行し,どのよ

---

5) Harding [1895] p. 26.
6) Knox [1903] p. 695, ならびに本篇の第 2 章 3.1 項を参照.
7) Baker [1857] p. 162.

表 II-5　インディアナ州債の起債額と用途：1830〜1838年

(単位：米ドル)

起債額	1830〜35年	1835〜38年	計
	1,890,000	10,000,000	11,890,000

用途	銀行	運河	鉄道	有料道路	計
	1,390,000	6,750,000	2,600,000	1,150,000	11,890,000

出所：*Hunt's Merchants' Magazine*［1841b］pp. 178-179.

うな類いの開発事業に着手したのか．表 II-5 は，1830 年から 1838 年にかけてインディアナ州政府が発行した州債の発行総額と，州債の発行・引き受けを通じて調達された資金がどのような開発事業に使われたのかを示したものである．これによると，The Second State Bank の設置・開業を含んだ 1830 年から 1835 年にかけての 6 年間は，州債の発行総額が 189 万ドルに過ぎなかったのに対し，1837 年恐慌を跨いだ 1835 年から 1838 年までの 4 年間になると，それが 1,000 万ドルへと激増している．用途別で見ると，1830 年から 1838 年までの 9 年間に州債の発行で集められた資金総額 1,189 万ドルのうち，州法銀行（The Second State Bank）への出資が 139 万ドル，運河建設（Wabash & Erie Canal）への出資が 675 万ドル，鉄道建設への出資が 260 万ドル，有料道路建設への出資が 1,150 万ドルとなっている．つまり，州域内の開発事業の中心となる社会資本の整備に向けて，調達資金が多く投じられているというわけである．

なお，総額 139 万ドルに及ぶ州法銀行への出資金については，前章で論じたように，州政府が，厳密には「減債基金」の理事達が，1834 年の The Second State Bank の設置・開業にあたりこれに出資するために，計 3 回に渡って "Bank Bond" と呼ばれる州債を発行し，資金が調達されたものである（第 1 回目：1834 年 7 月発行・50 万ドル分，第 2 回目：1835 年 8 月発行・45 万ドル分，第 3 回目：1836 年 10 月発行・44 万ドル分）[8]．上述のように，1830 年から 1835 年までの 6 年間における起債総額は 189 万ドルに過ぎなかったが，1835 年から 1838 年までの 4 年間における起債総額は 1,000 万ドルと激増し

---

8) この点については，本篇の第 2 章 3.2 項を参照されたい．

ている．1835 年を境に起債額が激増したのは，インディアナ州において大規模な社会資本整備の計画が実行に移され，1836 年に州議会の認可を受けて州政府が総額 1,000 万ドル分を集中的に起債したためである[9]．

大規模な社会資本整備の計画とは，隣接のオハイオ州やイリノイ州と協力し約 800 マイルの運河建設（Wabash & Erie Canal：インディアナ州域内の区間は 375 マイル）と約 200 マイルの鉄道建設とを完遂させるという，壮大な建設計画である[10]．州境を跨いだこの大規模な社会資本整備を行うための資金を調達すべく，州議会による承認を踏まえ，州政府は 1836 年に総額 1,000 万ドル分もの州債を一挙に発行し，運河・鉄道・有料道路の建設資金にそれぞれ充てたのである．州政府による大がかりな社会資本整備の着手に伴い，The Second State Bank の各支店銀行も当座貸越を頻繁に実践し，開発業者や不動産業者に対する運転資金の融通を，それぞれの管轄する行政区域内でそれぞれ積極的に行う．こうした当座貸越は，1839 年までに約 65 万ドルに達する[11]．しかしながら，やがて到来する恐慌を契機に，この当座貸越は不良債権のひとつに姿を変え，The Second State Bank に重く圧し掛かってゆくことになる．

1.2 景気の高揚と銀行制度

1834 年から 1837 年恐慌の前夜にかけて，国土開発の機運が全米で高まる．開発が見込まれた土地には，値上がりの期待感が高く，金融機関が開発融資を行うための担保として高い資産評価が付けられる．さらに開墾予定地の所有権は，転売益を得るための手段として次々に投機的に取引され，地価が吊り上げられてゆく．値上がりの期待感が高い開墾地を元手に取得が期待され

---

9) Harding [1895] p. 13.
10) Baker [1857] p. 162. Harding [1895] p. 13. なお Harding [1895] は，インディアナ州政府がこの時期に大規模な開発事業を集中的に進めたことについて，州の総人口が 1836 年の時点でまだ 70 万人程度に過ぎなかった（本書の表 II-4 に基づけば，実際は総人口がもっと少なかった，と考えられる［筆者註］）ことと，州域内の各種資源が未開発であったことから，時期尚早であったと述べている（Harding [1895] p. 13）．
11) Esarey [1912] p. 258. なお楠井 [1997] は，州の企てた「内部開発事業」に The Second State Bank が深くコミットしなかったことで特徴的である，と述べているが（楠井 [1997] pp. 161-162），この指摘には疑問が残る．

る開発利益を目論み，各州では州法銀行が濫立する．各行が自行銀行券を濫発したり融資を頻繁に行ったりして，全米で信用の膨張が進み，景気は高揚を示してゆくことになる．では，全米で景気が高揚するこの時期に，インディアナ州の The Second State Bank は実際にどう業務を展開し，銀行制度をどう発展させていったのか．

　The Second State Bank は，開業後すぐの 1834 年 12 月 5 日に最初の報告書を州議会に提出している．そこには，事業を行ううえでの The Second State Bank としての姿勢が明確に謳われている．それは，特段の目的のために短期の融資を行いきちんと返済を求めることが自行の利益に最も繋がることになるし州にとっても最も有用なものとなる，という内容である[12]．債権の回収に係るリスクの高い長期の融資に傾倒するよりもむしろ短期の融資を主軸とした堅実な銀行運営を進めようという The Second State Bank の強い決意が如実に伝わってくる．

　こうした姿勢は，やがて具体的なかたちとなって現れてくる．表 II-6 は，1835 年 1 月から 1842 年 12 月までの期間における The Second State Bank の月毎の業態を示したものである．もっとも，銀行の業況というものは時々刻々と変化する．月毎の業況を俯瞰しただけでは，絶えず変化する銀行業況の実態を精密に捉えられているとは言えない．とはいえ，月毎の業況をひとまず俯瞰しておくことで，業況の変化の趨勢を知る手掛かりにはなる．この点を踏まえて表 II-6 を改めて見ると，1834 年 11 月 20 日の開業からおよそ 1 ヶ月経った 1835 年 1 月 1 日の時点では，要求払債務（銀行券＋預金）に対する正貨の準備率が 128.8% と，要求払債務の総額を正貨の保有額がかなり上回った状態になっている．開業からおよそ半年経った 1835 年 5 月に，The Second State Bank の本店銀行は理事会を開催し，独立採算の下にそれぞれの管轄する行政区域内で与信を続ける各支店銀行の業態について，「良好」との報告がなされている．この報告を裏付けるように，表 II-6 において 1835 年 1 月 1 日付の業況から 1835 年 5 月 30 日付の業況までの箇所を見下ろしてゆくと，与信の基本となる手形割引が 52 万 9,843 ドル 75 セントか

---

[12] Harding [1895] p. 27.

第 3 章 興隆と試練：1834〜1842 年　249

表 II‑6　The Second State Bank の月毎の業態推移：1835〜1842 年

	割引	正貨	銀行券	民間預金	連邦政府預金	準備率 (%)
1835 年 1 月 1 日	529,843.75	751,083.29	456,065.00	127,236.30	—	128.80
1835 年 1 月 31 日	770,025.11	722,219.03	656,545.00	185,163.03	—	85.80
1835 年 2 月 28 日	948,909.12	708,943.72	753,415.00	186,191.50	—	75.50
1835 年 3 月 28 日	1,057,363.53	631,220.65	831,705.00	183,786.21	—	62.20
1835 年 5 月 2 日	1,151,798.22	652,521.51	997,475.00	191,105.73	39,197.12	53.10
1835 年 5 月 30 日	1,216,936.43	684,546.13	1,131,240.00	210,814.80	110,800.26	47.10
1835 年 6 月 27 日	1,234,723.92	719,028.50	1,185,685.00	272,987.42	180,280.48	43.90
1835 年 8 月 8 日	1,348,785.56	739,254.30	1,274,285.00	296,524.37	274,280.48	40.10
1835 年 9 月 5 日	1,458,360.34	694,057.51	1,349,955.00	320,891.12	343,691.94	34.50
1835 年 10 月 3 日	1,496,638.24	700,201.85	1,361,430.00	300,811.28	410,684.12	33.80
1835 年 10 月 31 日	1,547,624.59	698,003.69	1,422,835.00	323,407.94	495,603.88	31.10
1835 年 11 月 28 日	1,941,223.50	878,488.69	1,616,290.00	422,433.51	1,098,265.83	28.00
1835 年 12 月 26 日	2,212,315.89	865,340.72	1,895,290.00	391,894.37	1,257,819.82	24.40
1836 年 1 月 23 日	2,384,531.29	874,340.25	2,054,050.00	342,903.97	1,332,410.42	23.40
1836 年 2 月 20 日	2,433,918.14	936,149.07	2,097,990.00	308,418.16	1,228,801.31	25.80
1836 年 3 月 19 日	2,686,702.21	982,785.50	2,140,675.00	291,012.34	1,367,319.98	25.90
1836 年 4 月 30 日	2,824,149.75	1,007,240.18	2,204,630.00	404,273.37	1,362,436.03	25.40
1836 年 5 月 28 日	2,784,726.81	993,775.46	2,043,085.00	404,693.13	1,203,727.94	27.20
1836 年 6 月 25 日	2,756,255.13	1,092,153.45	2,016,880.00	434,911.77	1,515,759.70	27.50
1836 年 7 月 23 日	2,775,887.02	1,106,112.72	2,001,495.00	446,988.22	1,791,694.30	26.10
1836 年 8 月 20 日	2,787,808.01	1,102,595.12	2,032,235.00	392,820.07	2,367,111.97	23.00
1836 年 9 月 17 日	2,811,730.16	1,006,457.80	1,927,130.00	336,654.56	1,792,990.15	24.80
1836 年 10 月 31 日	2,821,354.12	953,429.90	1,825,150.00	330,631.64	2,036,282.33	22.70
1836 年 11 月 26 日	3,179,263.10	1,204,737.59	1,970,595.00	436,294.75	2,271,766.17	25.70
1836 年 12 月 24 日	3,666,799.91	1,234,015.16	2,116,505.00	533,254.06	2,104,037.35	26.00
1837 年 1 月 21 日	3,892,606.81	1,254,252.29	2,261,385.00	495,405.10	1,899,192.72	26.90
1837 年 2 月 18 日	4,166,745.50	1,203,056.44	2,404,595.00	428,802.57	1,682,423.01	26.60
1837 年 3 月 18 日	4,271,914.39	1,142,019.67	2,547,645.00	496,775.67	1,559,577.81	24.80
1837 年 4 月 29 日	4,219,280.15	1,222,303.82	2,615,275.00	579,637.40	1,435,300.64	26.40
1837 年 5 月 27 日	4,165,340.01	1,209,989.38	2,412,915.00	450,306.47	1,481,657.65	27.80
1837 年 6 月 24 日	3,902,861.55	1,202,341.35	2,357,770.00	370,284.85	1,106,440.77	31.40
1837 年 7 月 22 日	3,764,615.15	999,894.34	2,476,076.00	426,012.58	904,609.51	26.30
1837 年 8 月 19 日	3,573,215.77	1,125,687.03	2,475,061.00	395,786.85	910,372.22	29.80
1837 年 9 月 30 日	3,495,848.92	1,158,887.72	2,389,451.00	267,527.71	672,319.81	34.80
1837 年 10 月 31 日	3,367,267.41	1,048,714.72	2,322,654.00	328,157.27	626,802.96	32.00
1837 年 11 月 18 日	3,400,973.29	1,289,605.26	2,303,127.00	336,144.45	582,095.50	40.00
1837 年 12 月 23 日	3,520,163.35	1,291,265.42	2,288,458.00	475,083.45	525,972.29	39.30
1838 年 1 月 20 日	3,596,957.76	1,223,911.69	2,322,200.00	432,182.32	432,943.22	38.40
1838 年 2 月 17 日	3,556,818.61	1,203,083.30	2,336,233.00	385,175.85	421,541.58	38.30
1838 年 3 月 17 日	3,560,649.72	1,205,555.61	2,370,953.00	358,928.15	360,634.86	39.00
1838 年 4 月 30 日	3,416,579.77	1,246,943.52	2,357,128.00	318,088.72	354,935.52	41.20
1838 年 5 月 26 日	3,318,627.89	1,237,003.06	2,394,882.00	306,120.83	352,896.52	40.50
1838 年 6 月 23 日	3,206,331.21	1,260,055.85	2,445,853.00	316,696.76	350,535.32	40.50
1838 年 7 月 21 日	3,189,303.52	1,249,622.48	2,471,652.00	302,485.16	334,294.66	40.20
1838 年 8 月 18 日	3,248,709.76	1,262,817.21	2,480,360.00	289,266.49	279,498.09	41.40
1838 年 9 月 29 日	3,491,234.33	1,256,053.88	2,615,415.00	361,654.78	201,785.71	39.50
1838 年 10 月 31 日	3,570,535.94	1,234,479.41	2,804,468.00	354,151.06	208,229.20	36.70
1838 年 11 月 17 日	3,679,200.79	1,265,832.08	2,951,795.00	393,549.79	207,329.20	35.60
1838 年 12 月 22 日	4,287,409.08	1,331,428.42	3,404,185.00	541,434.45	200,864.15	32.10
1839 年 1 月 31 日	4,534,389.43	1,390,298.07	3,548,139.00	553,855.54	200,523.55	32.30
1839 年 2 月 28 日	4,765,154.55	1,273,479.41	3,708,842.00	584,351.31	184,101.57	28.40

(表 II-6)

	割引	正貨	銀行券	民間預金	連邦政府預金	準備率(%)
1839 年 3 月 30 日	4,960,866.04	1,363,295.49	3,847,503.00	503,069.75	155,151.57	30.30
1839 年 4 月 30 日	4,310,729.16	1,366,053.31	3,834,062.00	512,776.57	125,051.57	30.50
1839 年 5 月 31 日	4,619,752.25	1,381,980.41	3,796,675.00	538,390.31	126,519.47	31.00
1839 年 6 月 29 日	4,448,296.36	1,317,878.50	3,873,887.00	523,156.33	88,369.05	29.40
1839 年 7 月 31 日	4,256,621.52	1,318,815.06	3,646,098.00	473,029.94	49,283.44	31.60
1839 年 8 月 31 日	4,166,846.27	1,231,259.51	3,473,189.00	410,788.74	48,690.19	31.30
1839 年 9 月 30 日	4,043,429.83	1,174,058.16	3,284,163.00	299,724.02	48,690.19	32.30
1839 年 10 月 31 日	3,940,196.68	1,021,490.18	3,124,497.00	320,238.59	48,440.19	29.20
1839 年 11 月 30 日	4,008,863.25	966,358.15	3,058,425.00	441,467.38	47,840.87	27.20
1839 年 12 月 31 日	4,277,790.68	924,190.51	3,208,488.00	553,442.03	9,840.87	24.50
1840 年 1 月 30 日	4,300,553.27	936,521.75	3,271,019.00	536,136.58	133.18	24.60
1840 年 2 月 29 日	4,305,414.28	945,370.68	3,265,802.00	461,589.54	133.18	25.40
1840 年 3 月 30 日	4,309,757.09	955,524.62	3,279,897.00	407,128.72	—	25.90
1840 年 4 月 30 日	4,202,958.06	958,542.60	3,244,802.00	354,445.13	—	26.60
1840 年 5 月 30 日	3,997,067.49	990,881.44	3,221,912.00	348,993.74	—	27.70
1840 年 6 月 30 日	3,798,952.56	1,019,349.78	3,192,868.00	360,946.54	—	28.70
1840 年 7 月 31 日	3,754,809.70	1,016,767.57	3,132,692.00	346,735.97	—	29.20
1840 年 8 月 31 日	3,627,637.71	1,058,734.76	3,078,385.00	314,936.71	—	31.20
1840 年 9 月 30 日	3,673,697.38	1,058,341.05	3,046,704.00	297,340.31	—	31.60
1840 年 10 月 31 日	3,627,248.54	1,092,963.72	2,991,339.00	309,248.61	—	33.10
1840 年 11 月 30 日	3,773,892.99	1,084,508.98	3,057,321.00	340,325.19	—	31.90
1840 年 12 月 31 日	4,028,899.41	1,098,345.95	3,136,217.00	345,723.24	—	31.50
1841 年 1 月 30 日	3,963,580.23	1,115,363.78	3,154,641.00	320,299.81	—	32.10
1841 年 2 月 27 日	3,995,267.12	1,122,005.10	3,139,117.00	344,329.52	—	32.20
1841 年 3 月 31 日	4,025,301.14	1,134,108.82	3,281,625.00	313,550.91	—	31.50
1841 年 4 月 30 日	4,030,308.24	1,120,880.29	3,264,310.00	288,143.16	—	31.60
1841 年 5 月 31 日	3,912,632.68	1,126,049.34	3,265,038.00	283,560.34	—	31.70
1841 年 6 月 15 日	3,809,998.60	1,229,608.60	3,291,926.00	332,724.29	—	33.90
1841 年 7 月 31 日	3,611,050.75	1,130,288.00	3,255,062.00	260,519.48	—	32.20
1841 年 8 月 31 日	3,681,755.78	1,129,144.16	3,259,623.00	281,736.98	—	31.90
1841 年 9 月 30 日	3,676,395.69	1,127,618.49	3,231,778.00	222,183.70	—	32.60
1841 年 10 月 31 日	3,708,164.06	1,127,518.60	3,138,094.00	251,986.41	—	33.30
1841 年 11 月 30 日	3,728,992.52	1,115,063.55	3,145,152.00	260,645.36	—	32.70
1841 年 12 月 31 日	3,772,950.86	1,124,503.35	3,135,349.00	293,184.15	—	32.80
1842 年 1 月 31 日	3,695,640.19	1,124,905.92	3,074,212.00	248,722.76	—	33.90
1842 年 2 月 28 日	3,592,385.97	1,128,523.91	2,946,226.00	239,750.49	—	35.40
1842 年 3 月 31 日	3,482,241.13	1,125,817.87	2,840,933.00	211,889.75	—	36.90
1842 年 4 月 30 日	3,381,123.18	1,108,927.05	2,737,150.00	186,743.42	—	37.90
1842 年 5 月 31 日	3,219,308.41	1,066,562.33	2,450,999.00	181,675.91	—	40.50
1842 年 6 月 30 日	3,117,502.96	984,473.68	2,224,897.00	214,818.53	—	40.40
1842 年 7 月 31 日	3,009,254.47	843,030.82	1,952,788.00	176,867.62	—	39.60
1842 年 8 月 31 日	2,970,274.74	800,345.97	1,839,583.00	171,498.26	—	39.80
1842 年 9 月 30 日	2,923,313.74	792,797.18	1,831,136.00	184,270.73	—	39.30
1842 年 10 月 31 日	2,897,917.11	799,047.96	1,802,540.00	181,248.98	—	40.30
1842 年 11 月 30 日	2,886,679.38	807,701.33	1,875,214.00	212,737.75	—	38.70
1842 年 12 月 31 日	2,962,166.12	817,051.90	2,002,482.00	200,238.50	—	37.10

注：1) The State Bank of Indiana の業態は，実務を行う各支店銀行の業務実績の総体である．
　　2) 数字の単位は，米ドル．
　　3) 準備率は，要求払債務（自行銀行券＋預金）に対する正貨の準備率のことを指している．
出所：Harding [1895] pp. 109-111 の掲載データを基に筆者作成．

ら121万6,936ドル43セントへと着実に増えていることが分かる.

 発券についても,1834年1月28日に施行された州法銀行設置法において定められた,銀行券の発行総額や発行方法を遵守しつつ,45万6,065ドルから113万1,240ドルへと,その発行額を伸ばしている.民間預金の取り扱いについては,州法銀行設置法に基づき各支店銀行がそれぞれの管轄する行政区域内で独自に集められることになっていたが,各支店銀行が集めた民間預金の総額もまた12万7,236ドル30セントから21万814ドル80セントへと,上昇基調にある.

 預金に関しては,民間預金の獲得に加え,連邦法に基づく唯一の銀行であった第2次合衆国銀行の消滅という連邦政府の決定を受けて,1835年5月から連邦政府預金の受け入れが始まる.この結果,各支店銀行が個別に集めた預金の総体としてのThe Second State Bankの預金総額が,さらに増え始める.この頃本店銀行の理事会では,各支店銀行の利益率が開業から5ヶ月の間に平均で2.5%程度に達している,との報告もなされた.

 ただし,各支店銀行の利益率が平均で2.5%程度に達しているということが,先に示した,各支店銀行の業態が「良好」との報告を裏付けられるものなのかどうかについては,吟味を要するところである.なぜなら,州法銀行設置法に基づいて,各支店銀行は自らの存続のために年6%の利益率の達成が求められていたからである.年6%の利益率の達成が見込まれない支店銀行は不採算店舗として認識され,廃止や整理統合の対象とみなされる.したがって,「平均2.5%」という文言の背後に,独立採算で動く各支店銀行の間で利益率の態様にバラツキがあるものと考えられるが,利益率の高い支店銀行の群とそうでない支店銀行の群との間に二極化が生じているのか,各支店銀行の利益率が2.5%前後に凝集しているのか,バラツキの内実はまだ定かではない.この点は,今後の解析が待たれるところである.

 さて,順調な滑り出しを見せたThe Second State Bankにあって,その運営を補強しうる2つの仕組みが1835年中に整えられる.それは,増資と支店銀行の新設とである.州政府は,The Second State Bankへの出資を続けるために,1835年8月に「減債基金」の運営理事会による決定を通じて,45万ドル分の州債を追加発行する.この時点で発行された州債は,

1834年8月に発行されたものと同じ，額面1,000ドルで5%利付・30年物の "Bank Bond" であった．The Second State Bank のための州債の発行は，1834年7月の発行（50万ドル分）に続いて2回目である．追加発行された45万ドル分の州債のうち，40万ドル分の州債は，既存の10の支店銀行に対する第2回目の資本金の払い込みに充てるという目的で発行され，額面価格（1,000ドル）に4.5%のプレミアムが付いた市場価格で売却された．残り5万ドル分の州債については，新設の11番目の支店銀行における第1回目の株式の払い込み（総額5万ドル分）に向けた資金調達を目的に発行される．11番目の支店銀行は，すでに州法銀行設置法において1835年に開設されることが明記されていた．未開であった州北東部の開拓が進み，この地に11番目の行政区が新設される．その中心都市 Fort Wayne に，The Fort Wayne Branch Bank が設置されたのである．

　The Fort Wayne Branch Bank は，1835年7月4日より民間に向けて株式が割り当てられ，1835年11月17日に Noah Noble 州知事が開業に向けた宣言を行い，それから8日後の11月25日に開業する[13]．開業直後の1835年12月末には，早くも配当率5%の株式配当金が出される[14]．1836年には，The Fort Wayne Branch Bank の頭取に，生え抜きの Hugh McCulloch が指名され就任する．彼は開業直前の1835年10月よりそこの支配人に任命され，粛々と職務に当たっていた．彼は頭取に就任すると，州都 Indianapolis に赴いては，他の支店銀行の頭取達や州域内の主導的な銀行家らと親密な交流を重ねてゆく[15]．ちなみにこの Hugh McCulloch は，やがて The Second State Bank の本店銀行の理事会のメンバーに入ることになる．本書で後述されるが，彼はその後，連邦政府の通貨監督官や財務長官に就き，連邦単位でも通貨・金融制度改革を進め，全米でも名を馳せる，極めて重要な人物となる[16]．

　もっとも Noble 州知事は，The Second State Bank の増資がまだ不充分

---

13) Harding [1895] p. 12.
14) Esarey [1912] p. 259. Carmony [1998] p. 264 および p. 692 の脚注94を参照．
15) McCulloch [1888] p. 113. Knox [1903] p. 706.
16) Knox [1892] p. 979.

第 3 章　興隆と試練：1834〜1842 年　253

だと見ていた．すでに 1835 年 12 月の時点で，州域内における産業の発展と人口の増大に The Second State Bank の資本が追いつかなくなる，との懸念を彼は示していた．このとき，州下院の銀行関連法規に係る特別委員会も，他州の州法銀行に比して The Second State Bank の資本金が少ない点を問題視し，400 万ドルから 500 万ドル程度の規模の資本金が必要であることを提言する．これに加え，この特別委員会は，資金需要に関する周期的な季節変動（これについては本章 1.1 項を参照）に対応して各支店銀行が融資額を拡大させたり縮小させたりするのを認めることを前提に，各支店銀行が行う融資の限度額を，「資本金総額の平均 2 倍まで」という現行の規定から「資本金総額の平均 2.5 倍まで」に拡大すべき，と提言した．

　なお Noble 州知事は，任期満了に伴い 1836 年末で退任を迎えることとなる．だが，上述の懸念とは裏腹に，Noble 州知事の残りの在任期間中に，支店銀行のさらなる新設を認可することは見送られた．つまり，州法銀行設置法で明記されていた The Fort Wayne Branch Bank 以外に，支店銀行は新設されなかった，ということになる．なぜか．支店銀行の新設の要請は，州域内の各地，例えば Michigan City, La Porte, Kosciusko County, La Porte County, Elkhart County, Jeffersonville, Laurel, Mount Vernon などで湧き上がっていた [17]．それにも拘わらず，銀行数が僅少であればあるほど健全で良い，という「反銀行主義」の伝統的な理念が Noble 州知事の脳裏をよぎり，Noble 州知事は闇雲に支店銀行数を増やすことを躊躇ったのではないか．このように考えられる．

　かくして，支店銀行の数を増やす代わりに，既存の支店銀行の機能を増強する策が次々と実行に移される．まず 1836 年 1 月 25 日付で制定された州法によって，各支店銀行の払込資本金の限度額が，従来の 16 万ドルから 25 万ドルへと大幅に引き上げられる [18]．加えて，当該の行政区域内において独自に寄附金を募ることについても，各支店銀行に対して認められた．こうし

---

17)　Carmony［1998］p. 692 の脚注 95 を参照．
18)　Baker［1857］p. 162. なお Root［1895b］は，「4 つの支店銀行について払込資本金の限度額が 20 万ドルに引き上げられた」と示している（Root［1895b］p. 231）．だがこの指摘については，事実としてそうであったのか疑問が残るところである．

て各支店銀行は，独自に財務基盤を強化することが可能となる．増資した分の株式は，原則としてすべて民間に割り当てられるものとされた．ただし州政府が望めば，増資した分の半分に相当する金額分の株式の割り当てを，州政府が申し込むことができた．

さらに，各支店銀行の融資限度額を，「資本金総額の平均 2.5 倍まで」に拡大する（ただし資本金総額の 3 倍を超えてはならない）ことが認められる．The Second State Bank における本店銀行の理事会もこれらの修正を受諾し，特許の条項内容が修正される運びとなった[19]．1836 年 10 月には，The Second State Bank への出資に充てられるための最後（第 3 回目）の州債が，「減債基金」の運営理事会による決定に基づき，州政府によって 44 万ドル分ほど発行される．この時点で発行された州債は，前々回（1834 年 8 月）および前回（1835 年 8 月）に発行されたものと同じ，額面 1,000 ドルで 5% 利付・30 年物の "Bank Bond" であった．第 3 回目に発行された州債は，額面価格に 1% のプレミアムが付いた市場価格で売却される．州債の売却によって集められた資金は，New York City において，The Second State Bank の総裁宛てに出資金として払い込まれた．The Second State Bank への出資を目的とした，計 3 回に及ぶ州債が州政府によって発行されることで，総額で 139 万ドルもの資金が調達された，ということになる．

このように，開業してまだ年月の浅い The Second State Bank であったが，州域内の経済開発が進み景気が高揚へと向かうなかで，着々と銀行制度がより磐石なものへと仕立てあげられてゆくこととなるのである．

1.3　景気の過熱と銀行業況

では，景気が過熱へと向かうこの時期，The Second State Bank は実際にどのような業況を見せていたのか．The Second State Bank の開業後すぐから 1837 年恐慌の影響が最も深刻なものとなる 1837 年 5 月末までの時期において，The Second State Bank の貸借対照表をめぐる資産項目および負債・資本項目のうち，主要な項目の変化を詳細に辿ってみよう．

---

19) Harding [1895] p. 5. Carmony [1998] p. 174, 265.

第 3 章　興隆と試練：1834〜1842 年　255

　まず，資産項目について見る．与信すなわち銀行信用の供与が成されるうえで，その主軸を成すのは，手形割引である．表 II-7 に基づいて，月毎の推移に沿って The Second State Bank における手形割引の変化を具体的に見てゆこう．1834 年に制定された州法銀行設置法に基づいて，The Second State Bank の各支店銀行が行うことのできる手形割引の総額は，払込資本金総額の 2.5 倍に相当する額まで，と定められていた[20]．手形割引の総額は，開業後すぐの 1835 年 1 月 1 日の時点では 52 万 9,843 ドル 75 セントに過ぎなかったが，順調に右肩上がりを続け，1836 年 4 月 30 日の時点で 282 万 4,149 ドル 75 セントと，最初のピークを迎える．その後は若干の停滞を見せる．実は，1836 年の夏季に，全米において一時的に信用収縮が生じている．これは，1836 年 7 月 11 日付で連邦政府によって発布された「正貨回状」の影響に伴い，全米で信用収縮が起きたもの，とする観方が通説である[21]．

　ちなみに「正貨回状」とは，連邦政府によって発布された政令で，過熱を見せていた土地投機を抑制するために，公有地の購入代金について連邦政府への支払い手段を正貨に限定する，というものである．しかしインディアナ州に関しては，すでに 1836 年 4 月末をピークに手形割引の停滞が生じていたのだから，この通説とは異なり，すでに 1836 年 7 月以前の段階で全米各地に先駆けて銀行信用に収縮の兆しが示されていた，ということになる．すでに生じていた手形割引の停滞に追い討ちをかけるように，「正貨回状」が連邦政府によって 1836 年 7 月 11 日に発布され，The Second State Bank は与信にさらなる影響を被ることとなる．各支店銀行による手形割引が，連邦政府の払下げ公有地の購入を求める層に対する有力な与信手段となっていた．このため，「正貨回状」の発布により，支払い手段として正貨以外は認めな

---

20)　Baker [1857] p. 162. Hepburn [1924] p. 147. また本篇の第 2 章 3.2 項も参照されたい．

21)　正貨回状の発布年月日について，Esarey [1912] は「1836 年 7 月 6 日」と記し (Esarey [1912] p. 258)，Shade [1972] は「1836 年 7 月 16 日」と記している (Shade [1972] p. 42)．寺地 [1998] は「1837 年 7 月 11 日」と記しているが，これは誤りである (寺地 [1998] p. 170)．楠井 [1997] は，正貨回状を「1836 年 7 月 11 日に発布され 1837 年に発効された」と示している (楠井 [1997] p. 245)．この発効日の正確な日時については，さらに追究を要するところである．

表II-7 The Second State Bank の貸借対照表：1835～1842年

(単位：米ドル)

【資産項目】

	1835年11月21日	1836年11月26日	1837年11月18日	1838年11月17日	1839年10月31日	1840年11月21日	1841年11月20日	1842年11月19日
約束手形	1,434,790.19	2,292,724.69	2,889,116.60	3,037,649.72	NA	2,514,629.21	2,422,305.98	2,132,608.40
為替手形	376,175.32	883,888.41	374,955.63	500,411.12	NA	796,316.76	857,168.08	327,898.51
割引総額	1,810,965.51	3,176,613.10	3,264,072.23	3,538,090.84	3,940,196.68	3,310,945.97	3,279,474.06	2,460,506.91
不動産	14,450.16	48,901.32	95,569.98	139,297.68	187,403.16	223,630.40	241,051.15	260,847.46
備品	5,060.92	6,001.72	5,427.96	5,088.33	0	6,533.39	5,463.48	5,579.45
支店銀行宛債権	203,091.36	886,025.98	361,105.25	46,621.72	112,268.49	32,477.53	32,269.61	26,310.27
他行宛債権	957,739.87	1,457,204.65	460,520.51	226,521.94	208,301.96	305,146.67	182,151.07	227,634.86
減債基金	0	109,701.13	307,181.49	588,484.89	0	634,413.80	0	0
送金など	0	154,494.34	39,316.08	265,287.58	91,728.69	76,630.60	99,035.27	60,730.66
株式・債券	0	0	0	0	294,000.00	294,000.00	982,203.15	332,796.00
インディアナ州宛債権	0	0	0	0	641,200.17	0	0	0
インディアナ州財務局手形	0	0	0	0	0	0	0	634,711.00
強盗での損失	0	0	0	0	0	0	0	0
未定・その他	0	2,650.00	86,901.06	141,109.95	0	378,649.70	451,477.04	406,122.67
不履行債務	732,440.77	489,753.39	216,516.00	270,473.00	169,500.00	331,775.55	441,992.70	106,085.23
他行銀行券（支店銀行および他行）	797,114.87	1,204,737.59	1,128,031.56	1,345,832.08	1,021,490.18	1,076,551.94	1,127,901.37	811,234.40
正貨	0	0	161,573.70	0	0	0	0	0
連邦からの特別預金（銀貨）								
資産総額	4,520,863.46	7,536,083.22	6,126,215.82	6,566,808.01	6,666,089.33	6,670,761.55	6,843,018.90	5,332,559.41

257

(表 II-7)
【負債・資本項目】

(単位：米ドル)

	1835年11月21日	1836年11月26日	1837年11月18日	1838年11月17日	1839年10月31日	1840年11月21日	1841年11月20日	1842年11月19日
資本金	1,199,778.65	1,585,481.51	1,867,906.25	2,216,700.00	2,594,000.00	2,671,618.75	2,743,191.62	2,727,532.14
剰余基金	36,179.35	129,312.56	249,958.47	308,958.35	222,944.83	296,711.10	308,742.61	332,632.79
無利子配当	7,000.00	30,345.44	4,598.63	22,131.31	4,839.42	34,805.73	36,068.93	17,121.26
純利益	11,832.12	30,003.44	170,725.95	78,512.51	148,544.35	15,282.87	32,883.60	71,916.38
支店銀行宛債務	203,082.87	832,199.90	329,646.38	53,560.33	146,100.25	34,416.09	40,483.33	16,519.63
他行宛債務	23,415.22	66,867.08	101,179.19	269,905.30	126,088.74	148,829.74	116,065.19	64,929.47
基金支払	46,097.86	68,777.87	19,060.29	64,366.22	70,254.46	140,172.41	156,988.88	89,325.92
連邦財務省宛債務	1,062,238.58	2,267,489.68	576,277.75	206,534.10	47,707.69	0	0	0
インディアナの年金委託業者宛債務	17,670.81	8,868.08	5,817.75	795.1	0	0	0	0
自行債務	0	157,984.50	0	0	0	0	0	0
連邦からの特別預金	0	0	161,573.70	0	0	0	0	0
預金債務	379,543.00	431,703.16	336,144.45	393,549.79	320,238.59	297,772.86	272,157.74	184,210.82
銀行券債務	1,534,025.00	1,927,050.00	2,379,559.30	2,951,795.00	2,985,371.00	3,031,092.00	3,136,437.00	1,828,371.00
銀行券債務（未決済・損失分）	0	0	0	0	0	0	0	0
負債・資本総額	4,520,863.46	7,536,083.22	6,202,447.82	6,566,808.01	6,666,089.33	6,670,761.55	6,843,018.90	5,332,559.41

注：毎年11月第3週の時点の財務内容となっている。
出所：Harding [1895] p. 115 の記載データを基に筆者作成。

いということで，各支店銀行による手形割引の需要がさらに停滞してしまうことになったのである．その後 1836 年の下半期から，手形割引は再び急伸する．第 2 のピークは 1837 年 3 月 18 日の時点に生じ，手形割引の総額が 427 万 1,934 ドル 39 セントに達した．1835 年 1 月 1 日の時点から第 2 のピークに当たる 1837 年 3 月 18 日の時点までの間に，手形割引の総額は，実に約 8 倍もの伸びを記録しているのである．

　The Second State Bank の各支店銀行による手形割引においては，為替手形と約束手形という 2 つの手形がその対象とされる．為替手形とは，商品取引を基礎に振出人が支払人に委託するかたちで受取人またはその指図人に対して一定の金額を支払ってもらうことを目的に振り出される，実物取引に裏付けられた信用である．約束手形とは，商品取引との関連なしに，振出人から受取人またはその指図人もしくは手形所持人に対して所定の期日に所定の金額を支払う旨を約束する目的で振り出され，実物取引の裏付けを必ずしも伴わない信用である．表 II-7 によれば，1835 年 11 月 21 日の時点では手形割引の総額が 181 万 965 ドル 51 セント（内訳：為替手形 37 万 6,175 ドル 32 セント，約束手形 143 万 4,790 ドル 19 セント）であったのが，約 1 年後の 1836 年 11 月 26 日の時点では，手形割引の総額が 317 万 6,613 ドル 10 セント（内訳：為替手形 88 万 3,888 ドル 41 セント，約束手形 229 万 2,724 ドル 69 セント）に変化している．手形割引の総額は，約 1 年間で約 1.75 倍に膨らむ．手形割引の内訳については，約束手形の割引額が為替手形の割引額を凌駕している．しかし双方の割引額における伸び方を比較すると，約束手形の伸び方が約 1.6 倍増なのに対し，為替手形の伸びは約 2.4 倍と約束手形のそれを上回っている．景気が過熱している時期に，手形割引の総額は右肩上がりとなるが，その右肩上がりをもたらす要因となっているのが，約束手形の割引額の堅実な伸びと，商取引の急拡大を背景にした為替手形の割引額の突発的な急増とである．

　かくして，州域内の信用需要の拡大に呼応し景気の高揚と連動しつつ，The Second State Bank は，各支店銀行がそれぞれの管轄する行政区域内で，各支店銀行による与信を通じて，与信を積極的に進めてゆく．約束手形や為替手形の割引を通じ，各支店銀行は手形割引の総額を着実に増やしてゆくこ

第 3 章　興隆と試練：1834〜1842 年　259

ととなるのである．

　手形割引と並ぶ銀行信用のもう 1 つの柱が，「他行融資」すなわち銀行間融資である．改めて表 II-7 を見てみよう．表 II-7 は，年毎における The Second State Bank の貸借対照表の推移を示している．もっとも，貸借対照表の中身は時々刻々と変わる．各年の一時期のみを抽出しその積算で年毎の過程を眺めただけでは，貸借対照表の変化を克明に追えているとは言えない．とはいえ，年毎の過程を網羅的に眺めることで変化の趨勢を知る手掛かりの 1 つにはなる．この点を自覚したうえで，The Second State Bank の各支店銀行による銀行間融資の実状と変化とを解析しておこう．

　The Second State Bank の貸借対照表のうち，銀行間融資に係る項目は，資産項目においては「支店銀行宛の債権」「他行宛債権」，負債・資本項目においては「支店銀行宛の債権」「他行宛債務」である．「支店銀行宛の債権」「支店銀行宛の債務」が The Second State Bank の支店銀行どうしの間による資金の貸借・融通を示すものであるのに対し，「他行宛債権」「他行宛債務」は The Second State Bank の各支店銀行が，The Second State Bank の支店銀行間ネットワークの範疇外にある商業銀行に対して行った資金の貸借・融通を示すものである．景気が過熱する 1835 年から 1836 年にかけてのこれらの項目の変化を，具体的に見てゆこう．

　「支店銀行宛の債権」は，20 万 3,091 ドル 36 セント（1835 年 11 月 21 日付）から 88 万 6,025 ドル 98 セント（1836 年 11 月 26 日付）へと，約 1 年で激増している．「支店銀行宛の債務」についても，20 万 3,082 ドル 87 セント（1835 年 11 月 21 日付）から 83 万 2,199 ドル 90 セント（1836 年 11 月 26 日付）へと，約 1 年でやはり激増している．景気の過熱ぶりを反映して，支店銀行どうしの間の資金の貸借・融通の規模が急激に膨らんでいるのが分かる．「支店銀行宛の債権」と「支店銀行宛の債務」との関係をネットベースで見ると，8 ドル 49 セントの貸出超過（1835 年 11 月 21 日付）から 5 万 3,826 ドル 8 セントの貸出超過（1836 年 11 月 26 日付）へと，貸出超過の規模が大きく膨らんでいる．他方，「他行宛債権」は，95 万 7,739 ドル 87 セント（1835 年 11 月 21 日付）から 145 万 7,204 ドル 65 セント（1836 年 11 月 26 日付）へと，やはり景気の過熱を反映してその規模が急激に拡大している．「他行宛債務」は，2

万 3,415 ドル 22 セント（1835 年 11 月 21 日付）から 6 万 6,867 ドル 8 セント（1836 年 11 月 26 日付）へと，額は小さいが伸び方が 3 倍弱ほど高くなっている．「他行宛債権」と「他行宛債務」との関係をネットベースで見ると，93万 4,324 ドル 65 セントの貸出超過（1835 年 11 月 21 日付）から 139 万 337 ドル 57 セントの貸出超過（1836 年 11 月 26 日付）へと，やはり貸出超過の金額が膨らんでいる．

以上の実態認識を踏まえると，景気の過熱に伴う資金需要の増大を反映して，支店銀行どうしの間における資金の融通のみならず，支店銀行とは異なる他行との間の資金の融通においても貸し出しの伸びは著しく，貸し出しが借り入れを上回る，つまり債権総額が債務総額を上回る，という事態が常態化していた，ということになる．

では，各支店銀行による与信の健全性およびその支払い能力の礎となる，The Second State Bank の正貨保有高はどう推移しているのか．表 II-6 によれば，The Second State Bank の正貨保有高は，開業後すぐの時点で 75万 1,083 ドル 29 セント（1835 年 1 月 1 日付）を示したあと下降し，63 万 1,220 ドル 65 セント（1835 年 3 月 28 日付）で底を打つ．その後は上昇に転じ，87 万 8,488 ドル 69 セント（1835 年 11 月 28 日付）で最初のピークを迎える．そして，小刻みな上下変動を見せながら右肩上がりを続ける．1836 年 4 月 30 日の時点で 100 万 7,240 ドル 18 セントと 100 万ドルの大台を超え，1837 年 1 月 21 日の時点で 125 万 4,252 ドル 29 セントと頂点を迎える．景気の過熱が進むなかで，正貨保有高もまた着実に増えていっているのが分かる．

では，The Second State Bank は正貨をどのような手段によって保有していたのか．表 II-8 は，The Second State Bank の正貨保有の内部構成をめぐる推移を表したものである．これによれば，The Second State Bank の正貨保有高は，79 万 7,811 ドル 87 セント（1835 年 11 月 21 日付）から 120 万 4,737 ドル 59 セント（1836 年 11 月 26 日付）へと，1 年間でかなりの増加を示している．正貨は金または銀で保有され，金よりもむしろ銀による保有が圧倒的に大きい．当時アメリカでは金銀複本位制が採用され，建国後すぐに制定された連邦貨幣法（1792 年）に基づいて，通貨単位＝米ドル，金銀比価≒1：15，十進法原則をそれぞれ用いるという貨幣制度が展開されていた．そ

表 II-8　The Second State Bank の正貨保有の構成：1835〜1842 年

(単位：米ドル)

	金	銀	総額
1835 年 11 月 21 日	26,019.68	771,095.19	797,811.87
1836 年 11 月 26 日	67,027.17	1,137,710.42	1,204,737.59
1837 年 11 月 18 日	165,804.59	962,226.97	1,128,031.56
1838 年 11 月 17 日	186,425.75	1,159,406.33	1,345,832.08
1839 年 10 月 31 日	—	—	1,021,490.18
1840 年 11 月 21 日	87,013.69	989,538.25	1,076,551.94
1841 年 11 月 20 日	72,664.80	1,055,236.57	1,127,901.37
1842 年 11 月 19 日	40,621.16	770,613.24	811,234.40

出所：Harding［1895］p. 113 の掲載データを基に筆者作成．

の後 1834 年 6 月 28 日に連邦貨幣法が改定され，金銀比価≒ 1：16 に変更される．このため，正貨は金または銀で保有されるのが当然のことだったのである．

　正貨保有高の増加は，The Second State Bank にとってみれば，貸出準備の安定化に寄与し，支払い能力を高め，財務内容の健全性を高める契機となる．とはいえ，正貨保有高の増加が貸出準備の安定化や財務内容の健全性を高めることに結実するのかどうかについては，The Second State Bank の各支店銀行が振り出す債務総額の大きさいかんによる．そこで The Second State Bank の債務総額が景気過熱の時期にどう推移しているのかを確認しておこう．

　The Second State Bank の債務総額のうち，まずは要求払い債務を構成する銀行券債務と預金債務とに注目する．銀行券債務から見ておこう．表 II-6 を見ると，The Second State Bank による発券総額すなわち銀行券債務の総額については，開業後すぐの時点では 45 万 6,065 ドル（1835 年 1 月 1 日付）であったが，その後 1 年 3 ヶ月間は一貫して伸張を続け，220 万 4,630 ドル（1836 年 4 月 30 日付）にまで達する．それから半年間は漸減の傾向を示し，182 万 5,150 ドル（1836 年 10 月 31 日付）でトラフを迎える．この時期の発券の漸減は，上述の手形割引の場合と同じで，前述の「正貨回状」が発布される以前からその兆しが生じ，「正貨回状」の発布が追い討ちをかけたかたちとなっている．それから半年後には再び伸び始め，1837 年恐慌が訪れる前夜の 1837 年 4 月 29 日時点で 261 万 5,275 ドルを付け，ピークを示した．

The Second State Bankによる発券については，本店銀行に置かれた理事会が各支店銀行券の印刷原版を常に管理し，各行政区域内の通貨・信用秩序を管理する各支店銀行が，必要に応じて本店銀行の理事会に対して発券の申請を行う．理事会は，各支店銀行による申請の発券総額や申請の内容を慎重に吟味したうえで，各支店銀行券の発行を認可する．そして，認可された総額分の各支店銀行券が印刷され発行される．発行された支店銀行券には，本店銀行の総裁すなわちThe Second State Bankの総裁と当該の支店銀行の頭取との双方の署名が必ず求められた．こうした複雑な手続きが1834年に制定された州法銀行設置法に基づき整備されることによって，インディアナ州域内における銀行券の濫発が抑制されるようになっていた．このため，The Second State Bankの銀行券債務の総額は堅実にかつ順調に伸び続けたのである．この当時The Second State Bankの各支店銀行券が近隣諸州や東部・西部の各都市にまで幅広く流通していたことを，1835～1836年会期の州下院議会（州下院議長：Richard W. Thompson（第8行政区のLawrence地区選出））が確認している[22]．

預金債務については，表II-6を一瞥すると，銀行券債務と比較してその規模は小さい．これは，商業銀行の要求払い債務の中心が当時はまだ預金よりもむしろ銀行券にあったことを物語っている．預金債務の内訳は民間預金と連邦政府預金とで構成され，双方とも著しい伸びを示している．民間預金の総額は，開業後すぐの時点では12万7,236ドル30セント（1835年1月1日付）であったが，その後右肩上がりの趨勢を示し，1835年11月28日の時点で42万2,433ドル51セントと，最初のピークを迎える．それから約1年後の1836年12月24日の時点で，50万ドルを超える（53万3,254ドル6セント）．そして1837年恐慌の前夜に57万9,637ドル40セント（1837年4月29日付）を付けて，ピークを示している．

連邦政府預金の保有総額については，1835年5月2日の時点で3万9,197ドル12セントと，初めて残高が付く．その後は飛躍的に増え，僅か半年後の1835年11月28日の時点で109万8,265ドル83セントと，100万ドルの

---

22) Carmony [1998] p. 173.

第 3 章　興隆と試練：1834〜1842 年　263

壁を超える．1836 年の上半期は 120 万ドル台から 130 万ドル台までの範囲内で停滞するが，1836 年 8 月 20 日付で 236 万 7,111 ドル 97 セントとピークを迎える．しかしその後は下降線を辿り，連邦政府預金の減少が顕著なものとなる．1837 年恐慌が訪れる前夜の 1837 年 4 月 29 日の時点においては，それは 143 万 5,300 ドル 64 セントにまで落ち込んでいる．なお連邦政府預金の残高は，ピークを示した前後に不可思議な動きを見せている．残高が 179 万 1,694 ドル 30 セント（1836 年 7 月 23 日付）から翌月には最高到達点の 236 万 7,111 ドル 97 セント（1836 年 8 月 20 日付）に増えながらも，さらに翌月には 179 万 2,990 ドル 15 セント（1836 年 9 月 17 日付）へと急に落ち込む．これは，僅か 2 ヶ月の間に約 57 万ドル分の連邦政府預金が The Second State Bank に振り込まれては即座に引き出されるという，特異な実態を示していることになる．連邦との関係のなかで何らかの政策的な意図が背後にあったのか，ここはさらなる追究を要する箇所である．

　一方で，やはり表 II-6 において預金の保有総額を比較してみると，連邦政府預金は民間預金を凌駕し続けている．潤沢な預金の存在は，商業銀行にとって手形割引などの与信を積極的に行ううえで有力な財務基盤の組成に資するものとなる．このように，景気が過熱するなか，各支店銀行による民間預金の獲得が州域内において地道に進みながらも，それを上回る額の公金が連邦政府から豊富に入り込む．連邦政府預金の受け入れを続けられたことで，The Second State Bank は預金債務の規模を大きく伸ばし，積極的な与信を行うための財務基盤をより磐石なものにしていったのである．

　ところで，なぜ The Second State Bank は連邦政府預金を扱っていたのか．これは，The Second State Bank が，創設されてすぐの 1835 年初頭に，連邦政府によってお墨付きの預金金融機関（いわゆるペットバンク）の 1 つに指定されたことによる．当時の連邦政権は，既述のように，州統治の裁量性を最大限に尊重した連邦統治を推進する Andrew Jackson の政権下にあった．いわゆるジャクソニアン・デモクラシーの下で，連邦による州統治への介入が害悪とみなされる．この害悪の象徴とされたのが，連邦法に基づく唯一の商業銀行であった第 2 次合衆国銀行で，この第 2 次合衆国銀行の存否をめぐる政争，いわゆる「銀行戦争」が展開されることになる．

Jackson連邦大統領は,「銀行戦争」を大統領選挙の争点に掲げ, 第2次合衆国銀行の存続を訴える対立候補を破り, 1832年に再選を果たす. その後1832年7月に連邦議会は第2次合衆国銀行における特許の更新を承認するものの, Jackson連邦大統領が拒否権を行使し, このままゆけば1836年までに第2次合衆国銀行の閉鎖が決まってしまうという事態になる. 第2次合衆国銀行のNicholas Biddle総裁は, 自由放任ゆえ投機的な行動が進む各州の州法銀行の状況に対し通貨の供給を絞りデフレ政策を敢えて採用することで, 第2次合衆国銀行が必要不可欠であることをアピールするように仕向ける. これに対し, Jackson連邦大統領が第2次合衆国銀行の支払い能力についての監査を連邦議会に請求するが, 連邦議会はこの請求を拒否する.

　この諍いを機に, Jackson連邦大統領は, これまで続けていた第2次合衆国銀行に対する公金の全面的な預託を停止し, 大統領自身が全米各地から選び出した29の州法銀行に公金を分散して預託しその取り扱いを任せる, という政策を実行した. このとき選ばれた29の州法銀行がペット・バンクと呼ばれ, そのうちのひとつがインディアナ州のThe Second State Bankだったのである. この頃, 連邦政府預金の保有総額は, アメリカ中西部の北東地域に至る諸州（インディアナ州・オハイオ州・ミシガン州・イリノイ州・ウィスコンシン州）の内では, インディアナ州のThe Second State Bankが傑出していたのである[23].

　では, The Second State Bankの財務基盤は, どれくらい磐石なものであったのか. またThe Second State Bankは, どれほどの利益を出し続けていたのか. 景気が高揚する時期にあたるThe Second State Bankの準備

---

23) Adams, Jr.［1975］によると, アメリカ中西部の北東領域における諸州に存在した連邦政府による指定の州法銀行（いわゆるペットバンク）における1836年当時の連邦政府預金の保有総額は, The Second State Bank（インディアナ州）137万7,948ドル98セント, The Michigan Bank（ミシガン州）107万820ドル3セント, The Farmers' & Mechanics Bank（ミシガン州）70万3,675ドル75セント, The Commercial Bank（オハイオ州）39万5,175ドル82セント, The Clinton Bank（オハイオ州）32万8,127ドル52セント, The Franklin Bank（オハイオ州）24万4,048ドル12セントであった（Adams, Jr.［1975］p. 214）. もっともこれらの総額が1836年のいつの時期のものなのかAdams, Jr.［1975］の記載では不明であるが, 上掲のThe Second State Bankの総額と本書に掲載の表II-6と突き合わせて類推するに, 1836年の上半期のどこかの時点に該当するものと考えられる.

率や配当率の推移を見ておこう．

　表II-6によれば，The Second State Bankにおける要求払い債務に対する準備率は，時間と共に下降の趨勢を示してはいるが，準備率の水準自体が極めて高いところにある．開業後すぐの1835年第1四半期においては，準備率が60%を超えるという，極めて高い水準にある．準備率は1835年8月8日の時点で40%程度にさしかかり，同年10月31日の時点でようやく30%を切る．1836年1月23日の時点で23.4%と最初のトラフを迎えたあと，しばらくは25%を上回る水準で推移する．そして再び下降し，1836年10月31日の時点で22.7%と，最低の水準を記録する．その後は，再び準備率が上昇に転ずる．これは，1836年10月に"Bank Bond"の発行・売却に伴い，The Second State Bankに対する第3回目の資本金の払い込み（44万ドル分）が州政府によって行われたことで，The Second State Bankの財務基盤がさらに増強されたことに起因する．資本の増強を機に，手形割引や発券による与信が再び増え始め，預金債務も増えたことで，準備率が再び上向いたのである．1837年恐慌の前夜（1837年4月29日付）には，準備率が26.4%を記録する．最低の水準ですら22%を上回り，恐慌に至る前夜なのにも拘らず26%強という，比較的高い水準の準備率が示されているわけである．このような準備率の推移を示しているのだから，景気の過熱や恐慌の襲来の怖れがあったにも拘らず，The Second State Bankは，全米でも極めて高い準備率を保ちつつインディアナ州域内に通貨・信用を安定的に供給し続けていた，ということになる．

　このように，高い準備率を背景とした与信が堅実に進められることによって，各支店銀行の業務利益もまた高く安定し，株主への配当も高い水準の下で行われる．表II-9は，The Second State Bankにおける年次の株式配当率を示している．これによると，The Second State Bankの年次配当率は，1835年が年3.00%だったのが1836年には年9.36%へと，3倍以上に急騰している．恐慌の年に当たる1837年においてさえも，年8.00%という驚異的な高さの配当率となっている．株主への配当は利益の一部が分与されるので，高い配当率を維持し続けられるということは，The Second State Bankの業務利益がそれだけ安定的に確保されていることが窺い知れる．それを裏

表 II-9 The Second State Bank の年次配当率：1835～1842 年

	配当率（%）		配当率（%）		配当率（%）
1835 年	3.00	1838 年	9.63	1841 年	9.33
1836 年	9.36	1839 年	—	1842 年	7.00
1837 年	8.00	1840 年	—		

注：1839 年および 1840 年は不明．
出所：Harding［1895］p. 23 の掲載データを基に筆者作成．

付けるように，表 II-6 に基づいて 1835 年 11 月第 3 週の時点とそれから 1 年後の 1836 年 11 月第 3 週の時点とで純利益の総額を比較すると，1 万 1,832 ドル 12 セントから 3 万 33 ドル 44 セントへと，およそ 3 倍増となっている．各支店銀行による与信や債権の回収に係る業務が順調に進んでいたものと言えよう．

高い準備率を示しながら堅実な与信を続けていた The Second State Bank の行動をさらに裏付けるために，ここで The Second State Bank における預金総額の変動と与信との関係を確認しておこう．

前掲の表 II-6 によれば，連邦政府預金の受け入れが急増し預金総額が飛躍的に増大するのと連動して，各支店銀行による手形割引や発券の伸び方が強まっている傾向が見受けられる．これは，預貸率の変化もさることながら，与信の基盤となる預金債務の規模の増大を通じ各支店銀行による積極的な与信が背後から支えられていることを意味付けている．景気が過熱に向かうこの時期，各支店銀行は，1834 年に制定された州法銀行設置法において規定された上限（払込資本金総額の 2.5 倍）いっぱいまで手形割引を実践する．ただし，与信の規模が年を追う毎にただ闇雲に延々と伸び続けていた，というわけではない．景気が高揚し過熱へと向かう過程にあって，他州の州法銀行が自行銀行券の濫発や投機的な乱脈融資を進めるなか，The Second State Bank の各支店銀行は，要求払い債務の総額をそう大きく上回らない程度の水準で，インディアナ州域内への与信を慎重にかつ堅実に展開し続けていたのである．The Second State Bank は，景気が過熱する局面にありがちな投機的な通貨・信用の濫発に伴う見境なき私利の追求にそう安易には走らず，州域内の通貨・信用秩序を健全に保てるよう配慮と監視を重ねつつ与信を実践し，入念な秩序管理を進めていたふしが見受けられる．The Second State

Bankの内に州域内の「通貨・信用の番人」としての自覚が芽生えつつあった，と言えるのである．

2. 恐慌との対峙

　ここまでの分析で明らかになってきたように，景気の高揚が最高潮を迎えるなか，全米各地において銀行信用の投機的な拡張が進む．そのなかで，インディアナ州の The Second State Bank は，豊富な正貨や潤沢な預金の保有をバックに発券や手形割引，銀行間融資を積極的にかつ慎重に進めていた．準備率の推移も 22.7% という高い水準の状態でトラフを迎えており，The Second State Bank は，堅実な与信を続けつつ，州域内の通貨・信用秩序を比較的健全に保ってきた．当時としては特異とも言える堅実な銀行業務が実践されるなか，1837 年恐慌がイギリスより伝播し，全米にもその影響が浸透する．この結果，全米が 1837 年から 1843 年に至る長い不況のトンネルの中へと突入し，インディアナ州にも恐慌や不況の影響が少なからず波及することになる[24]．果たしてインディアナ州においては，この世界恐慌の襲来に現実にどう対峙しどのような結末を迎えたのだろうか．

2.1　正貨支払いの部分停止

　恐慌に先立つ景気過熱の最中に，州政府や有力商人層および The Second State Bank は，バブル後に待ち構える危険をすでに嗅ぎ取っていた．州政府は，1836 年の早々に Noah Noble 州知事が州議会に対し景気の反転に向けた注意を促している．これは，東部大西洋岸の各都市においてインディア

---

[24] Hugh McCulloch（彼については本章 1.2 項を参照）は，1837 年から 1843 年に至る長い不況期にインディアナ州が受けた影響について，こう述べている．「不況は広くすべての階層に浸透し，日雇労働者に次ぐ最大の被害者は農民層であった．農産物は物々交換か激安価格で売却し処分されざるをえなかった．1841 年に私が見たところでは，州都 Indianapolis のホテル経営者に麦 1 ブッシェルを 6 セントで，雛鳥 12 羽を 50 セントで，卵 1 ダースを 3 セントで販売していた．他の農産物も激安で，隣州の州都 Cincinnati では肥育された豚が 1 ポンド当たり 2.5 セントであった．日雇労働者が最大の被害者であるというのは，賃金が生計に必要な分の額を下回ったからで，多くの失業者が出た」（Myers [1970] p. 99）．

ナ州債がこれまでよりも芳しくない条件で売却されつつあることを踏まえ，東部大西洋岸の各都市の通貨・金融状況に不安定の兆しが見受けられる，という注意であった[25]．

また，州都 Indianapolis の商人達は，第1行政区の The Indianapolis Branch Bank から融資を受けて 1836 年春には北東部の大西洋岸の各都市に行商に出るが，1837 年1月早々には金融逼迫の懸念を持ち始めている[26]．さらに The Second State Bank の初代総裁である Samuel Merrill は，1836 年末（1836 年 12 月 16 日付）の時点ですでに金融市場の逼迫を予見していた．逼迫の原因について彼自身は，(1) メキシコからの輸入銀の減価，(2) 他の諸州における小額面券の発行規制，(3) 連邦政府による「正貨回状」の発布，(4) イングランド銀行による欧州からの正貨輸出の抑制，以上の4点を考えていたのである[27]．この点に関連して，The Second State Bank を司る本店銀行の理事会のメンバーであり，Samuel Merrill 総裁とも親交の深い Calvin Fletcher が，1836 年末から 1837 年初頭にかけて，市況の不安定性や投機の過熱に伴う銀行や企業の破綻についての懸念を手記に残している[28]．これは，本店銀行の理事会メンバーが，景気過熱の折に The Second State Bank としての私利追求の視点に必ずしも狭窄せずより公共的な視野を持って景気の反転や金融市場の収縮の可能性を見据えていた，ということを示している．

このことは，州域内における「通貨・物価の番人」としての自覚が The Second State Bank における本店銀行および各支店銀行の首脳陣の間に芽生えつつあったことを裏付けている．既述のように，The Second State Bank の連邦政府預金の残高は，すでに 1836 年 12 月から減り続けていた．連邦政府預金の保有は The Second State Bank の積極的な与信を基礎付ける重要な源泉となっていたが，連邦政府預金が減少を続ける一方で，The Second State Bank の手形割引は 1837 年3月まで増え続け，427 万 1,914 ドル 39 セ

---

25) Carmony [1998] p. 253.
26) Madison [1975] p. 5.
27) Helderman [1931] p. 50.
28) Carmony [1998] p. 253. なお Samuel Merrill と Calvin Fletcher との間に深い親交があった点については，Redlich [1951] p. 25 を参照せよ．

ント（1837年3月18日付）でピークを迎えている（表II-6）. The Second State Bank の各支店銀行は，それこそ恐慌の直前まで与信を堅実に続けていたのである.

そして1837年3月にイギリスで恐慌が発生する．貿易や為替取引の連鎖を通じてイギリスとアメリカとの経済関係はすでに緊密に繋がれており，このネットワークを経由して恐慌がアメリカにも波及する．1837年5月4日のアラバマ州 Montgomery に始まり，南部からやがて北東部へと，商業銀行における正貨による支払い停止の波が行き渡る．5月10日には New York City で，5月11日にはメリーランド州 Baltimore など北東部の大西洋沿岸の各都市で，5月12日にはニューイングランドのマサチューセッツ州 Boston で，それぞれ正貨支払いの全面停止が宣言された.

インディアナ州都 Indianapolis の商人達は，景気の高揚に達する時期に，北東部の大西洋沿岸の卸売業者から掛け買いで仕入れた商品を，顧客に掛け売りで捌いてきた．支店銀行（第1行政区の The Indiana Branch Bank）からの融資に加え，こうした商業信用を伴う商取引が重ねられてきたため，1837年恐慌の襲来によって金融逼迫の懸念が日増しに高まると，北東部の大西洋沿岸の卸売業者は掛け売りをやめ，満期を迎えた売掛金の回収に即座に動き始める．Indianapolis の商人達は，卸売業者からの支払い請求に応じたいが融資を受けた支店銀行への返済が足枷となり思うように応じられない，といった状態になる[29]．そこで商人達は，1837年5月13日に州都 Indianapolis にある Nicholas McCarty の商店の会計室で会合を開く．「Indianapolis の商業全体の繁栄のための評議会」と銘打たれたこの会合では，Nicholas McCarty 議長の下に以下の事柄が全会一致で決められる．それは，債権者である北東部の様々な卸売業者に対して，支払いを行うのに優先順位を付けることはせずに，あくまで満期を迎えたものから全債権者に支払いを均等に行い続けてゆく．それと同時に融資を受けた支店銀行への返済も速やかに行う，というものである[30]．2日後の1837年5月15日に，Indianapolis の商人達は再びこの会合を開く．この席で，恐慌がいよいよ近づきつつあるが支

---

29) Madison [1975] p. 5.
30) Madison [1975] p. 5. Carmony [1998] p. 253.

店銀行の維持を支援する旨の認識が共有され，今後は毎週会合を開いて緊密に対応を協議することが確認されている[31]．

1837年5月17日には，州都 Indianapolis において，The Second State Bank における本店銀行の理事会が開かれる．そこでは，東部大西洋岸の New York City や南部のルイジアナ州とミシシッピ州において銀行や企業の破綻がさらに続く恐れがあるという点をめぐって，議論が交わされた．このとき，The Second State Bank の各支店銀行には他州の州法銀行が置いた預金が約120万ドルあったが，この時点ですでに為替手形の授受が止まっていて，The Second State Bank の各支店銀行から預金が一斉に引き出されて正貨が大量に流出してしまう恐れが各段に高まっていたのである[32]．さらに本店銀行の理事会では，第2行政区の The Lawrenceburg Branch Bank が支配人による汚職の件を申し立てていたことと，第9行政区の The Terre Haute Branch Bank が貸出先の企業破綻によって14万ドルもの貸倒れを生んでいたこととが把握されていた[33]．

正貨支払いの全面停止が全米各地で生じていることがインディアナ州に正式に伝わったのは，1837年5月18日，州議会の開催期間中においてである[34]．第2行政区の The Lawrenceburg Branch Bank と第4行政区の The Madison Branch Bank からの使者によって，ある情報がもたらされる．それは，東部の各都市の全銀行に加えインディアナ州の東隣にあるオハイオ州都 Cincinnati の全銀行で正貨による支払いが全面停止し，銀行の支払い機能が麻痺しているという情報である．そのうえ Cincinnati での支払い停止から数時間後には，隣のオハイオ州域内において流通する The Second State Bank の各支店銀行券が，取り付けを行おうとする人々によってすでに全部買い集められ，正貨との兌換を請求すべく，発行元である各支店銀行

---

31) Madison [1975] p. 5. Carmony [1998] p. 253.
32) Carmony [1998] p. 253.
33) Carmony [1998] p. 719 の脚注176を参照．
34) Harding [1895] p. 15 の脚注2および Madison [1975] p. 6 を参照．なお Esarey [1912] は，正貨支払いの停止が全米で進んでいる旨の情報をインディアナ州の関係者が知った日時について，「1837年5月20日（木）の夜」と記しているが（Esarey [1912] p. 258），本章で展開されている内容からすると，この指摘には疑問が残る．

の窓口に送還された,という情報も伝えられる.人々が取り付けに訪れた時,第2行政区の The Lawrenceburg Branch Bank は用心深く門扉を閉め,第4行政区の The Madison Branch Bank はすでに門扉を堅く閉ざしていた[35].

この頃 The Second State Bank においては,本店銀行の理事会が開催に入っていた.The Second State Bank は州政府と接触し,The Second State Bank の本店銀行の理事会メンバーと時の Noah Noble 州知事,Nathan B. Palmer 州財務局長との間で会談が行われる.焦点は,The Second State Bank に債務を負わせている銀行が休業中に The Second State Bank から正貨を引き出すことを許可するのか否かにあった.つまり正貨支払いの持続か停止かを問うわけである.The Second State Bank の Samuel Merrill 総裁が切り出したこの問いかけに,会談は難渋を極める.正貨支払いの停止を認めてしまうと,連邦政府預金を取り扱う機関として連邦政府と交わした取り決めに叛くことになり,連邦政府に対する信頼性が損なわれることになる.加えて,1834年に制定された州法銀行設置法に基づく The Second State Bank の特許規定において,正貨支払いの停止が明白に禁じられている.正貨支払いの停止を認めてしまえばこの規定を侵すこととなり,特許が剥奪されてしまう.しかし正貨支払いを停止しなければ,州域内の経済は破綻に向かう.こうした矛盾の狭間で熟慮が重ねられた結果,ひとつの結論に落ち着く.それは,正貨による支払いをやむなく停止させることが最善だと考えられるのであれば,各支店銀行が独自の判断で正貨による支払いの停止を遂行することを容認する,というものである.要するに,銀行間組織を鳥瞰してみた時に,正貨による支払いの停止は「停止」でも「全面停止」ではなくあくまで一部の支店銀行が停止をやむなく実践するという「部分停止」となるかたちであれば容認できる,というわけである.この絶妙な解釈は,各行政区に配置された各支店銀行が当該の管轄する行政区域における銀行業務を独自の判断で裁量的に行えるという,独創的な特性を帯びたインディアナ州の銀行制度であったからこそ成し得たものである,と言える.正貨支払いの停止という州法に抵触する由々しき事態に直面したとしても,その対処をめぐ

---

35) Carmony [1998] p. 253.

る判断を各支店銀行の裁量に委ねることが可能であった,というわけである.

このように,各支店銀行の裁量に委ねることを建前としながらもあくまで正貨支払いの停止を勧告する,というかたちで,正貨支払いの停止は停止でも全面停止ではなく実質上は部分停止を実践するという,玉虫色の結論が出される.この結論を伝えるべく,各支店銀行に使者が送られた.

かくして 1837 年 5 月 20 日,Noah Noble 州知事は,各支店銀行の経営判断のいかんによっては The Second State Bank における正貨による支払いの停止が成されうることを,州域内に向けて宣言した.この宣言をフォローするために,The Second State Bank の Samuel Merrill 総裁も州民に向けて声明を出す.それは,他州の銀行や人々によってより多くの正貨が引き出されてしまうことになるかもしれないが,The Second State Bank の正貨保有高が極度に高いので警告に及ばない,というものである.さらに Samuel Merrill 総裁は,近隣諸州の各行の動向を見極めながら,正貨による支払いの全面的な再開を確実に行うことを州民に対して宣誓した[36].実際に,正貨による支払いの停止をめぐる宣言が解除され正貨による支払いが全面的に回復を遂げることになるのは,それから 1 年 3 ヶ月もあとの 1838 年 8 月 13 日のことである.

州政府が正貨支払いの停止をめぐる宣言に踏み切ったことで,州域内の幾つかの支店銀行が早々に正貨による支払いの一時停止を決断する.州民が混乱し州域内の通貨・信用秩序が急に縮むことが予想された.なぜなら,州政府が正貨支払いの停止を宣言してしまえば,通常ならば,銀行が手持ちの正貨を要求払いで拠出せざるを得ず,自らの準備率を減らし支払い能力を下げてしまうことが懸念される.このため,最終決済の手段である正貨による支払いを当局の宣言に基づいてやむなく停止させることになる.それゆえ,各債権者が自ら保有する債権をきちんと銀行側に履行してもらえないのではないかという州民の不安が蔓延し,通貨・信用秩序の不安定性が一挙に高まることが予想されることになるからである.

ところがインディアナ州においては,州政府による正貨支払いの部分停止

---

[36] Carmony [1998] p. 254.

をめぐる宣言が，州民を動揺させるどころかかえって州民から歓迎され，積極的に受け止められた．宣言の直後から州域内の各地で臨時の会合が開かれ，The Second State Bank を支援する旨の決議が次々に採択される．

宣言が出された同日の5月20日に州都 Indianapolis で開かれた市民集会では，The Second State Bank の本店銀行の理事会メンバーで，第4行政区の The Madison Branch Bank の頭取でもあった James F. D. Lanier が意見を開陳している．その席で James F. D. Lanier は The Second State Bank の財務体質について触れ，The Second State Bank における正貨保有の総額が払込資本金の総額との割合で見て他州の州法銀行に比較して遥かに高い点と，The Second State Bank が抱える全債務に対する支払い能力が充分にある点とを明言する．そのうえで，今回の正貨支払いの停止をめぐる措置は，あくまで The Second State Bank に不正な請求を試みる他行による正貨の窃取に対する自己防衛に過ぎない，と主張したのである[37]．この市民集会では，午前中に，正貨支払いの停止をめぐる宣言に賛成することが満場一致で採択された．午後からは，Nicholas McCarty 議長の下で商人達による会合（前述の「州都 Indianapolis の商業全体の繁栄のための評議会」）が開かれる．この会合では，債務の弁済や通常の商取引の際に各支店銀行券を有力な決済手段として今後も額面通りに受け取ることが採択され，各支店銀行への支持が明確に示された．さらにウィッグ党員の Arthur W. Morris 親子の提案を受けて，州議会の早期招集を勧告することが決議された．これらの内容が記された決議書には，全部で41名の商人が署名する[38]．

1837年5月20日付の Indiana Journal 誌によれば，この市民集会と会合の書記は Alexander F. Morrison（民主党員）と Douglass Maguire（ウィッグ党員）とが務めている[39]．この市民集会や会合が，超党派の性格を帯びた

---

37) Harding [1895] p. 16. なお The Madison Branch Bank の開業時において，James F. D. Lanier は支配人であった（Esarey [1912] p. 247）．また James F. D. Lanier は，The Madison Branch Bank の最大の個人株主でのちにそこの頭取に就任した（Knox [1903] p. 707）．

38) Esarey [1912] p. 259. Madison [1975] p. 6. Carmony [1998] p. 254. なお Harding [1895] は，州都 Indianapolis の商人達が各支店銀行券の額面通りの授受を決めた会合の日付を，正貨支払いの部分停止をめぐる宣言の前日に当たる「5月19日」と記しており（Harding [1895] p. 16)，確認を要するところである．

ものであり，正貨支払いの停止をめぐる宣言や各支店銀行および各支店銀行券の価値に対する支持などが党派の壁を超えて公衆に賛同を得ていたことが見て取れる．さらに，当時の論壇に強い影響力のあったウィッグ党系の Indiana Journal 誌と民主党系の Indiana Democrat 誌は，正貨支払いの部分停止という措置に共に賛意を示した．Indiana Journal 誌の論調は，他に有効な方策が見つからないまま，支払い能力の怪しい東部諸州の各種銀行券が兌換を求めて The Second State Bank に集まり，The Second State Bank から東部へと正貨が闇雲に流出してしまうことを避けねばならない，というもの（1837年5月20日付）である．Indiana Democrat 誌は 1837年5月31日付で，The Second State Bank が全米で最も支払い能力のある銀行の1つであることを明確に謳った [40]．

正貨による支払いの停止がインディアナ州において宣言されたあと，兌換の請求を行おうと各支店銀行券を携えた代理人が東部からインディアナ州域内に集まってくる．このとき The Second State Bank には，アメリカ東部の各都市の様々な商業銀行に The Second State Bank の各支店銀行券で入れた他行預金が 100万ドルあった．The Second State Bank によるこうした他行預金は，合衆国東部の各行が取り付けに遭った際にそれらの支払い能力を背後から支えるものとなる．また The Second State Bank の各支店銀行は，自行銀行券をこれまでのように額面通りに受け取るほか，すべての負債を棒引きにする措置を採った [41]．1837年5月22日付で Samuel Merrill 総裁が考えていたのは，「多くの人民がいまの金融逼迫の元凶を The Second State Bank に求めているが，すべての銀行の破壊は愚劣にも運河や鉄道の破壊と同じだ」ということである [42]．Merrill 総裁は，いわゆる「反銀行主義」の理念が伝統的に浸透しかつては銀行そのものの廃絶をめぐる運動すらも生じたこのインディアナの地において，銀行の功罪を踏まえつつも，銀行制度や銀行自体が放つ社会的な役割に州民はもっと目を向け理解を深めるべ

---

39) Carmony [1998] p. 254 および p. 720 の脚注179を参照せよ．
40) Carmony [1998] pp. 254-255.
41) Esarey [1912] p. 259.
42) Helderman [1931] p. 50.

第3章　興隆と試練：1834〜1842年　275

きだ，という警鐘を発していたのである．

　1837年6月10日付のIndiana Journal誌によれば，正貨による払い込みが意図された預金については，正貨支払いの停止が宣言されていた最中であっても支払いが続行されていた．また，全米で正貨による支払いが停止されていたさなか，The Second State Bankは，大口の預金者である連邦政府から正貨の引き出しを要求される．そこで前述のJames F. D. Lanier（The Second State Bankの本店銀行の理事会メンバーで第4行政区The Madison Branch Bankの頭取）が，The Second State Bankの代理人に任命され，正貨のうち最初の8万ドル分を返済すべく首都Washington D.C.に赴く．彼は汽船とチャーターした大型の荷馬車とで正貨を運び，連邦政府のある首都Washington D.C.に入る．彼はLevi Woodbury連邦財務長官と面会した際に，Woodbury連邦財務長官から，「貴行は，連邦政府預金を保有する全米の銀行のなかで，あらゆるかたちで正貨による支払いを提供できると私共に申し出された唯一の銀行です」と告げられる．そして，通常の業務の過程で必要となるまでは預金を引き出さないことを連邦政府は認めた．さらに連邦政府は，The Second State Bankの各支店銀行券を支払い手段として定期的に受け取っていた[43]．The Second State Bankに対する連邦政府の信頼が極めて厚かったことが，ここに見て取れる．第11行政区のThe Fort Wayne Branch Bankの頭取であったHugh McCullochは，The Second State Bankが正貨支払いの停止の宣言中にも拘らず少額なものについて正貨による支払いを続けていたことを明かしている[44]．こうした態様は，インディアナ州において正貨による支払いの停止の状態が全面停止によるものではなくあくまで部分停止によるものに過ぎなかった，ということをまさに裏付けるものである．

2.2　州議会の対応

　かくして，超党派の支持と大多数の州民による支持とを背景に，正貨支払

---

43) Esarey [1912] pp. 258-259. Knox [1903] p. 695, 707. またHelderman [1931] pp. 49-50の脚注3も参照．
44) Harding [1895] p. 16の脚注1を参照せよ．

いの部分停止が始まる．だが，正貨支払いの部分停止という，実に曖昧で見通しの不安定な状態が夏から秋へと続くにつれ，正貨支払いの停止をめぐる盤石の支持体制の状態に，綻びが見られ始めることになる．アメリカ北東部の大西洋沿岸の卸売業者から支払い請求をめぐる圧力も日増しに強まるなかで，The Second State Bank に対する批判が，民主党を中心に湧き上がることになるのである．民主党系の Indiana Democrat 誌の 1837 年 5 月 31 日付の論説記事によると，(1) 支払い停止に係る経費が 6,000 ドルから 1 万ドル程度かかってしまう点と，(2) The Second State Bank の財務内容の悪化を惹き起こしてしまう点とから，民主党を中心に，正貨支払いの部分停止という状態に対する批判が唱えられる．

続けて同年 6 月 7 日付で同誌は，The Second State Bank の Samuel Merrill 総裁について銀行家としての手腕を疑問視し，The Second State Bank によるさらなる融資拡張の要求を主張する．さらに同誌は，同年 9 月 27 日付で，州民に犠牲を強いつつ The Second State Bank が莫大な利益を上げていると批判する．そして同年 10 月 4 日付で，The Second State Bank が公衆の信頼を失墜させた点と，正貨支払いの停止という事態を招いていることそのものが The Second State Bank の特許に係る条項の規定に矛盾しているため，The Second State Bank からの特許の剥奪を熟考すべく，州の民主党大会に派遣される代表者を選挙すべき点とを主張した[45]．また，The Second State Bank の本店銀行の理事会もウィッグ党員が大勢を占めていることや，州都のある第 1 行政区を司る The Indianapolis Branch Bank について，1837 年の時点で理事および役員の総勢 12 名のうち実に 11 名がウィッグ党員であることなどが，民主党や強硬なジャクソン主義者によって政争の具にされ公に晒される[46]．

この頃の銀行批判の論拠は，中西部の諸州に根付き燻り続ける伝統的な「反銀行主義」の理念に基づいた，硬貨主義の実践論と銀行廃絶論とがベー

---

45) Carmony [1998] p. 255. また，民主党および Indiana Democrat 誌による The Second State Bank への批判については，Shade [1972] p. 54 および p. 273 の Chapter 2 の脚注 24 を参照．

46) Madison [1975] pp. 12-13.

スにはなっていた．だが，批判の論点が次第に，銀行による便宜の享受に伴う政治的および経済的な待遇格差の問題へと向けられてゆく．具体的には，The Indianapolis Branch Bank を始め各行政区で銀行業務を実践する各支店銀行からの便宜の享受を誰が受けられ誰が拒否されたのか，ということに論点が集まるようになる[47]．

1837年11月29日，正貨による支払いの再開をめぐる日程を話し合う全米単位での銀行家総会が，ニューヨーク州の大都市 New York City で開催される．The Second State Bank も情報収集と意見交換とを目的にこの総会に使節を送ることを決め，Isaac Coe 博士が代表として総会に出席する．しかしこの会議では，正貨支払いの再開の日程が決まらず，1838年4月に再び総会を開き協議する旨の決議に留まった[48]．この後すぐ，1837年12月初旬に1837～1838年会期の州議会が始まる．任期満了に伴い1837年12月末に退任を控えていた Noah Noble 州知事は，州議会の冒頭の所信表明演説において，州政府が正貨による支払いの停止という状態を宣言したことを頑なに支持した．Noah Noble 州知事はこう弁護する．もし The Second State Bank の本店銀行の理事会が各支店銀行による正貨支払いの停止をめぐる判断を勧めてこなかったならば，The Second State Bank はむしろ州民からの信頼を失い，州民の利益に叛く行動を執っていた，と．また，The Second State Bank の Samuel Merrill 総裁も陳弁し，The Second State Bank が大規模な正貨保有を続けつつ融資や他行銀行券の保有高を減らしている旨を述べ，健全な財務状態に保とうと尽力している点をアピールした[49]．1838年1月1日付で就任した David Wallace 新州知事は，正貨支払いの停止と The Second State Bank の態様とをめぐる問題について，就任式での言及を避けた[50]．

州議会では，一部であっても正貨による支払いの停止という事態が生じてしまったその現実が重大な課題として位置付けられ，審議に時間が費やされ

---

47) Madison [1975] p. 7．なお伝統的な「反銀行主義」の理念については，本篇の第2章1.1項を参照のこと．
48) Carmony [1998] p. 256.
49) Carmony [1998] p. 256.
50) Carmony [1998] p. 255.

る．審議の焦点は，恐慌の襲来に対し結果として州政府が正貨支払いの停止を宣言せざるをえない事態となったがために，インディアナ州の通貨・信用秩序の円滑な展開を結果的には保証しきれなかった，とみなしたうえで，The Second State Bank の責任をどう捉えるかにあった．まず，州下院の特別委員会において審議が始まる．この特別委員会では，The Second State Bank への調査を行うことが決められる．調査の結果，州都を抱える第1行政区の The Indianapolis Branch Bank において，融資総額の約半分が支店銀行の株主や役員に優遇的に回されている，という実態が判明する．The Indianapolis Branch Bank の支配人である Bethuel F. Morris と The Second State Bank の支配人すなわち本店銀行の支配人である James. M. Ray とが特別委員会に呼ばれ，事情を聴かれる．Bethuel F. Morris は，手形割引を行う際の判断の根拠を聞かれるが，返答を拒む．James. M. Ray は，銀行や銀行業に対する僻みを醸成してしまうものとして，批判を退ける[51]．

　ところが事情聴取のあとになっても，The Second State Bank に対する責任の追及は強まることはなかった．この特別委員会の19人のメンバーのうち，委員長を含む14人がウィッグ党の州下院議員で占められ，民主党の州下院議員は5人に留まる．The Second State Bank の Samuel Merrill 総裁もウィッグ党員であることからも分かるように，ウィッグ党は基本的に The Second State Bank を擁護する立場にあり，この特別委員会においても The Second State Bank を擁護する意見が続出する．そしてやはりウィッグ党員の Samuel Judah 委員長が，審議の結果を報告書にまとめて州議会に提出する．その概要は，部分的ながらも正貨支払いの停止という事態を招いた The Second State Bank について，特許の剥奪の必要性を免れないものの，他方で公衆の繁栄に不可欠な存在であり，特許の剥奪を強制しないのが妥当であるとし，特許の剥奪に係る案件を取り下げることを満場一致で可決する，というものである．さらに The Second State Bank の特許条項の修正に関して，一部の委員から反対があったが，大方の委員は特許条項を修正することそれ自体が職務の埒外にあるという認識で一致した，ということも Sam-

---

[51] Madison [1975] pp. 7-8. なお Madison [1975] は，州下院の特別委員会の報告書の日付を「1838年1月29日付」としているが，この点はさらなる追究を要する．

uel Judah 委員長によって報告された[52]．

　続く州上院の特別委員会においては，党派を超えて見解が複雑に分かれることになる．民主党の州上院議員4名とウィッグ党の州上院議員1名を含む，委員総数のうち過半数を辛うじて上回る数の委員達が，以下の内容を記した報告書に署名する．それは，正貨支払いの停止に陥ったという事実こそ受け止めるものの，The Second State Bank および州民にとってそれは最善の処置であり，特許の剥奪には反対する．ただし時機と経験に即した特許条項の修正は行うべきだ，という内容である．こうした多数派の報告書に対し，少数派の報告書も示される．この報告書には，ウィッグ党の州上院議員3名と民主党の州上院議員1名の計4名の署名が施される．この内容は，The Second State Bank が，必要に応じて執るべきと考えられる権限や金融機関としての持続のために必要な権限を持つべきであり，この点において正貨による支払いを停止するという措置は特許の侵害に当たらない，というものである[53]．特許の侵害の可否をめぐる対立はあれ，どちらの報告書においても，必要に応じて正貨による支払いを停止することはやむなし，という点では一致している．

　侃々諤々の議論を経て，この審議をめぐる州議会としての最終結論がまとまる．結論は，州下院の特別委員会が州議会に提出した委員会報告書，*Report on the Suspension of Specie Payments*（1838年1月1日付）の内容が採択される．主旨は「正貨支払いの停止という事態を招いたことについて，The Second State Bank は特許に違反しているが，特許の破棄は得策でない」というものである．1838年2月10日付の Indiana Journal 誌によれば，正貨による支払いの停止という事態を招いたことを認めたうえで特許の破棄を否定することについては，州下院の特別委員会では全員一致で可決され，州上院の特別委員会においても大多数の賛同を得て可決された．

　既存の特許条項を一部修正することについても，同意が見受けられた．そ

---

52) Carmony [1998] p. 255. なお州下院の特別委員会の委員長を務めた Samuel Judah は，1838年に入ってから高まりを見せ始めるインディアナ州の自由銀行運動の主唱者として，のちに名を馳せることとなる (Shade [1972] p. 55).

53) Carmony [1998] pp. 255-256.

の修正の内容は2点である．1つは，アメリカ北東部の大西洋沿岸の各都市において正貨による支払いの再開が宣言されてから30日以内に正貨による支払いの回復を各支店銀行に要請する旨の権限を，The Second State Bankの本店銀行の理事会に与える，という点である．もう1つは，今後において正貨支払いの停止が宣言された場合には特許を失効させる，という点である．この修正案を踏まえた正貨支払いの停止措置の正当化をめぐる共同決議について，州上院議会でかなりの大多数をもって可決され，州下院議会においても63対35の票決で可決された[54]．かくして州議会は，The Second State Bankによる通貨・信用秩序の管理責任を認めながらも，The Second State Bankによる堅実な与信や通貨供給の意義をも認め，The Second State Bankの社会的な必要性を重んじ，その閉鎖による州域内への悪影響を懸念したのである．

結局のところ，正貨による支払いの停止が宣言されている期間中，上記した州下院議会の特別委員会の勧告こそあったものの，The Second State Bankの存在や組織形態そのものには何の変化も及ぼさなかった．そして前述のように，以前の総会（1837年11月29日に開催）において延会が決まっていた全米規模の銀行家総会が，1838年4月に再び開催される．今回もThe Second State Bankから代表が派遣される．派遣されたのは，本店銀行の理事であるJames F. D. LanierとJohn Lawである．この総会では，1839年1月の第1月曜日に全米単位で正貨支払いを回復させる，という議案が示された．この議案の提示に対し，The Second State Bankからの代表団は，より早期における正貨による支払いの回復を求め，西部諸州の各銀行家と手を組んでその実現に向けて奔走する．The Second State BankのSamuel Merrill総裁と本店銀行の理事達も，他州の他行と一致してより早期における正貨支払いの回復を実現する，というこの方針を承認していた．正貨支払いの回復が宣言される日程について，当初は1838年5月10日という日程案が示され，The Second State Bankからの代表団はこの案に投票するが，総会ではこの案が否決される．そして今度は1838年8月13日という日程案

---

54) Carmony [1998] p. 256およびp. 720の脚注188を参照．

に投票し，総会でこの案が通る[55]．かくして，正貨支払いの回復は，1838年8月13日に全米で実施されることが決まる．この日を迎えるにあたって，インディアナ州および The Second State Bank においては，さしたる混乱も生じなかった[56]．

The Second State Bank における本店銀行の理事会メンバーの1人，Calvin Fletcher は，この日にすべての支店銀行が正貨による支払いを通常通りに行うかたちで全面再開させたことを喜ぶが，今後2年以内に最大の窮迫が到来するとの懸念も併せて示した[57]．図らずも彼のこの懸念は的中してしまうこととなる．

2.3 恐慌後の銀行業況

では，1837年恐慌の影響を受けてインディアナ州政府が正貨支払いの部分停止を宣言した1837年5月から，正貨による支払いが全面的に回復する1838年8月を経由して1838年末に至るまでの期間内に，The Second State Bank の業態は実際にどう変化していたのだろうか．

既述のように，The Second State Bank の各支店銀行は，農民層に対してはおもに農地などの土地つまり不動産を担保にした融資を行ってきた（本章1.1項を参照）．だが1837年恐慌の影響を受けて，各支店銀行は焦げ付いた融資を回収すべく担保を換金しようと試みるが，容易には換金できない事態に直面する．前掲の表II-7に基づいて，The Second State Bank の各支店銀行に対する不履行債務の総額の推移を見ると，2,650ドル（1836年11月26日付）から8万6,901ドル6セント（1837年11月18日付），さらに14万1,109ドル95セント（1838年11月17日付）へと，1837年恐慌の襲来を経て年を追う毎に激増している．それゆえ，The Second State Bank における本店銀行の役員達は，土地などの不動産を担保に融資するという形態が長期的な視野で見てどんなに安全な形態であったとしてもふさわしくないものと考

---

55) Esarey [1912] pp. 259-260, Harding [1895] p. 17, Carmony [1998] p. 256 および pp. 720-721 の脚注190を参照．
56) Root [1895b] は，「1838年に The Second State Bank が正貨による支払いを一時停止した」と示しているが（Root [1895b] p. 231），これは誤りである．
57) Carmony [1998] pp. 256-257.

え，土地などの不動産を担保に融資するという方法の限界を悟り始める．そこで各支店銀行は，土地などの不動産を担保にした融資を適宜中止することになるが，農民層に対しては個人所有の資産を担保にしたり農産物商品の船積みの過程で振り出された為替手形を割り引いたりして，不況の最中にあっても融資ないし与信を続けることとなる[58]．こうした事情を反映して，インディアナ州域内においては，恐慌や不況の影響を受けて与信の規模が減少傾向に入りながらも，堅実に与信そのものは続けられることとなる．与信の状況の詳細を具体的に見てみよう．

手形割引については，減少傾向にある．前掲の表II-6に基づいて月毎の推移を見ると，ピークは1837年5月27日時点の416万5,340ドル1セントで，トラフは1838年7月21日の318万9,303ドル52セントであり，約98万ドルのダウンが見受けられる．ただし手形割引の内部構成の変遷について，やはり前掲の表II-7に沿って年毎の推移で見ると，約束手形の割引が288万9,116ドル60セント（1837年11月18日付）から303万7,649ドル72セント（1838年11月17日付）へと，堅実な伸びを見せている．他方，為替手形の割引は88万3,888ドル41セント（1836年11月26日付）から37万4,955ドル63セント（1837年11月18日付）へと大幅に落ち込んだあと，50万411ドル12セント（1838年11月17日付）へと，V字型の回復基調を示している．この動向は，上述したように，The Second State Bankの各支店銀行が農民層への与信を展開するのに，農地などの不動産を担保にした融資をやめて為替手形の割引を積極的に進めたことが，その背景にあるものと考えられる．

さらに，銀行間の資金融通について，年毎の推移を表II-7より確認しておこう．支店銀行間の資金融通をめぐる取引を見ると，ある支店銀行から別の支店銀行に宛てた債権の総額については，88万6,025ドル98セント（1836年11月26日付）から36万1,105ドル25セント（1837年11月18日付）に増えたあと，4万6,621ドル72セント（1838年11月17日付）に激減している．ある支店銀行から他行（支店銀行を除く）に宛てた債権の総額は，145万7,204ドル65セント（1836年11月26日付）から46万520ドル51セント

---

58) White [1911] p. 338. 奥田 [1926] p. 135.

(1837年11月18日付),22万6,521ドル94セント（1838年11月17日付）へと,これもかなりの減り方を示している．逆に債務のほうを見ると,ある支店銀行から別の支店銀行に宛てた債務の総額については,83万2,199ドル90セント（1836年11月26日付）から32万9,646ドル38セント（1837年11月18日付),そして5万3,560ドル33セント（1838年11月17日付）へと,やはり急減している．ところが,ある支店銀行から他行（支店銀行を除く）に宛てた債務の総額は,6万6,867ドル8セント（1836年11月26日付）から10万1,179ドル19セント（1837年11月18日付）に,さらに26万9,905ドル30セント（1838年11月17日付）へと,むしろ増える傾向を示している．

　結果として,正貨支払いの部分停止が行われている期間中からその全面回復が成された直後にかけての銀行間の資金融通の様相は,ネットベースでは貸出超過の状態が続いている．これは,正貨による支払いが停止された期間中であっても銀行間を通じた資金の融通が着実に行われていたことを示すものである．ただし,正貨支払いの部分停止という状態に入ってから,銀行間の資金融通をめぐる取引の規模そのものは急激に収縮していることに,注意が必要である．

　銀行間融資に基づいて銀行間の資金の流れを保っておくことは,決済事業を順調に進めるうえで,ひいては通貨・信用秩序の健全性を担保するうえで,極めて重要なことである．なお,正貨支払いの部分停止という状態が実践され続けている,危急時の1837～1838年の会期中において,州議会は重要な事案を承認している．それは,支店銀行間の債権・債務に係る保有総額の上限を払込資本金総額の2倍からその2.5倍へと緩めるという,The Second State Bankの本店銀行の理事会による決定事項についてである[59]．いわば銀行間融資の連鎖をつなぐパイプを太くするこの緩和策は,正貨による支払いの部分停止という状態が実践されている期間中であっても銀行間の資金融通と決済とを持続させ,インディアナ州域内の通貨・信用秩序に対し全米屈指の健全性を与えることに有効に作用したものと考えられる．

　続いて,要求払い債務（銀行券＋預金）の動きを覗いてみよう．銀行券の

---

59) Carmony [1998] p. 174.

発行総額の推移を表 II-6 で見ると，若干ながら減少の基調に入っては再度持ち直す，というトレンドを示している．具体的には，241 万 2,915 ドル（1837 年 5 月 27 日付）から徐々に減少し，228 万 8,458 ドル（1837 年 12 月 23 日付）でトラフを迎える．その後は上昇に転じ，1838 年 6 月 23 日の時点で正貨支払いの停止が宣言される以前の水準に戻り（244 万 5,853 ドル），正貨による支払いが全面的に回復された直後には 248 万 360 ドル（1838 年 8 月 18 日付）へと伸びている．こう見てくると，1837 年恐慌の襲来を受けたにも拘らず，手形割引も発券も小幅な上下の変動こそあるがそう大きくは落ち込んでいない．The Second State Bank における与信ないし通貨供給のパフォーマンスは，正貨による支払いの部分停止という状態が実践された期間中にあっても一定程度の水準を保ち続けていたものと言える．

次に預金債務の構成を見ると，総額では急落の趨勢にある．特に，これまで The Second State Bank の預金構成の大勢を占めていた，連邦政府預金の総額が急落している．具体的には，148 万 1,657 ドル 65 セント（1837 年 5 月 27 日付）から 27 万 9,498 ドル 9 セント（1838 年 8 月 18 日付）へと，激減している．これは，公金の預託を介した連邦政府との関係が次第に薄れつつあったことを物語っている．この点に関してさらに興味深いデータがある．表 II-7 によれば，連邦財務省に対する The Second State Bank の債務総額が，226 万 7,489 ドル 68 セント（1836 年 11 月 26 日付）から 57 万 6,277 ドル 75 セント（1837 年 11 月 18 日付），さらに 20 万 6,534 ドル 10 セント（1838 年 11 月 17 日付）へと，90% 以上も落ち込んでいる．これは，債権・債務関係を通じた連邦政府ないし連邦財務省に対する The Second State Bank の依存度が小さくなっていることを示唆するものである．

さらに興味深いことに，表 II-7 によれば，1837 年 11 月 18 日付で，The Second State Bank に連邦財務省から特別預金 16 万 1,573 ドル 70 セント分が正貨（銀）によって払い込まれている．この払い込みが，減少傾向にあった正貨保有の総額と預金総額とりわけ連邦政府預金の総額とに寄与している．この払い込みは，特許切れの非更新という連邦政府の決定に伴い第 2 次合衆国銀行が消滅したことによるものと考えられる．他方，民間預金については，表 II-6 によれば，45 万 306 ドル 47 セント（1837 年 5 月 27 日付）から 47 万

5,083 ドル 45 セント（1837 年 12 月 23 日付）へと伸びたあと，28 万 9,266 ドル 49 セント（1838 年 8 月 18 日付）に落ち込んでいる．これまでは連邦政府預金の総額が民間預金を凌駕し続けていたが，正貨による支払いが全面的に回復されたあとは，双方がほぼ同じ水準になったのである．

では，肝心の正貨保有の総額はどう推移しているのか．表 II-6 によれば，正貨支払いの部分停止という状態が実施されている期間中に当たる 1837 年 7 月 22 日の時点で一時的に 100 万ドルを下回った（99 万 9,894 ドル 34 セント）が，総じて 120 万ドル前後で推移している．また，前掲の表 II-8 より正貨保有の内訳を確認すると，金の保有総額は 6 万 7,027 ドル 17 セント（1836 年 11 月 26 日付），16 万 5,804 ドル 59 セント（1837 年 11 月 18 日付），18 万 6,425 ドル 75 セント（1838 年 11 月 17 日付）と，増える傾向にある．一方，銀の保有総額は，113 万 7,710 ドル 42 セント（1836 年 11 月 26 日付），96 万 2,226 ドル 97 セント（1837 年 11 月 18 日付），115 万 9,406 ドル 33 セント（1838 年 11 月 17 日付）と，正貨支払いの部分停止という状態が実践されている期間中に一旦は 100 万ドルを割り込んだものの，正貨による支払いが全面的に回復されたあとは再び増加に転じている．全米において正貨支払いの停止という状態に陥り各地で苦悶している最中にあって，インディアナ州の The Second State Bank は，かなり充実した正貨の保有状態にあったのである．

正貨による支払いの部分停止という状態が実践されていた期間中も The Second State Bank が充分な支払い能力を持ち得ていたのか否かをさらに確認するために，準備率の推移に着目してみよう．表 II-6 によれば，要求払い債務（銀行券＋預金）に対する正貨の準備率は，27.8%（1837 年 5 月 27 日付）から 41.4%（1838 年 8 月 18 日付）へと，極めて高い水準で推移し，かつ格段に伸びている．準備率の水準としては驚異的な高さである．さらに表 II-7 から The Second State Bank の総債務（「負債・資本総額」－「資本金」－「剰余基金」－「無利子配当」－「純利益」）に対する正貨の準備率を算出してみると，20.9%（1836 年 11 月 26 日付），33.0%（1837 年 11 月 18 日付），34.2%（1838 年 11 月 17 日付）と，正貨支払いの部分停止が行われている期間中にも拘らず上昇基調にあり，しかも高い水準にある．

1837年恐慌の襲来に伴い正貨による支払いの停止が州政府によって宣言され，その部分停止というかたちでその宣言が実践されているにも拘らず，The Second State Bankが高い水準のまま準備率を推移させ，充分な支払い能力を維持し続けられているのはなぜか．これまでの分析から判断すると，発券を着実に増やしつつも手形割引の総額は若干減らす傾向で，また銀行間の資金融通の規模は収縮させながら，トータルでは与信ないし通貨の供給が一定程度の水準で行われ続けている．一方で，正貨の保有総額は激減することなく120万ドル前後で安定的に推移していた．この結果，正貨支払いの停止が州政府によって宣言されその部分停止が実践されているにも拘わらず，The Second State Bankの準備率は高い水準で保たれ，充分な支払い能力を維持し，いわば「最後の貸し手」として最終決済を滞りなく続けることができた．それゆえ，1837年恐慌の襲来にも拘らず，インディアナ州域内の通貨・信用秩序は，その逼迫という緊急事態を免れることができたのである．

　The Second State Bankがインディアナ州域内の通貨・信用秩序を安定化させたことを顕著に示すものとして，不履行債務の減少がある．表II–7によれば，The Second State Bankの各支店銀行に対する不履行債務の総額は，1837年恐慌から約1年半後の1838年11月17日には14万1,109ドル95セントにのぼっていたが，それから僅か1年後の1839年10月31日には0ドルとなっている．驚くべきことにThe Second State Bankは，堅実な運営の下に僅か1年で不履行債務をなくすことに成功したのである．

　とはいえ，1837年恐慌がThe Second State Bankの利益率や財務体質に全く影響を与えなかった，というわけではない．表II–7によれば，The Second State Bankの払込資本金の総額は，年々増え続けている．一方で，純利益は3万3ドル44セント（1836年11月26日付）から17万725ドル95セント（1837年11月18日付）へ，正貨支払いの部分停止が行われている期間中に上昇したあと，7万8,512ドル51セントに（1838年11月17日付）に激減している．利益率をめぐる変動もまた著しかったのである．

　ここで湧き上がるひとつの疑問は，正貨による支払いの停止が州政府によって宣言されその部分停止が実践されている期間中に，The Second State Bankの純利益がなぜ上がったのか，という点である．この点に関して興味

深いのは，無利子配当の推移である．表II-7によれば，無利子配当は，3万345ドル44セント（1836年11月26日付）から4,598ドル63セント（1837年11月18日付）へと，激減している．粗利益からその一部が分与される無利子配当の拠出総額が，かなり低く抑え込まれるかたちで計上されているのが分かる．表II-9によれば，この時期における各支店銀行の配当率は，本店銀行の理事会によって9.36％（1836年）から8.00％（1837年）に引き下げられている．The Second State Bankは，配当政策を手段の1つとして援用し配当金の分与を抑えながら，正貨支払いの部分停止が行われた期間中における純利益の計上額を相対的に大きくさせていたもの，とみなすことができる．

このように，正貨支払いの停止をめぐる波が全米を襲うが，ことインディアナ州に関しては，The Second State Bankが，潤沢な正貨の保有や比較的安定した財務体質を基盤に，堅実な運営を続ける．そして，The Second State Bankは，逼迫しがちな通貨・信用秩序にあって的確に通貨を供給し最終決済を行いつつ，他方で不履行債務をなくす努力を続けていたのである．

1838年7月7日付のIndiana Journal誌によれば，正貨支払いの停止が全米で宣言されていたにも拘らず，The Second State Bankの各支店銀行券は，通貨としての評判が絶大なものであった．特に発券銀行としての財務基盤が不安定な州法銀行が濫立し，信用貨幣としての銀行券の信頼性が崩落していたアメリカ南西部の諸州の主要都市（テネシー州Nashvilleやルイジアナ州New Orleansなど）においては，The Second State Bankの各支店銀行券は発行元の財務基盤が安定していて将来において確実に決済されうる安定的な通貨とみなされ，額面にプレミアムが付いて流通するほどであった．

正貨による支払いの停止が行われている期間中に発行銀行券がプレミアム付で他州にまで及んで流通する，という事例は，極めて稀なものであった．他にはアメリカ北東部の大西洋沿岸地域に当たるニューイングランド諸州で発行された州法銀行券の事例があるに過ぎなかった．ちなみにニューイングランド諸州で発行・流通する各種銀行券の価値が著しく安定していたのは，民間単位で自発的に創設された銀行間の集中決済組織であるサフォーク・システムを基盤にして，民間の一州法銀行であるThe Suffolk Bankが，発券

と決済とに係る事業をニューイングランドの中心部マサチューセッツ州 Boston において堅実に続けていたためである[60]．全米広しとはいえども僅かにニューイングランドとインディアナの地域のみが，世界恐慌による厳しい影響にも容易には屈せず，各々の地域の通貨・信用秩序の動揺を最小限なものに食い止めることができたのである．

3. 恐慌の爪痕

3.1 恐慌の再来

既述のように，インディアナ州においては，正貨支払いの部分停止という状態が1838年8月13日に解除され，正貨による支払いが約1年3ヶ月ぶりに全面回復する．だがその回復後も，インディアナ州域内の通貨・信用秩序は不安定な様相を示し続けることになる．それは，正貨による支払いが全面回復されてから約1年3ヶ月後の1839年11月に，正貨支払いの再停止という事態にインディアナ州は見舞われてしまうからである．それからインディアナ州政府が正貨による支払いの全面回復を再び宣言したのは1842年6月15日なので，インディアナ州では実に2年7ヶ月もの長きに渡って正貨による支払いが不確実な情勢が続くこととなる．正貨支払いの再停止という事態が生ずる契機となったのは，イギリス発の1839年恐慌の影響が再び全米に波及してきたことにある．

イギリスから1839年恐慌が波及したことで，1839年10月8日から9日にかけて，正貨支払いの停止をめぐる波が再び全米を駆け巡る．このときインディアナ州は，前述のニューイングランド諸州と共に，正貨支払いの全面停止という最悪の事態を免れることのできた稀有の地域として，全米で名を馳せることとなる[61]．とはいえ，インディアナ州域内の論壇においては，ウィッグ党系のIndiana Journal誌がアメリカ東部諸州の銀行破綻を報じ，要求払いの集中に伴い東部諸州に正貨が流出してしまうことの危険性を訴え

---

60) サフォーク・システムの内実やその盛衰については，大森［2004］を参照されたい．
61) この点については，本章の脚注1も参照されたい．

ていた.また民主党系の Indiana Democrat 誌は,現行の銀行制度の失墜とそれに代わる州立の機関が人々の信頼を集めることになるとの予測を示した.

それから1ヶ月後の1839年11月になると,正貨支払いが停止されざるをえないという現実に,インディアナ州は再び直面せざるをえなくなる.インディアナ州においては,前回の1837年恐慌の襲来後に執られた対応と同様に,The Second State Bank が,各支店銀行がそれぞれの支払い能力や財務体質の実状に則して正貨支払いを停止するのか継続するのかを自主的に判断させる,という対応を執る.また,正貨支払いの停止に陥った際の対処法について,The Second State Bank の本店銀行の理事会ないしは本店銀行から各支店銀行に対して具体的な指導や助言はなかった.この結果,今回もインディアナ州においては,他州とは異なり,正貨支払いの全面停止という事態を容認するかたちではなく,支店銀行によって正貨による支払いの可否が分かれる,正貨支払いの部分停止という事態が容認されたのである.

だが,前回と異なるのは,正貨支払いの部分停止という体裁が示されるも,実際にはいずれの支店銀行も正貨による支払いの条件付停止を一度は判断せざるをえない状況にあった,という点である.1839年11月半ばに開かれた,The Second State Bank の本店銀行における理事会では,特に外国籍の人々や仲介業者に対する正貨支払いの停止を複数の支店銀行が実施していることが報告された[62].その後,支店銀行によっては,個別の条件に応じて部分的に正貨による支払いを行うところも見受けられるようになる.こうした実状について,1839年12月,David Wallace 州知事は州議会で見解を述べている.それは,他州が続々と正貨支払いの全面停止を決断するなか The Second State Bank がこれに追従することなく忌避してきた,ということに理解を示しつつも,正貨による支払いに関して各支店銀行が個別に下す決断のなかには疑問が残るものも出ている,という内容である[63].

表 II-10 は,1839年11月に正貨支払いの部分停止が再び生ずるその前後における,インディアナ州域内において発行された各支店銀行券の価値変動の推移を示したものである.これによると,正貨支払いの再停止が行われる

---

62) Carmony [1998] p. 257.
63) Carmony [1998] p. 721 の脚注194を参照.

290 第II篇 黎明期アメリカ・インディアナ州の銀行制度

表 II-10 正貨支払いの部分再停止と支店銀行券の価値変動

行政区	中枢都市	再停止前	再停止中
第1区	Indianapolis	Par	+2〜5%
第2区	Lawrenceburg	Slight	+5〜10%
第3区	Richmond	Par	+2〜10%
第4区	Madison	Par	+2〜10%
第5区	New Albany	Par	+2〜7%
第6区	Evansville	Par	+0.5%
第7区	Vincennes	Par	+0.5%
第8区	Bedford at Louisville	+1〜2%	+5〜6%
第8区	Bedford at other points	+1.5〜3%	+6〜7%
第9区	Terre Haute	Par	+1〜3%
第10区	Lafayette	―	―
第11区	Fort Wayne	Par	+5〜12%
第12区	South Bend	Par	+5〜10%
第13区	Michigan City	―	―

注：第10区と第13区は不明．なお表記について，例えば「+1%」は「額面+1%」との意．Slightは，額面をやや下回るとの意を表している．
出所：Harding [1895] p.22 の掲載データより筆者作成．

前では第2行政区でこそ額面をほんの僅かだけ下回って流通してはいるものの，不明の第10行政区と第13行政区とを除く全域において，各支店銀行券は，額面通りにもしくは額面に若干のプレミアムが付くかたちで流通している．インディアナ州域内において，流通する各支店銀行券がいかに健全な通貨として州民に受け容れられていたのかが分かる．

注目すべきは，正貨支払いが再び部分停止の状態に入ったあとで，不明の第10行政区と第13行政区とを除くすべての行政区において，支店銀行券が額面を上回る価値で推移している，というところにある．この点から，各支店銀行において正貨による支払いが条件付で実施されていることを背景に，いかに各支店銀行券が安定的で高い信頼を得た通貨として州域内で州民に認識されていたのかが推し量られる．表II-10を見る限りでは，正貨による支払いが再び部分停止の状態に入ったあとでも通貨価値への悪影響はインディアナ州域内においては殆どないと言ってよく，The Second State Bank という，複数の支店銀行を抱えた単一の州法銀行としての銀行間組織の体系が，インディアナ州域内の通貨・信用秩序を背後から効果的に支えていた実態が浮かび上がってくる．

インディアナ州域内においては健全通貨として評価の高かった各支店銀行券ではあるが，州域外においては地域によって様々な評価がなされていた．アメリカの中南部ないし南西部のテネシー州 Nashville や，ルイジアナ州 New Orleans，ミシシッピ州 Natchez などの主要な交易都市においては，1839 年恐慌が到来する前の 1839 年 7 月の時点では，The Second State Bank の各支店銀行券が額面にプレミアムが付くかたちで授受されていた[64]．他方，アメリカ東海岸の New York City においては，The Second State Bank の各支店銀行券について，インディアナ州が正貨支払いの部分停止の状態に再び入った 1839 年に，2 度の見積もりが行われている．そこでは，いずれの支店銀行券も，額面を 5〜6% 程度下回る相場で推移した[65]．

支払い手段としての支店銀行券の価値が州域内と州域外とで異なってくると，The Second State Bank の各支店銀行にとって有力な利益獲得の分野である，為替手形の売買に影響が現れる．例えば，The Second State Bank の各支店銀行は，南部の交易都市であるルイジアナ州 New Orleans において振り出された為替手形を，例年春と秋に荷主から購入する．購入された為替手形が満期に近づくと，The Second State Bank の代表者が New Orleans に出向いて換金する．The Second State Bank において，こうした取引の仕組みによって得られた純利益は，New York City などアメリカ東部の各都市における為替売買に利用されてゆく．アメリカ東部の各都市で振り出された為替手形をインディアナ州の商人層がアメリカ東部の各都市で購入し，The Second State Bank の各支店銀行がそれらの為替手形の割引と換金を少なくとも年 3 回は行う．為替手形をめぐるこうした一連の商取引の過程で，手形の割引率は，おもに減価した銀行券のために，各回の取引において 8% から 15% 程度で推移していた．1837 年恐慌のあとも，The Second State Bank の各支店銀行は，8% から 10% 程度の利率に伴う純利益を確保してゆく．さらに The Second State Bank は，正貨による支払いの全面停止という事態をその部分停止というかたちでの実施によって免れたために，市中における各支店銀行券の流通量が 30% から 40% 伸びたのである[66]．

---

64) Harding [1895] p. 17.
65) Esarey [1912] p. 260 および Knox [1903] p. 696 の脚注を参照．

1839年11月に再び生じた正貨支払いの部分停止という状態は，1840年の間も続く．この間に The Second State Bank の支店銀行の数は13に増える．すでに1838年2月に The Second State Bank の本店銀行の理事会は，South Bend に12番目の，Michigan City に13番目の支店銀行の設置を決めていた．これらの支店銀行の開業は，正貨による支払いが全面回復するまで待たれることとなる．South Bend に設置予定の支店銀行のほうは，1838年6月から民間向けに株式の割り当てを募集し，割り当てを始める．そして州知事の宣言に基づき1838年11月14日，T. W. Bray を頭取に，Horatio Chapin を支配人にそれぞれ任命し，第12行政区において The South Bend Branch Bank が開業する[67]．続いて1839年の早々に，第13行政区において The Michigan City Branch Bank が開業した．なお1839年の時点で，Logansport と Rushville と Crawfordsville の各都市に14番目・15番目・16番目として支店銀行を設置することが，州議会において認可されていた．14番目の The Logansport Branch Bank については，1839年6月に民間向けに株式割り当てが募集され株式が適切に割り当てられたが，州政府に初回の割賦払いを行えるだけの資金がなかったことや，第10行政区の The Lafayette Branch Bank が設置反対の意思を表明したことで，惜しくも開業が断念される．また15番目・16番目の支店銀行はいずれも開業まで漕ぎ着けられず，幻に終わることになる[68]．

のちに州議会に提出されることになる1841年の銀行報告書によると，開業中の支店銀行13行のうち10行は，兌換請求で自行銀行券を提示されてもその正貨による支払いが実施されるかどうかは一律ではなかった．残り3行については，特に外国から大量に自行銀行券が兌換請求された場合には正貨による支払いが確実に拒絶されるものと予見された．しかし蓋を開けてみると，各支店銀行への異議申し立ては生じなかった[69]．ここで想起されるの

---

66) Esarey [1912] p. 260.
67) Esarey [1912] は，この開業の日付を「1838年11月3日」と示している（Esarey [1912] p. 260）．確認を要するところである．
68) *Hunt's Merchants' Magazine* [1849] p. 151. Esarey [1912] pp. 260-261. Carmony [1998] p. 264 ならびに pp. 723-724 の脚注229を参照．
69) Harding [1895] p. 18.

は，The Second State Bank の創設の際に定められた州法銀行設置法に基づく特許条項の規定に記されていた，ある罰則規定の存在である．それは，「支店銀行は正貨支払いを停止させてはならず，停止させた場合は当該の支店銀行が保有する債務総額の 12.5% に当たる額分を罰則金として支払う」というものである[70]．既述のように，正貨による支払いの持続か停止かについては各支店銀行の裁量的な経営判断に委ねられていたため，正貨による支払いを停止させた支店銀行に対し上記の罰則規定は適用されて当然のことと考えられる．しかし実際には，この罰則規定は適用されることはなかった[71]．正貨支払いの部分停止に再び陥ってしまうという特殊な事態は，The Second State Bank のみならず，州政府や州議会によっても事実上黙認されてしまっていたのである．

3.2　不況期の銀行業況

ところで，インディアナ州が正貨支払いの部分停止の状態に再び陥った 1839 年から 1842 年に至る時期は，The Second State Bank の財務・経営内容が最も悪化した状態にあった，と言われている．前掲の表 II-7 によれば，The Second State Bank の純利益の総額は，14 万 8,544 ドル 35 セント（1839 年 10 月 31 日付）から 1 万 5,282 ドル 87 セント（1840 年 11 月 21 日付）へと，確かに激減している．その後は 3 万 2,883 ドル 60 セント（1841 年 11 月 20 日付）から 7 万 1,916 ドル 38 セント（1842 年 11 月 19 日付）へと純利益は回復こそ見せるものの，その回復は激減前の半分程度の水準に留まっている．資本金総額のほうは年々増大の基調を示しているので，資本金総額に対する純利益総額の比率，すなわち利益率もまた落ち込んでいる．同じく表 II-7 によれば，The Second State Bank の各支店銀行に対する不履行債務の総額は，0 ドル（1839 年 10 月 31 日付）と全くなかったのが，1839 年恐慌を経て約 1 年後には 37 万 8,649 ドル 70 セント（1840 年 11 月 21 日付）と爆発的に増え，その 1 年後には 45 万 1,477 ドル 4 セント（1841 年 11 月 20 日付）に，さらにその 1 年後には 40 万 6,122 ドル 67 セント（1842 年 11 月 19 日付）と，こ

---

70)　この罰則規定については，本篇の第 2 章 3.1 項を参照されたい．
71)　Harding [1895] p. 18.

れまでにない高い水準で推移している．さらに前掲の表Ⅱ-9によれば，株主への年次配当率は1839年・1840年こそ不明であるが，1841年は9.33%で，翌1842年にはThe Second State Bankの本店銀行の理事会によって7.00%に引き下げられている．しかし，本当にこの不況期の間ずっとThe Second State Bankの与信や経営内容は沈滞しきったままの状態にあったのか，内実を細密に検討する必要がある．

　前掲の表Ⅱ-6および表Ⅱ-7に基づいて，まず手形割引について見てみよう．総額では，1回目における正貨支払いの回復直前（1838年7月21日付）に，313万9,303ドル52セントでトラフに陥っていたが，その後上昇に転じ，1839年3月30日付で，496万866ドル4セントとピークを迎える．1839年11月に正貨支払いの部分停止の状態に再び入ったあとは，下降の傾向を示す．1840年11月21日付では331万945ドル97セント，それから約1年後の1841年11月20日付においては，327万9,474ドル6セントにまで落ち込む．2回目にあたる正貨支払いの全面回復（1842年6月15日）後はさらに落ち込み，1842年11月29日付においては，246万506ドル91セントにまで下落した．手形割引の内訳の推移を見ると，約束手形が為替手形を凌駕した状態で推移している．約束手形の割引総額は，総じて低落気味である．具体的には，303万7,649ドル72セント（1838年11月17日付），251万4,629ドル21セント（1840年11月21日付），242万2,305ドル98セント（1841年11月20日付），213万2,608ドル40セント（1842年11月19日付）と，減少傾向にある．他方，為替手形の割引総額は，1838年8月における1回目の正貨支払いの回復直後から，1839年11月における正貨支払いの再度の部分停止を経て1841年に至るまでは，上昇傾向にある．具体的には，50万411ドル12セント（1838年11月17日付）から上昇し，85万7,168ドル8セント（1841年11月20日付）でピークを迎える．その後は激減し，約1年後の1842年11月19日の時点においては，32万7,898ドル51セントとなっている．

　次に発券総額について確認すると，これは，上記した手形割引の上下変動とほぼ連動した推移を見せている．1838年8月13日における1回目の正貨支払いの回復直後から上昇に転じ，248万360ドル（1838年8月18日付）から387万3,887ドル（1839年6月29日付）へと，急増している．その後は正

貨支払いの部分停止の状態を挟んで，305万8,425ドル（1839年11月30日付）にまで落ちる．それから約2年間は300万ドルから320万ドル台の間で推移するが，1842年6月15日に正貨支払いの部分停止の状態が再び解除されたあとは激減し，180万2,540ドル（1842年10月31日付）にまで落ち込んでいる．

なおこの時期，The Second State Bank の各支店銀行による発券については，小額面券の発行が積極的なものとなる．1839年の時点で，額面5ドル以下の小額面券の発行が発券総額の約3分の1を占め，残り3分の2は額面10ドルないし20ドルの小額面券で発行される．小額面券の大量流通が顕著なものとなるにつれて，1841年には，発行総額の1%分を州当局に納付することを条件に，額面5ドル以下の小額面券を100万ドルまで発行できることとする取り決めが，州議会において認められた[72]．

続いて，表II-6から預金構成の推移を眺めると，1回目の正貨支払いの回復直後である1838年8月18日の時点で民間預金が連邦政府預金を初めて逆転している．すでに本章1.3項で解析したように，景気が過熱する時期においては，The Second State Bank の各支店銀行による積極的な融資や通貨供給を支えるまさにその基盤となる預金として，多額の連邦政府預金は極めて重要な存在であった．しかし，The Second State Bank をペット・バンクの1つにしていた Andrew Jackson 連邦政権が1836年末で終わったあとは，公金預託の関係を通じた連邦政府との緊密性は希薄なものとなる．このことを裏付けるように，連邦政府預金の総額は減り続け，1840年3月30日の時点でその総額はゼロとなる．これとは対照的に，民間預金の総額は伸びてくる．1839年前半には50万ドル台で推移し，その後は下落する．正貨支払いの部分停止という状態が再び生じたあとは民間預金の伸びは復活するが，その後は再び落ち込みを見せ始めている．

---

72) Baker［1857］p. 162. Knox［1892］p. 978. Root［1895b］pp. 231-232. なお Root［1895b］は，The Second State Bank の各支店銀行における1839年の発券総額が295万1,594ドルと記しているが（Root［1895b］p. 231），1839年の何時の時点での集計であるのか不明である．ちなみに本書掲載の表II-6に基づくと，1839年の発券総額は最高で387万3,887ドル（1839年6月29日付），最低でも305万8,425ドル（1839年11月30日付）で，総じて300万ドルを上回っている．

さらに，前掲の表II-6から正貨保有高の動向を凝視すると，1回目における正貨支払いの回復からしばらくは120万〜130万ドル台で推移し，正貨支払いの部分停止の状態が再び生ずる前後で急落する．具体的には，131万8,815ドル6セント（1839年7月31日付）から92万4,190ドル51セント（1839年12月31日付）にまで落ち込む．その後約2年5ヶ月の間は90万ドル台前半から120万ドル台前半の間で動き，1842年の半ばに一挙に下がる．すなわち106万6,562ドル33セント（1842年5月31日付）から79万2,797ドル18セント（1842年9月30日付）へと，ダウンしている．これは，1842年6月15日に正貨による支払いが全面的に再開されたあと，まさにその支払い要求が増え，正貨による払い出しが増え続けたことに起因するものと考えられる．

今度は，銀行間の資金融通をめぐる実態を探ってみよう．まず，正貨支払いの部分停止の状態に再び陥ったあと，支店銀行宛ての債権が激減している．表II-7によれば，他行宛ての債権は，正貨支払いの部分停止の状態が再び生じたあと，20万8,301ドル96セント（1839年10月31日付）から30万5,146ドル67セント（1840年11月21日付）へと急増し，その後は18万〜20万ドル台で落ち着く．逆に，支店銀行宛ての債務は，正貨支払いの部分停止の状態が再び生ずる直前に突発的に増えてはいるが，その後は減り，1842年11月19日付では1万6,519ドル63セントにまで落ち込む．他行宛ての債務も縮小し，26万9,905ドル30セント（1838年11月17日付）から6万4,929ドル47セント（1842年11月19日付）へと激減している．銀行間の資金融通をめぐるこれらの関係をネットベースで見ると，1回目における正貨支払いの回復直後は借入超過の状態になっているが，それ以降は概して貸出超過の幅が拡大した状態になっている．

では，これまでに見てきた各項目の変動が如実に反映される，The Second State Bankの準備率の推移を見てみよう．まず要求払い債務（銀行券＋預金）に対する準備率であるが，表II-6によれば，1回目における正貨支払いの回復直後は41.4％（1838年8月18日付）と，驚異的な高さを示している．その後は28.4％（1839年2月28日付）から24.5％（1839年12月31日付）へと，正貨支払いの部分停止が再来した状態を挟んで下落している．それからは正

貨支払いの全面回復の前夜に40.5%（1842年5月31日付）まで盛り返す．その後は37〜40%台という，極めて高い水準を保持している．さらに，全債務（「負債・資本総額」−「資本金」−「剰余基金」−「無利子配当」−「純利益」）に対する準備率を表II-7に基づいて算出すると，34.2%（1838年11月17日付），27.6%（1839年10月31日付），29.5%（1840年11月21日付），30.3%（1841年11月20日付），37.2%（1842年11月19日付）と推移し，正貨支払いの部分停止の状態が再び生じたにも拘らず堅調に上昇している．

これまでの解析を踏まえると，最も財務状況が悪化したと言われる1839年から1842年までのThe Second State Bankの銀行業況は，個別には正貨保有高の増減に係る変動や発券・手形割引の増減をめぐる変動こそあったが，準備率は不況期にあっても堅実に上昇を見せる基調にあったことが分かる．The Second State Bankは，不況期においてなるほど純利益は落ち，収益力は下がっていた．とはいえ，準備率は総じて高い水準を維持し，財務内容が極度に悪化するという事態までには至っていなかった．このことは，不況期における各支店銀行券の価値の安定にも寄与することとなる．度重なる正貨支払いの停止という憂き目に遭い，通貨・信用秩序が全米で逼迫するという危急時において，The Second State Bankは，他州・他地域に比して健全な通貨や信用をあくまでインディアナ州域内に対して供給し続け，最終決済の便宜を滞らせないよう対処することに成功していた．特殊な銀行制度に基づいた独創的な銀行間組織を擁するThe Second State Bankの存在とそのパフォーマンスとによって，インディアナ州域内の通貨・信用秩序は度重なる恐慌の襲来にもそう大きく動揺することはなく，州民への経済的な損害は他州と比べて極めて小さく済んでいたのである．

3.3 改革への模索

1837年と1839年との2つの世界恐慌を挟む不況期のさなか，インディアナ州の銀行制度の展開をめぐるこれまでの総括や今後のゆくえに対し，インディアナ州議会では様々な意見や調査報告が示される．これまで本書において究明されてきたように，恐慌の襲来に対しThe Second State Bankは，全米の他の州・地域にも増して州域内の通貨・信用秩序の動揺を抑え，州民

の経済生活への支障を最小限に抑えることにひとまず成功してきた。業況の変化を数字で追ってみた限りでは，危急時における The Second State Bank の舵取りの完璧さや銀行制度としての耐性の強靱さが完膚なきまでに証明されたかのように見受けられる。しかし，度重なる恐慌の襲来を受けながら州議会で続々と示されてゆく各種の意見や調査報告などを通じ，The Second State Bank の業態における，それまで見えてこなかった影の部分が次第に明るみに出てくることになる。以下では，その影の部分について仔細を論究してゆくことにしよう。

(1) 内部融資の発覚

1837～1838 年会期の州議会に提出された The Second State Bank の総裁報告書において，驚愕の事実が示される。州の総人口 10 万 5,000 人のうち，The Second State Bank の各支店銀行における借り手の総数が 4,951 人（州の総人口の約 4.7％）で，この借り手のうち約 12.1％（州の総人口の約 0.6％）に当たる 600 人が，The Second State Bank の各支店銀行の株主や役員といった内部関係者で占められていた，というのである。

具体的には，The Second State Bank の各支店銀行が行った融資総額 356 万 4,440 ドルのうち，各支店銀行の役員に対する融資の総額が 49 万 3,549 ドル，各支店銀行の株主に対する融資の総額が 91 万 4,530 ドル，役員・株主以外への融資の総額が 215 万 6,361 ドルであった[73]。実に融資総額の 40％ 近くに当たる 140 万 8,079 ドル分が内部融資によるものであった，ということになる。さらに，この内部融資の総額のうち半分以上が極少数の役員層に対するものであった。つまり，銀行融資の恩恵を現実に受けていたのが州民全体の 4.7％ に過ぎず，なおかつそのうちの 12.1％（州民全体の僅か 0.6％）に当たる内部関係者が銀行融資の 40％ 程度を独占していた，というわけである。加えて報告書では，銀行融資の恩恵を受けた地域が州全体（全 17 行政区）のうち支店銀行のある 13 の行政区に限られていたこと，州の総

---

73) Carmony [1998] p. 259 および p. 722 の脚注 204 を参照。なお Dewey [1910] は，The Second State Bank の各支店銀行における借り手の総数を「5,000 人」と記している（Dewey [1910] p. 191）。

人口の約15分の1に過ぎない商人層が同じく州の総人口の約4分の3を占める農民層の約2倍もの融資を受けていたことが，それぞれ主張された[74].

　1837～1838年会期の州議会では，上述の報告内容を受け，The Second State Bankに対する批判が噴出する．民主党とウィッグ党との両党派で構成された州下院の特別委員会においては，こう酷評される．すなわちThe Second State Bankは，健全な通貨を州域内に供給し，また6%の法定金利を付して州域内の事業者に融資を行うことを通じて，州民全体の利益に資するべく創設されたものである．それなのに，理事会の支持を背景に，私的に有利な立場を利用して私益の追求に拘泥し腐敗した．The Second State Bankは，何時でも州民を守り，債務の履行を円滑に行えるだけの充分な正貨を確保し，州民を破滅に導くような債務の拡大・収縮を回避すべきである．このような酷評の内容である．

　さらに各支店銀行についても賛辞と苦言とが呈される．州下院の特別委員会は，各支店銀行に38の項目を付した質問書を送付し回答を求めている．各支店銀行のうちRichmond（第3行政区），Madison（第4行政区），New Albany（第5行政区），Terre Haute（第9行政区），Fort Wayne（第11行政区）については，各項目への明確な回答と共に調査を恐れない旨の見解が寄せられ，州下院の特別委員会もそうした姿勢を称える．しかしIndianapolis（第1行政区），Lawrenceburg（第2行政区），Evansville（第6行政区），Vincennes（第7行政区），Bedford（第8行政区），Lafayette（第10行政区）については，殆どの質問項目に対し未回答か曖昧な回答に終始する．このうちIndianapolis，Lawrenceburg，Lafayetteの各支店銀行については，融資に関して役員や行員に不適切な優遇が与えられてきた，と特別委員会は指摘した[75].

　これに対し，The Second State BankのSamuel Merrill総裁は，株主や経営陣への内部融資に関して厳格な姿勢を示す．だがその姿勢とは裏腹に，1838～1839年会期の州議会に提出された総裁報告書では，一部の支店銀行

---

74) Dewey［1910］p. 191. Helderman［1931］p. 51.
75) Carmony［1998］pp. 259-260 および p. 722 の脚注211を参照．なお行政区と支店銀行との一覧については，本書掲載の表II-3を参照のこと．

において株主が配当よりもむしろ融資を欲していたことや，借り手が短期融資から長期融資への借り換えを欲していたという現実が明らかにされる[76]．さらに1839年中にはインディアナ州議会議員の選挙が行われる．選挙の結果，州下院議会では民主党が大勢を占め，The Second State Bankへの批判がさらに強まることとなる[77]．

1839～1840年会期の州議会において，州下院の特別委員会がThe Second State Bankを調査し，「幾つかの支店銀行においてその経営陣や株主は農民よりも商人に極度に融資している」との結論を出す．この結論は，第1行政区のThe Indianapolis Branch Bankの支配人を務めるBethuel F. Morrisに対して州下院の特別委員会が行った，審問の内容に基づくものである．審問は1840年1月9日夜に行われ，Morris支配人はThe Indianapolis Branch Bankにおいて個別融資の総額が40万ドルを超え，うち22万5,000ドル分が商人向けの融資であったことを明らかにする．そして，支店銀行を介して35万ドル超もの資金が，周縁の農民層から州都の商人や職工層へ回るというかたちとなり，商人への銀行融資がなければ顧客への商品の信用販売に支障が出ていたとして，商人向け融資に傾斜しているという実状をやむなきものとして，自己弁護していたのである[78]．

確かに，商取引における顧客の太宗を成すのは農民層である．1840年2月8日付のIndiana Journal誌によると，計算上では，ある商人は1,800人の農民に，別の商人は700人の農民に，さらに別の商人は600人の農民に負債を負わせているような状態になっていた．だが，商人が農民に対し負債を増やしていた実態について，州下院の特別委員会は，Morris支配人とは異なる見解を示す．特別委員会は，商人が農民に負債を負わせることを嗜好していたのは，顧客としての農民に商品の信用販売を進めていたからというよりはむしろ，生産者としての農民に農業生産の奨励と農産品の移出・輸出の増大とを促すためである，と解釈する．また特別委員会は，支店銀行が農民よりも商人に極度に融資していたのは，商人による奢侈品の購入を増やし消

---

76) Carmony [1998] p. 259.
77) Madison [1975] p. 8.
78) Madison [1975] p. 9.

費を刺激させるためだ,と結論付ける[79].つまり,支店銀行による商人向け融資への傾斜を通じ,商人の消費に刺激が与えられる一方で,農民は消費の刺激のためではなく産業の振興のために専ら商人から負債を負わされ,窮乏の一途を辿っている,という見解が示されたのである.

1840年早々には,The Second State Bankにおける本店銀行の理事会メンバーの1人,Calvin Fletcherが,第1行政区のThe Indianapolis Branch Bankに蔓延る頽廃を批判する.当時彼は,この支店銀行の理事も兼任していた.そして内部融資による私物化を目論むThe Indianapolis Branch Bankの理事や役員や大株主の影響力を弱めるために,役員選挙の実施に尽力した[80].

加えて1840年3月3日付でThe Second State BankのSamuel Merrill総裁が第8行政区のThe Bedford Branch Bankの頭取に宛てた書簡によると,頭取への内部融資について「何らかの目的があって実施されたのかもしれないが,自行銀行券の弁済なき更新に悩まされているのであれば」「そうした慣行を迂闊にも認容してしまっていたのであれば」「貴行の理事会においてそうした慣行を非難し今後やめる旨の決議を行うことが望ましい」と,記している[81].

1840～1841年会期の州議会においては,かつての州議会でクローズアップされた,「支店銀行の融資をめぐり当該行の株主・理事・役員が優遇を受ける」という問題が,再び脚光を浴びることとなる.1840年11月の報告書によると,The Second State Bankの各支店銀行の役員が自行から受けた融資の総額は43万802ドル,同じく各支店銀行の株主が自行から受けた融資の総額は90万7,797ドルで,総計133万8,599ドル分が「内部融資」とみなされるものである.ちなみにこの時点で,その他の融資総額は233万9,819ドルであった[82].内部融資が融資全体の36.4%もの高い割合を依然として占めていたのである.

---

79) Madison [1975] p. 10.
80) Carmony [1998] p. 262.
81) Golembe [1955] pp. 116-117.
82) Esarey [1912] p. 262.

こうした事態が発覚したにも拘らず，1840年12月8日には，内部融資によって銀行の運営に特に難点が生じたとは言えない旨の見解を，Samuel Merrill総裁が示している．Samuel Merrill総裁は，内部融資の展開を牽制しつつも，The Second State Bankの存在意義を認め，これを頑なに擁護する立場を示していたのである．折しも，1840年12月に州議会に提出された年次銀行報告書において，The Second State Bankの各支店銀行による融資総額の全体像が公表される．それによると，1840年においては，商人層への融資が103万2,136ドル，農民層への融資が60万310ドル，職工層への融資が61万754ドル，輸出業者への融資が77万1,376ドルであった[83]．この公表に基づけば，商人層への融資は，農民層へのそれの約1.7倍程度となっている．また，輸出業者への融資が農民層への融資を上回っている，というのが特徴的である．

この点に関し，公表の際にSamuel Merrill総裁は，輸出業者のうちおもにNew Orleansにおいて河川を利用した商務を展開する業者について，以下の方針を示す．それは，1841年4月までに100万ドルの追加融資を行うことになる一方で，商人層への手形割引が削減される，というものである[84]．この方針が示された背景には，資金需要に関する季節的な変動によって融資総額のピークとトラフとの間が100万ドル程度開いてしまう，という現状があった（ピーク：3〜4月の400万ドル超，トラフ：8〜10月の約300万ドル）．こうした融資総額の季節的なバラツキをできるだけ均等にする必要性を，Samuel Merrill総裁は考えていたのである．

この方針に伴い，1841年は，各支店銀行の融資総額のうち，輸出業者への融資が111万1,747ドルと前年よりも増えたのに対し，商人層への融資が98万2,602ドルと前年よりも減っている[85]．こうした内部融資が蔓延るのは"Indianapolis Junto（インディアナポリス閥）"による構造的な問題があるからだとして，民主党は1840年から1841年にかけて，銀行批判を糸口に政

---

83) Esarey [1912] p. 262. なおHelderman [1931] は，「輸出業者への融資が72万3,000ドル，その他への融資が77万1,000ドル」と示している（Helderman [1931] p. 51）．
84) Helderman [1931] p. 51.
85) Esarey [1912] p. 262. Helderman [1931] p. 51.

争を積極的に仕掛けてゆく．

　民主党によれば，州都 Indianapolis の限られた一部の有力商人や実業家が The Second State Bank の本店銀行や各支店銀行の理事会メンバーに名を連ねたり，The Indianapolis Branch Bank を始めとする支店銀行の民間の大株主や，その理事・役員になったりして，一種の神聖同盟とも言うべき権力性を帯びた派閥を形成している．しかもその派閥の構成員には The Second State Bank を擁護するウィッグ党の党員が大勢を占め，この派閥が利益誘導の一環として内部融資を積極的に進める原動力になっている．以上のような主張を，民主党は開陳した．

　民主党によるこの派閥批判は，州民の心を摑み，これまでの支店銀行の体質や慣行を変革しようとする運動に先鞭を着けるものとなる．やがてそれは，The Second State Bank をめぐる銀行制度の改革が進められるうえで大きな推進力となってゆくのである[86]．

(2) 不良債権の露呈

　「正貨支払いの停止」と「内部融資」という2つの責任問題に加え，この時期，The Second State Bank に対する責任追及の対象となるべきさらなる問題が浮上する．それは，The Second State Bank の100万ドルにも及ぶ不良債権の露呈である．これは1839年10月31日に，The Second State Bank の年次報告書によって明らかにされた問題である．奇しくもこの日は，The Second State Bank の各支店銀行に対する不履行債務が0ドル00セントと完全になくなったことが示された日付であった（前掲の表II-7を参照）．その記念すべき日に，新たな，しかも巨額の不良債権が図らずも出てしまった，ということになる．

　1839年4月，The Second State Bank は，東部大西洋岸の New York City において，大口の融資契約を取り付けていた．それは，1839年9月1日に開業予定の The Morris Canal & Banking Company に対する100万ドルの融資で，10回の月賦で返済される予定であった．だが，この返済が滞

---

86) Madison [1975] pp. 13-15. Madison [1986] pp. 88-89.

る．The Second State Bank はその融資先から担保を得たものの，この融資を最終的に決断した Samuel Merrill 総裁の評判が急落する．この事態に，州下院の銀行に関する特別委員会は，The Second State Bank の Samuel Merrill 総裁と Calvin Fletcher・Robert Morrison の本店銀行の両理事に対する解任要求を決める．州下院議会においては，Samuel Merrill 総裁の弁明を受けたうえで，その解任決議が 51 対 47 の票決で可決される．しかし州上院議会においては，27 対 20 の票決でその解任決議の無期延期を決めた[87]．Samuel Merrill 総裁はウィッグ党員であるが，民主党が過半数を占める州下院議会においては解任要求が通り，ウィッグ党が過半数を占める州上院議会においては解任要求がなんとか阻まれた，という形態である．とはいえ，The Second State Bank に対する世間の風当たりがいっそう強くなったことは，想像するに難くない．

1841 年 1 月には，ケンタッキー州の Ohio 川沿いに位置する主要都市 Louisville において，銀行家総会が開催される．インディアナ，オハイオ，ルイジアナなど近隣の諸州からも代表者が派遣され，正貨支払いの全面再開の日程をいつにするかが話し合われた．インディアナ州からは，The Second State Bank の James F. D. Lanier と Mason C. Fitch が代表者として総会に参加する．また，The Second State Bank の Samuel Merrill 総裁がこの会議の議長を務めた．だがこの総会では，正貨支払いの全面再開をめぐる具体的な日程について決議するには至らなかった[88]．そして 1841 年 8 月には，インディアナ州議会議員の選挙が執り行われる．選挙の結果，州下院議会では民主党が議席を大幅に増やし多数を占め，州上院議会でも民主党の躍進が見受けられ，これまでのウィッグ党による圧倒的な議会支配の構図が塗り替えられてしまう[89]．The Second State Bank への批判を強めていた民主党が選挙で躍進したことで，部分的とはいえ正貨による支払いが再び停止されるという状態をもたらしてしまった The Second State Bank や現行の銀行制度に対する批判がいっそう強まってゆく．

---

87) Carmony [1998] p. 266 および p. 724 の脚注 237 を参照．
88) Carmony [1998] p. 257 および p. 721 の脚注 196 を参照．
89) Carmony [1998] p. 257．

論壇では，特に民主党系の Indiana Democrat 誌が批判を強めた．1841年9月7日付で同誌は，「正貨支払いの部分停止の状態を再び招いていることで，The Second State Bank は各支店銀行が自行銀行券の正貨との兌換を断る度毎に特許を侵害している」と述べ，「勤労者や農業者は兌換を断られる度に法律を無視し続けなければならないのか」，と現状への不満を示した．そして 1841年10月11日付で同誌は，正貨による支払いの全面再開を州議会が The Second State Bank に対して強制するよう，主張した．

これに対しウィッグ党系の Indiana Journal 誌は，1841年11月12日付でこう述べる．すなわち，「インディアナ州の The Second State Bank が近隣の他州に先駆けて正貨による支払いの全面再開に踏み切れば，近隣各地の仲介業者や銀行が私益の確保のためにこぞって正貨の引き出しにかかってくることになる．さらに The Second State Bank は，正貨支払いの再開に向けて準備を進め，近隣諸州の各行との協力を求め続けているようだ」，と．Indiana Journal 誌は，あくまで The Second State Bank を擁護する論陣を張ったのである．

他方で，インディアナ州北部の民主党系の組織からは，民主党が謳う正貨支払いの全面再開を強制すべきという点に賛成はするが，The Second State Bank の解体には The Second State Bank の側と州側との間に利害が交錯するものとして反対する，との声が出る[90]．The Second State Bank をめぐる擁護・批判の論筋もまた，複雑なものとなっていたのである．

1841年12月初旬に，1841〜1842年会期の州議会が開催される．州議会では，正貨支払いの部分停止の状態が 1839年11月から再び続いている点について，この解決のための施策と責任問題とが論議の的となる．州議会の開催直後の12月初旬に，The Second State Bank の Samuel Merrill 総裁が，「慎重な運営を伴いつつ好都合の状況下で正貨支払いの全面再開に踏み切ることが，民衆の信頼の大きな回復に繋がる」と，唐突に宣言する．この唐突な宣言が成された背景には，州議会からの責任追及の集中攻撃に対し The Second State Bank が予め布石を打っておこうとしていたのではないか，と

---

90) Carmony [1998] p. 258.

推察される．

　審議を重ねた末，1842年1月31日には共同決議が謳われる．決議の内容は，正貨支払いの部分停止という状態を再び惹き起こしている The Second State Bank に対し，特許の剝奪というかたちで責任を取ってもらうことと，1842年6月15日を目途に正貨支払いの部分停止の状態を解除すべしという指示とで構成された．また，注目すべき条件もこの決議の内容に入る．それはまず，ケンタッキー州やオハイオ州などの近隣4州が1842年6月15日までに正貨による支払いの部分停止の状態を解除できない場合，インディアナ州としては必ずしもその日付までに正貨による支払いを全面再開する必要はない，という条件である[91]．さらに，1842年6月15日までにインディアナ州の The Second State Bank が正貨による支払いを全面再開できなかった場合，交易目的で州域外へ正貨の送付を希望する人々への出納を拒絶したり諸銀行への正貨支払いを拒んだりしても，The Second State Bank は罰則金を支払わなくてもよい，という条件であった[92]．

　では，特許の剝奪も辞さないなどの強靱な批判が高まっていた The Second State Bank にとって破格の待遇とも言える条件が，なぜ決議内容に盛り込まれたのか．それは，全米を覆った正貨支払いの再停止という状況下で，近隣の他州に比してインディアナ州域内の正貨保有高や融資の堅実さが傑出し決済を行うための環境が抜群に良好であった．このため，インディアナ州だけが正貨による支払いの全面再開に踏み切れば，州域外に正貨が流出し，インディアナ州の利害が大きく揺さぶられる．それゆえ，近隣の他州に対する自州の金融環境の優位性を追い風に，The Second State Bank が周囲から集まる批判を躱し，自らの存在意義をかえって高めるよう立場を翻すことができたからではないか．筆者はそう考える．

　かくして，正貨支払いの部分停止の状態を解除するためのタイムリミットとして，「1842年6月15日」という日付が，その約半年前の1841年1月31日に州議会に提示される．タイムリミットが明確に示されたことを機に，The Second State Bank は正貨による支払いの全面回復に向けた準備作業を

---

91) Carmony [1998] p. 258.
92) Harding [1895] p. 18.

本格化させる.

　正貨による支払いの全面再開を果たしたのち，1842年8月1日に開かれた The Second State Bank の本店銀行の理事会では，正貨による支払いの全面再開に向けて近隣の諸州の各行と情報交換および協力を進めてきたことが，公式に明かされた．また，1842年12月7日付の The Second State Bank の総裁報告書によると，The Second State Bank は，そのタイムリミットの数ヶ月ほど前から，州境の各都市で見つかり現実には流通せずに保蔵されていた各支店銀行券の兌換作業を少しずつ始めており，正貨による支払いの全面的な再開に向けた準備を着実に進めてきていたのである[93]．

　正貨による支払いの全面再開を迎えた1842年6月15日の時点で，The Second State Bank は総額327万8,304ドルの要求払い債務（銀行券債務296万414ドル，預金債務31万7,890ドル）に対し，112万7,518ドルの正貨を保有する[94]．この時点で要求払い債務に対する正貨の準備率は34.4%で，The Second State Bank としては支払い能力を充分に具えた状態になっている．だが実際に1842年6月15日を迎えたあとも，一部の支店銀行については正貨による支払いの再開が順調には進まなかったのである[95]．

(3) 特別調査の内実

　続く1841～1842年会期の州議会においては，部分的とはいえ正貨による支払いを停止せざるをえないという憂き目の事態を再度招いてしまった The Second State Bank に対し，財務・経営内容に関する厳格な特別調査を行うことが決められる．この特別調査は，州議会が特別調査官の任命権限を行使するという形式で実現される．特別調査官には，高名で有能と称された，民主党員の Nathan B. Palmer が任命された．The Second State Bank の Samuel Merrill 総裁は保守系のウィッグ党員であったため，The Second State Bank に批判的な姿勢を示していた民主党員にその特別調査官が任命

---

[93] Harding [1895] p. 18.
[94] Baker [1857] p. 164.
[95] Carmony [1998] p. 258. なお Knox [1892] や Root [1895b] は，「1838年に正貨による支払いが停止され1841年に正貨による支払いが再開された」と記しているが（Knox [1892] p. 978, Root [1895b] p. 232），これは誤りである．

されることは，The Second State Bank にとって心穏やかなことではない．しかしそれを可能にしたのは，前年の 1841 年 8 月に行われた州議会議員の選挙である．この選挙の結果，民主党が躍進し，州下院では大勢を占め，州上院では多数派のウィッグ党を牽制する勢いで議席を獲得した．Nathan B. Palmer は，かつて，The Second State Bank の創設を謳った 1834 年の州法銀行設置法に関する決議の際には，州下院議長の立場で賛成票を投じていた．つまり彼は，The Second State Bank の存在意義を認めていたのである．そして 1834 年から 1842 年までは，出納局長として州政府に奉職していた．

特別調査官の選出にあたり，民主党が多数を占める州下院議会においては，Nathan B. Palmer への任命が採決されたが，ウィッグ党が多数を占める州上院議会においては，Tilghman A. Howard への任命が採決される．両院協議会における論議の末，州下院が推した Nathan B. Palmer の経歴や人物像などを州上院が受け入れ，最終的に合意に至った．合意に至ったのは，かつて党派を超えた理解の下に存在意義が認められて創設された The Second State Bank に対し，特別調査を実施することで党派を超えて寄せられる批判が鎮まるのを期待するという点で，民主党とウィッグ党とが理解を一致させることができたからである．特別調査官の任命に際して州議会は，Nathan B. Palmer に対し，The Second State Bank の各支店銀行への特別調査を，誠実にかつ公平に，注意深く詳細に行うことを要請した．加えて州議会は，私益と州益とを重視する現在の The Second State Bank をどう改変すべきかの提案についても，彼に要請したのである[96]．

では，この特別調査とはどのようなものであったのか．特別調査は 1842 年 4 月より開始され，1842 年 12 月に報告書をまとめて州議会に提出するまでの約 8 ヶ月間に渡って行われる．Palmer 特別調査官は民主党員であったが，特別調査の報告書には，伝統的な「反銀行主義」に基づく理念論や硬貨主義の実践論といった，イデオロギーにまぶされた銀行批判は登場しない[97]．現実の財務データや原資料等による裏付けを礎に，淡々と現状分析

---

96) Harding [1895] p. 19. Carmony [1998] pp. 260-261.
97) Madison [1975] p. 10.

が進む.報告書では,まず分析結果の摘要が示される.次に,各支店銀行の資産・負債項目に関する詳細な情報ならびに債権者・債務者リスト,理事・行員一覧が紹介される.さらに Palmer 特別調査官が各支店銀行に送付した全76項目からなる質問書とそれに対する各支店銀行の回答の一覧が示される[98].この特別調査においては,The Second State Bank の全支店銀行におけるすべての保有現金・保有債務の正確な勘定や,他者宛てのないしは他行宛ての全勘定,受取手形ないし受取銀行券の名義・保有量・特徴,ならびに各支店銀行が絡んだ債権・債務に関する担保や証拠や描写物などの実態について,分析が綿密に施された.

　Palmer 特別調査官による報告書においては,各支店銀行がその経営・財務状況の善し悪しに応じて3つの評価群に大別されている.まず「良質」と判定されたのが,Richmond(第3行政区),Madison(第4行政区),New Albany(第5行政区),Evansville(第6行政区),Vincennes(第7行政区),Terre Haute(第9行政区),Fort Wayne(第11行政区)の各支店銀行である.「良質ではない」と判定されたのが Indianapolis(第1行政区),Lawrenceburg(第2行政区),Lafayette(第10行政区),South Bend(第12行政区)の各支店銀行である.「劣悪」の烙印を捺されたのは,Bedford(第8行政区)と Michigan City(第13行政区)の両支店銀行である.もっとも,良質と判断された支店銀行においてさえも,Evansville(第6行政区)に関しては,理事(John Shanklin)と頭取(John Mitchell)への内部融資において未返済分(理事1万193ドル,頭取2,751ドル)が生じていたことが明らかにされた[99].

　「良質ではない」と判断された支店銀行のうち,Indianapolis(第1行政区)については,「かなりの熟練と能力とを駆使して利益の獲得を進めてきたものの,法外な情実融資や内部融資の実施によって莫大な債務を抱え,かなりの過ちを犯し損失を招いている」と,特別調査の報告書において指摘される.この支店銀行では,前理事3名(Samuel Henderson, James Blake, Daniel Yandes)に対する内部融資において未返済分(1万ドル,1万3,400ドル,7,236ドル)が見受けられた.この現実に対し,本店銀行の理事でもある

---

98) Carmony [1998] p. 722 の脚注214を参照.
99) Carmony [1998] pp. 261-262.

Calvin Fletcher は，前理事や役員が銀行運営の指揮・監督を行うふりをしながら内部融資を受け続け，あまつさえ債務不履行の当事者になってしまっていることに，不平不満を述べて嘆いた[100]．

また驚愕すべき点として，The Indianapolis Branch Bank は，The Second State Bank の本店銀行の理事会メンバーに対して最大の融資を行っていた．The Indianapolis Branch Bank に対する最大の債務者は，Nicholas McCarty である．彼は州都 Indianapolis の豪商で，なおかつ The Second State Bank の本店銀行の理事を務めていた．また彼は The Indianapolis Branch Bank の筆頭株主（民間向けに割り当てられた株式のうち 25% の保有率）で，彼の従兄弟が The Indianapolis Branch Bank の理事だったこともあり，支店銀行の運営に頻繁に口出ししていた，とも言われている．その債務総額は，1842 年 4 月 15 日の時点で 3 万 2,614 ドルである[101]．

他方，これも「良質ではない」と判断された The Lawrenceburg Branch Bank（第 2 行政区）については，一部の理事や役員や株主による職権濫用と策謀・情実との横行ゆえに苦しんではいるが，銀行自体の閉鎖は勧奨されなかった．この支店銀行においては，The Second State Bank の Samuel Merrill 総裁および本店銀行の理事である Manson C. Fitch, John Sering, James F. D. Lanier に対し，それぞれ 1,220 ドル 33 セント，3,800 ドル，2,000 ドル，5,000 ドルの内部融資（いずれも返済済み）の存在が認められる．本店銀行との不明朗な関係が疑われても仕方のない，衝撃の事実が示されたのである．

また，報告書において「劣悪」と判断された支店銀行のうち，The Bedford Branch Bank（第 8 行政区）については，向こう見ずな経営とまごついた対応ゆえ即座に清算に入るべきだ，と指摘される．この支店銀行において

---

100) Madison [1975] pp. 10–12. Carmony [1998] p. 262 および p. 723 の脚注 218 を参照．

101) Madison [1975] pp. 11–12. なお Nicholas McCarty は，Indianapolis Insurance Co. の株主・代表取締役社長ならびに Washington Hotel Co. の株主・代表取締役社長を務める．狂騒の 1830 年代に各方面から多額の借金をして土地投機に走ったり，事業拡張に伴うホテルの新設で The Indianapolis Branch Bank から総計で 2 万 5,000 ドルもの融資を受けたりしていた．しかし 1837・1839 年の両恐慌の襲来を機に，累積債務が激増することになる（Madison [1975] pp. 11–12）．

も，前理事の Alex Conquillard に対する内部融資によって3万1,146ドル18セント＋金利分もの焦げ付きがあることが明るみに出た[102]．

そのうえで，報告書において，以下の結論が導き出される．第1に，The Second State Bank の財務内容については，価値の安定性の高い類の資産総額が要求払い債務の総額の約50％に，同じく正貨総額の75％に達しているという点を踏まえ，比較的健全な財務状況にある，と判断される．しかしながら第2に，総資産の評価については The Second State Bank の執行陣による判定よりも低く見積もり，厳しい評価を下す．ポイントは，総資産のうち，各支店銀行の保有手形の質をめぐる評価にあった．Palmer 特別調査官は，これを過小評価し，ここに欠損があることを見出す．The Second State Bank の各支店銀行による約束手形および為替手形の割引総額は260万6,526ドル48セントで，その約27％に当たる70万2,526ドル89セント分の手形が引き受けを拒絶されるかまたは訴訟手続きに入っていて未払いの状態にある，と彼は判断した．さらに未払い状態と判断された保有手形のうち，53万3,083ドル33セント分が The Second State Bank の損失分とみなされ，他の諸々の損失分を加算した64万2,188ドル61セント分が最終損失として計上されうる，と見積もられた[103]．The Second State Bank の執行陣は，これらの保有手形を良質の債権として過大評価し，総資産の質に問題はない，とみなしていたのである．

では，なぜこうした資産評価をめぐる双方の食い違いが生まれたのか．それは，各支店銀行の保有手形の質に対する双方の見解の食い違いによる．Palmer 特別調査官がその保有手形の資産としての査定評価を厳しく見たその根拠は，まず，先の1837年恐慌の襲来を機に生じた，各支店銀行が保有する担保資産の大幅な減価にある．もっとも彼は，この担保資産つまり各支店銀行の保有手形の減価が The Second State Bank の財務体質の悪化を招いてしまったことを厳しく追及した，というわけではない．問題は以下の2

---

102) Carmony［1998］pp. 261-262.
103) Carmony［1998］p. 261. なお Harding［1895］は，Palmer 特別調査官が見出した欠損の総額を「33万3,342ドル3セント」と示していて（Harding［1895］p. 20），さらなる検討が必要である．

点にある,と彼は指摘する.1点目は,支店銀行における自行の役員や株主に対する責任追及の甘さである.正貨支払いの停止が宣言されたことに伴う兌換不能のために抗議の意を込めて自行銀行券が窓口に突き付けられたとしても,関係者は何の経営責任も問われなかったのである.そして,かねてから疑問視されてきたいわゆる内部融資の慣行,特に余分な資本を持たない株主に対する大規模な融資の慣行が,The Second State Bank を患わせた最も致命的な欠陥である,と彼は断言した.要するに,内部関係者への優遇が問題の根幹にあるということが,会計資料の裏付けに基づいて明示されたのである.2点目は,為替手形の架空取引が実践されていた,ということである[104].

これら2点の問題の指摘を踏まえ,Palmer 特別調査官は矯正策を提示する.それは,The Second State Bank がインディアナ州政府の債務をその法定限度を超えて引き受けてしまっていて,州政府による債務の濫発を事実上容易にさせている.したがって,こうした現在の構造を改めるために,可能なものについて債務を放棄し,さらに減資を行う,というものである.そこで,州政府が保有する The Second State Bank の株式の一部をその市場価格に則して売却することで自らの債務を少しでも償還させる,という策が推奨される.

ただし,この策の実施には条件があった.株式を売却することのできる額は,The Second State Bank の資本金に余裕があり今後数年間に渡って経営に影響をきたさない範囲の額まで,という条件であった.1837年と1839年との2つの世界恐慌の襲来を経た時点で,The Second State Bank が州域内の開発をめぐる資金融通のために引き受けてしまった州政府の債務総額は,93万47ドル27セントにのぼる.これは,1834年に制定された州法銀行設置法に基づく特許条項において規定された,The Second State Bank が引き受けることのできる債務の総額を大幅に超えるものであった.The Second State Bank によって引き受けられた州政府の債務総額の内訳は,

---

104) Harding [1895] pp. 20-21.

第 3 章　興隆と試練：1834〜1842 年　313

(1) 州政府が発注した公共事業において事業者に支払われるべき前払金を調達するために，The Second State Bank に引き受けてもらった州債が 23 万 4,447 ドル 27 セント．
(2) 同じく州政府が支払うべき他の諸々の前払金を用意するために，The Second State Bank に引き受けてもらった州債が 26 万 4,080 ドル．
(3) The Second State Bank に引き受けてもらった「減債基金」（州政府の外郭団体）の仮証書（sinking fund scrip）の総額が 43 万 1,520 ドル．

以上の 3 点である[105]．なお 1840 年には州政府が 72 万 2,640 ドルもの仮証書（bank scrip）を発行し，州政府の債務はさらに膨らむこととなる[106]．

　Palmer 特別調査官による特別調査の報告書は，1843 年に公刊され，各方面から称賛される．The Second State Bank の本店銀行の理事である Calvin Fletcher は，報告内容を褒め称え，債務不履行者の一覧を公開するよう，Palmer 特別調査官に薦めている[107]．特別調査の結果を踏まえ，1842〜1843 年の会期の州議会においては，州政府が自らの債務を削減するために The Second State Bank の株式保有の削減を認める旨の法案が可決された．具体的には，各支店銀行への出資分として州政府が払い込む予定であった 43 万 7,450 ドル分と，やはり州政府が各支店銀行に対する債務の総額に応じて発行された州債の残余分とについて，州政府の出納を司る州財務局が放棄する，というものである．

　なおこの法案では，州政府のみならず民間部門による The Second State Bank の株式保有の削減についても，条項に盛り込まれていた．民間が自らの債務を削減するために，民間が保有する各支店銀行の株式 15 万 1,899 ドル 89 セント分が州政府と同様に放棄される．この法案は，1843 年 2 月 2 日に州議会において承認された．この改善措置によって，この当時の The

---

105) Harding［1895］p. 21. なお Harding［1895］や Carmony［1998］は州政府の債務総額を「93 万 47 ドル」と記しているが（Harding［1895］p. 21, Carmony［1998］p. 261），厳密には「93 万 47 ドル 27 セント」である．また，「減債基金」の仕組みについては，本篇の第 2 章 3.3 項を参照のこと．
106) Esarey［1912］p. 258.
107) Carmony［1998］pp. 262-263.

Second State Bank の資本金総額 213 万 6,272 ドル 25 セントのうち,州政府が保有する株式の総額は僅か 88 万 5,716 ドル 27 セントとなった[108]. 半官半民による共同出資で賄われてきた The Second State Bank であったが,「官」における株式の保有シェアがいよいよ半分を切り約 42% にまで落ち込んでしまったのである.

さらに 1842 年 2 月 11 日付で制定された州法においては,The Second State Bank に対して債務を負う者は,The Second State Bank の役員にはなれないことと,その役員選挙への投票権を有しないこととが取り決められた[109].

このように,度重なる世界恐慌の襲来とそれに伴う正貨支払いの部分停止という状態が 2 度に渡って繰り返される憂き目にあったインディアナ州の銀行制度であった.だが,1840 年代に入り,上記した諸々の制度改革が速やかに実施され,困難ひしめく現況に毅然と立ち向かってゆくことになる.

---

108) Carmony [1998] p. 266.
109) Harding [1895] p. 21.

第4章　危機と再編：1842〜1855年
──強大な存在感への警戒と自由銀行制度との混交

　ここまで究明されてきたように，黎明期におけるインディアナ州の銀行制度は，当時，全米でも屈指の健全性を保ちつつ，州域内の通貨・信用秩序の管掌を州単位で自発的にかつ成功裡に進めてきた．その結果，2度に渡る世界恐慌の襲来から州域内の通貨・信用秩序を守り抜き，正貨による支払いの全面停止という事態をその部分停止という巧みな技法を用いて回避するという，全米でも稀に見る離れ業をやってのけた．

　だが，そうした屈強な耐性を示し得ていたはずのインディアナの銀行制度は，1840年代から1850年代の半ばにかけてその存否をめぐり右往左往してしまうこととなる．そこで本章では，インディアナの銀行制度が，強靭な耐性を見せつけることができたにも拘らず，なぜ迷走し動揺する状態に陥ってしまったのかを分析する．

　本章は3点で構成される．まず，未曾有の世界恐慌をくぐり抜けた1840年代，アメリカ経済の高揚とは裏腹にインディアナの銀行制度への信頼が揺らぎを見せてゆくその内実を示す（第1節）．次に，インディアナ州域内において，既存の銀行制度の廃止の動きと共に新規の自由銀行制度がどのように導入され，どのような影響を及ぼしながらどう展開されたのかを述べる（第2節）．最後に，自由銀行制度が導入されたあとこの制度がすぐに迷走し，既存の銀行制度の仕組みの継承も含めた新たな銀行制度の設営が早くも検討されるなど，どのような模索のなかで新たな銀行制度への構築が再び目指されたのかを論究する（第3節）．

1. 昂進と迷走

1.1 銀行制度の動揺

　インディアナ州の銀行制度は，1837年と1839年の2度の大きな世界恐慌をうまく乗り切り，傑出したその強靱さを州域内外に顕示した．しかし1840年代に入ると，州議会において民主党が躍進し，州議会の最大勢力がウィッグ党から民主党へと移る．これに伴い，ウィッグ党の強い後援で誕生し育成されてきたこれまでの銀行制度のあり方に様々な疑義が示され，強靱さを誇ったその銀行制度に動揺が走り始めることとなる．

　銀行制度の動揺を誘った要因として，まず，支店銀行の経営危機の噴出がある．1843年に入り，The Second State Bank の一部の支店銀行において，業務停止の危機が相次いで表面化する．これは，州議会での決定に基づき1842年4月から同年12月までの8ヶ月間に渡って行われた，The Second State Bank に対する特別調査の結果の公表を受けてである[1]．このとき業務停止の危機に陥った支店銀行は，2行ある．第2行政区の The Lawrenceburg Branch Bank（1834年開業）と，第12行政区の The South Bend Branch Bank（1838年開業）である．特別調査の報告書によると，この2行は，3段階の評価体系のうちの2番目の評価に当たる，「良質でない」と判断されていた．The South Bend Branch Bank に対しては，The Second State Bank の本店銀行の理事会が，手形割引による与信の総額を一定の限度枠内に抑えつつ債権の回収を進めるよう求めるに留めた．この結果，The South Bend Branch Bank の業務停止は回避された．他方，The Lawrenceburg Branch Bank については，業務停止の回避には至らず迷走する．The Second State Bank の Samuel Merrill 総裁は，1843年6月11日付で各支店銀行の役員達に書簡を送っている．そこには，The Lawrenceburg Branch Bank の業務停止の是非をめぐり，本店銀行の理事会内でも賛否両論あって

---

[1] 特別調査の内容の詳細については，本篇の第3章3.3項の(3)を参照のこと．

まとまらない旨が示されていた[2]. 結局, 1843 年 11 月に業務停止の憂き目に遭うが, The Lawrenceburg Branch Bank の預金や融資はそのままの状態で留め置かれた. この点を根拠に, The Lawrenceburg Branch Bank は閉鎖を免れ経営改革が施されたのち業務が再開される, との観測が州域内に広まる. その観測通り 1844 年 2 月 26 日, The Lawrenceburg Branch Bank は 3 ヶ月ぶりに業務の再開が認められた.

銀行制度の動揺を誘った別の要因として, 総裁の交代がある. 1843 年 8 月に行われた州議会議員の選挙では, 民主党が勝つ. この結果, 州下院議会は民主党員 55 名・ウィッグ党員 45 名で, 州上院議会は民主党員 26 名・ウィッグ党員 24 名で, それぞれ構成される[3]. この構成ゆえ, 民主党の動向が上下両院において州議会の運営に最も影響を与えるものとなる. これに伴い, The Second State Bank の管理に最も影響力を及ぼす政党が, ウィッグ党から民主党に移る. The Second State Bank の組織内においても, 中枢たる本店銀行の理事会や各支店銀行の理事会においてはメンバーの大多数がウィッグ党員で, ウィッグ党の考え方が依然として支配的ではあったが, この頃から民主党の考え方が徐々に浸み始める. つまり, 本店銀行や各支店銀行の理事会の構成員の内に民主党員が入り始める, という現象が生じてきたのである[4].

この現象は, やがて The Second State Bank の総裁の交代をも惹き起こす. ウィッグ党員の Samuel Merrill 総裁は, これまで 2 期 10 年の長きに渡って勤め上げてきた. 総裁の 2 期目の任期が, 1843～1844 年の州議会の会期中に満了を迎える. これを受け, Samuel Merrill 総裁の後任について, 民主党内において議論が噴出する. 民主党は, 1830 年代の後半から The Second State Bank に対する批判を繰り返すようになってきていた[5].

だが, 民主党がその方針と矛盾してまでも民主党員から総裁を選出し, The Second State Bank の管理に責任を持つべきだ, という意見がやがて党

---

2) Golembe [1955] pp. 117–118.
3) Carmony [1998] p. 323.
4) Carmony [1998] p. 324.
5) この点については, 本篇の第 3 章 2.2 項を参照されたい.

内に浸透する．そして民主党員のなかから総裁にふさわしい人物として，Nathan B. Palmer, Ebenezer M. Chamberlain, James Morrison, Alexander J. Burnett, James White の各氏が，党内からの推薦を受ける[6]．1844年1月3日に，The Second State Bank の総裁選挙が行われた．投票は3回続けて行われ，3回目の投票の結果，州下院議会においては，民主党員で判事の James Morrison が最多得票を獲得する．州上院議会においては，ウィッグ党員で前総裁の Samuel Merrill が最多得票を獲得する．この結果，両院が協議し，難航の末，両院の全議員による一斉投票の実施が決まる．一斉投票は，4回続けて行われる．第1回目の投票においては，Samuel Merrill が James Morrison を1票差で抑えるが，10の散票が出る．結局4回目の投票で，James Morrison が77票，Samuel Merrill が67票，散票が2票の結果が出た[7]．

かくして，民主党員の James Morrison が The Second State Bank の新総裁に決まり，Samuel Merrill 総裁は任期満了に伴う退任が決まった．州議会による民主党の勢力拡大は，The Second State Bank の本店銀行ならびに各支店銀行の理事会のメンバー構成にも影響を与え，遂には The Second State Bank の総裁をウィッグ党員から民主党員へと交代させるに至ったのである．

翌1844～1845年会期の州議会においては，小額面券の発行権限の延長が銀行制度にまつわる論点として注目される．小額面券の発行期限は1846年1月1日まで，と州法で定められていたために，その延長をめぐる論議が州議会で高まったのである．各支店銀行が発券を担うかたちで，The Second State Bank は小額面券の発行を独占し，発券益を確保していた．それゆえ The Second State Bank としては，利益を確保するうえでその主要な源泉となっている小額面券の発行を続けたい，との思惑があったものと考えられる．

James Morrison 総裁は，The Second State Bank の特許が期限を迎えるまで最大100万ドル分の小額面券の発行を延長すべきで，もしこの延長がなければ各支店銀行の働きは萎える，との見解を示す．The Second State

---

6) Carmony [1998] p. 323.
7) Carmony [1998] p. 323.

Bank の本店銀行の理事会も，James Morrison 総裁の見解に賛同の意を示した．総裁の見解に理事会が賛同したのは，小額面券の発行の継続を世論が求めている点，正貨との兌換が小額で済む通貨は小額面券の発行によっても駆逐されていない点，The Second State Bank の各支店銀行が発行する小額面券が，州域外から入る怪しげな小額面券を駆逐している点，小額面券が州民の信頼を充分に得ている点，以上の理由からである．この法案に民主党は反対の意向に，ウィッグ党は賛成の意向にあった．

　小額面券の発行延長に関する法案は，ウィッグ党が優勢であった州下院議会においては，44（ウィッグ党員 44 名・民主党員 0 名）対 24（ウィッグ党員 2 名・民主党員 24 名）の大差で可決される．ウィッグ党と民主党とが 25 名ずつで議席を折半していた州上院議会においては，25（ウィッグ党員 18 名・民主党員 7 名）対 23（ウィッグ党員 7 名・民主党員 16 名）の僅差で可決される．ただし 2 つの支店銀行については，経営に係る内部問題の未解決ゆえ，小額面券の発行延長をめぐる認可の対象外とされた[8]．ちなみに「2 つの支店銀行」というのは，前掲の The Lawrenceburg Branch Bank と The South Bend Branch Bank とを指すものであった，と推断される．上述の投票結果を一瞥すると，投票の際に特に州上院議会において賛成に寝返った民主党員が多かった，という点が特徴的である．

　1847～1848 年会期の州議会においては，The Second State Bank に対し 4 つの支店銀行の新設が認められる．支店銀行の追加設置については，民主党は反対の意を，ウィッグ党は賛成の意をそれぞれ示していた．この時の州議会の構成は，州上院議会において民主党とウィッグ党とが同数で議席を分け合い，州下院議会において若干ウィッグ党が優勢という状態にあった．それゆえ，支店銀行の新設の法案が辛うじて州議会を通ったのである．だが時の Whitcomb 州知事が，審議を尽くすことを強く求めてこの設置認可を拒否したため，継続審議となる．また 1848 年には The Second State Bank の総裁選挙が行われ，1 回目の投票によって，現職で民主党員の James Morrison が，同じく民主党員の Daniel Mace を破り再選を果たす．票数は，州

8）　Carmony［1998］p. 328 および p. 747 の脚注 154 を参照．

下院議会においては James Morrison が 53 票，Daniel Mace が 47 票で，州上院議会においては James Morrison が 34 票，Daniel Mace が 14 票，白票が 1 票であった[9]．The Second State Bank の管理における民主党の影響力が引き続きもたらされてゆく．

1848〜1849 年会期の州議会において，民主党が遂に両院で第一党の座を占める．州下院の銀行委員会においては，委員である 3 名の民主党議員が，4 つもの支店銀行の新設は不要だ，と反対する．反対の理由は 2 点示された．1 点目は，The Second State Bank に 64 万ドルもの増資が必要となり，160 万ドル分もの発券を認めてしまうことになるから，というものである．2 点目は，The Second State Bank は特許の期限が迫っているのに，4 つもの支店銀行が新設されてしまえば負債を抱える人々をさらに増やすことになってしまうから，というものである．これを受けて，州下院議会において，支店銀行の新設を 1851 年末までに行う旨を追記した修正法案が提出される．この修正法案は，賛成 58 票（ウィッグ党員 38 名・民主党員 20 名），反対 21 票（ウィッグ党員 1 名・民主党員 20 名）で可決され，州下院議会を通過する．州上院議会においても，この修正法案は支持され可決された．

だが，この修正法案の受容について，The Second State Bank の本店銀行の理事会においては満場一致での是認とはいかず，結局この修正法案は破棄されてしまうことになる．この結果，4 つの支店銀行の新設は幻となった[10]．

The Second State Bank の本店銀行の理事会において，この修正法案の受容を満場一致で是認することができなかったのはなぜか．それは，理事会の構成員としてすでに多数入り込んでいた，民主党の考え方を持つ理事の内に，州域内の通貨・信用秩序を管理する独占体としてのこれ以上の肥大化を懸念し，支店銀行の新設不要論を頑なに謳う勢力が根強く残ってしまっていたことが，その背景にあるものと考えられる．だが，The Second State Bank によって下された，支店銀行の新設を拒むという決断は，かえって，特許制に守られつつ銀行業の独占維持を目論む The Second State Bank による独善的な考え方の表れとして州民に理解され，その後の The Second

---

[9] Carmony [1998] p. 323 および p. 749 の脚注 164 および 165 を参照．
[10] Carmony [1998] pp. 325-326 および p. 751 の脚注 175 を参照．

表 II-11　The Second State Bank の年次配当率：1843～1856 年

	配当率 (%)		配当率 (%)		配当率 (%)
1843 年	4.71	1848 年	9.53	1853 年	9.58
1844 年	6.80	1849 年	9.80	1854 年	12.00
1845 年	7.90	1850 年	10.00	1855 年	15.77
1846 年	―	1851 年	―	1856 年	18.42
1847 年	8.34	1852 年	9.35		

注：1846 年および 1851 年については不明．
出所：Harding [1895] p. 23 の掲載データを基に筆者作成．

State Bank の存続の是非をめぐる議論に暗い影を落としてゆくこととなる．

1.2　業績の回復

　このように，1840 年代に入り The Second State Bank を取り巻く情勢は厳しさを増しつつあったが，実際にこの頃の The Second State Bank の業況はどういう状態にあったのか．1840 年代の後半において，The Second State Bank の配当率は著しく高いものとなっている．表 II-11 によると，その配当率は 1844 年末の時点では年 6.8% であったのが，1850 年末の時点では年 10.0% にまで上がっている[11]．株主への配当金は利益の一部から分与されるので，配当率が上がっているということは，配当率を上げられる余裕を持てるほど The Second State Bank の利益の獲得が進み，The Second State Bank の財務状況が比較的良好に推移しているのではないか，と予想される．果たしてその実態はどうであったのか．

　まず，銀行による与信の核を成す手形割引であるが，表 II-12 と図 II-2 とを併せ見ると，概して規則性を帯びたうねりを伴いつつ総額ベースでは上昇の基調を示している．規則性を帯びたうねりの現象を凝視してみると，冬季（12〜3 月）にピークを迎え夏季の 7 月末にトラフを迎える，という周期性のあるサインカーブが描かれている．これは，インディアナ州の主軸の農業である養豚事業の独特な経済サイクルに強く起因したものだと考えられる．インディアナ州の養豚事業は，肥育を行う夏季には与信の需要が低く，「ポ

---

[11] Carmony [1998] p. 325 も参照されたい．

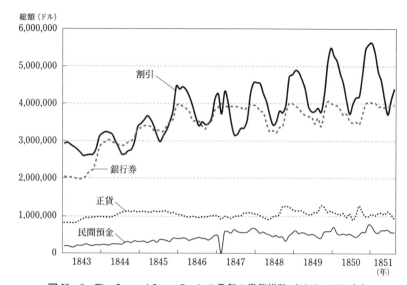

図 II-2　The Second State Bank の月毎の業態推移（1843〜1851年）
出所：本書掲載の表 II-12 の掲載データを基に筆者作成.

ークシーズン」と呼ばれる冬季には商品取引が活発となり，決済用資金の需要増に伴い与信の需要が増える．この季節的なサイクルに連動して描かれた，連続するカーブの態様が示されたものと言える[12]．

　手形割引の総額は，蛇行を続けながらも上昇の基調で推移し，最低値の 260万 6,190ドル 94セント（1843年 7月 31日時点）から最高値の 562万 8,018ドル 54セント（1851年 2月 28日時点）へと，約 8年かけて 2倍以上に増えている（表II-12）．これに加え，手形割引の内訳に大きな変化が見受けられる．表 II-13 によれば，手形割引の内訳は，1843年 11月末の時点では約束手形による割引額が為替手形による割引額を凌駕しているものの，双方の開きはやがて縮む．1847年 11月末の時点では，双方の開きが約 10万ドルにまで縮小し，翌 1848年 11月末にはついに為替手形による割引額が約束手形による割引額を追い越す．以後，為替手形の割引額の伸びは著しく，総額では 36万 6,361ドル 21セント（1843年 11月末）から 283万 5,266ドル 55

---

12) インディアナ州の養豚事業をめぐる独特の季節的な経済サイクルについては，本篇の第 3章 1.1 項を参照のこと．

表 II-12　The Second State Bank の月毎の業態推移：1843〜1851 年

(単位：米ドル)

	割引	正貨	銀行券	民間預金	準備率
1843 年 1 月 31 日	2,936,334.16	822,666.99	2,041,392.00	184,775.86	36.95%
1843 年 2 月 28 日	2,963,596.52	812,003.11	2,037,307.00	198,389.95	36.32%
1843 年 3 月 31 日	2,908,203.02	812,455.26	2,034,282.00	168,455.68	36.88%
1843 年 4 月 29 日	2,848,753.52	807,570.64	2,023,393.00	159,841.83	36.99%
1843 年 5 月 31 日	2,789,436.05	826,416.75	1,988,687.00	204,586.06	37.68%
1843 年 6 月 30 日	2,701,311.41	881,992.93	1,983,295.00	203,672.67	40.33%
1843 年 7 月 31 日	2,606,160.94	922,087.83	1,990,426.00	211,502.46	41.88%
1843 年 8 月 31 日	2,620,887.54	958,378.28	2,072,117.00	247,029.53	41.32%
1843 年 9 月 30 日	2,636,697.55	950,323.76	2,200,394.00	209,266.78	39.44%
1843 年 10 月 31 日	2,640,695.25	967,306.84	2,235,765.50	200,248.93	39.71%
1843 年 11 月 30 日	2,798,728.53	969,910.43	2,486,221.00	221,865.39	35.82%
1843 年 12 月 30 日	3,120,634.14	977,960.02	2,831,488.50	213,686.73	32.12%
1844 年 1 月 31 日	3,207,170.01	975,348.75	2,941,263.50	230,117.98	30.75%
1844 年 2 月 29 日	3,249,889.86	969,744.01	2,984,537.00	225,583.94	30.21%
1844 年 3 月 30 日	3,226,024.52	962,950.54	3,033,490.00	213,012.60	29.66%
1844 年 4 月 30 日	3,178,164.21	974,298.05	2,977,944.00	245,052.88	30.23%
1844 年 5 月 31 日	2,995,585.27	1,010,737.16	2,939,769.00	245,389.10	31.73%
1844 年 6 月 29 日	2,831,034.91	1,058,190.10	2,905,853.00	243,431.50	33.60%
1844 年 7 月 31 日	2,647,496.12	1,094,343.47	2,879,524.00	233,548.59	35.15%
1844 年 8 月 31 日	2,651,261.18	1,112,251.89	2,903,115.00	288,193.51	34.85%
1844 年 9 月 30 日	2,735,381.38	1,126,056.51	2,967,307.00	307,918.14	34.38%
1844 年 10 月 31 日	2,773,063.23	1,109,341.94	3,002,732.00	276,199.43	33.83%
1844 年 11 月 30 日	2,980,481.57	1,128,965.54	3,105,807.00	328,651.22	32.87%
1844 年 12 月 31 日	3,383,102.22	1,100,505.58	3,320,912.00	309,223.05	30.32%
1845 年 1 月 31 日	3,466,595.25	1,122,219.23	3,352,507.00	310,666.42	30.64%
1845 年 2 月 28 日	3,567,518.01	1,117,252.53	3,407,867.00	321,714.46	29.96%
1845 年 3 月 31 日	3,672,827.17	1,105,705.66	3,406,009.00	281,332.42	29.99%
1845 年 4 月 30 日	3,581,745.98	1,097,440.64	3,390,580.00	313,880.89	29.62%
1845 年 5 月 31 日	3,407,440.93	1,128,987.92	3,284,651.00	344,317.58	31.11%
1845 年 6 月 30 日	3,155,139.04	1,114,914.03	3,286,693.00	288,853.04	31.18%
1845 年 7 月 31 日	2,983,316.38	1,114,114.73	3,284,843.00	366,383.89	30.51%
1845 年 8 月 30 日	3,144,369.77	1,127,844.57	3,255,974.00	358,430.69	31.20%
1845 年 9 月 30 日	3,292,688.40	1,127,705.01	3,404,825.00	342,710.60	30.09%
1845 年 10 月 31 日	3,524,230.47	1,075,978.31	3,512,635.00	309,114.92	28.15%
1845 年 11 月 29 日	3,827,836.14	1,095,942.83	3,589,024.00	398,272.50	27.49%
1845 年 12 月 31 日	4,472,978.25	1,055,340.08	3,930,634.00	398,352.30	24.38%
1846 年 1 月 31 日	4,387,479.72	1,033,322.17	3,993,565.00	389,881.10	23.57%
1846 年 2 月 28 日	4,449,310.15	1,017,104.78	3,929,627.50	406,740.03	23.46%
1846 年 3 月 31 日	4,373,516.94	982,850.96	3,873,128.50	399,262.87	23.00%
1846 年 4 月 30 日	4,198,927.00	970,674.15	3,803,611.00	343,639.31	23.41%
1846 年 5 月 30 日	3,951,006.24	989,165.80	3,548,712.00	374,152.31	25.22%
1846 年 6 月 30 日	3,641,989.66	973,702.64	3,546,922.00	397,047.17	24.69%

(表 II-12)

	割引	正貨	銀行券	民間預金	準備率
1846年 7月31日	3,409,996.32	956,856.32	3,529,027.00	422,685.47	24.21%
1846年 8月31日	3,515,810.54	974,404.62	3,408,548.00	398,676.90	25.59%
1846年 9月30日	3,444,732.79	972,764.42	3,326,547.00	392,951.22	26.15%
1846年10月31日	3,467,565.70	989,587.27	3,501,244.00	353,704.55	25.67%
1846年11月30日	3,643,929.11	1,008,697.68	3,554,956.50	407,099.85	25.46%
1846年12月31日	4,136,727.13	1,006,861.61	3,844,605.50	476,018.43	23.30%
1847年 1月30日	4,266,348.38	1,002,490.86	3,904,900.50	464,247.02	22.94%
1847年 2月27日	—	—	—	—	
1847年 3月31日	3,726,881.14	911,971.87	3,994,939.00	—	
1847年 4月30日	4,329,995.56	989,826.85	3,960,186.00	574,079.56	21.83%
1847年 5月31日	4,047,993.08	967,426.60	3,908,966.50	582,363.29	21.54%
1847年 6月30日	3,507,907.08	934,357.30	3,927,533.50	541,902.02	20.91%
1847年 7月31日	3,165,185.10	987,883.08	3,918,176.50	631,874.13	21.71%
1847年 8月31日	3,191,678.98	1,004,826.04	3,921,027.50	579,966.75	22.32%
1847年 9月30日	3,344,342.40	1,000,214.49	3,899,612.00	557,482.17	22.44%
1847年10月30日	3,354,795.28	1,079,126.67	3,838,910.00	552,560.31	24.57%
1847年11月30日	3,582,102.42	1,084,223.21	3,909,032.50	562,591.17	24.25%
1847年12月31日	4,291,143.14	1,091,084.48	3,985,075.00	630,362.33	23.64%
1848年 1月31日	4,566,467.39	1,060,682.13	3,964,085.00	672,498.69	22.88%
1848年 2月29日	4,561,467.39	1,050,656.06	3,928,737.50	624,275.76	23.08%
1848年 3月31日	4,537,395.82	1,015,639.70	3,794,652.50	540,961.45	23.43%
1848年 4月29日	4,269,004.70	966,847.91	3,774,593.00	570,183.34	22.25%
1848年 5月31日	4,048,971.71	921,412.13	3,484,769.00	522,823.77	22.99%
1848年 6月30日	3,695,912.08	909,557.79	3,249,468.50	495,964.88	24.28%
1848年 7月31日	3,435,475.53	979,809.63	3,284,659.50	449,177.40	26.24%
1848年 8月31日	3,515,021.68	1,005,713.58	3,227,693.00	480,693.23	27.12%
1848年 9月30日	3,804,567.67	1,040,024.91	3,371,401.00	434,211.01	27.33%
1848年10月31日	3,762,073.85	1,250,590.54	3,396,122.00	444,540.76	32.56%
1848年11月30日	3,971,988.99	1,252,804.90	3,768,138.50	331,239.50	30.56%
1848年12月30日	4,722,844.98	1,249,265.93	4,013,876.50	462,206.77	27.91%
1849年 1月31日	4,785,204.59	1,182,475.99	4,008,228.50	536,587.73	26.02%
1849年 2月28日	4,901,692.24	1,141,640.84	3,941,520.00	612,215.13	25.07%
1849年 3月31日	4,841,197.56	1,146,617.12	3,873,913.50	534,769.33	26.01%
1849年 4月30日	4,634,073.40	1,142,862.57	3,760,294.00	557,199.98	26.47%
1849年 5月31日	4,378,142.39	1,082,093.22	3,693,020.00	541,100.83	25.56%
1849年 6月30日	3,931,393.78	1,043,700.21	3,659,548.00	494,174.42	25.13%
1849年 7月31日	3,792,982.44	1,047,006.49	3,655,546.00	515,353.47	25.10%
1849年 8月31日	3,799,339.28	1,102,420.40	3,468,180.00	492,837.27	27.83%
1849年 9月29日	3,885,365.00	1,109,358.16	3,620,297.00	429,806.93	27.39%
1849年10月30日	3,781,808.17	1,279,163.53	3,398,430.50	409,119.73	33.60%
1849年11月31日	4,269,064.90	1,242,501.16	3,800,360.00	568,609.29	28.44%
1849年12月31日	5,123,599.34	1,110,179.48	4,063,745.50	587,941.36	23.87%

(表 II-12)

	割引	正貨	銀行券	民間預金	準備率
1850 年 1 月 31 日	5,495,635.48	1,138,791.11	4,021,582.50	599,962.80	24.64%
1850 年 2 月 28 日	5,280,939.13	1,095,442.11	3,973,396.50	703,095.19	23.42%
1850 年 3 月 30 日	5,139,298.12	1,071,217.32	3,948,179.00	542,136.66	23.86%
1850 年 4 月 30 日	4,808,375.14	1,037,349.63	3,850,178.50	504,627.93	23.82%
1850 年 5 月 31 日	4,522,916.55	1,077,590.76	3,696,814.00	524,047.23	25.53%
1850 年 6 月 29 日	4,072,252.21	961,727.63	3,725,652.50	502,794.95	22.74%
1850 年 7 月 31 日	3,730,302.08	1,071,892.33	3,539,816.50	521,145.83	26.40%
1850 年 8 月 31 日	4,003,492.97	895,235.49	3,495,777.50	477,721.27	22.53%
1850 年 9 月 30 日	4,166,904.09	1,019,033.97	3,519,811.50	435,170.48	25.77%
1850 年 10 月 31 日	4,195,516.10	1,278,353.81	3,454,251.50	494,010.24	32.38%
1850 年 11 月 30 日	4,756,369.95	1,118,836.89	3,699,877.00	575,248.04	26.17%
1850 年 12 月 31 日	5,446,411.39	992,626.15	3,994,824.00	571,864.97	21.74%
1851 年 1 月 31 日	5,588,802.67	990,696.48	4,044,996.00	770,202.11	20.57%
1851 年 2 月 28 日	5,628,018.54	1,059,485.51	4,032,910.00	729,831.53	22.25%
1851 年 3 月 31 日	5,360,309.98	1,013,004.64	4,031,855.50	588,631.69	21.92%
1851 年 4 月 30 日	4,872,946.44	1,070,902.56	3,925,076.00	547,233.21	23.95%
1851 年 5 月 31 日	4,597,986.50	1,092,079.72	3,939,325.50	618,204.14	23.96%
1851 年 6 月 30 日	4,105,927.71	1,049,766.55	3,900,423.00	616,267.98	23.24%
1851 年 7 月 31 日	3,716,295.47	1,125,307.39	3,928,353.50	633,047.74	24.67%
1851 年 8 月 31 日	4,102,747.71	1,045,903.13	3,949,816.50	566,734.06	23.16%
1851 年 9 月 30 日	4,405,003.49	926,095.20	3,957,655.50	561,070.48	20.49%

注：1）準備率は，要求払い債務（銀行券＋預金）の総額に対する正貨保有総額の割合を示している．
2）The State Bank of Indiana の業態は，実務を行う各支店銀行の業務実績の総体である．
3）預金のうち，連邦政府預金の残高は 1840 年 2 月末からずっとゼロのままである．
出所：Harding［1895］pp. 111-113 の掲載データを基に筆者作成．

セント（1851 年 11 月末）へと，約 8 倍増となっている．為替手形は，実需に基づいた商品取引の展開を背景に振り出される信用であるから，為替手形による割引の急増は，州域内における実体経済の力強い伸張を反映したものであったと言える．

続いて，銀行による与信のもうひとつの核を成す，自己宛債務たる自行銀行券の発行を見てみよう．表 II-12 と図 II-2 とによれば，各支店銀行による発券総額の推移についても，手形割引とほぼ同様の連続したカーブを描いている．発券の推移も手形割引の推移と同様に，養豚事業の季節的なサイクルに影響を受けているものとみられ，夏季から秋季にかけて発券総額が少なくなり，冬季から春季にかけて発券総額はピークを迎えている．総額では 198 万 3,295 ドル（1843 年 6 月 30 日の時点）から 404 万 4,996 ドル（1851 年 1 月 31 日の時点）へと，約 2 倍に増えている．ちなみに 1850 年 11 月 16 日付

表 II-13 The Second State Bank の貸借対照表：1843〜1851 年

(単位：米ドル)

【資産項目】

	1843 年	1844 年	1845 年	1846 年	1847 年	1848 年	1849 年	1850 年	1851 年
約束手形	1,603,229.77	1,645,332.46	1,830,181.84	1,659,358.40	1,574,722.47	1,647,622.59	1,677,088.80	1,709,935.38	1,522,358.45
為替手形	366,361.21	442,830.91	1,197,435.05	1,359,385.17	1,464,075.88	1,791,321.88	1,911,924.50	2,414,951.06	2,835,266.55
割引総額	1,969,590.98	2,088,163.37	3,027,616.89	3,018,743.57	3,038,798.35	3,438,944.47	3,589,013.30	4,124,886.44	4,357,625.00
不動産	273,964.50	326,059.85	342,316.47	343,845.80	368,178.45	382,076.71	369,861.04	364,233.54	324,827.53
備品	5,572.58	5,590.71	5,853.80	5,941.94	5,282.40	0	4,929.56	0	0
支店銀行への債権	51,562.41	52,768.62	51,918.95	68,534.19	81,271.90	148,642.39	12,020.23	0	0
他行宛債権	364,529.93	719,331.92	638,699.74	803,065.41	1,081,194.66	621,064.26	749,863.87	598,014.26	925,326.40
減債基金	12,742.80	72,418.39	0	0	0	0	0	0	0
送金など	75,952.07	90,125.77	207,784.14	113,577.99	247,698.50	231,156.03	205,586.01	247,048.01	266,301.37
株式・債券	0	0	37,000.00	36,000.00	0	71,000.00	71,000.00	0	0
インディアナ州宛債権	0	0	0	0	0	0	0	0	0
インディアナ州財務局手形	557,977.00	554,982.00	513,810.00	419,310.00	373,555.00	271,105.00	166,215.00	108,485.00	0
強盗での損失	0	27,105.00	0	0	0	0	0	0	0
未定・その他	43,988.91	0	0	0	0	0	0	0	0
不履行債務	707,939.66	746,258.43	598,928.65	577,647.46	460,115.89	412,601.91	323,783.69	270,213.77	264,101.85
他行銀行券（支店銀行および他行）	131,266.25	267,601.00	224,331.50	119,976.00	299,250.00	147,451.00	101,970.00	224,842.00	334,286.00
正貨	965,226.85	1,120,013.19	1,079,368.26	1,003,647.40	1,083,979.39	1,273,895.54	1,285,406.93	1,197,880.58	1,245,407.25
連邦からの特別預金（銀貨）	0	0	0	0	0	0	0	0	0
資産総額	5,160,313.94	6,070,418.25	6,727,628.40	6,510,289.76	7,039,324.54	6,997,937.31	6,879,649.63	7,135,603.60	7,717,875.40

(表II-13)
【負債・資本項目】

(単位：米ドル)

	1843年	1844年	1845年	1846年	1847年	1848年	1849年	1850年	1851年
資本金	2,136,272.25	2,104,928.96	2,087,894.59	2,083,824.37	2,082,874.37	2,082,910.59	2,082,910.59	2,082,950.59	2,083,007.44
剰余基金	350,580.53	348,366.01	375,239.81	413,563.33	453,444.50	527,799.32	607,992.71	750,678.17	806,913.53
無利子配当	8,091.57	12,567.86	23,616.11	31,832.52	25,710.10	21,581.85	34,683.63	27,661.91	27,807.15
純利益	64,659.40	67,059.76	76,581.03	20,944.71	19,777.22	105,690.76	83,352.36	97,258.59	124,452.49
支店銀行宛債務	13,826.74	9,897.56	20,780.33	73,309.12	69,147.60	71,417.20	0	6,168.75	15,808.88
他行宛債務	39,942.11	41,993.74	55,656.97	47,886.42	34,545.88	82,292.96	107,242.87	112,175.47	123,817.41
基金支払	47,513.80	91,860.05	61,099.26	92,397.16	191,599.45	101,409.90	183,627.66	80,832.42	133,838.94
連邦財務省宛債務	0	0	0	0	0	0	0	0	0
インディアナの年金委託業者宛債務	0	0	0	0	0	0	0	0	0
自行債務	0	0	0	0	0	0	0	0	0
連邦からの特別預金	0	0	0	0	0	0	0	0	0
預金債務	188,737.54	292,744.31	359,265.30	409,989.13	555,773.42	452,624.73	475,579.81	556,432.70	630,036.26
銀行券債務	2,310,690.00	3,101,000.00	3,667,495.00	3,336,533.00	3,606,452.00	3,552,210.00	3,304,260.00	3,422,445.00	3,772,193.00
銀行券債務（未決済・損失分）	0	0	0	0	0	0	0	0	0
負債・資本総額	5,160,313.94	6,070,418.25	6,727,628.40	6,510,279.76	7,039,324.54	6,997,937.31	6,879,649.63	7,136,603.60	7,717,875.10

注：毎年11月第3週の時点での財務内容である。なお、資産総額と負債、資本総額とが合致しない箇所があることに留意。1846年の資産・負債総額は出所データでは「6,510,289.76」と示されているが、これは誤記である。1850年と1851年の両総額については、出所データ記載のままを記している。
出所：Harding [1895] p. 115 の掲載データを基に筆者作成。

で，The Second State Bank の発券総額 354 万 8,267 ドル 50 セントのうち，実に 64 万 3,535 ドル 50 セント分が額面 1 ドル以上 5 ドル以下の金種の小額面券であった[13]．対顧客取引に係る商品流通において，使用頻度の高い小額面券の発行の割合が比較的大きかった，ということが窺い知れる．

では，「他者からの債務」となる，民間預金の総額についてはどうか．表 II-12 によれば，1843 年 4 月末から 1847 年 7 月末までに約 4 年かけて緩やかに上昇を続け，15 万 9,841 ドル 83 セント（1843 年 4 月 29 日の時点）から 63 万 1,874 ドル 13 セント（1847 年 7 月 31 日の時点）へと，約 4 倍増になった．それ以降は一部例外を除き，ほぼ秋季にトラフを迎え冬季にピークを迎えるという季節的なサイクルを示している．なお連邦政府からの預金については，表 II-12 の注 3 ならびに表 II-13 の負債項目における「連邦財務省への債務」の項目を注視すると，1843 年から 1851 年までゼロのままである．正しくは，1837 年と 1839 年という 2 つの大きな世界恐慌を受けた後すぐの 1840 年 2 月末から，残高がずっとゼロのままである．かつてジャクソニアン・デモクラシーの時代には連邦政府からいわゆるペット・バンクの 1 つに指定され，資金の取り扱いをめぐり連邦政府と密接な繋がりを有してきた The Second State Bank であるが，1840 年代に入ってからは，連邦政府預金の受託がなくなり，その繋がりが事実上消えたものと言える．

では，銀行にとって与信の準備となる，正貨保有高の動向についてはどうか．表 II-12 と図 II-2 とを眺めると，急激な落ち込みも示さず，堅実に推移している．トラフが 80 万 7,570 ドル 64 セント（1843 年 4 月 29 日の時点）で，ピークが 127 万 9,163 ドル 53 セント（1849 年 10 月 30 日の時点）であるから，総じて 80 万ドルから 128 万ドルまでの範囲内で推移していたということになる．興味深いのは，この時期の正貨保有高の水準が，恐慌ないし不況期（1837～1842 年）の信用逼迫の時期のそれと比較して若干下がっていることにある．つまり恐慌の襲来に苛まれ危機に陥っていた信用逼迫の時期のほうが The Second State Bank の正貨保有高の水準が上回っていた，ということになる．ところで 1848 年には，開発の進むアメリカ西部のカリフォ

---

13) Carmony [1998] p. 751 の脚注 179 を参照．

ルニアで金鉱が発見されている．ここでの産出金が全米に流通したということが，1848 年以降における The Second State Bank の正貨保有高の安定化に貢献した可能性もないとは言えず，今後考察が加えられるべきポイントである．

さらに，資金融通に関する銀行間取引の動態を凝視してみよう．表 II-13 によると，まず「他行への貸し出し」に当たる，他行宛債権の総額（「支店銀行宛ての債権」＋「他行（支店銀行を除く）宛ての債権」）については，かつての景気過熱の時期ほどの水準ではないものの，41 万 6,092 ドル 34 セント（1843 年 11 月第 3 週の時点）から 116 万 2,466 ドル 56 セント（1847 年 11 月第 3 週の時点）までの範囲内で推移している．他行宛債権には，州域内における他の支店銀行宛ての債権と，それ以外の他行宛ての債権とが存在するが，残高ベースでは後者が圧倒的に多い．また，支店銀行宛ての債権は 1848 年をピークに激減し，1850 年からはゼロ行進を続けている．

では，「他行からの借り入れ」に当たる，他行宛債務（「支店銀行宛ての債務」＋「（支店銀行を除いた）他行宛ての債務」）の内実についてはどうか．総額では 5 万 1,891 ドル 30 セント（1844 年 11 月第 3 週の時点）から 15 万 3,710 ドル 16 セント（1848 年 11 月第 3 週の時点）の範囲内で推移している．支店銀行宛ての債務の残高は 1844 年をトラフに上昇し，1846〜1848 年の間に高い水準を示し続けたあと急減している．他行宛ての債務の残高は，1847 年をトラフにその後の上昇が著しい．1846 年と 1847 年には支店銀行宛ての債務が他行宛ての債務を上回っているが，その後は逆転し双方の乖離は大きくなっている．

結果的に，他行宛債権と他行宛債務との双方をネットベースで比較すると，圧倒的に他行宛債権の総額が大きく，資金融通をめぐる銀行間取引においても The Second State Bank の貸出超過という形態で推移している．1840 年代，全米ならびにインディアナ州域内においてさしたる恐慌もなく景気が拡張を続けるなか，社会的な資金需要の旺盛さに引っ張られつつ，銀行間の資金融通も貸出超過という形態で推移していた，というわけである．

では，1843 年から 1851 年までの間における The Second State Bank の準備率の推移はどうなっているのか．前掲の表 II-12 と図 II-2 によれば，銀

行業における準備率としては，1830年代後半の恐慌・不況期のそれに引き続き，極めて高い水準で変動している．特に1843年中はかなり水準が高く，41.88％（1843年7月31日の時点）でピークに達している．銀行業において準備率が40％を超えるというのは，現代にまで考察の射程を延ばしてみても極めて稀なことで，依然として磐石な決済準備を礎に，インディアナ州域内の通貨・信用秩序がより安定的に管理されていたことが窺い知れる．準備率はその後蛇行しながらしばらく下降線を辿り，1847年半ばには20.91％（1847年6月30日の時点）まで落ちる．ここをディップにその後は上昇に向かうが，短期間で大きな上下の振幅を見せながら進む．この時期の振幅のピークは毎年秋の3回に渡って繰り返し訪れていて，それぞれ32.56％（1848年10月31日の時点），33.60％（1849年10月30日の時点），32.38％（1850年10月31日の時点）を示している．いずれのピークも，正貨保有高が前の月のそれを上回って120万ドル台に乗せていることが準備率の押し上げに貢献する，というかたちで現れている．

なお表II-13の掲載データに基づいて，上記期間中における総債務（＝「銀行券」＋「個人預金」＋「連邦政府預金」＋「支店銀行への債務」＋「他行への債務」＋「本店銀行への債務」＋「インディアナ年金委託業者への債務」＋「基金支払」）に対する準備率を算出してみても，ほぼ同様の推移が現れる．具体的には，37.1％（1843年）から下降局面に入り，24.3％（1847年）でトラフを示す．その後は上昇に転じ31.6％（1849年）を付けたあと，再び下降線を辿る．いずれにしても，The Second State Bank の準備率はトラフの時点ですらも依然として高い水準を示していたのである．

それでは，The Second State Bank の財務基盤は総じてどのような状態にあったのか．純利益と配当率との推移を眺めてみよう．表II-13によれば，純利益は1846年と1847年との2年間に2万ドル前後に沈んでいる点を除いて，凡そ6万ドル台から12万ドル台へと，右肩上がりを見せている．改めて表II-11を直視すると，本店銀行の理事会において決まる配当率についても，不明の1846年を除いて概ね右肩上がりで推移している．配当率は，4.71％（1843年）から9.80％（1849年）まで段階的に引き上げられていったあと，1850年には過去最高の10.00％に達した．ここに，配当政策を充実

させて出資者たる各株主に積極的に利益を還元しようという，The Second State Bank の意図が見受けられる．それと共に，粗利益の一部を積極的に配当として分与させられうるくらい獲得利益の規模や収益環境が充実している The Second State Bank の態様が，ここに窺い知れるのである．

このように，2度の世界恐慌ならびにそれに伴う不況を経験したあと，The Second State Bank は銀行制度の改革や財務内容に不安のある支店銀行の矯正を経ながらも，高い水準の準備率の維持を踏まえた堅実な財務基盤を保つ．そして，おもに養豚事業の展開に起因した季節的なサイクルに伴う資金需要の波に影響されながらも与信を漸次的に拡大してゆき，景気の高揚に引っ張られるかたちで増える社会的な資金需要を満たしていった．また，配当率の引き上げを続けて，株主に対する利益の分与を積極的に行っていったのである．

1.3 銀行制度の存否

これまで私益の獲得規模を着実に増やしながら州域内の通貨・信用秩序の健全性維持に多大な貢献をしてきた The Second State Bank であるが，州政府の存在を背後に絡めた排他性や独占性ゆえの強大な存在感のために，既存の銀行制度そのものに対する疑義が州域内で募り始めることになる．州憲法の改定に係る作業を控えた時期とも微妙に重なり，The Second State Bank の特許の期限が近づくと共に，現行の銀行制度の棄却や改革を求める風潮が，次第に州域内において沸き上がってゆくこととなる．

では，The Second State Bank に嫌悪を示した州民とはどういう層の人々なのか．代表的なのは，通貨としての銀行券の増発を望んできた，「インフレーショニスト」と呼ばれる人々である[14]．もともと豊富な正貨準備を背景に州法に則って堅実な発券を続けてきた The Second State Bank であったが，前述のように，1840年代に入ると The Second State Bank の総裁や本店銀行の理事会メンバーの内に民主党員が多く入るようになる．民主党は，かつて第2次合衆国銀行を廃止に追いやった強烈な州権主義の考え方，

---

14) Esarey [1912] p. 266.

つまりジャクソニアン・デモクラシーの考え方に強く影響され，貨幣や金融秩序における権力集中の現象を反独占の視点から冷ややかに見ていた．さらに党内には，銀行券の増発を忌避する主張や，発券の止揚による硬貨のみの使用を謳う，いわゆる硬貨主義の主張を謳う者すらあった．こうした考え方に根ざす民主党の影響力が州域内で強まるなかで，The Second State Bank は，州域内の業況の高揚に応じて発券を増やそうとしてもなかなか弾力的には対応できなかったのである．

小売業者もまた，The Second State Bank に嫌悪を示した層のひとつである．1840年代を通じ The Second State Bank の各支店銀行は，小売業者への融資を拒絶していたため，小売業者は銀行制度の恩恵を受けていなかった．他方で貿易業者や農業従事者は，The Second State Bank に好意を示す．それは，彼らが資産を増やそうとする際に The Second State Bank の各支店銀行が証券の購入を積極的に行ってくれたり，彼らが販売用の商品を買い上げようとする際に各支店銀行が積極的に融資してくれたりしたためである[15]．やがて，小売業者の間から，The Second State Bank の廃止を憲法会議に陳情する者が現れる．憲法会議とは，1816年に制定された州憲法の抜本的な改定を目的に，1850年に州議会内に設置された評議機関である．憲法会議は，1850年10月7日から1851年2月1日まで開かれ，総勢150名（民主党員95名・ウィッグ党員55名）が参加する[16]．特許の期限が迫る The Second State Bank のゆくえについても，州憲法の銀行制度に係る条項の改定という見地から，憲法会議における論議の動向がその重要な鍵を握っていたのである．1850年10月21日，州域内の Ohio 地区の小売店主 Abel Pepper が，特許期間の満了を機に The Second State Bank と州政府との繋がりを完全に断つべきだと，憲法会議に陳情した．この陳情は憲法会議の各構成員の心証に響き，Abel Pepper は憲法会議に招聘され，同年10月25日に演説を行うことになる．

その前日の1850年10月24日には，James Rariden（Wayne 地区選出）が，憲法会議において銀行制度に関する3つの提案を行う．すなわち，

---

15) Esarey [1912] p. 266.
16) Helderman [1931] p. 52.

(1) 自由銀行法ないし一般銀行法に基づき自由銀行制度を導入すること．
(2) 各株主が各自の出資分に全責任を負うかたちで州法銀行を新設すること．
(3) The Second State Bank に投じられる資本金の調達を目的に発行された各種公債が，その特許期限までに償還不能となってしまった場合，The Second State Bank の特許をやむなく1865年1月1日まで延長すること．

以上3つの提案である．この提案を受けて，憲法会議の構成員である Lockhart 氏（Evansville 地区選出）を筆頭に，州としての栄誉や州民の利害を考慮する見地から，新州憲法には銀行および銀行業を営む企業の創設禁止を条文に盛り込む必要性を謳う意見が，憲法会議内において湧き出すことになる[17]．

翌10月25日，小売店主 Abel Pepper が憲法会議において演説を行う．演説では，州政府と銀行との癒着を断ち切る点に賛意を示しつつも，自由銀行業の展開には賛同しない点が強調される．また，各行による発券には反対するが州民による紙幣の諦めの準備がまだだ，ということへの配慮についても，意見表明がなされた．この演説を受けて，Daniel Read（Monroe 地区および Brown 地区選出）や前述の James Rariden など，憲法会議の構成員の間から，上述の硬貨主義の実践に向けて機は熟した，との気炎が上がる．1830年代の Andrew Jackson 連邦大統領の教書演説の内容（"Farewell Address" と呼ばれる箇所）を引き合いに，貨幣・金融権力の集中を批判するという見地から，The Second State Bank を軸とする既存の銀行制度を廃棄し金銀を唯一の法定貨幣にすべし，という機運がさらに高まることとなるのである[18]．

1850年11月5日，州議会の銀行委員会に報告書が提出される．この報告

---

17) Esarey [1912] p. 266.
18) Esarey [1912] pp. 266-267. なお "Farewell Address" を含む Andrew Jackson 連邦大統領の拒否教書演説の全容については，Taylor ed. [1949] pp. 7-20 を参照のこと．

書は，州憲法の改定に伴う銀行業に係る条項の改定案が記されたもので，The Second State Bank の第11行政区の支店銀行（The Fort Wayne Branch Bank）の前頭取，Allen Hamilton がまとめている．この報告書の内容には，州政府と銀行との繋がりに肯定論の強い銀行委員会が反対するものが多く含まれていた．例えば，州政府からの資金の借り入れを禁止する旨の条項改定案については，過去の州域内の開発による実績を踏まえ，これを違憲だと疑問視する声が銀行委員会内において高まる．投票の結果，この条項改定案は111 対 6 の票決によって否決される．また，銀行や鉄道会社の総裁・役員・代表に就いている人物が州議会の役職に就くべきではない旨の条項という改定案についても，79 対 47 の票決によって否決される．ただし，全く改定案が通らなかったわけではない．同日に提案された，銀行業を運営する立場の人物（総裁・頭取・支配人・役員など）が州議会の構成員でいることは適格でない旨の提案については，4 票差の票決によって三読会を通過した[19]．

　The Second State Bank の存続に逆風が強まるなか，1850～1851年会期の州議会が 1850年 12月 1日から始まる．新州憲法の施行と共に始まった州議会においては，The Second State Bank の存否も論題に上がる．The Second State Bank の特許に関する規定を審議するのは，州議会内の第18会議と呼ばれる箇所である．第18会議の構成員のうち，憲法会議の構成員が州下院議員 4 名，州上院議員 5 名の計 9 名が入る．州上院議員 5 名のうち，The Second State Bank の特許更新を支持する者は少なくとも 3 名で，The Second State Bank の特許の更新はさらに雲行きが怪しくなる[20]．また州議会においても，The Second State Bank の特許の更新を妨げようという動きが出る．1851年 1月 1日には，Daniel Read 議員が，新州憲法におけ

---

19) Esarey [1912] p. 268.
20) 州下院議員 4 名とは，David Kilgore, George F. Moore, Thomas Smith, William Steele の各氏であり，州上院議員 5 名とは，John Beard, Othniel Clark, Ezekiel D. Logan, Alexander F. Morrison, Zachariah Tannehill の各氏である．州上院議員 5 名のうち，David Kilgore, Othniel Clark, Alexander F. Morrison の 3 名が The Second State Bank の特許の更新の支持に回る．なお Othniel Clark は，憲法会議の開催以前から一貫して支持の意を示していた．John Beard は The Second State Bank の特許の更新に反対を示し，Ezekiel D. Logan は意見の公表を控えた（Esarey [1912] p. 265）．

る権利と責務免除をめぐる論議の過程において,「同一の条件が確保されていない所で新州憲法に基づいて各州民に権利と責務免除とを認めるべきではない」と主張する．この時,「同一の条件が確保されていない所」として，The Second State Bank を柱とした既存の州法銀行制度が念頭に置かれていると，州議会の議員達は推察する．その後，州議会の銀行委員会の定期報告書に銀行問題が示される．報告書では,「銀行業は，州議会が一般法で課すような条件や制限の下に万人に開放されるべきで，それが万人にとっての責務だ」と明記された．一方，The Second State Bank の特許の更新を拒否すべしとの考え方が州議会で大勢を占めつつあるなか，特許更新の実現を目指し奔走する議員も少数ながらいた．例えば Samuel Hall（Princeton 地区選出）は，州議会が The Second State Bank の特許の交付に係る権限を保つことができるように，The Second State Bank の弁護に回る．彼は，The Second State Bank が成功裡に運営され，州政府に経費を掛けさせずに適切な利益をもたらしたとして，The Second State Bank 自体は良好でその原理原則を問題にすべし，と謳った[21]．

このように見てくると，The Second State Bank を柱とする既存の銀行制度について，The Second State Bank の特許更新の忌避に基づいてその廃止に向けた動きが着実に進んでいるかのように見受けられる．しかしながら他方で，自由銀行業ないし自由銀行制度の導入を謳う勢力が次第に台頭を見せることになる．この動きに伴い，銀行制度そのものの存否やそのゆくえをめぐる論議がさらに複雑なものになってゆく．では，インディアナ州域内における既存の銀行制度の存否をめぐる論議を攪乱させては複雑化させる契機となった，自由銀行業ないし自由銀行制度の考え方とはいったいどういうものなのか．節を変えて追究してみよう．

---

21) Esarey [1912] p. 268.

2. 自由銀行制度の出現

2.1 制度の胎動

　自由銀行業ないし自由銀行制度とは，端的に言えば，準則主義，すなわち法律に則って一定の条件さえ満たされていれば誰もが銀行業に参入できる，という仕組みである．インディアナ州域内においては，かなり古くからこの仕組みの萌芽が登場していた．すでに准州の時代からプライヴェート・バンクと呼ばれる，銀行業を営む私有企業が簇生し，手形割引と預金の取り扱いとによる商務が自由に展開される．だが，特許なしに自由に事業を営むことのできるプライヴェート・バンクの濫立に社会的な懸念が募り，やがてその法的禁止を求める声が高まる．インディアナ准州が州として独立する前夜の1816年6月20日には，州憲法の起草をめぐる銀行業に関する委員会が，プライヴェート・バンクの設立禁止を含んだ条文を作成し，同年に制定された州憲法に基づいてその法的禁止が謳われた[22]．以後，州議会における議決・承認に基づき特許が賦与された州法銀行（The First State Bank および The Second State Bank）を柱に，複数の支店銀行を抱えた単一の州法銀行という独創的な組織体系が紡がれて，州域内における通貨・信用秩序の安定化や健全性維持に寄与してきた．このことは，本篇におけるここまでの一連の解析で示されてきた通りである．

　プライヴェート・バンクに関する議論が州域内において再燃するのは，州域内の通貨・信用秩序が世界恐慌に揺らぐ1838年から1839年にかけてのことである．1837年恐慌の襲来に伴い，全米ではニューヨーク州において初めて，準則主義に基づくプライヴェート・バンクの展開を基調とした自由銀行制度が導入される[23]．ニューヨーク州におけるこの制度の創出・展開に触発され，インディアナ州においても，プライヴェート・バンクないし自由

---

22) 本篇の第1章1.1項を参照されたい．
23) ニューヨーク州におけるセイフティ・ファンドと自由銀行制度との詳細については，大森［2003b］を参照のこと．

銀行制度の導入論議に火が付いたのである．1838～1839 年の会期における州議会の開会直前には，民主党系の Indiana Democrat 誌が，自由銀行業の容認を州議会に対してアピールする内容の論説を展開する．その要旨は，以下の通りである．すなわち，自由銀行業は，インディアナ州が成立する以前から存在し，州法に基づいて規制が掛けられてきた．1816 年に制定された州憲法の銀行業に係る条項については，条項と対立する案件の場合，州議会は当該の機関に対し法人格を認めることができないと解釈されうるが，自由銀行業は州憲法には叛いておらず，他の産業と同様に銀行業も財産の取得が行われうるものだと解釈されている，と[24]．

　1839 年 12 月に州議会が開会すると，Robert Dale Owen 州下院議員（民主党）が，州下院議会の司法委員会において 2 つの質疑を委員会に提案する．1 つ目は，すでにニューヨーク州において実施中の自由銀行法とセイフティ・ファンド法とにおいて，そのどちらがインディアナ州憲法に矛盾することなく州議会において可決されうるのか，という点である．2 つ目は，もしそれが可決されうるのであれば，その法律に伴う便宜と，法案またはそれに代わるものによって報告が可能であるかどうかを委員会に調査してもらうことが可能か，という点である．委員会への質疑は，賛成多数で認められる．1839 年 1 月 1 日，司法委員会の Samuel Judah 委員長（ウィッグ党）は，プライヴェート・バンクの規制法案を盛り込んだ報告書を提出する．報告書では以下の事柄が説明される．それは，かつて州憲法の草案作成のために行われた 1816 年の Corydon 憲法会議において，プライヴェート・バンクの規制に係る条項がすでに示されていたが，その憲法会議の構成員でのちに The First State Bank の総裁となる James Noble や，判事の Benjamin Parke がプライヴェート・バンクによる事業にすでに手を染めていたことから，果たして州憲法に基づいてプライヴェート・バンクに規制を掛けることに本腰を入れていたのかどうか疑問視され，プライヴェート・バンクの規制に係る法案を改めて提出する，というものである．これに対し，Robert Dale Owen 州下院議員はこう反論する．すなわち，プライヴェート・バンクがど

---

24) Carmony [1998] p. 330.

んなに適切な法律に基づくものだとしても，銀行業を営むことは個々人から奪うことのできない権利だ．自由銀行業は「良質」かつ「有用」な完全競争の原則に基づくもので，何の排他的な特権もなくある程度一般的な権限をすべての人に与えるものである．まず人々の安定を，次に株主の利益をもたらすことがすべての銀行制度に求められる，と[25]．

だが，このときの自由銀行法案は，58（ウィッグ党40名・民主党18名）対34（ウィッグ党12名・民主党22名）の票決により，州下院議会においては先送りが決まる．州下院議員のうち司法委員会の構成員（総計21名：ウィッグ党16名・民主党5名）における投票の動向については，法案の先送り賛成が14名（ウィッグ党11名・民主党3名），同じく先送り反対が2名（ウィッグ党1名・民主党1名）で，棄権が2名（ウィッグ党1名・民主党1名）であった．法案の先送り反対に票を投じたウィッグ党員1名の人物とは，司法委員会のSamuel Judah委員長である．ちなみに，この会期の州議会において自由銀行法案の導入可能性を質したRobert Dale Owen州下院議員（民主党）は，司法委員会の委員ではなかったが，法案の先送り反対に票を投じていた[26]．2人の思いとは裏腹に，自由銀行法案は結局先送りされてしまう．1840年代に入ると，自由銀行法案の成立に向けた動きはすっかり影を潜めてしまう．しかし1850年代に入ると，一転して自由銀行法案の導入に向けた強い追い風が吹くことになる．

2.2　議論の交錯

既述のように，1850年代に差し掛かるにつれて，The Second State Bankを柱とする既存の銀行制度の廃止に向けた動きが着実に進む．だが，自由銀行業ないし自由銀行制度の導入を謳う勢力が台頭するにつれ，銀行制度のゆくえをめぐる議論が錯綜を始めてしまうことになる．議論の流れは，(1) 現状維持，(2) 銀行自体の完全な廃絶，(3) 既存の銀行制度と自由銀行制度との並存，(4) 既存の銀行制度の廃止と自由銀行制度の導入，という4つの方向に大別してゆくこととなる[27]．再び場面を憲法会議に戻してみよう．

---

25) Carmony [1998] pp. 330–331.
26) Carmony [1998] p. 752 の脚注187を参照．

1851年1月1日の憲法会議においては，前述のJames Raridenが，銀行問題に関する演説を行っている．内容は，いわゆる硬貨主義の理念を頑なに謳うこれまでの彼の主張は影を潜め，どの種類の銀行や通貨が州にとって適切かという現実論に終始する．既述のように，彼は今後の州域内の銀行制度のあり方をめぐり3つの提案を示していたが，演説は彼にとってどういうあり方が現実的かを示したものであった，と言える．

　演説の論旨は，以下の通りである．すなわち，州域内において銀行を全面禁止にしてしまうと，近隣諸州からもたらされる通貨に対しきちんと正貨と兌換できる見通しが立たない．現在発行・流通している総額約500万ドルの通貨には額面の7%の価値が付くが，銀行の廃止でこの価値分（約35万ドル）の年次損失が州民に対して降り掛かってしまう．現行のThe Second State Bankは，発券を通じて州域内を繁栄に導き，学校基金のために87万ドルを拵え，州政府には20万ドルを納めた．また，安全にかつ経費をかけずに，東部には商人が利用する貨幣を，西部には証券購入者が利用する貨幣をもたらした．The Second State Bankはこの両替時に共通の利子のみを課し，高利貸と非難された．だが，自由銀行制度の導入を目論んでThe Second State Bankを批判する人々も，現実に直面すれば同様の策を講ずるはずだ．鉄道株式に基づいた銀行の創設が州民の望みであって，時の州知事の言葉を借りれば，より少ない税金で州を制御できる形態にあった．州政府との結束による介入ができていれば，自由銀行業の劣悪性が論証されていれば，州政府が自由銀行業を恣にできない状態にあれば，自由銀行業への着手の動きは高まらなかった，と[28]．要は，自由銀行制度の導入には頼らず，州域内の通貨・信用秩序の堅実な管理をめぐるこれまでの実績からThe Second State Bankの意義を改めて認めるべきだ，という筋の主張である．

---

27) Thornbrough［1965］は，銀行問題に関する憲法会議においての議論の方向性は3点（(1) 既存の銀行制度（The Second State Bank）の支持，(2) 自由銀行制度の支持，(3) 硬貨主義に基づく銀行自体の完全な廃絶）あった，と述べている（Thornbrough［1965］p. 425）．だが本書で明らかにされてゆくように，憲法会議においては，既存の銀行制度と自由銀行制度との並存に関する意見も続出しており，Thornbrough［1965］の整理ではその並存説のベクトルがフォローできないものと考えられる．

28) Esarey［1912］p. 269.

この演説に続き，David M. Dobson（Owen & Greene 地区選出）が，自由銀行業に係る喧騒の事由を質した．彼は前述の James Rariden の立場とは対峙し，自分達のために自分達の銀行業務を行うべきだ，と謳う．彼は，The Second State Bank の存在を問題視して自由銀行が設置されることになると考え，質問を通じ，自由銀行業がなぜ必要となるのかを州民に理解させたかったようである．質問は，内部開発の着手に伴い 2 億ドル分もの州債が発行され，現在 700 万ドルの未償還分とその 5% に当たる利払い分とが残っているが，銀行業務においてこれらの州債の取り扱いが許容されれば，これら償還分と利払い分との財源はどうするのか，というものである．彼によると，州政府が保有する正貨は僅かに 150 万ドルに過ぎず，州域外の州債保有者が州債を銀行資本として The Second State Bank に預託した結果，5% の利払い分が州域外の州債保有者に対して支払われ続けている．同時に，預託された州債に基づいて 700 万ドル分の発券が施され，額面の 7% から 10% に当たる金額分の発券益がもたらされている．この時，州債保有者によって出資金額分に対し 12% から 17% までの範囲に当たる金額の利益分が The Second State Bank から抜き取られ，結局この利益分は州民が負担せざるをえない，と[29]．彼はこのような仕組みを明かし，事実上州民に負担が掛かる既存の銀行制度の問題点とそれに代わる自由銀行業の導入の必要性とを示したのである．

やがて憲法会議においては，The Second State Bank を柱とする現行の銀行制度と自由銀行制度との並存可能性に触れる意見が出始める．1851 年 1 月 3 日には，Allen Hamilton（Fort Wayne 地区選出）が質問に立つ．彼は，現行の The Second State Bank を批判し自由銀行業の意義を唱えつつ，州民が正貨との兌換が容易な紙幣を欲しているものと考えた．彼は The Second State Bank を，過度に権限を有する各支店銀行を抱えた独占体であり，各支店銀行は保身ゆえに新規の支店銀行の設置に後ろ向きだ，と捉える．他方で，自由銀行業が法的に認められればここに参入する多数の事業体が州域外の債券保有者に占有されることになるが，The Second State Bank が独占

---

[29]　Esarey [1912] pp. 269-270.

する発券の分野は自由銀行業を営む事業体で占められるべきだ，ということも構想していた．そこで彼は，(1) 銀行の保有形態として良いのは単一か多数か，(2) 現行の単一銀行制と多数銀行制との両立は可能か，と質す．(1) については，州議会の銀行委員会においては「多数」が支持され，「単一」の支持は少数派との実状が得られる．(2) について彼は，両立は可能で，資本金不足に喘ぐ現行の The Second State Bank とは異なり，主導的な実業家が双方の銀行を結び付けることになる，と考えていたのである[30]．

続いて 判事の John B. Niles（La Porte 地区選出）が質問に立つ．彼は，既存の銀行制度と自由銀行制度とが並存し双方の銀行が結び付けられるようになると，The Second State Bank の影響力がさらに強まる，と考えた．また彼は，州政府の銀行業介入の不要性と銀行が個々人の手に渡る事態の可能性とを諒解しつつ，4つの立場の存在を悟る．すなわち，(1) 全銀行の否定，(2) The Second State Bank の支持，(3) 自由銀行業の支持，(4) 現行の銀行制度と自由銀行制度との並存，の各立場である．このうち (1) は手形割引などで銀行の改善や利点が認められる点から，(2) は独占の不要な分野に横たわる独占体としての The Second State Bank を批判する点から，それぞれ斥け，自由銀行業の導入意義を再確認したうえで，彼は，以下のような自由銀行業の仕組みを提案する．すなわち，銀行の金庫内の出納は銀行家の管理に任せる，州議会の裁量によって発券担保に制限を掛ける，不動産担保の利用は不動産価格が乱高下するがゆえにやめる，州政府が証券と発券とを制御する，銀行家は自行銀行券の保有者のために充分な担保を州政府の役人に対して預託する，すべての発行銀行券に州政府の役人が副署する．以上のような仕組みである．なおこれらの提案は，のちに州自由銀行法の立案の過程において実際に組み込まれてゆくものとなる．

John B. Niles の演説は，自由銀行制度の導入を推進させる動きに拍車を掛けるものとなった．例えば James G. Read（Clerk 地区選出）は，彼の演説や方針に同調しつつ，The Second State Bank を痛烈に批判する．批判の要点は，(1) 株主と証券仲介業者への贔屓，(2) 農工場主に対する融資の拒

---

30) Esarey [1912] p. 270.

絶，(3) 支店銀行の新設を拒否する我儘ぶりである．そのうえで彼は，決議案を提示する．それは，(1) 銀行業は，州議会において承認された州特別法の制定に基づき州政府から特許を交付されるという形式ではなく，一般法に基づくこと，(2) 州議会は正貨支払いの一時停止という事態を決して許さないこと，(3) 株主は出資金額分に対する責任を負うべきであること，(4) 銀行が支払い不能に陥った場合，当該銀行券の保有者が優先的に債権者となること，以上の3点である[31]．ちなみにこれらの提案内容は，先にニューヨーク州において導入されていた自由銀行法の原則に則ったものであった．

Horace Carter (Montgomery地区選出) は，既存の銀行制度と自由銀行制度との並存に向けた12の具体案を示す．すなわち，

(1) 州議会は支店を抱えた銀行に特許を与えてもよい．
(2) 州政府は信託基金以外に共同出資者となるべきではない．
(3) 州政府の通貨監督官は流通に入る前にすべての発行銀行券を登記し副署する．
(4) 銀行が支払い不能に陥った場合，当該銀行券の保有者が優先的に債権者となる．
(5) 株主は全債務についてその出資比率に応じて責任を分担する．
(6) 正貨支払いの一時停止を認めない．
(7) 資本金の上限を500万ドルとする．
(8) 各支店銀行は預託された担保1ドル当たり1ドル以上の発券を禁ずる．
(9) 株式は他の資産と同様に課税する．
(10) 各支店銀行は相互に責任を負う．
(11) 州議会は監査による制御を保持する．
(12) The Second State Bank の特許期間の延長は認めない．

以上である．

2つの銀行制度の並存という議論の流れに対し，Othniel Clark 博士（La-

---

31) Esarey [1912] pp. 271-272.

fayette 地区選出）は，既存の銀行制度の存続と銀行の完全廃絶との双方を否定し，自由銀行制度の導入のみを支持する旨を述べた．The Second State Bank は，州域内の経済成長にもはや対応できていない点，株主となっている仲介業者や商人層以外への融資を拒絶するもしくは融資したとしても返済猶予の否認などの硬直的な措置をとっている点，さらに州政府が The Second State Bank の完全制御を謳いつつもその完全保有はなされず，理事や役員の選出で州政府の選出数を超える人選を The Second State Bank が行っている点などが理由に掲げられ，州政府は銀行に関与せず関心を置かない状態でいることこそが交易の窮迫を阻む旨が主張された[32]．

他方で，自由銀行業の導入に対し慎重論や否定論も続出する．弁護士のC. Nave（Hendricks 地区選出）は，自由銀行業の容認は州民の利にならない通貨の濫発を生むだけだと主張する．理由は，各自由銀行が自行の発券分にしか責任を持たず，州民がある自由銀行の所在地域から離れると所持金としての自由銀行券は減価し，貨幣価値の下落した近隣地域の自由銀行の利益になる．自由銀行が取り付けに遭い金庫内の正貨が枯渇し閉鎖されるのは，歴史が証明している，と[33]．また Edward. R. May（Dekalb & Steuben 地区選出）は，州法銀行も自由銀行も持つべきではないと，伝統的な「反銀行主義」に基づいた，銀行そのものの完全廃絶を謳った．

しかしその直後に「銀行業の完全禁止」を記した銀行廃絶の修正条項案は，89 対 43 の票決によって否決され，続く単一の州法銀行のみを規定する条項案についても，75 対 57 の票決によって否決された[34]．これによって，本節の冒頭に掲げた4つの議論の方向性のうち，まず(2)「銀行自体の完全な廃絶」のベクトルが消滅した，ということになる．この投票の終了直後，George G. Shoup（Franklin 地区選出）が自由銀行制度の導入をめぐる議論の再開を憲法会議に具申し，判事の James W. Borden（Fort Wayne 地区選出）が，州政府が銀行業に影響を及ぼす前の段階であらゆる銀行法や銀行に

---

32) Esarey [1912] pp. 272-273.
33) Esarey [1912] p. 272.
34) Esarey [1912] p. 273. Helderman [1931] p. 52. なお Helderman [1931] は，「自由銀行業に関する提案（The free-bank proposal）」が「89 対 43 の票決によって棄却された」と記しており（Helderman [1931] p. 52），確認が必要なところである．

賦与された特許の是非を問うべく州民投票を実施すべし，との提案を出した³⁵⁾．この日を境に，自由銀行制度の是非ならびにその問題点をめぐる議論がより深まってゆくことになる．

翌1月4日の憲法会議においては，自由銀行業の問題点と特許制に基づく既存の銀行制度の利点とを謳う意見がまず続出した．判事の Horace P. Biddle（Logansport 地区選出）は，発券自由化の弊害を指摘したうえで，金または銀を唯一の貨幣ないしその価値基準とする，いわば硬貨主義に基づいた厳格な自由銀行業の展開を謳う．正貨保有の総額を凌駕する金額分の発券は，発行元の破綻や発行銀行券の回収によって物価の乱高下や債務者の詐取などの問題を生じさせると，彼は警告したのである³⁶⁾．続いて，発券自由化の弊害という Biddle 判事の指摘部分を支持しつつ，Daniel Kelso（Switzerland 地区選出）が，現行の銀行制度の存続を謳う．彼は，各自由銀行家が発券担保としての債券の買占めに必要な約 500 万ドル分とその年利約 30 万ドル分との財源，それに発券の兌換に必要な正貨とを調達する財源が心配な点と，Biddle 判事の提案のようなインフレ抑制的な自由銀行業の展開になれば同じく自由銀行制度に基づいて New York City において発行・流通される通貨よりも価値の変動が小幅になる点とを主張する．そのうえで，今後の銀行制度を州民投票によって選択すべきだ，と述べた³⁷⁾．また，前述のごとく，1830 年代末に自由銀行制度の導入に積極的に動いていた Robert Dale Owen（New Harmony 地区選出）は，銀行に対する特許の賦与について，同一条件の下に行うのではなく新州憲法に制限条項を入れることを求め，この点以外のすべての事柄については州議会に付託する旨を述べた³⁸⁾．

Alexander C. Stevenson（Putnam 地区選出）は，自由銀行業が抱える3つの欠陥を示す．すなわち，(1) 個別事由に即して自由銀行が自由に設置されうるため，必要な場所に銀行が設置されえない，(2) 現行の The Second State Bank は支店銀行間の相互責任を通じて各支店銀行を支え州民を損失

---

35) Esarey [1912] p. 273.
36) Esarey [1912] pp. 273–274.
37) Esarey [1912] p. 274.
38) Esarey [1912] p. 274.

から守ってきたが，自由銀行ではそうはいかない，(3) 商業的に強大な自由銀行は手形購入や取り付けを通じ弱小の自由銀行をいつでも破綻させうる，以上の内容である．

さらに Delegate Reed（Monroe 地区選出）は，紙幣の害悪性を主張する．彼は紙幣を，勤労者を騙す最も効果的な手段であり，かつ価値の変動を通じ暴威を振るうものだ，と考えたうえで，(1) 州政府と銀行との癒着の断絶，(2) 紙幣と正貨との兌換を順次行うこと，(3) 州議会による銀行の特許の賦与をやめること，の3点を提案した．この Reed の見解を支持しつつ，William C. Foster 卿は，州政府によってすべての株式が保有される州法銀行の形態の必要性を主張した[39]．

Thomas A. Hendricks（Shelby 地区選出）も，隣州から通貨を得るよりは自州の統制下における州法銀行の形態が望ましい，と述べる．彼は現行の The Second State Bank の展開に懐疑的な姿勢を見せる民主党の実力者でありながら，党の立場とは異なり，現行のような州法銀行の形態を是とする立場を示したわけである．その理由として彼は，海外のインディアナ州債保有者によって制御される自由銀行の展開が何の権限も持たない州民を追い出してしまう旨を強調した[40]．Jacob P. Chapman（Marion 地区選出）は，ニューヨーク州の自由銀行制度に賛意を示すが，発券の自由化に伴い各行が発券の意義を希薄化させることに警鐘を鳴らした[41]．

こうした議論の趨勢に対し，自由銀行制度の導入意義を謳う議論も出る．Hiram Allen（Carroll & Clinton 地区選出）や Robert H. Milroy 将軍は，特許制に基づく既存の銀行制度を違憲だと主張し，John B. Hole（La Grange 地区選出）は，発券の自由化の限界からいわゆる硬貨主義の実践に繋がることになると見越し，敢えて自由銀行制度の導入を支持した．Cromwell W. Barbour（Vigo 地区選出）は，州域内に通貨を充分に行き渡らせる必要性から自由銀行制度の導入を強く謳う．Alexander F. Morrison（Marion 地区選

---

39) Esarey [1912] p. 275.
40) Esarey [1912] p. 276.
41) Esarey [1912] p. 276. なお Thomas A. Hendricks は，のちに連邦下院議員やインディアナ州知事を歴任し，やがて連邦副大統領候補として全米に名を馳せることとなる．

出) は，かつて The Second State Bank の創設に携わった経験があるにも拘らず，自由銀行制度の導入を支持する旨を明らかにした[42]．

このように，本節の冒頭で示した4つの議論の方向性のうち，(2)「銀行の完全廃止」の選択肢が消滅したあと，憲法会議においては，特許制に基づく既存の州法銀行制度の存在意義を強く主張する立場と，自由銀行制度の導入意義を強く主張する立場との間で，論戦が激化してゆくことになる．

2.3 自由銀行制度の導入

特許制に基づいた既存の州法銀行制度を存続するか否か，また，準則主義に基づいた自由銀行制度を新たに導入すべきか否か．この時点で残る選択肢は，「既存の州法銀行制度と自由銀行制度の並存」，「既存の州法銀行制度の存続と自由銀行制度の導入拒否」，「既存の州法銀行制度の廃止と自由銀行制度の導入」のいずれかであった．憲法会議においては論戦が白熱を極め，座長による場の制御が利かなくなる．そして1851年2月1日の会期末を迎え，座長は延会しない旨を一方的に告げて憲法会議の閉幕を宣言した[43]．憲法会議の閉幕と共に，1851年12月1日付で施行される予定の新州憲法の最終案が示される．銀行業に関するものとして，新州憲法においては全部で14の条項が示された[44]．

1条（権利法案）23項：
　州議会はあらゆる市民または市民階層に，同一の条件で等しくすべての市民に属さない特権や減免を与えてはならない．

10条5項：
　以下の事例（不定期の不足，州債の利払い，侵入者の撃退もしくは暴動の鎮圧）を除き，どの法律によっても，州のために契約されるあらゆる債務が

---

42) Esarey [1912] p. 277.
43) Esarey [1912] p. 277.
44) 新州憲法における銀行業に関する14の条項の原文については，Esarey [1912] p. 278を参照のこと．

認可されるべきではない．

11 条（銀行業）
　1 項：州議会は，以下に掲げる条件を除き，発券銀行を法人化する権限を持つべきではない．
　2 項：それは一般銀行法に依拠するものとする．
　3 項：州の役人はすべての紙幣に署名・連署するものとし，その兌換のために充分な担保を求めるものとする．
　4 項：州議会は，担保保証なしに支店銀行を抱えた銀行の特許を賦与する権限を持つものとする．
　5 項：各支店銀行は，相互に責任を負うものとする．
　6 項：株主は，各自の出資分の 2 倍に当たる金額分の責任を負うものとする．
　7 項：銀行券はすべて正貨と兌換されるものとする．
　8 項：銀行券の保有者は，債権者を選好するものとする．
　9 項：暴利での貸付は一切認めないものとする．
　10 項：特許の期間は 20 年を超えないものとする．
　11 項：州は信託基金に投資してもよい．
　12 項：州は株主になってはならない．

　上掲の 14 の条項を俯瞰してみると，特許制に基づいた既存の州法銀行制度と，一般銀行法に基づいた自由銀行制度との並存が充分に射程に収められうる内容になっているのが特徴的である．特許制に基づいた既存の州法銀行制度については，問題点に係る改革を施したうえで，その存続の余地が残されたものとなっている[45]．新州憲法においては，相互責任を負う複数の支

---

[45] 奥田［1926］は，1851 年に制定された新州憲法において一般銀行法が認められ州政府による銀行株の所有が禁止されたことが理由となって，The Second State Bank の特許の更新が不可能となったと述べている（奥田［1926］p. 136）．だが，本書で示されたように，新州憲法においては，一般銀行法を柱とした自由銀行制度の容認に加え，特許制に基づく既存の州法銀行制度の存在をも一部改定のうえ容認された内容となっており，新州憲法における諸規定が直ちに The Second State Bank の特許の更新を不可能

店銀行を抱えた単一の銀行に対して,州議会は州特別法の制定に基づいて特許を与える権限が引き続き保証されている (11条4項・5項). 一方で, 州政府による銀行への出資の禁止 (11条12項), 特殊な場合を除き州政府のために債務を負うことの禁止 (10条5項) など, これまでの The Second State Bank の展開の過程で問題点として挙げられてきた部分に改定が施されている[46]. さらに自由銀行制度については, 州議会の関与なしに一般銀行法に基づいて銀行業の参入が州民に等しく認められること (1条23項, 11条1項・2項), 一般銀行法に基づいて参入した各行が発券にあたって州政府に対して兌換準備のために担保を預託することが義務付けられ, さらに発行された銀行券に対して州政府の役人が署名すること (11条3項) が明記されている. 銀行業に関する上掲の14の条項を含む新州憲法は, 州民投票に掛けられ, 8万6,000人超の大多数の賛成によって可決・成立した[47]. このように自由銀行制度は, 新州憲法による条項の規定にその大枠が盛り込まれては認容されるかたちで, 導入に向けてその足場が固められることになる.

1851年12月1日, 1851〜1852年会期の第69州議会が開会する. この開会と同じ日に, 新州憲法が施行された. 新州憲法の施行を受けて, 新州憲法11条2項に記された一般銀行法の制定に向けた調査の必要性について, 州下院議会において決議案が作成された.

この決議案に基づいて, 1852年1月3日, William Z. Stewart (Cass 地区選出) が, 自由銀行制度の導入に向けた特別委員会の設置を, 州議会に対して要求する. これを受け, John W. Davis 議長 (Carlisle・Sullivan 地区選出・民主党員) は, 総勢14名の委員を任命する. 委員長には John W. Spencer (Ohio & Switzerland 地区選出) が任命される. 委員には, William Z. Stewart (Cass 地区選出), James F. Suit (Clinton 地区選出), William H.

ならしめたとは必ずしも言えない.
46) Root [1895b] は, 新州憲法に「州政府は, 現行の州法銀行における特許の有効期間が満了したあといかなる銀行の株主になってはならないし, いかなる人物・組織・企業に対しても債務を与えてはならない」との条文がある旨を記しているが (Root [1895b] p. 232), これ自体は独立した条文としてあるわけではなく, 本書で掲げた新州憲法の10条5項と11条2項との条文内容が併せ示されたものに過ぎない.
47) Esarey [1912] p. 278.

English (Scott 地区選出), John L. King (Jefferson 地区選出), Robert Dale Owen (Posey 地区選出), William B. Black (Boone 地区選出), Junius Beeson (Rush 地区選出), Robert M. Hudson (Vigo 地区選出), Thomas Stanfield (St. Joseph 地区選出), Joseph W. Dobson (Owen 地区選出), Zimri Reynolds (Grant 地区選出), Isaac D. G. Nelson (Allen 地区選出), Hiram A. Hart (Ripley 地区選出) の計 13 名である[48]．

特別委員会における議論の末，1852 年 1 月 12 日，John W. Spencer 委員長が州議会に報告書を提出した．この報告書には，委員の大半が一般銀行法を支持する旨と，その支持にあたり 5 つの条件がある旨とが示される．5 つの条件とは，

(1) すべての発行銀行券について，その発行総額と同額分の担保が連邦債もしくは州債を用いて施されること．
(2) 各行は，発券総額の 25% に当たる金額分の正貨による準備を行うこと．
(3) 担保の 3 分の 2 は債券 (stock) で，同じく 3 分の 1 は不動産抵当証券であってもよいこと．
(4) 担保の利用に際し，インディアナ州債については若干の優遇が施されるべきこと．
(5) 各行の資本金の下限を 2 万 5,000 ドルとすること．

以上の内容である[49]．

1852 年 2 月 9 日には，上述の William Z. Stewart 委員が，一般銀行法に係る素案を紹介する．この素案は，1838 年に導入されたニューヨーク州自由銀行法を範にしつつ，担保として不動産抵当証券の利用を認めない代わりに他州の州債の利用を認めるという点と，発行銀行券は何時でも正貨（金または銀）による兌換を可能とするという点とが示されたものである．加えて特別委員会によって，その法案と共にある意見書が付けられた．それは，現

---

48) Esarey [1912] p. 279.
49) Esarey [1912] p. 279.

行の銀行制度を批判し一般銀行法に基づいた自由銀行制度の有益性をニューヨーク州の事例に即して大きく評価する旨のものである.

　この意見書の中身は，以下の通りである．すなわち，まず現行の The Second State Bank については，支店銀行の新設を拒絶するなどの行為に示されるように，州域内に充分に通貨を供給できておらず，責められるべきものである．他方，適切に保護された一般銀行法の仕組みの下では，何の災厄も生じない．この仕組みが最初に試みられたニューヨーク州においては，1838 年に制定された州自由銀行法に基づいて創設された 104 行のうち約 3 分の 1 が破綻したが，資本金総額で見ると約 1,000 万ドルのうち約 150 万ドル分が毀損したに過ぎず，破綻した各行は清算時にその約 76% を弁済したため，実損分は約 30 万ドルに留まった．この実損分は，ミシシッピ州やルイジアナ州やアーカンソー州の州法銀行制度の下で生じた実損分よりも僅少であった．さらにニューヨーク州においては，1846 年に制定された新州憲法において自由銀行制度の欠陥が修正され，近年では損失の計上が見受けられず，銀行券の保有者にとっても安全な制度である，と言っても過言ではない．州域内において流通する通貨約 3,500 万ドルのうち，約 1,500 万ドル分が自由銀行の供給によるものであった，と [50]．

　以上の内容の意見書が付けられたうえで一般銀行法案が記された報告書が，特別委員会から州下院議会に提出される．州下院議会は，この特別委員会からの報告書を証拠として採用し，1852 年 2 月 21 日，この報告書に示された一般銀行法案の採決に入る．議事妨害が発生したものの，翌 2 月 22 日，51 対 30 の票決によって一般銀行法案は州下院議会を通過し，州上院議会へと送られた [51]．

　州下院議会を通過した一般銀行法案に対して，州上院議会においては，審議の過程で様々な修正案が出される．第 2 読会において，William E. Niblack（Vincennes 地区選出）が発券の担保について債券ではなく正貨にすべし旨の修正案を提示するが，27 対 15 の票決によって棄却される．また，開業時に必要な銀行資本金の最低限度額を 5 万ドルから 2 万 5,000 ドルに引き

---

50) Esarey [1912] p. 280.
51) Esarey [1912] p. 280.

下げる旨の修正案も示されたが，これも棄却された．1852年4月30日，一般銀行法案は州上院議会に上程されたが，25対20の票決で廃案となった．再考を求める緊急動議が出されたあと，法案の改訂作業が行われる．1852年5月18日，一般銀行法案は再び州上院議会に上程され，27対18の票決によって可決され，州知事による署名を受けて成立した[52]．一般銀行法に基づく自由銀行制度の導入が，遂にインディアナ州において容認された瞬間である．一般銀行法は1852年7月1日より施行され，同日より自由銀行制度の運営が事実上始まることになる[53]．一般銀行法の成立によって，所定の条件さえクリアされていれば，何人も自由に銀行業に参入することが可能となったのである．

3. 苦悶と混迷

3.1 自由銀行の増殖

まずは，インディアナ州一般銀行法の摘要を記しながら，インディアナ州における自由銀行制度の特徴について触れてゆこう．

州政府の会計検査官は，州通貨監督官（comptroller）に任ぜられる．一般銀行法に基づいて銀行業に参入した営利企業（こうした営利企業のことを，以下では「自由銀行」と略記する［筆者註］）は，発券の担保として州通貨監督官に債券の預託が義務付けられる．発券の担保として利用されうるのは，合衆国債（6%利付），インディアナ州債（5%利付），および確実な利払いや償還が実施されている各州債（6%利付）である[54]．自由銀行は，州通貨監督官に預託された担保債券110ドル分当たり100ドル分の割合で発券が認められる．自由銀行によって発券可能な金種は，1ドルから500ドルまでの範囲と

---

52) Esarey [1912] p. 281. なお Baker [1857] および Helderman [1931] は，一般銀行法の成立日を「1852年5月28日」と記している（Baker [1857] p. 165, Helderman [1931] p. 53）．誤記か否か確認を要するところである．
53) Esarey [1912] p. 281.
54) 5%利付のインディアナ州債の市価をめぐる推移（1841～1865年）については，Rolnick & Weber [1984] p. 279 を参照されたい．

され,金種5ドル以下の小額面券の発行については,発券総額の4分の1を超えてはならない.自由銀行は,州域外において発行された,金種5ドル以下の小額面券を取り扱うことができない.自由銀行は,自らの発券総額に対し12.5%に相当する金額分の正貨準備が求められる.自由銀行によって発行された銀行券は,州政府の会計検査官すなわち州通貨監督官によって登録・勘定されたうえで署名が施される.これは,自由銀行による発行銀行券が預託債券によってきちんと担保されている旨を示すための行為である.自由銀行による発行銀行券について,州政府は再兌換の保証を全く行わない.自由銀行に出資した株主は,出資額分に対する個人責任が求められる.自由銀行は,閉鎖後すぐに正貨による支払いを拒絶をしてはならない.州通貨監督官は,四半期毎に報告書の作成が義務付けられる[55].

では,一般銀行法が施行されてから,インディアナ州域内においてどれだけの自由銀行が創設されたのか.一般銀行法の施行(1852年7月1日)から約半年後の1852年12月15日,州政府に対してある報告書が提出されている.この報告書によれば,1852年12月15日の時点で,下記14の自由銀行(資本金総額186万5,000ドル)が開業している.すなわち,

(1) The Bank of Connersville (Connersville所在,資本金40万ドル)
(2) The State Stock Bank of Indiana (Peru所在,資本金20万ドル)
(3) The Indiana Stock Bank (La Porte所在,資本金5万ドル)
(4) The Plymouth Bank (Plymouth所在,資本金5万ドル)
(5) The Government Stock Bank (Lafayette所在,資本金10万ドル)
(6) The Gramercy Bank (Lafayette所在,資本金10万ドル)
(7) The Public Stock Bank (Newport所在,資本金10万ドル)
(8) The Bank of North America (Newport所在,資本金5万ドル)
(9) The Prairie City Bank (Terre Haute所在,資本金20万ドル)
(10) The Southern Bank of Indiana (Terre Haute所在,資本金10万ドル)
(11) The Merchants' Bank (Terre Haute所在,資本金5万ドル)

---

55) Knox [1903] p. 698. Esarey [1912] p. 281.

(12) The State Stock Bank（Logansport 所在，資本金 11 万 5,000 ドル）
(13) The Wabash Valley Bank（Logansport 所在，資本金 20 万ドル）
(14) The Bank of Evansville（Evansville 所在，資本金 10 万ドル）

の計 14 行である[56]．それから約 5 ヶ月後の 1853 年 4 月 30 日の時点では，自由銀行の総数は 1 行増えて 15 行になっている．全 15 行の資本金総額は 260 万ドルで，150 万 2,957 ドル分の債券預託を担保に 149 万 182 ドル分の発券が成されている．

表 II-14 はその 15 行の業態を示したものであるが，上掲の 14 行と表 II-14 に掲載されている 15 行とのリストを比較すると，(14) The Bank of Evansville（Evansville 所在，資本金 10 万ドル）が消え，新たに The Drower's Bank（Rome 所在，資本金 5 万ドル）と，The State Stock Security Bank（Newport 所在，資本金 5 万ドル）とが開業しているのが分かる．表 II-14 を詳細に眺めてゆくと，開業している 15 行について，発券担保として州通貨監督官に預託された債券の種類は，圧倒的にインディアナ州債（5% 利付）が多い．また，おもにインディアナ州債（5% 利付）との組み合わせによる利用というかたちで（The Wabash Valley Bank を除く），インディアナ州債（2.5% 利付）およびミシガン州債（6% 利付・5% 利付），テネシー州債（6% 利付），ルイジアナ州債（6% 利付），ヴァージニア州債（6% 利付）など近隣諸州の州債や，カリフォルニア州債（7% 利付）といった遠方の州の州債の利用も見受けられる．また，自由銀行の立地状況を見ると，州都 Indianapolis（第 1 行政区）からは比較的離れた新しい行政区での創設が多い．

インディアナ州域内において，自由銀行の数はさらに飛躍的に伸びてゆくこととなる．1853 年 12 月までの段階でその数は 30 行に達する．さらに 1854 年 7 月の時点で，自由銀行の数は 19 行の新設と 1 行の破綻，2 行の閉店があり，計 46 行に達した[57]．1854 年 7 月 1 日付で州通貨監督官が州議会に提出した報告書によると，自由銀行 46 行の資本金総額は 614 万 8,837 ドル，発券総額は 521 万 9,100 ドルにまで膨らみ，正貨の保有総額は 80 万

---

56) Esarey [1912] pp. 281-282.
57) Dwyer Jr. [1996] の Table.3 を参照されたい．

表 II-14 インディアナ州の自由銀行（1853年4月30日時点）

銀行名	所在地	行政区	資本金	発券額	担保債券の総額	担保債券の種類
Bank of Connersville	Connersville	3	500,000	500,000	500,000	インディアナ州債 (5%・2.5%)
State Stock Bank of Indiana	Peru	※14	200,000	128,000	130,301	インディアナ州債 (5%・2.5%)
Government Stock Bank	Lafayette	10	300,000	50,000	50,000	インディアナ州債 (5%)
Merchants' Bank	Lafayette	10	50,000	23,000	31,000	インディアナ州債 (5%・$5,000) カリフォルニア州債 (7%$26,000)
Prairie City Bank	Terre Haute	9	200,000	139,490	139,500	インディアナ州債 (5%・$133,500) テネシー州債 (6%・$6,000)
Southern Bank of Indiana	Terre Haute	9	200,000	83,000	85,000	ヴァージニア州債 (6%・$50,000) インディアナ州債 (5%・$4,000) ミシガン州債 (6%・$31,000)
Wabash Valley Bank	Logansport	※14	200,000	62,000	62,000	ルイジアナ州債 (6%)
State Stock Bank	Logansport	※14	500,000	207,000	207,000	インディアナ州債 (5%・$200,000) ミシガン州債 (5%・$7,000)
Gramercy Bank	Lafayette	10	100,000	33,694	34,000	インディアナ州債 (5%)
Indiana Stock Bank	La Porte	※13	50,000	50,000	50,156	ミシガン州債 (6%・$26,156) インディアナ州債 (5%・$24,000)
Plymouth Bank	Plymouth	※12	50,000	50,000	50,000	インディアナ州債 (5%)
Drovers' Bank	Rome	※11	50,000	50,000	50,000	インディアナ州債 (5%)
Public Stock Bank	Newport	9	100,000	84,000	84,000	インディアナ州債 (5%)
Bank of North America	Newport	9	50,000	25,000	25,000	インディアナ州債 (5%)
State Stock Security Bank	Newport	9	50,000	4,998	5,000	インディアナ州債 (5%)
計 (15行)			2,600,000	1,490,182	1,502,957	

注：金額に係る単位は、いずれも米ドル。担保債券の種類のうち、例えば (5%) は 5% 利付の意。
出所：Hunt's Merchants' Magazine [1854] pp. 490-491 の掲載データを基に筆者作成。なお Hunt's Merchants' Magazine [1854] では、発券額の総計が 1,490,128 と記されているが、これは誤りである。また自由銀行の所在地と行政区との照合に際しては、Map of Indiana Cities [2009] を利用した。ところで行政区を示した数字の後に※印が付いたものは、Map of Indiana Cities [2009] を基に筆者が推定した位置を示している。

7,393ドル8セントであった[58]。1853年4月30日の時点から約1年3ヶ月の間に，資本金総額は約2.37倍に，発券総額は約3.5倍にそれぞれ増えていることになる。さらにそこから約5ヶ月後の1854年12月15日の時点で，自由銀行の総数は89行にまで増え，資本金総額が3,040万ドル，発券総額は929万9,574ドルに達した[59]。1853年4月30日の時点から約1年8ヶ月の間に，自由銀行の総数は約6倍に，資本金総額が約11.7倍に，発券総額は約6.2倍に，それぞれ急激に膨らんだことになる。

ここで表II-15に注目しよう。表II-15は，1854年のある時点における自由銀行の業態を示したもので，自由銀行の総数は67にのぼっている。上述した自由銀行の総数の推移と67というこの総数とから勘案するに，表II-15は，1854年7月1日から同年12月15日までの間のいずれかの時点の自由銀行の業態が集計されたものと推察される。表II-15によると，自由銀行の全67行の資本金総額は3,290万ドルで，債券預託の担保を基に810万4,166ドル分の発券が可能であったのに対し，実際には19行で総額67万6,881ドル分の発券の取り消しが生じ，742万6,067ドル分の発券が施されたに過ぎなかった[60]。また，発券の担保として州通貨監督官に預託された債券の種類について，1853年4月30日の時点（計8種類）よりも格段に増え，インディアナ州債のみならず，東部・中西部・南部の諸州の州債が幅広く使われているのが分かる。具体的には，インディアナ（5%利付・2.5%利付），ミシガン（6%利付・5%利付），テネシー（6%利付），ルイジアナ（6%利付）ヴァージニア（6%利付）のこれまでに使用されている7種類の州債に加え，オハイオ（6%利付），ミシシッピ（6%利付），ミズーリ（6%利付），ペ

---

58) Esarey [1912] p. 283.
59) Esarey [1912] p. 283. ところで自由銀行の総数について，「2年間で100あまりの自由銀行が創設され，通貨総額は950万ドル以上にのぼり，うち1年以内に56行が破綻した」との先学の指摘があるが（Knox [1903] p. 697, 703, Hammond [1957] p. 619），この指摘内容は概ねの数字を示したものであり，必ずしも正しい数字を示したものであるとは言えない。
60) なおDwyer Jr. [1996] のTable 3によると，「1854年7月から1856年1月までの間の自由銀行の動きについて，新設が19行，開業の取りやめが7行，破綻が10行，閉鎖が10行あり，自由銀行の総数が計38行に過ぎなかった」，ということが記されている（Dwyer Jr. [1996] p. 10）。自由銀行の総数の推移をめぐる実態については，さらに追究が必要とされるところである。

表 II-15 インディアナ州の自由銀行（1854年時点）

銀行名	所在地	行政区	資本金	発券額	発券取消額	実際の発券総額	担保債券の種類
Bank of Connersville	Connersville	3	1,000,000	834,875	317,194	517,681	インディアナ州債 (5%・2.5%) オハイオ州債 (6%)
State Stock Bank of Indiana	Peru	※14	300,000	200,300	11,181	189,119	インディアナ州債 (5%・2.5%)
Government Stock Bank	Lafayette	10	300,000	91,770	4,560	87,210	インディアナ州債 (5%) ミシシッピ州債 (6%)
Merchants' Bank	Lafayette	10	200,000	50,000	None	50,000	インディアナ州債 (5%)
Prairie City Bank	Terre Haute	9	300,000	207,340	7,357	119,983	インディアナ州債 (5%・2.5%) ヴァージニア州債 (6%)
Southern Bank of Indiana	Terre Haute	9	200,000	80,600	3,243	77,357	ヴァージニア州債 (6%) インディアナ州債 (5%) ミシガン州債 (6%) ミズーリ州債 (6%)
Wabash Valley Bank	Logansport	※14	300,000	208,000	None	208,000	ルイジアナ州債 (6%) ヴァージニア州債 (6%) インディアナ州債 (5%・2.5%) テネシー州債 (6%)
State Stock Bank	Logansport	※14	500,000	214,086	36,327	177,759	インディアナ州債 (5%) ミシガン州債 (5%) ペンシルベニア州債 (5%)
Gramercy Bank	Lafayette	10	200,000	102,558	31,238	71,320	インディアナ州債 (5%) ルイジアナ州債 (6%) ヴァージニア州債 (6%)
Indiana Stock Bank	La Porte	※12	250,000	102,348	2,194	100,154	ミシガン州債 (6%) インディアナ州債 (5%)
Plymouth Bank	Plymouth	※12	100,000	55,182	4,682	50,500	インディアナ州債 (5%) ヴァージニア州債 (6%)
Drovers' Bank	Rome	※11	250,000	51,844	1,846	49,798	インディアナ州債 (5%)
Public Stock Bank	Newport	9	200,000	121,314	11,999	109,314	インディアナ州債 (5%・2.5%)
Bank of North America	Newport	9	100,000	60,030	30	60,000	インディアナ州債 (5%)

(表II-15)

銀行名	所在地	行政区	資本金	発券額	発券取消額	実際の発券総額	担保債券の種類
State Stock Security Bank	Newport	9	250,000	100,000	None	100,000	インディアナ州債 (5%) ヴァージニア州債 (6%) ペンシルベニア州債 (5%)
Traders' Bank	Indianapolis	1	300,000	137,566	75,000	62,566	インディアナ州債 (5%・2.5%) ジョージア州債 (6%)
Western Bank	Plymouth	※12	200,000	100,065	65	100,000	インディアナ州債 (5%) ヴァージニア州債 (6%)
Canal Bank	Evansville	6	500,000	70,000	—	70,000	インディアナ州債 (5%) ミズーリ州債 (6%)
Fayette Corporation Bank	Connersville	3	500,000	81,250	—	81,250	インディアナ州債 (5%・2.5%) ヴァージニア州債 (6%) ケンタッキー州債 (6%)
Northern Indiana Bank	Logansport	※14	200,000	100,000	—	100,000	インディアナ州債 (5%) ミズーリ州債 (6%)
New York Stock Bank	Vincennes	7	500,000	119,000	—	119,000	ヴァージニア州債 (6%)
Bank of Indiana	Michigan City	13	50,000	50,000	—	50,000	インディアナ州債 (5%) ミズーリ州債 (6%)
Elkhart Corporation Bank	Goshen	※11	500,000	320,000	—	320,000	ノースカロライナ州債 (6%) インディアナ州債 (6%)
Steuben Corporation Bank	Angola	※11	500,000	150,000	—	150,000	インディアナ州債 (5%・2.5%) ミズーリ州債 (6%) ルイジアナ州債 (6%)
Crescent City Bank	Evansville	6	250,000	72,098	—	72,098	インディアナ州債 (5%・2.5%) ケンタッキー州債 (6%)
Indiana Bank	Madison	4	500,000	68,400	—	68,400	インディアナ州債 (5%・2.5%) ミズーリ州債 (6%)
Central Bank	Indianapolis	1	500,000	323,000	133,400	189,600	ヴァージニア州債 (6%)
Bank of Albany	New Albany	5	50,000	86,073	22,561	63,512	インディアナ州債 (5%・2.5%) ヴァージニア州債 (6%)

357

(表II-15)

銀行名	所在地	行政区	資本金	発券額	発券取消額	実際の発券総額	担保債券の種類
State Stock Bank	Jamestown	1	600,000	347,000	10,000	337,000	ヴァージニア州債 (6%) オハイオ州債 (6%)
Bank of Covington	Covington	?	500,000	155,000	—	155,000	インディアナ州債 (5%) ヴァージニア州債 (6%) ルイジアナ州債 (6%)
Great Western Bank	Terre Haute	9	500,000	139,000	—	139,000	ヴァージニア州債 (6%)
Bank of Rochester	Rochester	※ 1 2 or 14	200,000	170,000	—	170,000	ミズーリ州債 (6%) ヴァージニア州債 (6%) ルイジアナ州債 (6%) テネシー州債 (6%)
N.Y. & Virginia State Stock Bank	Evansville	6	1,000,000	236,000	—	236,000	ジョージア州債 (6%) ケンタッキー州債 (6%)
Bank of Rensselaer	Rensselaer	※13	500,000	114,000	—	114,000	ペンシルベニア州債 (5%) ルイジアナ州債 (6%)
Wayne Bank	Logansport	※14	500,000	120,900	—	120,900	ヴァージニア州債 (6%) オハイオ州債 (6%)
Bank of Attica	Attica	10	300,000	144,492	13	144,479	インディアナ州債 (5%) ヴァージニア州債 (6%)
Delaware Corporation Bank	Muncie	3	500,000	90,000	—	90,000	インディアナ州債 (5%・2.5%) ペンシルベニア州債 (5%)
Bank of Goshen	Goshen	※11	200,000	110,000	—	110,000	ルイジアナ州債 (6%) テネシー州債 (5%)
Lagrange Bank	Lima	※11	500,000	51,623	—	51,623	インディアナ州債 (5%・2.5%) ノースカロライナ州債 (6%) ルイジアナ州債 (6%) テネシー州債 (6%)
Hoosier Bank	Logansport	※14	200,000	49,985	—	49,985	ルイジアナ州債 (6%) ミズーリ州債 (6%)
Upper Wabash Bank	Wabash	※14	300,000	195,000	—	195,000	ヴァージニア州債 (6%)

(表 II-15)

359

銀行名	所在地	行政区	資本金	発券額	発券取消額	実際の発券総額	担保債券の種類
Perry County Bank	Cannelton	6	500,000	73,000	—	73,000	インディアナ州債 (5%) ペンシルバニア州債 (6%)
Wayne Bank	Richmond	3	500,000	100,000	—	100,000	ヴァージニア州債 (6%)
Farmers' Bank	Westfield	1	200,000	87,152	—	87,152	インディアナ州債 (5%・2.5%) ヴァージニア州債 (6%) オハイオ州債 (6%)
Traders' Bank	Terre Haute	9	100,000	49,998	—	49,998	インディアナ州債 (5%) ミズーリ州債 (6%)
Kentucky Stock Bank	Columbus	4	50,000	35,496	—	35,496	インディアナ州債 (5%) ケンタッキー州債 (6%) ジョージア州債 (6%)
Farmers' & Mechanics Bank	Indianapolis	1	500,000	50,000	14,000	36,000	ルイジアナ州債 (6%)
State Stock Bank	Marion	※1 1 or 14	600,000	55,000	—	75,000	ヴァージニア州債 (6%) ルイジアナ州債 (6%)
Laurel Bank	Laurel	2	150,000	57,000	—	57,000	インディアナ州債 (5%)
Bank of Salem	Salem	5	250,000	100,000	—	100,000	ルイジアナ州債 (6%)
Kalamazoo Bank	Albion	※11	50,000	50,000	—	50,000	ヴァージニア州債 (6%) カロライナ州債 (6%) (注)
Farmers' Bank	Jasper	6	100,000	42,500	—	42,500	ペンシルバニア州債 (5%)
Bank of Albion	Albion	※11	50,000	41,200	—	41,200	ペンシルバニア州債 (5%)
Bank of South Bend	South Bend	12	350,000	100,000	—	100,000	ヴァージニア州債 (6%) ノースカロライナ州債 (6%)
Wabash River Bank	Jasper	6	600,000	300,000	—	300,000	ヴァージニア州債 (6%)
Traders' Bank	Nashville	4	100,000	75,400	—	75,400	インディアナ州債 (2.5%)
Merchants' & Mechanics Bank	New Albany	5	500,000	50,000	—	50,000	インディアナ州債 (5%) テネシー州債 (6%) ケンタッキー州債 (6%)
Bank of Mount Vernon	Mount Vernon	6	400,000	97,414	—	97,414	カロライナ州債 (6%) (注) ジョージア州債 (7%)

(表 II-15)

銀行名	所在地	行政区	資本金	発券額	発券取消額	実際の発券総額	担保債券の種類
Bank of Fort Wayne	Fort Wayne	11	300,000	124,995	—	124,995	インディアナ州債 (5%・2.5%) ヴァージニア州債 (6%)
Northwestern Bank	Bloomfield	8	600,000	300,000	—	300,000	ヴァージニア州債 (6%)
Bank of America	Morocco	不明	500,000	49,128	—	49,218	ペンシルベニア州債 (5%) インディアナ州債 (5%)
Wabash River Bank	Newville	※11	500,000	105,000	—	105,000	ヴァージニア州債 (6%)
Bank od Rockville	Rockville	9	300,000	50,000	—	50,000	ルイジアナ州債 (6%)
Indiana Reserve Bank	Kokomo	不明	300,000	47,996	—	47,996	ヴァージニア州債 (6%)
Farmers' & Mechanics Bank	Rensselaer	不明	250,000	52,000	—	52,000	ルイジアナ州債 (6%)
Huntington Corporation Bank	Huntington	11	300,000	50,000	—	50,000	ヴァージニア州債 (6%)
Brookville Bank	Brookville	2	100,000	85,000	—	85,000	ヴァージニア州債 (6%) インディアナ州債 (5%)
計 (67 行)			32,900,000	8,104,166	676,881	7,426,067	

注：金額に係る単位は、いずれも米ドル。担保債券の種類のうち、例えば (5%) は 5% 利付の意。「ノースカロライナ州債」との記載があるが、他行の担保債券の種類のことではなく、サウスカロライナ州債のことを指しているものと考えられる。なお行政区を示した数字のうち、「カロライナ州債」との記載が明示されていることから、The Bank of Mount Vernon の担保債券の種類のうち、「カロライナ州債」は、ノースカロライナ州債のことではなく、サウスカロライナ州債のことを指しているものと考えられる。なお行政区を示した数字の接頭に ※ 印が付いたものは、Map of Indiana Cities [2009] を基に筆者が推定した位置を示している。

出所：Hunt's Merchants' Magazine [1854] pp. 490–491 の掲載データを基に筆者作成。自由銀行の所在地と行政区との照合に際しては、Map of Indiana Cities [2009] を利用した。

ンシルベニア (5% 利付), ジョージア (6% 利付), ケンタッキー (6% 利付), ノースカロライナ (6% 利付), カロライナ (6% 利付・なおこの州名については表 II-15 の注を参照のこと) の各州債が新たに使われ, 計 15 種類もの州債が使用されている.

さらに表 II-15 に基づいて自由銀行の立地状況を一瞥してみると, 比較的新しい行政区域においての創設に加え, 州都 Indianapolis を抱える第 1 行政区を始めとした, 都心に比較的近い行政区域においても満遍なく設立され始めているのが分かる. このことから, 自由銀行ならびに自由銀行制度の普及が州域内において着実に進んでいることが窺い知れる. 万事無難に事が運んでいるかのようであった.

3.2 倫理の欠如

ところが, 一般銀行法に基づき所定の条件さえクリアされれば誰しもが銀行業への参入を自由に行えるようになったことで, 州域内の通貨・信用秩序はかえって不安定性が高まるものとなってしまう. それは, 一般銀行法に則るかたちでいわゆる山猫銀行が濫立するという現象が生じたためである. 山猫銀行とは, 決済・商業中心地から遠く離れた場所に創設され, 財務基盤や経営の実態が不明朗な州法銀行のことを指す. 山猫銀行は, 銀行券の印刷原版の作成依頼に必要な経費 (1,000 ドルから 2,000 ドル程度) のみを銀行創設時の初期費用として拠出し, 発券益の獲得のみを目論んで, 正貨との兌換の保証が不確実なまま発券を執拗に続ける. 山猫銀行の多くは, 一般銀行法に基づいて州通貨監督官に預託された債券の額面上の総額を 2 倍から 3 倍をも上回る金額分の発券を常態化させていた[61]. 山猫銀行は, 額面上の発券総額に相当する金額分の各種債券を発券の担保として利用するために購入すべく, 各種債券の販売を手がける仲介業者と掛け合い額面を下回る割引価格で購入契約を結び, 発券の担保として州通貨監督官に送ってもらうよう手配する.

---

61) Knox [1903] p. 702. なお Knox [1903] は, 山猫銀行の類として, 自由銀行を創設し頭取となったはずの農場主が穀物貯蔵室のポテト貯蔵庫のなかに銀行資金を蓄蔵していた事例や, 同様に頭取となったはずの鍛冶屋の主人が貯蔵室の鉄床の下に銭箱を隠し入れていた事例を紹介している (Knox [1903] pp. 701-702).

そして，発行した大量の自行銀行券を抱えて州通貨監督官の下に持参し署名をしてもらう．そのあと，発行に必要な手続きを済ませたばかりのその自行銀行券でもって仲介業者に債券の購入および州通貨監督官への輸送代など実費を支払い，残りの発券益を懐に入れる，というわけである[62]．

　正貨との兌換が確実でない銀行券が各地の山猫銀行によって次々と発行されては通貨として市中に横行し，州域内において流通する銀行券の通貨としての価値が落ちることによって，減価した銀行券が市中に滞留してしまう．他方で，経営をめぐる実態や財務基盤が不明朗な山猫銀行が，必ずしも返済の見通しが明確でない融資を次々と行ってゆく．山猫銀行の濫立に伴い，発券のために州通貨監督官への預託が必要とされることを背景にして，山猫銀行を含む各自由銀行を中心に，各種債券に対する購入需要が高まる．そうしたなか，発行元の州の財政基盤や利払いが不安定なため，市場価格において減価が進む州債も現れる．自由銀行によっては，発券の担保として州通貨監督官に預託された各種債券について，減価が進むものが現れれば現れるほど，発券の担保としての価値が下がらざるをえず，そうした自由銀行の財務基盤を脆弱にさせてゆく．さらに，市中における各種債券の売買をめぐる過程の間に，転売益のみを追求する投機家層が，仲介者として次々と割り込んでくるようになる．一部の州債については，額面を大幅に下回る極めて割安な市価でもって投機家によって購入され，自由銀行の創設および自由銀行による発券のために利用された．こうした投機家は，割安な市価で入手できた一部の州債を，発券の担保として債券の取得を求めんとする自由銀行に対して，その購入時よりも割高な価格で転売し，差益を稼いでいたものと考えられる．

　山猫銀行の濫立と，発券の担保としての債券の売買をめぐる投機家の交錯とが後押しとなって，兌換の見通しが困難な自由銀行券が濫発される．こうした自由銀行券は通貨として州域内に大量に流通し，兌換がなされないまま減価を続け，市中に滞留する．加えて，兌換性の低い州財務局手形が市中に流通してしまうようになる[63]．また1854年に入ると，遠く離れた東部大西岸の首都 Washington D.C. やペンシルベニア州在住の人々から，併せて額

---

62) Knox［1903］p. 702.
63) 楠井［1997］pp. 160–161.

面の金額で45ドル分に相当する，インディアナ州所在の自由銀行が発行した銀行券が，Joseph A. Wright 州知事に宛てて送付される，という事態も発生した．そこには手紙も同封されていて，手紙には，銀行券は仲介業者による大幅な割引なしには受け取られずインディアナ州の銀行制度が腐敗しているのではないか，という記述がしたためられていた[64]．このように，インディアナ州域内の通貨・信用秩序は，州域の内外を問わず，その不安定性を募らせては，混沌とした状況に対する社会的な憂慮を膨らませる状態になっていったのである．

こうした憂慮の事態が深刻化するなかで，インディアナ州としては，それまで見す見す手を拱いていた，というわけではない．1852年12月1日から始まる会期の州議会において，自由銀行制度に問題ありとの発言が早くも方々から噴出する．まずは，Joseph A. Wright 州知事が一般銀行法に対する懸念を示した．1853年1月7日付の年頭挨拶において，Joseph A. Wright 州知事は，一般銀行法に基づく自由銀行制度の導入が失敗であったという，衝撃的な公言を発する．自由銀行制度が動き始めてから僅か半年後のことであった．特に州知事は，正貨と兌換される見通しが立たないまま自行銀行券を発行し続ける，不埒な自由銀行の簇生を問題視する．そのうえで，通貨が不自然に膨張するなか，健全な通貨の発行および流通が現行法の下では難しくなることを，彼は強く懸念した．様々な投機家が，額面1ドル当たり僅か15セントから50セント程度の範囲内の実費で入手した劣悪な各種債券の束と札束とを携え，各地からインディアナ州にやってくる．投機家はインディアナ州域内で一般銀行法に基づいて自由銀行を創設し，発券用の担保としてその劣悪な債券を州通貨監督官に預託したうえで，その預託の額面上の総額と同等もしくはそれを上回る金額分の発券を続け，法外な利益を得ていた．州知事によるこうした強い懸念の背後には，こうした憂慮すべき実態があったのである[65]．

---

64) Thornbrough [1965] p. 429.
65) Esarey [1912] pp. 282-283. Helderman [1931] pp. 53-54. なおそのときの州知事による談話の内容は，以下の通りである．「投機者が片手に銀行券の束を抱えもう片手に債券の束を抱えながら州都 Indianapolis にやってきている．一両日中に彼は，インディアナ州議会によって認可された，自らが法貨と称したものを流通させるために，北

Joseph A. Wright 州知事は，既存の自由銀行制度を改革すべく取り決めを図ろうと，腹案を用意する．その腹案とは，(1) 自由銀行の発行銀行券の金種を5ドルもしくは10ドルまでに限定する，(2) 自由銀行制度の下で通貨管理を実践するために銀行委員会と特殊の機関とを設置する，(3) 自由銀行が発券のために州通貨監督官に対して預託する担保の種類をインディアナ州債と不動産とに限定する，(4) 自由銀行の役員はインディアナ州の在住者が就任するものとする，以上の4点である[66]．

さらに州上院議会において，Humphreys 州上院議員 (Greene & Owen 地区選出) が，州通貨監督官に対するいわゆる自由銀行の創設の申し込みをこれ以上受け付けることを禁止する旨の法案を紹介する．この法案は，州上院の銀行委員会においては好意的に受け止められたものの，州上院議会においては23対20の票決によって棚上げとなってしまう．また，一般銀行法を撤廃する旨の強行案も提出されたが，州上院議会においてその賛成票は僅かに11票に留まり，この強行案は却下された．さらに John H. Sullivan 州上院議員 (Jefferson 地区選出) が，銀行業に対しさらなる制限をかける現行法の修正案を提示するが，これも廃案となった[67]．上述の一連の流れを纏めると，自由銀行制度の開始から1年も経たないうちに異論が噴出するけれども，州議会においてその改定が実現されるにはまだ力不足で時期尚早であった，ということになる．

ところで，州通貨監督官からもひとつの興味深い提案が出されている．それは，兌換の見通しが不確実な自由銀行券が市中に横行・滞留し，通貨としての価値が不安定になっている実状を危険視したうえで，各種銀行券の兌換を集中して行うための中央兌換機関を州都 Indianapolis に創設すべし，というものである[68]．この構想は，州域内において流通する各種銀行券の兌換ないし決済を集中して行う，いわば中央銀行的な機能の一端を担う機関を州都に創設する，という実にユニークなものである．のちに，南北戦争を機

部諸州の遠方地に向かうというのだ」(Helderman [1931] p. 54).
66) Shade [1972] p. 178.
67) Esarey [1912] p. 283.
68) Helderman [1931] p. 54.

に連邦単位で進められる国法銀行制度の展開において，国法銀行券の中央兌換機関として，1874 年に国庫兌換局がアメリカ合衆国の首都 Washington D.C. に創設されることになるのだが[69]，中央兌換機関の設置という考え方がすでに州単位で，しかも南北戦争前のインディアナ州において早くも登場していたというのは，とても興味深いところである．しかし残念なことに，この先駆的な「中央兌換機関」の設置構想に対して州議会は特に目立った反応を示さず，これもまた画餅に終わってしまうことになる．

　こうしたインディアナ州域内の通貨・信用秩序に不安が幾重にも取り巻く実状を打破しようと果敢に立ち向かったのが，The Second State Bank である．The Second State Bank は，特許の更新に基づいた自らの存続が不透明なまま特許の満了日（1857 年 1 月 1 日）が着実に迫っていたが，自由銀行制度の展開が州域内において進むなかでも，自らの業務を粛々と執り行う．実は 1852 年 5 月 18 日付で一般銀行法が成立し自由銀行制度の導入が決まった時，The Second State Bank の本店銀行の理事達は，特許の期限（1857 年 1 月 1 日）が迫るなか，特許の満了までの残り少ない時間で過去の法例に照らして一般銀行法の妥当性を検証するのは賢明ではない，と考えていた[70]．つまり，The Second State Bank を司る理事達は，特許の満了に伴う自行の廃止という現実に直面するなかで，一般銀行法に基づく自由銀行制度の展開を事実上黙認せざるをえないかたちになってしまっていたのである．

　1853 年には，任期満了に伴い The Second State Bank の総裁選が行われる．投票の結果，民主党員の James Morrison から同じく民主党員の Ebenezer Dumont へと，総裁が変わる[71]．The Second State Bank の各支店銀行は，兌換の見通しが立たず減価を続けたまま市中に滞留する，インディアナ州所在の自由銀行が発行した銀行券を次々に入手しては発行元の窓口に呈示し，額面通りの正貨との兌換を執拗に求めていった[72]．この作業に加え，The Second State Bank の各支店銀行は，隣接するオハイオ州の

---

69) 国法銀行制度における「中央兌換機関」の構想およびその実現の過程については，大森［2004］pp. 208-217 を参照のこと．
70) McCulloch［1888］p. 125.
71) Carmony［1998］p. 324.
72) Helderman［1931］p. 54.

Ohio 川沿いにある枢要な交易都市,Cincinnati に所在の複数のオハイオ州法銀行と,州境を跨いで自由銀行券の兌換作業を提携して行うことを確認する[73]。

The Second State Bank によるこうした積極的な行動は,開業以来,州域内の通貨・信用秩序の健全性維持に長らく務め,自由銀行制度の導入前まではその健全性維持をきちんと実現してきたのだという矜持が,強く働いたものだと考えられる。またこうした積極的な行動は,そうした矜持に突き動かされつつ,他方で自由銀行ならびに自由銀行制度の存在に対する批判をしたたかに込めながら,The Second State Bank が自らの存在感をしっかりと示してゆこうとしていたことの表れだったのであろう。特許期間の満了日に至るまでの間,インディアナ州域内における通貨・信用秩序の健全性維持を目指し,The Second State Bank の各支店銀行によって,正貨との額面通りの兌換を請求するために自由銀行券が発行元に呈示されては,その兌換が実現されてゆく。

ところが皮肉にも,正貨との兌換を請求された自由銀行は,兌換が進めば進むほどみるみる正貨準備が取り崩されてゆき,与信への体力がかえって奪われてゆくことになる。

さらに輪をかけて,自由銀行の与信をめぐる体力を奪う出来事が噴出する。1854 年 5 月 1 日,連邦単位で貨幣・金融市場の突発的な逼迫が生じた[74]。これは,欧州でクリミア戦争が勃発したことを機に,国内外の投資家がアメリカ系企業の銘柄の保有証券を売却すると同時に,アメリカで鋳造された硬貨の購入を一斉に図り,その需要が急伸したためである。硬貨の売買に関してその市場価格にプレミアムが付いたため,州境を跨いでブローカーが躍動し,アメリカ東部の貨幣市場で硬貨を積極的に購入すべく,インディアナ州域内の各自由銀行から預金を次々に引き出していった[75]。預金の流出は,自由銀行の与信に係る経営体力を奪うこととなり,自由銀行の経営基盤をさらに不安定なものにしていったのである。

---

73) Helderman [1931] p. 54.
74) Harding [1895] p. 29. Esarey [1912] p. 283
75) Esarey [1912] p. 283

自由銀行および自由銀行制度に対する不安と懐疑とが広がるなか，ようやく州議会も重い腰を動かし始める．欧州のクリミア戦争の勃発に起因した貨幣・金融市場の逼迫状況が依然として続くなか，1855年1月4日に州議会が開かれる．ここで Joseph A. Wright 州知事は，遡ること2年前の1853年1月初旬の年頭挨拶の際に示した，自由銀行制度に対する懸念を改めて述べる．そのうえで，州知事は，このときの懸念の払拭に向けた努力が今日まで思うように図られなかったことを悔いる．そして，現行の一般銀行法には欠陥があり州通貨監督官に自由銀行の監督・管理を一任している現状のまずさを訴え，複数の銀行監督官で構成される評議会を伴ったかたちでの銀行局を，自由銀行の監督・管理の主体になるものとして勧めた．さらに，自由銀行業の実態を精査する共同調査委員会が，州知事の命によって編成される．共同調査委員会が州議会に提出した報告書によって，自由銀行の監督・管理を一挙に引き受けている州通貨監督官ならびにその事務局，つまり州銀行局の劣悪な運営の実態が摘発された．まず，州銀行局による帳簿記載の不備や，発券の担保として各自由銀行から預託された債券や利札の保管に不注意な点が見受けられる点が示された．加えて，一部の銀行家と州通貨監督官との間の不誠実な取引が明るみに出された．

　「不誠実な取引」とは，いったいどういうものか．まず銀行家は，一般銀行法に基づいて，自由銀行の創設を申請する際に，州通貨監督官に対し所定の額に相当する債券を担保として預託したうえで，その額面上の預託総額と同等の金額分の範囲内において発券できる，ということになっている．この手続きの際に，銀行家は，減価の可能性の高い劣悪な種類の債券を用いて預託を行う．手続きを踏まえて発券を行った銀行家が発行済の自行銀行券をいちど州通貨監督官に戻すようにし，それと引き換えに，担保として預託しておいた金額分について債券で受け取り直す．このとき，当初預託した時点の劣悪な種類の債券とは異なり，減価の可能性が低い比較的善良な類いの債券でもって受け取り直される，というものである[76]．こうした質や市価の差異を巧みに利用した担保債券の授受をめぐる取引が複数の銀行家によって

---

76) Esarey [1912] pp. 284-285.

重ねられ，劣悪な種類の債券のみが州通貨監督官ないし州銀行局の下に発券の担保として預託されるなかで集まってしまうという，不測の事態が招かれてしまったのである．

1855年1月7日には，インディアナ州域内において自由銀行を運営する銀行家達による代表者会議が，州都 Indianapolis にて開かれた．この会議の目的は，州域内の通貨・信用秩序に対する不安が日増しに高まるなか，市中に流通する夥しい種類の銀行券を選別・分類を行う旨を取り決めることにあった．だが，この会議においてその取り決めを果たすことはできなかった[77]．

危急の事態だと察した州議会は，通貨問題を積極的に取り上げる．州上院の銀行委員会においては，通貨問題に係るすべての法律を撤廃する旨が報告され，そのうえで既存の法律に代わる新規の法案と，5ドル以下の金種の小額面券の発行を停止する旨の法案とが，投票の実施なしに州議会の議題に上げられうるよう，準備される．1855年1月30日には，新規の一般銀行法案が州上院議会において紹介され，異議を唱えるための投票も行われないまま州上院の三読会を通過した．この審議の最中に，似通った内容を備えたやはり新規の一般銀行法案が州下院議会において可決され，州上院議会に送られてくる．州下院議会から送られてきたほうの法案については，州上院議会は幾つかの修正を求めたうえでこれを差し戻し，修正が施されたあと再送される．再送されたこの法案は，36対12の票決によって州上院の三読会を通過した．かくして新規の一般銀行法案は，州上院議会にかけられ，43対6の票決により可決・成立した[78]．

ところが，この法案に Joseph A. Wright 州知事が「待った」をかける．拒否教書が州知事によって出され，法案に対する拒否権が州知事によって発動されたのである．彼が拒否権を発動した理由は，以下の諸点にある．

第1に，その法案においては，各自由銀行による発券の担保として預託された債券の類いについて，それを変更する権限を州通貨監督官が占有することになっていたこと．第2に，その法案においては，すでに過重な負担を強

---

77)　Esarey [1912] p. 284.
78)　Esarey [1912] p. 286.

いられていた州知事や州財務長官や役人に対し，さらなる責任が負わされる仕組みになっていたこと．第3に，その法案においては，不埒な経営を招いていた自由銀行家を矯正させるための仕組みがなかったこと．第4に，その法案の下では，減価した各種債券を買い集めてはインディアナ州域内において自由銀行を創設のうえ発券し，その発行銀行券を現金に換えるというかたちで，インディアナ州民を犠牲にして投機家に利益を与えるという仕組みが野放しになってしまうこと．第5に，州知事自身が，正貨としての金貨や銀貨に信頼を寄せているために，価値なき銀行券への署名を拒むゆえのこと．第6に，州通貨監督官による自由銀行への監査が各人に不安を残すものであること．第7に，これまでのあらゆる銀行制度が公衆の信頼を必ずしも得られてこなかったこと．第8に，清算者の手中に入るのが早ければ早いほど，これまでかなりの時間を掛けざるをえなかった損失の回収を行う，州政府の煩わしさや負担を解消できること[79]．これらの事由を背景に，Joseph A. Wright 州知事は，新規の一般銀行法案の成立に対して拒否権を発動したのである．

だが，州知事によるこの拒否権は州議会によって否決され，1855年3月3日，新規の一般銀行法案の成立が州議会において決議された．従前の一般銀行法に比して，新規の一般銀行法においては，おもに以下の6点が改められた．第1に，自由銀行の創設に際しては少なくとも11名以上の出資者を必要とし，自由銀行への出資者はインディアナ州の在住者に限定される[80]．第2に，自由銀行の発券総額の上限が600万ドルに設定される．第3に，発券の担保として州通貨監督官に預託される債券が，6%利付のものに限定される．第4に，自由銀行の日々の業務時間を午前10時から午後3時までとする．第5に，少なくとも1,000人以上の住民のいる町には銀行を設置する．第6に，各自由銀行は州都 Indianapolis に自行銀行券の兌換に関する代理人機関を置く[81]．こうして，自由銀行によるこれまでの乱脈な経営と与信

---

79) Esarey [1912] p. 286. Shade [1972] p. 178.
80) これまでインディアナ州に所在の自由銀行の出資者は，インディアナ州の在住者のみならず遠方のカリフォルニア州やテキサス州の在住者なども混じっていた（Baker [1857] p. 170).
81) Helderman [1931] p. 54. Hammond [1957] p. 621. また Baker [1857] は，新規

をめぐる不安定性に対する払拭と，自由銀行制度をめぐる社会不信の払拭とが否応なく図られていったのである．

しかしながら，市場価値のない他州の州債までを自由銀行の発券の担保として利用することを容認されてしまいうる旨を有した，既存の条項の改定がままならなかったりするなど[82]，新規の一般銀行法の制定が自由銀行制度の抜本的な問題の解決に充分に繋がるとは，凡そ言いえないものであった．

3.3 制度混交の継続

新規の一般銀行法の成立が決議されたのとまさに同じ日の 1855 年 3 月 3 日，実はもうひとつの重要な事案が州議会において決議されている．それは，特許の更新について決定の見通しが立たず存続が不透明なまま粛々と業務を続ける The Second State Bank に代わるものとして，やはり特許制に基づく単一の州法銀行，The Bank of the State of Indiana の新設とその特許の交付とが州特別法の可決によって認められる，というものである．先に触れたように（本章2.3項を参照），1851 年 12 月 1 日に施行された新州憲法の下では，従来からの単一の州法銀行の仕組みと新しい自由銀行制度の仕組みとの並存可能性が謳われていた．だが，州議会や憲法会議などを通じて紛糾を極めた挙句，The Second State Bank の特許の更新をめぐる最終決断が曖昧にされたままの状態に陥ってしまう．The Second State Bank は，1855 年 1 月 1 日をもって手形割引の業務を停止することとし，それ以降，これまで各支店銀行が発行し流通していた自行銀行券の回収を始めることになる[83]．

実はこのときまでにすでに，The Second State Bank を司る本店銀行の理事達は，特許の期限がいよいよ迫るなか，州政府による株式保有のない状態で特許の更新による事業の継続が法的には容認されうる環境にあったにも拘らず，熟慮の果てに特許の満了と共に銀行業から撤退することを決めてい

の一般銀行法に関する改定箇所の条項と内容とを明記している（Baker [1857] pp. 173 -174）．
82) Thrornbrough [1965] p. 430.
83) Esarey [1912] p. 289.

た[84]．1万ドルを支えば州議会における特許の更新に係る決議を確約できる，といった贈収賄に絡むような提案も寄せられたものの，The Second State Bank はこの提案を毅然と突っ撥ねて，銀行業の撤退を決断していたのである[85]．他方で，既述のように自由銀行が増え通貨の発行や与信の面で活性化が進むなか，濫立したいわゆる山猫銀行による各種銀行券の濫発や，兌換性の低い州財務局手形もまた流通し，州域内の通貨・信用秩序に対する州民の不安が日に日に高まってしまう[86]．そこで登場するのが，The Second State Bank に代わる新規の州法銀行，The Bank of the State of Indiana の新設に関する構想である．この構想は，上述した The Second State Bank による銀行業の撤退という決断を受けて，The Second State Bank に出資していた主要な株主達の一部が新規の州法銀行に対する特許の交付を求める旨を決定したところから生まれた[87]．

　The Second State Bank に代わる新規の州法銀行の創設に係る運動が初めて勢いをもって表面化したのは，1854 年である．この年，民主党・ウィッグ党のいかんを問わずこの運動を志向する超党派の政治集団（主導者は民主党員の Thomas L. Smith 判事）が結成される．この政治集団は，州議会において陰に陽に積極的にキャンペーンを展開していた．しかしながらこの政治集団の構成員の内には，新規の州法銀行が創設された暁にはその銀行の株式の割り当てをめぐる「便宜」が図られることになっていた者もあった．具体的には，彼らは，新規に創設されることになる州法銀行の株式が優先的に割り当てられ，その割り当てられた株式を別の株主や The Second State Bank の役員だった人々に売却して現金を手中に収める，というものである[88]．こうした「便宜」の事例は，のちに発覚しただけでも 13 件にも及ぶことになる[89]．このうち 10 件は民主党員が絡むもので，この 10 名の民主党員の

---

84) McCulloch [1888] p. 128. Thrornbrough [1965] p. 425.
85) Thrornbrough [1965] pp. 425–426.
86) 楠井 [1997] は，「The State Bank of Indiana（The Second State Bank のこと［筆者註］）が 1853 年まで続き The Bank of the State of Indiana が 1855 年に創設された」と述べ，「2 年間」の空白期間の存在を指摘している（楠井 [1997] pp. 160–161）．だが，この空白期間の存在に関する指摘は正確ではない．
87) Thrornbrough [1965] p. 426.
88) White [1911] p. 336.

内には，自由銀行制度に反対の意を示しつつも新規の州法銀行の創設に賛成の意を示した，6名の州下院議員と1名の州上院議員も含まれていたのである[90]．

1855年1月31日，支店銀行を抱えた特許制に基づく銀行に関する法案が，州上院の三読会に掛けられ，特に異論が出ないまま三読会を通過した[91]．1855年2月24日，法案は27対22の僅差の票決により州上院議会において可決される[92]．そして1855年3月3日，The Bank of the State of Indiana の新設と特許の交付とを認めた州特別法が，州議会において可決される．これにより，もし The Second State Bank が特許を更新できずに消滅の憂き目に遭うことになったとしても，特許制に基づく単一の州法銀行制度と一般銀行法に基づく自由銀行制度との並存という，複数の銀行制度が混交できる状態の将来的な継続が法律上において整備されることになったのである．しかしながら The Bank of the State of Indiana の創設に至るまでには，かなりの悶着と複雑ないきさつとがまだ存在していたことに触れておかなければならない．

民主党員でもある Joseph A. Wright 州知事は，既述のように，既存の自由銀行制度の修正を迫る新規の一般銀行法の決議に対し，制度自体の棄却を求める観点から拒否権を発動していた．これと同様に，州知事は，The Bank of the State of Indiana の新設に係る構想にかねてから反対の姿勢を示し，州議会において行われた，The Bank of the State of Indiana の新設を容認する旨の決議に対しても拒否権を発動した．拒否権の発動は，The Bank of the State of Indiana の特許の規定に係る州特別法案が州下院議会を通過した直後に行われる．

Joseph A. Wright 州知事が拒否権を発動した理由は，以下の通りである．

(1) The Bank of the State of Indiana は州民による誤解の渦中にあって

---

89) 全13件の「便宜」をめぐる事態内容の詳細については，Esarey [1912] pp. 290–296 を参照のこと．
90) Shade [1972] pp. 183–184.
91) Esarey [1912] p. 286.
92) Esarey [1912] p. 288.

導入され,この特許に関する特別法案は精査や審議に時間が充分に尽くされてはいない.
(2) The Bank of the State of Indiana が無制限に発券を行いうる.
(3) 今回の特許の内容では,The Bank of the State of Indiana に対し殆どの納税負担が免除されることに加え,州政府による The Bank of the State of Indiana の制御ができなくなっている.
(4) The Bank of the State of Indiana の株式の割り当てをめぐる方法が不公平で汚職を招きうる(この理由を発言したその背景に,上掲の「便宜」をめぐる13件の事態が州知事の念頭にあったものと推断される[筆者註]).

以上の諸事由である[93].州知事は,銀行の存在そのものに懐疑を示し,拒否権を発動して銀行そのものの棄却を求めたということで,いわば州域内に伝統的に根付いてきた「反銀行主義」の考え方を原理的に忠実に実践した,というわけである[94].

The Bank of the State of Indiana の特許の交付を認める州特別法案が州下院議会において決議された直後,Joseph A. Wright 州知事は,登壇のうえ,この特許の交付に関する可決が贈収賄に基づくものだと訴える演説を開始し,騒動となる.おそらく,上述した,超党派の政治集団への「便宜」に係る数々のいきさつを,州知事は「贈収賄に相当するもの」と認識していたのであろう.州知事によるその演説が実施されて以降,銀行に対する特許の交付をめぐる問題は,政争の論点として州域内の人口に膾炙する.

Joseph A. Wright 州知事は,株式が割り当てられる過程で詐欺的な特性が払拭できない点と,州議会におけるその特許の交付に係る決議に欠席投票があったとしてその手続きに瑕疵がある点とを主たる論争点にして,The Bank of the State of Indiana の編制の無効を法廷に訴える.だが法廷は,The Bank of the State of Indiana の特許の条項に記された内容の有効性を支持するとの司法判断を示し,The Bank of the State of Indiana の編制に

---

93) Esarey [1912] p. 288. Thrornbrough [1992] p. 426.
94) 「反銀行主義」の考え方については,本篇の第1章1.1項ならびに本篇の第2章1.1項を参照.

向けた作業は遮られることなく着々と続けられた[95].

こうして The Bank of the State of Indiana の特許の交付に係る州特別法は,上述したように 1855 年 2 月 24 日に州上院議会において可決されるに至ったのである.その後,州知事による拒否権の発動を受けて,州上院議会においてこの拒否権の妥当性をめぐり審議が行われ,30 対 20 の票決でもってこの拒否権の行使が否決された[96].このような,かなりの複雑ないきさつを経た結果,州議会の閉会日に当たる 1855 年 3 月 3 日付で,The Bank of the State of Indiana の新設および特許の交付がようやく決定したのである[97].

Joseph A. Wright 州知事はこれまで,自由銀行のみならず The Second State Bank の存続に対しても批判的な姿勢を示し続けてきていた.The Second State Bank の特許の期限がいよいよ迫りつつあった 1854 年早々,その特許の更新を妨害する勢力が台頭してきていたが,州知事はこうした勢力に力添えを行ってきていたのである[98].州知事の思惑に沿うかのように,The Second State Bank の特許の更新は未決定のままの状態が続く.だが皮肉にも,州知事がかねてから批判していた通りの,自由銀行制度に対する社会的な不信と信用不安とが現実に生じた結果,やはり州知事が批判していた特許の交付に基づく単一の州法銀行,The Bank of the State of Indiana の新設が,州議会で州知事の拒否権が否決されたうえで承認されてしまい,今度は州知事の思惑通りにはいかなかったのである.

州憲法ならびに州特別法に基づいて[99],The Bank of the State of Indiana の特許の有効期間は 20 年と定められた.支店銀行の設置が容認される数は,かつての The Second State Bank での規定数よりも増えて 15 もしく

---

95) Knox [1903] pp. 698–699. Helderman [1931] pp. 54–55.
96) Esarey [1912] p. 288.
97) Thrornbrough [1965] p. 67. なお White [1911] は,「The Second Bank の特許の期間が 1859 年で満了し,そこから清算手続きに入るなかで The Bank of the State of Indiana の設置法案が可決された」,と述べている (White [1911] p. 336).この叙述は誤りである.
98) Knox [1903] p. 698. Thrornbrough [1965] p. 68.
99) 州特別法における条項の規定の仔細については,Baker [1857] p. 174 を参照のこと.

は 20 の範囲内と定められた．The Bank of the State of Indiana の支店銀行の設置場所は，株式の出資者ないし割当者の一覧が示された帳簿公開の場所を設定するという観点から，固定される．支店銀行が設置される予定の各場所において，この帳簿の公開時間は 15 分に限定される[100]．加えて，州通貨監督官に対する定期報告書の提出が義務付けられた．本店銀行は各支店銀行を監査する権限が与えられ，定期報告書には各支店銀行の業況が克明に記載されるものとされた．The Bank of the State of Indiana が行うことのできる手形割引の総額は，資本金総額の 3 倍に当たる金額分まで，ないしは預金総額の 3 倍に当たる金額分までとされた[101]．また The Bank of the State of Indiana の各支店銀行については，自由銀行のように，州通貨監督官に預託された債券による担保に基づいて弾力的に発券が行うことができる旨の特権が特許の規定に基づいて容認された[102]．そして The Second State Bank の仕組みと同じように，各支店銀行は，経営責任や債務を相互に保証しあうものとされた．The Bank of the State of Indiana が抱える全債務については，株主が個人責任を負うことが明確に示された．さらにこれまでの The Second State Bank とは異なり，州政府による株式の保有がなくなり，州財政資金の流入や州政府による州法銀行へのあからさまな介入がなくなった．これは，1851 年 12 月 1 日に施行された新州憲法において「州政府による民間企業への株式保有」が禁止されたことに伴うものである．

　かくして The Bank of the State of Indiana の新設と特許の交付とが州議会で承認され，あとは開業日の決定を待つのみとなった．これにより，特許の更新が成されずに The Second State Bank がこの先消滅の憂き目に遭うことになったとしても，特許制に基づく州法銀行制度の形態，ならびに複数

---

100) Knox [1903] p. 698.
101) Esarey [1912] p. 288. なお Baker [1857] は，The Bank of the State of Indiana が行うことのできる手形割引の総額について，「払込資本金総額の 2.5 倍まで」と記している (Baker [1857] p. 174).
102) Root [1895b] p. 232 の脚注を参照されたい．なおこの脚注において Root は，「この特権は州の制度とみなされなかった」と述べているが，この著述の意図する内容については，本研究の段階では確認できなかったので今後の課題としたい．ところでこの脚注において Root は，The State Bank of Indiana が 1855 年に特許の交付を受けたと記しているが，これは The Bank of the State of Indiana の誤りである．

の支店銀行を抱えた単一の州法銀行という銀行組織の形態そのものについては,少なくとも残りうるかたちとなった[103].それゆえ,州域内の通貨・信用秩序を牛耳っているのではないかという,銀行業の独占性をめぐって准州時代からこれまでインディアナ州域内で脈々と受け継がれてきた伝統的な論議の火種は,この期に及んでもなお完全には立ち消えないままだったのである.

---

103) 奥田［1926］は,The Bank of the State of Indiana の特許の交付の容認について,新州憲法の規定に伴い The Second State Bank の特許の更新が困難であることから(これについては本章の脚注 45 も参照),これに代わる銀行の設立と営業の継続とが請願され幸いにも許可されたものと捉えている（奥田［1926］p. 126).営業の継続ないし継承が両行の間で実際に行われたのかどうかについては,さらなる探究による確認が求められるところである.

第 5 章　終焉と遺産：1855〜1865 年
　　──南北戦争による難局と国法銀行制度導入への貢献

　ここまで論究を進めてきた通り，中央銀行なき状態の黎明期アメリカにあって，独創性を帯びた緻密な構造を持つ銀行制度ないし銀行間組織が，インディアナ州において独自に捻出された．この銀行制度は，度重なる世界恐慌から州域内の通貨・信用秩序を守り抜くという，瞠目すべき態様を示し，全米を驚かせた．だが，伝統的な「反銀行主義」の考え方が州域内において影響力を残し続けるなかで，この銀行制度を統轄する単一の州法銀行の展開に対して，反独占の見地からの批判が高まる．その一方で，準則主義に基づいて誰しもが銀行業を自由に営むことのできる自由銀行制度が導入される．しかしながら，単一の州法銀行に対する批判の高まりは，特許の更新が忌避されその州法銀行の消滅が確実視される状況を導いてしまう．他方で，自由銀行制度の展開の果てには，財務基盤の不安定な自由銀行の濫立と兌換が不確実な銀行券の濫発という混沌とした状況が生まれてしまう．複数の銀行制度の混交は，インディアナ州域内の通貨・信用秩序の健全性をかえって揺るがせてしまい，新たな銀行制度を用意すべしとの声もまた高まってゆくことになった．

　だが，そうした新たな壁に直面してはそれを乗り越えようと試行錯誤する過程において，皮肉にもインディアナ州の銀行制度の展開の歩みそのものが終焉を迎えてしまうこととなる．では，これまで独創性を帯び成功裡に展開し続けてきたはずのインディアナ州の銀行制度が，なぜ突如として終焉を迎えてしまったのか．そして，全米の注目を浴びるほどの実績を示したインディアナ州の銀行制度の経験は，ひとつの遺産としてどう伝承されてゆくことになるのか．これらが本章を貫く問題意識である．

　本章は，3 点で構成される．まず，世界を震撼させる 1857 年の世界恐慌

が全米を襲うなか,これがインディアナ州域内の銀行制度の展開にどう響き,かつどこまで州域内の経済を守り得たのかを明らかにする(第1節).次に,インディアナ州の銀行制度そのものがなぜ永続できずに終焉を迎えてしまうことになるのかを究明する(第2節).最後に,中央銀行なき状態の下で先駆的かつ独創的な銀行制度を州・地域単位で自ら生み出し,全米屈指の堅牢さでもって州域内における通貨・信用秩序の管理と健全性維持とを見事に実現させた,全米でも類い稀なインディアナ州の一連の経験が,その後の連邦単位での中央銀行制度の構築に向けてどう資することになってゆくのかを論究する(第3節).

1. 新銀行の船出

1.1 新銀行の特徴

前章において論究されたように[1],1855年3月3日付で制定されたインディアナ州法には,州域内の銀行制度の変革にインパクトを与える2つの重要なくだりがあった.ひとつは,自由銀行制度の動揺を機に改定された,新規の一般銀行法の制定である.もうひとつは,The Bank of the State of Indiana の新設とその特許の交付に係る州特別法の制定である.The Bank of the State of Indiana は,特許の更新による存続を放棄し特許期間の満了と共に閉鎖をすでに宣言していた州法銀行,The Second State Bank に代わるものとして,創設が企図された新規の州法銀行である.特に後者の法律が制定されることによって,インディアナ州において,「特許制に基づき複数の支店銀行を抱えた単一の州法銀行」という独創的な制度の形態そのものが,途切れることなく確実に続くこととなった.

やがて,The Second State Bank の特許の満了日が変更となる.The Second State Bank の特許の満了日は,もともと1834年1月28日に制定された州特別法(州法銀行設置法)に基づいて1857年1月1日と定められ[2],

---

1) 本篇の第4章 3.2項および3.3項を参照のこと.
2) 本篇の第2章 2.2項を参照されたい.

第5章　終焉と遺産：1855～1865年　379

　The Second State Bank が特許期間の満了を迎えると共に The Bank of the State of Indiana が新たに開業する，という運びであった．だが，特許期間の満了後の閉鎖に伴い清算を行う時間を確保する必要性から，The Second State Bank の特許の期限が2年延長され，1859年1月1日までと改められる[3]．

　他方，The Second State Bank の特許の期限を延長することが決定されたにも拘らず，The Bank of the State of Indiana は，予定通り1857年1月1日付で開業する．つまり1857年1月1日から1859年1月1日までの2年間は，特許制に基づく単一の州法銀行，The Second State Bank と The Bank of the State of Indiana とが並存して開業していた，ということになる[4]．ただし The Second State Bank は，特許期間の満了後の閉鎖をすでに表明していて，1855年1月1日付で手形割引の引き受け業務を終了し，発行銀行券の回収および兌換に係る作業に専念していた[5]．このため，与信や貨幣の取り扱いなど州域内の銀行業に係る実務は，新参の The Bank of the State of Indiana が担っていた．もっとも，The Bank of the State of Indiana の開業に至るまでには，意想外の困難が待ち受けることとなる．

　1857年の州議会の演説において，時の Joseph A. Wright 州知事が，The Bank of the State of Indiana への特許の交付が決められたことに対する批判を公言する．州知事によるこの類いの批判は，The Bank of the State of Indiana の創設ならびに特許の交付が規定された州特別法が1855年に州上院議会を通過した時に，そのことに対する批判を公言し拒否権が発動されたのに続いて[6]，2回目である．州知事は，この2回目の批判を公言したあと，公言した種々の問題点を究明すべく，調査委員会を発足させて調査を命ずる．調査委員会は，精査のうえ夥しい数の証言を採録し浩瀚な報告書を完成させ，

---

3)　McCulloch [1888] p. 120.
4)　Myers [1970] は，「1855年に州法銀行の特許の更新が州議会で承認され，The State Bank of Indiana（The Second State Bank [筆者註]）から The Bank of the State of Indiana へと名称が変わった」と指摘しているが（Myers [1970] p. 154），本章において展開されるその実態の推移を踏まえてみると，この指摘内容は誤りである．
5)　本篇の第4章3.3項を参照のこと．
6)　1855年の州知事による新銀行への批判的な公言については，本篇の第4章3.2項を参照されたい．

これを州議会に提出した．提出されたその報告書においては，多くの不誠実な事態が，The Second State Bank の特許の更新を妨げるための手段として，ならびに The Bank of the State of Indiana の特許の交付を確保するための手段として，訴えられていたものだ，と指摘される．そのうえで，州知事の意向に沿って「The Bank of the State of Indiana に対する特許の交付に問題あり」との判断が下され，この特許の交付を取り消すべきとの結論が示された[7]．だが，こうした調査委員会の勧告にも拘らず，The Bank of the State of Indiana の特許は取り消されることはなく，粛々とその組織の編制に向けた作業が続けられることになる．

では，新たに編制された The Bank of the State of Indiana の組織体系とは，いったいどういうものか．前章においても論究したように[8]，The Bank of the State of Indiana は，1851 年 12 月 1 日に施行された新州憲法と 1855 年 3 月 3 日に制定された州特別法とに基づいて，特許制を踏まえた複数の支店銀行を抱えた単一の州法銀行として設営されている．特許の有効期間は 20 年，資本金総額の上限は 600 万ドルで（州特別法 1 条），5 名の理事が任命されるものとし（同 2 条），州域内を 15 もしくは 20 の区域に分割し，各区域に 1 つの支店銀行が置かれるものとする（同 3 条）．したがって，支店銀行の設置数の上限は 20 である．支店銀行の設置場所は固定される．それは，株式が割り当てられた者の一覧が示される帳簿が 15 分に限りその場所において公開されるためである．州通貨監督官に対して定期報告書を提出することが義務付けられ，本店銀行に与えられた監査の権限に基づき，各支店

---

7) Knox [1903] p. 699．なお 2 回目の批判のなかで，州知事はこう述べている．「この銀行（The Bank of the State of Indiana［筆者註］）の特許の可決によってもたらされた方策と設備とは，もしそれが公衆の凝視に晒されていれば，あらゆる州の州議会でかつて不名誉を被った欺瞞や贈収賄の最も赤裸々な記録（原文では nakedest page［筆者註］）を示すことになっていただろう．純粋で誉れ高き感情を持つ人々が，現存の銀行の閉鎖が近づくにつれ銀行特許を求めそしてしきりに成功者になりたがるという信念において，その支持に導かれているのに対し，株式の保証や貨幣の評価や支店の設置に関する担保の観点からそれを支持する人々もいる．賛成の議会票を拵えるために，メンバーの数が法案の可決に際して記録されていたのだが，そうした人々というのはそのときに休んでいたり州都からかなり遠隔にいたりする人々だったのである」（Knox [1903] p. 699）．
8) 本篇の第 4 章 3.3 項を参照されたい．

銀行の業況が精査され定期報告書にその仔細が掲載される．各支店銀行に対する監査の権限などが与えられる役員については，州議会において4名が選出され，さらに各支店銀行から1名ずつ選出される（同30条・36条）．各支店銀行の資本金総額は少なくとも10万ドル分払い込まれていることを必要とし，発行される株式は1株当たりの額面を50ドルとする（同79条）．The Bank of the State of Indiana が実施可能な手形割引の総額は，払込資本金総額の2.5倍に当たる金額分までとされる（同86条）[9]．各支店銀行は経営責任や債務を相互に保証しあい，The Bank of the State of Indiana が抱える全債務に対する株主の個人責任の所在が明確化される（同86条）．州政府は株主になれない．また発券に関しては，自由銀行制度の下で業務を展開する自由銀行のように，債券による担保に基づく弾力的な発券が可能となる[10]．発券の総額は，払込資本金総額の2倍に当たる金額分までとされる（同38条）[11]．

こう見てくると，特許制を踏まえ複数の支店銀行を抱えた単一の州法銀行という形態や，支店銀行どうしの間で経営責任や債務を相互に保証しあう点，本店銀行による各支店銀行の監査権が容認されている点，発券総額の上限，手形割引の容認限度額など，かつての The Second State Bank における仕組みを踏襲した箇所も多々見受けられる．一方で，The Second State Bank のものとは異なる仕組みも多い．本店銀行の総裁・役員人事について，ならびに本・支店銀行の役員人事や出資について州政府の関与が完全に否定された点，また支店銀行の設置容認の数が増えた点や，これまで慎重を期し過ぎていた各種産業部門への融資をより積極的に実施できるようにするなど[12]，新しい仕組みが導入された部分もある．

---

9) なお Esarey [1912] は，The Bank of the State of Indiana が実施可能な手形割引の総額について，「払込資本金総額の3倍ならびに預金総額の3倍まで」と指摘している（Esarey [1912] p. 288）．さらなる確認が必要なところである．
10) 本篇の第4章3.3項を参照のこと．
11) The Bank of the State of Indiana の創設に係る州特別法（1855年3月3日制定）の主要な条項とその内容とをめぐる抜粋を記したものとして，Baker [1857] p. 174 を参照されたい．
12) The Second State Bank における各種産業部門の融資をめぐる慎重性やその法的な制限については，本篇の第3章1.1項を参照されたい．

The Bank of the State of Indiana の経営陣の人事や出資に対する州政府の関与が，新州憲法や州特別法に基づいて完全に否定されたことで，The Bank of the State of Indiana の編制にも影響が出る．実は The Bank of the State of Indiana の設立に関する発起人の殆どが，必ずしも銀行家になるつもりのない者であった．彼らの目的は，The Bank of the State of Indiana によって発行される株式の管理・支配が担保されたあとその特権を売却する，ということにあった[13]．株式の管理・支配を行うべく，The Bank of the State of Indiana の設立発起人達は，準備を周到に始めることとなる．

　州特別法に基づいて認可された The Bank of the State of Indiana の払込資本金の容認限度額は，600万ドルである．これは The Second State Bank の払込資本金総額（200万ドル）の3倍もの大きさに当たる．各支店銀行の出資については，州特別法において支店銀行の理事達が求めた手法に基づいて割賦で払い込まれることになっていた．だが，1857年1月1日の開業日までに額面50ドルの株式を割り当てて出資者を募ったうえで，最低でも総額10万ドル分の資本金が払い込まれた状態でないと，支店銀行の組織編制ができないことになっていた．

　The Bank of the State of Indiana の設立に関する発起人達に対しては，州域内を複数の行政区に分けて支店銀行を設置すること，それに，株式が割当者の一覧を示した帳簿を開示するために「副理事」(sub-commissioner) を任命することが課される．各支店銀行の設立人は，The Bank of the State of Indiana の設立に携わった発起人達と個人的に親しい友人層によって構成され，彼らから「理事」(commissioner) と呼ばれた．各支店銀行の資本金は株主から分割で払い込まれる．株式の割り当て先が決まると，最初の割賦払いとして，その株式を割り当てられた者すなわち株主から「副理事」に対して1株（額面50ドル）当たり2ドルが支払われることになっていた[14]．これは，いわば手付金のようなものである．各支店銀行が思うように株式の

---

13) McCulloch [1888] p. 128. なお Knox [1903] は，The Bank of the State of Indiana の株式について，「当初は投機を目的に割り当てが行われたものの結局は「厄介な所有物」になってしまった」と述べている（Knox [1903] p. 699）．

14) McCulloch [1888] p. 128.

割り当てを進められず必要資本金の確保がままならない状況になった場合，株式が割り当てられた者の一覧を開示する時間と場所に関する公示が行われたうえで，30日間その帳簿が公開され，出資者が改めて募集される．実際には，当該の支店銀行の設立人のうち1人ないし2人の代表者が必要資本金の割り当ての手続きを行い，「副理事」に1株当たり2ドルの割賦金を支払ったあと，帳簿が閉じられた．かくして，支店銀行の設立人の内に株主となる者が現れる．各支店銀行の株式は，各々の支店銀行における特許の取得や組織の編制を扶助した人々の間に割り当てられ，いわば内輪で分配されたかたちになったのである．

だが各支店銀行の株主は，出資金を充分に有していたわけではない．支店銀行は法定限度いっぱいの20行が創設されたが，うち3行については，1株（額面50ドル）当たり2ドルの当初支払い分を除いた残りの48ドル分の要求払いを準備する意思のない株主によって所有されてしまう．それゆえ，残り17行の出資および所有は宙に浮いたままの状態となる．そうしたなか，The Bank of the State of Indianaの設立に関する発起人達は，The Second State Bankの本店銀行における高名な理事達とひとつの交渉を行うことが安心かつ称賛に値すべき唯一の方向だ，との結論を下す．それは，The Second State Bankの本店銀行における高名な理事達に，The Bank of the State of Indianaの各支店銀行に対する出資を依頼しその所有者になってもらう旨の交渉である．この交渉を行うための会合が早速設けられ，The Bank of the State of IndianaとThe Second State Bankとの双方から3名ないし4名ずつの代表者が出席した．この席でThe Second State Bankの支店銀行の買い取りをめぐる事案が提示され，2週間の考慮の期間が設けられる．この期間内にこの提案は双方で受諾され，さらに各支店銀行の設置場所の変更に係る弾力的な対応をも併せて認められるなど，交渉は双方の納得がゆく円満な妥結に落ち着いた[15]．

---

15) McCulloch [1888] pp. 129-130. ところで奥田 [1926] は，The Bank of the State of Indianaにおける特許の交付の容認について，新州憲法の規定に伴いThe Second State Bankにおける特許の更新の存続ができなくなったことから，これに代わる銀行の設立と営業の継続とが請願され幸いにも許可されたものと捉えている（奥田 [1926] p. 126)．またSouthworth [1928] も，The Second State Bankから1857年にThe

では，The Bank of the State of Indiana の 20 の支店銀行はいったいどこに置かれることとなったのか．これについては諸説ある．The Second State Bank の 13 の支店銀行の所在地と同じ場所に 13 行が置かれ，残り 7 行については，新しい場所に追加的に置かれるものとなった，という先学の指摘が存在する[16]．他方で，上述の交渉の席において The Bank of the State of Indiana への売却が提案された The Second State Bank の支店銀行の数は 17 行であった，という指摘もまた存在する[17]．

実のところ，The Second State Bank の支店銀行は，州域内に設けられた行政区毎に 1 行ずつ置かれることとなり，1840 年代末までにこの行政区の整備は 17 にまで進むものの，支店銀行の開業は 13 に留まっていたのである[18]．支店銀行の買い取り・売却をめぐる上述の交渉の席においては，開業していた 13 の支店銀行に加え，残り 4 つの新設の行政区のうち 3 つの新行政区において州議会からの設置認可が下りたものの開設が進まずに塩漬けにされていた 3 つの幻の支店銀行（第 14 行政区：Logansport，第 15 行政区：Rushville，第 16 行政区：Crawfordsville）の存在についても[19]，議論の俎上に載せられた可能性も否定できない．

ここで表 II-16 に注目されたい．表 II-16 は，The Bank of the State of Indiana の支店銀行名と資本金の容認限度額との一覧が示されたものである．これによると，支店銀行の数は 17 行で，資本金の容認限度額は併せて 520 万ドルと，法定限度の 600 万ドルをやや下回ったものとなっている．支店銀行別による資本金の容認限度額の違いを見ると，Indianapolis，Jeffersonville，La Porte の 3 行が 50 万ドル，New Albany，Madison，Lafayette

---

Bank of the State of Indiana に引き継がれたと記している（Southworth [1928] p. 5）．本書でも示されているように，支店銀行の買い取りに関する交渉とその妥結とが両行の間で行われたものの，その買い取りをめぐる交渉・妥結の過程で営業の継続ないし継承が両行の間で実際に確認されたもしくは行われたのかどうかについては，必ずしも定かではない．

16) Thornbrough [1965] p. 427.
17) McCulloch [1888] p. 129.
18) 本篇の第 2 章 2.3 項を参照されたい．
19) 1830 年代末に増設される予定だった The Second State Bank の支店銀行の存在については，本篇の第 3 章 3.1 項を参照のこと．

表 II-16　The Bank of the State of Indiana の支店銀行名と資本金の容認限度額

(単位：米ドル)

銀行名	資本金総額	銀行名	資本金総額
Indianapolis	500,000	New Albany	400,000
Jeffersonville	500,000	Madison	400,000
La Porte	500,000	Lafayette	400,000
Terre Haute	350,000	Connersville	250,000
Richmond	250,000	Logansport	200,000
South Bend	250,000	Rushville	200,000
Vincennes	250,000	Bedford	200,000
Fort Wayne	250,000	Plymouth	200,000
Lima	100,000		
		計（17行）	5,200,000

出所：Baker [1857] p.175 の掲載データを基に筆者作成．

の3行が40万ドル，Terre Haute が35万ドル，Richmond，South Bend，Vincennes，Fort Wayne，Connersville の5行が25万ドル，Logansport，Rushville，Bedford，Plymouth の4行が20万ドル，Lima が10万ドルである．この17行のうち，The Second State Bank の支店銀行のあとに続くかたちで設置されたと考えられるものは，Indianapolis（第1行政区），Richmond（第3行政区），Madison（第4行政区），New Albany（第5行政区），Vincennes（第7行政区），Bedford（第8行政区），Terre Haute（第9行政区），Lafayette（第10行政区），Fort Wayne（第11行政区），South Bend（第12行政区）の計10行である．

さらに，1830年代末に The Second State Bank の支店銀行として州議会の承認の下に設置認可が下りていたが未開設のまま終わっていたもののうち，Logansport（第14行政区）と Rushville（第15行政区）との計2行が新たに登場している．Jeffersonville，La Porte，Connersville，Plymouth，Lima の計5行は新しい場所に追加的に置かれることになったものと考えられるが，このうち Jeffersonville と La Porte は，1834年に The Second State Bank が設置された頃の時期に支店銀行の新設の要請が湧き上がっていた地域で[20]，それから20年以上経ってようやく The Bank of the State of Indiana の支店銀行として新設の念願が叶った，ということになる．も

っとも，表 II-16 に示された支店銀行の数だけでは 20 行に届かない．残り 3 行については，おそらく The Second State Bank の支店銀行のうち上掲に登場していない Lawrenceburg（第 2 行政区），Evansville（第 6 行政区），Michigan City（第 13 行政区）の計 3 行だと考えられる．

このように見てくると，The Bank of the State of Indiana の 20 の支店銀行は，The Second State Bank の 13 の支店銀行があった場所にそのまま設置された 13 行に加え，The Second State Bank の支店銀行として新設が予定されたまま未開設で終わった場所に設置された 2 行，そして全く新しい場所に追加的に置かれるものとなった 5 行によって構成されていたものだ，と推断される[21]．そして The Bank of the State of Indiana の各支店銀行における株主ないし所有者は，これまで The Second State Bank に出資を行ってきた層や，資本家ではない高名な政治家などの「善良」とされる階層が担ってゆくことになる．彼らはみな品行方正な州民とみなされていて，州民でない人々や，あるいは The Bank of the State of Indiana の創設に異を唱えていた人々に対しては，結果的に株式が転売されることはなかったのである[22]．

なお，上述した，The Second State Bank の支店銀行の買い取りに関する交渉が行われた 1855 年 5 月の会議において，The Bank of the State of Indiana の初代総裁に Hugh McCulloch を当てる旨の人事案が提案された．Hugh McCulloch は，The Second State Bank の第 11 行政区の支店銀行，The Fort Wayne Branch Bank の頭取をこれまで務め上げてきた人物である．銀行運営の経験も豊富で，そうした手腕が買われ，白羽の矢が立ったのである．The Bank of the State of Indiana によるこの総裁人事の提案は，The Second State Bank にも打診のうえ諒承され，The Bank of the State of Indiana の総裁に Hugh McCulloch が就任することが正式に決まった[23]．

---

20) 本篇の第 3 章 1.2 項を参照されたい．
21) なお Southworth [1928] は，「1863 年の時点で The Bank of the State of Indiana の支店銀行の数が 13 行であった」と述べているが（Southworth [1928] p. 7），のちに本書を通じ明かされてゆくように，多数の支店銀行が破綻したり新設されたりした動きは見受けられないので，この叙述は誤りだと考えられる．
22) McCulloch [1888] p. 129.

総裁の人選と支店銀行の出資をめぐる交渉を通じ，The Second State Bank の事実上の後継機関としての The Bank of the State of Indiana というイメージが，次第に州域内の人口に膾炙することになるのである．

こうして，The Bank of the State of Indiana の各支店銀行による必要資本金の確保は，1855 年の夏までに完遂する[24]．1855 年 3 月 3 日に州特別法が制定されてから僅か 5 ヶ月程度で，必要とされる資本金の確保の目処が付いたことになる．必要とされる資本金の確保に意想外に早い段階で目処が付き，開業予定日の 1857 年 1 月 1 日まで時間的な余裕ができる．ただしこの間，各支店銀行の設立人すなわち株主は，自らに割り当てられた株式を手放すか，各支店銀行の開業に向け実務的な準備に注力できたはずではあるが，1856 年の春までは何の指示も出されず，事が動かない状態が続いた[25]．

そして，前掲の州特別法が制定されてから 7 ヶ月以内に，支店銀行 20 行中 7 行が資本金 10 万ドルの払い込みを終え，開業準備が整う．1857 年 1 月 1 日までに，銀行券の原版の彫刻と新総裁 Hugh McCulloch による署名が終わり，配送準備が完了する．各支店銀行による発行銀行券に対して総裁が施す署名は，膨大かつ手間の掛かる作業であった．総裁は，1 日当たり 4,000 枚の発行銀行券に副署するというノルマを自らに課して，粛々と作業を行う．この作業に関して，総裁本人の弁によれば，1856 年秋まではまるで懲罰作業のようにその負担感は最高潮にあったものの，1857 年 1 月 1 日までに額面で計 4 万ドル分にも及んだ発行銀行券に対する副署の作業がなんとか終了した[26]．かくして 1857 年 1 月 1 日，The Bank of the State of Indiana は，20 の支店銀行を抱え，支店銀行 1 行当たり 10 万ドル，総額で 200 万ドルの最低限必要な資本金を備えたうえで開業を迎えることとなる．

1.2 恐慌の波及

The Bank of the State of Indiana は，開業後，州民から高い信頼を寄せ

---

23) Knox [1903] p. 699, p. 706.
24) McCulloch [1888] pp. 128-129.
25) McCulloch [1888] p. 129.
26) McCulloch [1888] pp. 130-131.

られてゆく．インディアナ州域内において健全な通貨・信用秩序を求めんとする期待と需要とがますます高まるなかで，各支店銀行は発券や手形割引を次々と実践し，通貨・信用秩序の流通網が急速に拡充する．1857年6月には，先に導入され成果を挙げていた東部大西洋岸の New York City に所在の手形交換所を範にして，インディアナ州域内に手形交換所に開設する旨の議論が，州域内において沸き上がるまでになる[27]．

こうした The Bank of the State of Indiana の順調な離陸を裏付けるものがある．それは，1857年8月の第2月曜日に州都 Indianapolis において開かれた，The Bank of the State of Indiana における本店銀行の理事会の内容である．この理事会では，各支店銀行によって提出された監査報告書が綿密に調査され，各支店銀行の業態が注意深く吟味される．調査の結果，20の支店銀行のうち17行については，近々に訪れる季節的な周期性を帯びた秋期の通貨需要の増大に見合うよう手形割引が充分に増やされているとして，優れた経営が行われているとの判断が下される．そして，各支店銀行は実用に足るだけの充分な通貨や信用の供給が施されている旨の理解を理事全員が確認したあと，理事会は散会した[28]．

ところがこの理事会の散会後，Hugh McCulloch 総裁がある電報を受け取る．電報には The Ohio Life & Trust Company の業務が停止された旨の内容が示されていて，激震が走る．電報は数分間隔で次々と寄せられ，当初はその業務停止は一時的なものと伝えられたが，結局は破綻という最悪のケースだと伝えられる[29]．The Ohio Life & Trust Company の破綻が公になったのは，1857年8月24日のことである．The Ohio Life & Trust Company といえば，隣のオハイオ州南西部にある主要な交易都市 Cincinnati に本社を置き，東部大西洋岸の New York City にも代理店を構える，全米屈指の巨大な生命保険会社かつ信託会社であり，有力な機関投資家でもある．本業すなわち生命保険業それ自体は堅実な経営を続け，企業としての信頼性を高めてきたが，New York City に所在の代理店がニューヨーク証券市場

---

27) Calomiris & Schweikart [1991] p. 828.
28) McCulloch [1888] p. 132.
29) McCulloch [1888] p. 132.

において巨額の資金を投機的に運用していたのである．

イギリス発の1857年恐慌の影響が，The Ohio Life & Trust Companyの破綻を機に大西洋を跨いで全米各地にも拡がる．恐慌の影響は甚大かつ深刻なもので，全米各地の州法銀行は軒並み正貨による支払いの停止を余儀なくされた．1857年9月26日には，東部大西洋岸の主要都市であるペンシルバニア州Philadelphiaに所在の全銀行が，正貨による支払いの停止を余儀なくされる．その後すぐ，インディアナ州・オハイオ州・ケンタッキー州・ルイジアナ州の4州を除く中西部の諸州において，すべての銀行が正貨による支払いを停止してしまう[30]．そしてこれまで全米でも屈指の健全性の高い通貨・信用秩序の管理を誇ってきたニューイングランド諸州やニューヨーク州においてさえも，州法銀行において正貨による支払いが停止されざるをえなくなる．同年10月14日には，ニューヨーク州においても1行（the Chemical Bank of N.Y.）を除く全行が，そしてニューイングランド諸州において全行が，それぞれ正貨による支払いを一時停止した[31]．全米では1857年9月から11月にかけて商社の倒産や銀行の破綻が集中し，実に900を超す企業が倒産や破綻に陥ることになる[32]．

1857年恐慌の影響はインディアナ州にも例外なく押し寄せ，州域内の通貨・信用秩序に強い衝撃を与えることになる．手形交換所の開設をめぐる議論も立ち消えになった[33]．このときインディアナ州域内の銀行業といえば，開業したばかりのThe Bank of the State of Indianaを柱とする，州特別法の制定と州議会の承認とに基づき特許が賦与された，複数の支店銀行を抱え

---

30) Huston [1987] p. 23.
31) McCulloch [1888] p. 133. Shade [1972] p. 201. なおニューイングランドないしその中心地マサチューセッツ州の通貨・信用秩序に対する1857年恐慌の影響については大森 [2004] p. 162を，ニューヨーク州の通貨・信用秩序に対する1857年恐慌の影響については，本書第I篇の第3章2.3項ならびに大森 [2003b] pp. 63-64を，それぞれ参照されたい．1857年恐慌の前後における，The Ohio Life & Trust CompanyのNew York City所在の代理店の動向については，Gibbions [1873] pp. 343-353を参照せよ．さらにアメリカ資本主義の発達という比較経済史の観点からの1857年恐慌の推移とその分析については，楠井 [1997] 第4章を参照のこと．
32) このとき全米で倒産・破綻に陥った企業や銀行のうち，特に重要なものを抜粋しその一覧リストを示したものとして，Evans [1859] pp. 185-190を参照されたい．
33) Calomiris & Schweikart [1991] p. 828.

た単一の州法銀行の制度と，一般銀行法に基づく自由銀行制度，それに銀行業を営む私企業であるプライヴェート・バンクの展開とが混交する，錯雑した状態にあった．全米の各州において正貨による支払いの停止が次々と宣言されてゆくなかで，The Bank of the State of Indiana は対応を模索する．

この時 Hugh McCulloch 総裁は，即座に New York City に出張し，New York City に所在の取引先である各行の頭取と会談を行っている．会談が迅速に行われたのは，The Bank of the State of Indiana が New York City 所在の取引先である各行に多額の預金を置いていたため，自行の利害を慮ってのことである[34]．

Hugh McCulloch 総裁は，かつて一支店銀行（第11行政区の The Fort Wayne Branch Bank）の頭取として The Second State Bank に勤務していた折に，1837年恐慌ならびに1839年恐慌という2つの世界恐慌の度重なる襲来を受け，試行錯誤のうえ方針を決めて対処に回り，州域内の通貨・信用秩序の不安定性の発現を食い止めることに貢献した，という貴重な現場経験を持つ．当時 The Second State Bank は，1834年1月28日に制定された州法銀行設置法に基づく特許の規定により，正貨による支払いを停止するということが禁じられていた．州域内の通貨・信用秩序を恐慌の襲来から守ることを考慮するならば，正貨による支払いの停止に踏み切りたい．だが正貨による支払いを停止させるということに踏み切れば，たちまち特許の剥奪と銀行の閉鎖とを招いてしまうことになる．隘路に立たされた The Second State Bank は，各支店銀行に支払い停止の判断を委ねるかたちを採って正貨による支払いの全面停止という事態の招来を回避するという，絶妙な玉虫色の決断を下して実行に移し，なんとか当座の危機を乗り切っていたのである[35]．

Hugh McCulloch 総裁は，この過去の貴重な経験を脳裏に浮かべながら，正貨支払いの維持か特許の失効か，選択肢の余地が殆どないなかで，対応の決定に苦慮することになる．Hugh McCulloch 総裁は，まず，過去の経験からしてインディアナ州議会が正貨による支払いの停止を議決することはな

---

34) McCulloch [1888] p. 200.
35) 本篇の第3章2.1項を参照されたい．

いと見る．さらに，預金者の殆どが借り手であり，なおかつ支店銀行券で預けられた預金は支店銀行券を用いて払戻しを受けるという暗黙の諒解が各支店銀行と預金者との間に横たわっていた点を考慮し，預金者による各支店銀行への取り付け騒ぎがパニックに転化する怖れは考えにくいと判断した[36]．

とはいえ Hugh McCulloch 総裁は，兌換の請求や取り付けへの対応の困窮から一部の支店銀行が支払い不能に陥る危険性をも慮る．そして総裁は，日々の業況に関する各支店銀行からの電報や使者の報告を注意深く集める．総裁による各支店銀行の業況に関するこうした注意深き情報蒐集は，恐慌の発生から3〜4週間もの長きに渡って続けられる．Hugh McCulloch 総裁は，兌換の請求や取り付けに対する各支店銀行の耐性を心配していた．

ところが，全米の殆どの州において正貨による支払いの一時停止が宣言されざるをえなくなるなか，インディアナ州においては，前掲の内情ゆえ，正貨による支払いの一時停止がなかなか打ち出されずにいた．しかしながら，皮肉にもこのことにより，The Bank of the State of Indiana の各支店銀行券にはかえってプレミアムが付き始めることになる．恐慌に襲われる最中で正貨による支払いの停止を打ち出さない全米でも稀有の事例だということで，The Bank of the State of Indiana の各支店銀行券については，額面通りの兌換の確実性の高さを背景に，かえって最も健全性の高い信用貨幣のひとつとして全米で注目が集まってしまうことになったのである．

The Ohio Life & Trust Company の破綻が伝えられ恐慌が全米各地に伝播してから僅か2〜3日で，The Bank of the State of Indiana の各支店銀行券には他の中西部諸州の州法銀行券の市場価値を上回るほどのプレミアムが付き始める．恐慌の発生から2週間後には，南隣のケンタッキー州の州法銀行券の市価を上回る3%のプレミアムが付き，やがて，中西部諸州の中枢たる交易都市 Cincinnati を擁した，東隣のオハイオ州の州法銀行券の市価を上回る5%のプレミアムが付くほどまでになった[37]．また，The Bank of the State of Indiana の全支店銀行券の平均割引率は，恐慌直後の1857年9月の時点では僅かに1.25%で，翌10月には5%に上がるものの，1858年2

---

36) McCulloch [1888] p. 134.
37) McCulloch [1888] p. 134.

月までには 2% に再び縮まるというかたちで推移してゆく[38]．こうした額面価値に近似するほど低廉に平均割引率が推移しているというのは，それだけ The Bank of the State of Indiana の各支店銀行券に対する社会的な信頼性の高さを物語っている．

ただし，そうした通貨としての社会的な信頼性の高さが示されるがゆえに，支店銀行券の発行元に対する兌換の請求もまた殺到することとなる．州域内のみならず近隣の諸州にも流通していた The Bank of the State of Indiana の各支店銀行券は，正貨による支払いの全面停止という事態が打ち出されずその支払いが継続されているということで注目を集め，全米各地から額面通りの兌換を求めて発行元の各支店銀行に次々と送られてくる．The Bank of the State of Indiana の各支店銀行の立地がいずれも交通アクセスに恵まれていたことも，各支店銀行に対する兌換の請求を容易に促す重要な要因となっていた[39]．兌換を請求された各支店銀行券は，発行元の各支店銀行においていつ何時でも兌換に応じられた[40]．各支店銀行がそうした兌換の請求に即座に応じ続けることで，支払い準備として保有していた正貨が次々と流出し財務内容が悪化してしまわないか，Hugh McCulloch 総裁による当初の懸念がいっそう膨らむこととなる．

だが，この懸念は杞憂に終わる．Hugh McCulloch 総裁が晩年に記した回想録によると，The Bank of the State of Indiana の各支店銀行に対し兌換の請求や取付けが殺到したのは，恐慌の発生から 1〜2 週間のことであり，それ以降は，兌換の請求や取付けが一斉に止む．恐慌の発生から 5 週間経つと，恐慌の影響は静かに引いてゆき，金融の業況に改善の兆しが見受けられるようになる．恐慌の発生から 2 ヶ月経った時点で，財務内容が比較的堅実であった一部の支店銀行から通常通りの業務への回復が見受けられる．恐慌の発生から 3 ヶ月経った時点で，すべての支店銀行の業務が通常に戻ったという[41]．もっとも，1857 年 11 月の時点で，The Bank of the State of Indi-

---

38) Calomiris & Schweikart [1991] p. 829.
39) McCulloch [1888] p. 134.
40) Hepburn [1924] p. 149.
41) McCulloch [1888] pp. 134–135.

第 5 章　終焉と遺産：1855〜1865 年　393

ana の支店銀行のひとつ，The Jeffersonville Branch Bank が支店銀行のなかで唯一破綻の状態に陥っていたことを示す旨の指摘も存在してはいるが[42]．

　各支店銀行は，1857 年恐慌で受けた壮絶な経験を踏まえ，兌換の請求や取り付けなどの支払い請求に対する手続きを改善させて，信用をより堅固なものにさせてゆく[43]．正貨による支払いの停止が宣言されないという状態が堅持され続けながら，インディアナ州域内における通貨・信用秩序の健全性が恐慌からなんとか守り抜かれたのである[44]．

　かくして，1857 年恐慌の影響によって全米の殆どの州において正貨による支払いの一時停止が宣言されざるをえないなか，インディアナ州は，正貨による支払いの一時停止という事態が回避され，州法銀行における支払いや決済を始めとした銀行業務が続けられ，州域内の通貨・信用秩序を安定させることに成功した，全米でも極めて稀なケースとなった[45]．The Bank of the State of Indiana は，危急時にも拘らず落ち着いた対処の下に資金の取

---

42)　Evans［1859］p. 189.
43)　McCulloch［1888］pp. 134-135.
44)　Knox［1903］は，「1859 年恐慌への対応の成功」という節で，以下に示すような趣旨の叙述を展開している．すなわち，The Bank of the State of Indiana が開業して 2 年後の 1859 年に大きな金融パニックが生じ，The Ohio Life & Trust Company の破綻でそのパニックは促され，西部では The Bank of the State of Indiana と The Bank of Kentucky が正貨による支払いの停止を免れ，すべての兌換需要に対し迅速に応じた．このとき，金にプレミアムが付き，The Bank of the State of Indiana はニューヨーク証券取引所で為替を売り，為替 1,000 ドル分に対し 125 ドルものプレミアムを得ていた（Knox［1903］pp. 699-701）．だが，本書で展開された内容との比較において検証してみると，Knox［1903］は「1857 年恐慌」のことを「1859 年恐慌」と誤記している可能性がある．ただし 1859 年には世界的に証券パニックが生じていたとの事実を指摘する論者もいて（Evans［1859］の Section the sixth を参照のこと），上掲の Knox［1903］の叙述はこの証券パニックのことを指している可能性もある．この点はさらなる確認の必要がある．
45)　なおオハイオ州やケンタッキー州においても，正貨による支払いの一時停止の宣言が回避こそされた．だが，Hugh McCulloch 総裁の晩年の回想録によると，オハイオ州では the State Bank of Ohio が実施した発行銀行券の兌換は極めて僅かなものであったし，ケンタッキー州では，the Bank of Kentucky の銀行券のほぼ全部が遠隔地に所在の各支店銀行が発行したもので，マネーブローカーや銀行券の保有者が兌換の請求のために発行元の各支店銀行に押し掛けるということは，交通アクセスの困難さゆえ殆どなかった（McCulloch［1888］p. 133）．

扱いや決済業務を継続させ，州域内の通貨・信用秩序の厳格な維持・管理を成し遂げるという「離れ業」を演じてみせたのである[46]．かつて1837年恐慌の襲来の際に，The Second State Bank がインディアナ州域内の通貨・信用秩序の安定的な管理に成功して，全米でも稀有のケースとして驚きを持って注目されたが[47]，インディアナ州域内の通貨・信用秩序の健全性を州・地域単位で維持するという誇らしき伝統が，Hugh McCulloch という人物の経験と判断とを媒介にして，The Bank of the State of Indiana においても着実に受け継がれた，と言えよう[48]．

1.3 銀行制度の明暗

では，この当時インディアナ州域内に横たわっていたその他の銀行制度について，1857年恐慌の襲来を機に状況はどう変わったのだろうか．まずは，プライヴェート・バンクの展開を示しておこう．プライヴェート・バンクとは，州議会の承認を踏まえた州法の制定に基づき州政府から賦与される特許を持つことなく，手形割引や預金の取り扱いといった銀行業務の一部を展開

---

46) White [1911] は，The Bank of the State of Indiana が正貨による支払いを持続させた状態で恐慌を乗り越えることができたのは，他州に比べて州法銀行の総債務に占める預金の割合が小さかったためだと述べている（White [1911] pp. 337-338）．だが，州法銀行すなわち The Bank of the State of Indiana の各支店銀行の総債務に占める預金の割合が小さくなれば取付けのリスクはそれだけ小さくて済むことにはなるものの，銀行にとってもうひとつの主要な債務である発行銀行券の割合が高ければ，兌換の請求に伴う正貨流出のリスクの高さは払拭できないことになる．それゆえ，州法銀行の総債務に占める預金の割合が他州に比べて小さいことが州域内の通貨・信用秩序の厳格な管理を維持されうる「離れ業」の実践に寄与した直接の要因だとは，そう単純には言い切れない．

47) The Second State Bank による1837年恐慌への対処については，本篇の第3章2.1項，2.2項，2.3項を参照されたい．

48) Myers [1970] は，「第2インディアナ銀行が Hugh McCulloch 総裁の行き届いた管理の下で1857年恐慌時に開店を続けた稀少の銀行だ」と記しているが（Myers [1970] p. 154），この叙述では「第2インディアナ銀行」が The Second State Bank のことを指すのか The Bank of the State of Indiana のことを指すのか不明瞭である．Myers 自身はおそらく「The Second State Bank から名称を変えた The Bank of the State of Indiana」のことを「第2インディアナ銀行」として認識していたものと考えられるが，この認識そのものが誤謬のため（この点については本章の脚注4も参照のこと），いずれにしても Myers [1970] による「第2インディアナ銀行」に関する記述は不明朗である．

第 5 章　終焉と遺産：1855〜1865 年　395

する私企業のことである[49]．プライヴェート・バンクは，発券を行う旨の特権こそ有していなかったものの，インディアナ州最高裁判所が 1858 年に下した裁定のなかで，「夥しい数のプライヴェート・バンクが存在し州域内の銀行業務のかなり大きな部分を果たしていた」と述べるほど[50]，これまでに活発な躍動を見せてきた．しかしインディアナ州域内のプライヴェート・バンクは，1857 年恐慌の襲来を機に，3 行を除きすべて破綻に陥った．残った 3 つのプライヴェート・バンクのうち，2 つが州都 Indianapolis に所在のもので，1 つが第 11 行政区の中核都市 Fort Wayne に所在の Allen Hamilton & Co. である[51]．

　他方，自由銀行制度についてはどうか．一般銀行法の制定に基づいてインディアナ州に設けられた自由銀行制度は，1852 年 7 月 1 日に施行された．だが，いわゆる山猫銀行の濫立や横行によって州域内の通貨・信用秩序に動揺をもたらした挙句，1855 年 3 月 3 日付で一般銀行法が改定され，新しい自由銀行制度として展開を示してきていた[52]．自由銀行の数は，一般銀行法の改定を機に減少することになる．新規の一般銀行法が制定される直前の 1854 年 12 月までに，自由銀行の数は 67 行から最大で 89 行にまで達する[53]．そして 1855 年 1 月末までに，その数は 91 行となりピークを迎える[54]．しかしその後は，新規の一般銀行法の下で自由銀行の健全な創設・運営が強く促され，自由銀行の濫立にブレーキが掛かるようになり，銀行数が減少して

---

49) インディアナ州域内におけるプライヴェート・バンクの展開の遷移については，本篇の第 1 章 1.1 項ならびに第 3 章 2.1 項を参照されたい．
50) Thornbrough［1965］p. 431.
51) Knox［1903］p. 705.
52) インディアナ州域内における自由銀行の濫立から一般銀行法の改定に至る内実については，本篇の第 4 章 3.1 項および 3.2 項を参照のこと．
53) 本篇の第 4 章 3.1 項を参照されたい．
54) Thornbrough［1965］p. 428. なお Baker［1857］は，1857 年 9 月までの間にインディアナ州域内における自由銀行について，「94 行が創設され 51 行が破綻に陥ったり清算されたりした」と述べている（Baker［1857］p. 167）．また Dwyer Jr.［1996］の Table 3 によると，1854 年 7 月から 1856 年 1 月までの間にインディアナ州域内の自由銀行について新設が 19 行，開業の取りやめが 7 行，破綻が 10 行，閉鎖が 10 行で計 38 行が存在した旨が示されている（Dwyer Jr.［1996］p. 10, また本篇第 2 章の脚注 36 も参照されたい）．自由銀行の存在数の実態については，さらなる追究が必要とされるところである．

表 II-17　インディアナ州の自由銀行の業況（1）：1854～1862 年

【資産項目】　　　　　　　　　　　　　　　　　　　　　　　　（単位：米ドル）

	1854 年	1856 年	1858 年	1860 年	1862 年
手形割引	1,306,466	1,841,369	1,082,757	1,239,498	1,010,219
不動産	52,750	80,373	50,209	59,883	80,158
他行宛債権	1,879,745	427,877	194,211	156,912	189,872
他行銀行券	638,121	340,112	130,715	105,198	153,240
正貨	807,395	318,918	201,872	171,840	467,166

【負債・資本項目】

	1854 年	1856 年	1858 年	1860 年	1862 年
資本金	6,148,837	2,128,867	1,523,328	1,287,640	1,144,585
剰余金	—	44,030	71,379	62,193	100,012
他行宛債務	578,329	123,436	27,882	25,079	43,531
預金債務	1,613,510	1,363,294	733,135	841,066	1,087,918
銀行券債務	5,219,100	1,310,905	1,043,597	1,210,262	1,161,265
担保債券	5,131,827	1,415,670	1,448,170	1,328,605	1,288,375

出所：Knox［1903］p. 703 の記載データを基に筆者作成.

いったのである．

　表 II-17 は，1854 年から 1862 年までのそれぞれある時点におけるインディアナ州域内のすべての自由銀行の業況を 2 年おきに示したものである．また表 II-18 は，1853 年から 1861 年までのそれぞれ特定の時点における自由銀行の銀行数，通貨総額（これは要求払い債務の総額，すなわち発券総額と預金総額との和のことを指している），通貨総額に対する正貨保有高の比率，通貨総額に対する発券総額の比率，発券総額に対する預託担保債券の総額の比率を示したものである．表 II-17 と表 II-18 とを併せ見ると，まず全自由銀行における手形割引の総額こそ 130 万 6,466 ドル（1854 年）から 184 万 1,369 ドル（1856 年）に増えてはいるものの，資本金総額が 614 万 8,837 ドル（1854 年）から 212 万 8,867 ドル（1856 年）へと，約 2 年の間におよそ 3 分の 1 に減少し，他行宛債権の保有総額が 187 万 9,745 ドル（1854 年）から 42 万 7,877 ドル（1856 年）に，他行宛債務の保有総額が 57 万 8,329 ドル（1854 年）から 12 万 3,436 ドル（1856 年）に，他行銀行券の保有総額が 63 万 8,121 ドル（1854 年）から 34 万 112 ドル（1856 年）に，正貨の保有総額が 80 万 7,395 ドル（1854 年）から 31 万 8,918 ドル（1856 年）に，それぞれ激減している．また，

表 II-18　インディアナ州の自由銀行の業況 (2)：1853〜1861 年

	銀行数	通貨総額	正貨保有高／通貨総額	発券総額／通貨総額	預託債券総額／発券総額
1853 年 12 月	30	3,873	0.11	0.73	1.03
1854 年 07 月	46	6,195	0.13	0.74	0.98
1854 年 12 月	89	6,807	—	0.77	1.01
1856 年 01 月	38	2,175	0.17	0.60	1.44
1856 年 07 月	32	2,257	0.13	0.46	1.25
1856 年 11 月	26	—	—	—	1.16
1858 年 01 月	19	1,658	0.12	0.58	1.36
1859 年 01 月	16	1,649	0.11	0.57	1.12
1860 年 01 月	17	1,789	0.10	0.53	1.22
1861 年 01 月	18	1,684	0.12	0.54	1.25

注：通貨総額＝発券総額＋預金総額．単位は 1,000 米ドル．
出所：Rockoff [1975] p. 99 の記載データを基に筆者作成．

　銀行券債務つまり発券総額についても，521 万 9,100 ドル（1854 年）から 131 万 905 ドル（1856 年）へと，およそ 4 分の 1 に減っている[55]．自由銀行の数は，1855 年 1 月に 91 行でピークを迎え，1855 年 3 月 3 日付で発効した新一般銀行法を挟んだあとの 1856 年 1 月には 38 行に急減し，その後は 32 行（1856 年 7 月），26 行（1856 年 11 月）と減少の傾向を辿る．加えて，一般銀行法の施行（1852 年 7 月 1 日）から 3 年の間に 51 行が破綻した，との指摘もある[56]．一般銀行法が改定された新規の一般銀行法の施行に伴い，自由銀行の濫立が抑制されたことと自由銀行の数が減少したこととを通じ，州域内における自由銀行の事業規模そのものが縮減していったことが見て取れる．

　続けて，自由銀行の業態そのものの変化を凝視しておこう．表 II-18 によると，全自由銀行における，通貨総額（すなわち要求払債務の総額）のうち発券の占める割合の平均が，新規の一般銀行法の発効前では 73% から 77% の範囲内で推移し，発券による与信に比重を置いた展開を示していた．これに対し，新規の一般銀行法が発効されたあとはこの割合平均が 60%（1856 年 1

---

55) Thornbrough [1965] は，「1854 年における自由銀行の発券総額が最大 950 万ドルにまで達し，うち半年間で 600 万ドルもの発券がなされた」と記している（Thornbrough [1965] p. 430)．この点は確認を必要とすべきところである．
56) Thornbrough [1965] p. 431.

月),そして46%(1856年7月)にまで落ち,自由銀行全体において発券による与信の割合がかなり抑えられたかたちになっている.次に,全自由銀行における,発券の担保として州通貨監督官に預託された債券総額の発券総額に対する割合平均を注視してみよう.担保債券の総額は発券総額の110%に相当する金額分を州通貨監督官に預託することが,一般銀行法において規定されている.表II-18を見ると,新規の一般銀行法が発効される前においてはこの割合平均が98%(1854年7月)から103%(1853年12月)の間で推移し,総じて110%を下回る由々しき事態を示しているのが分かる.だが,新規の一般銀行法が発効されたあとは,それが144%(1856年1月)まで急増し,その後は116%(1856年11月)まで減少の傾向を辿るものの,いずれも法定限度である110%を超え,担保債券の預託総額と発券総額との間に充分な開きを伴った,比較的慎重にかつ安定した発券を行っていた旨を示している.

他方,通貨総額に対する正貨保有の比率すなわち平均準備率の推移を見ると,一般銀行法の改定のいかんを問わず,11%(1853年12月)から高くても17%(1856年1月)の範囲内で推移している.一般銀行法の下で,自由銀行は特に発券総額に対して最低でも12.5%の正貨準備を行うよう定められていたので[57],この法定準備の水準を一応クリアするかたちで推移している.こう眺めてくると,新一般銀行法の制定を機に発券の慎重性の高まりが示されながらも,自由銀行は総じて健全性に不安を残す準備率の水準を保ったままで進んできていることが見て取れる.

ここで表II-19を見てみよう.表II-19は,1857年恐慌が発生するその凡そ2ヶ月前に当たる1857年7月1日の時点における,インディアナ州域内の全自由銀行の発券に関する状況を示したものである.なおこの表に記載されている諸々の指標は,各自由銀行によって州通貨監督官に対し提出された定期の業務報告書がその一次情報源となっている.これによると,当該の時点における銀行数は24行で,うち1行が閉鎖に陥っている[58].

---

57) 本篇の第4章3.1項を参照されたい.
58) なお Dwyer Jr. [1996] の Table 3 によると,1856年7月から1857年7月までの間にインディアナ州域内の自由銀行について新設が5行,開業の取りやめが7行,破綻

表 II-19 インディアナ州の自由銀行の発券状況（1857年7月1日時点）

(単位：米ドル)

銀行名	担保債券の市価総額	発券総額
Bloomington	90,000	81,830
Bank of Goshen	61,836	56,222
Bank of Gosport	67,533	47,260
Bank of Indiana	51,000	20,998
Bank of Mt. Vernon	52,900	49,025
Bank of Paoli	65,695	59,719
Bank of Rockville	59,570	54,150
Bank of Salem at New Albany	50,050	45,500
Bank of Salem at Salem	79,120	71,921
Salem Bank at Goshen	52,705	47,914
Farmer's Bank at Westfield	53,374	46,798
Southern Bank of Indiana	130,895	118,995
Cambridge City	67,058	60,950
Central（閉鎖）	36,250	32,828
Canal	50,600	46,000
Crescent City	54,458	49,496
Exchange	52,166	47,421
Indiana	100,167	90,524
Indiana Farmers'	50,390	45,810
Kentucky Stock	107,773	83,990
La Grange	66,027	60,026
Parke County	83,882	76,245
Prairie City	86,250	77,008
Tippecanoe	51,740	47,040
総計（24行）	1,621,439	1,417,670

出所：Hunt's Merchants' Magazine［1857］p. 467 の記載データを基に筆者作成．なお Hunt's Merchants' Magazine［1857］では，発券総額が1,419,198ドルと記されているが，これは誤りである．

　一般銀行法ないし改定された新規の一般銀行法に基づいて創設された自由銀行は，発券の担保として州通貨監督官に州債を預託することが義務付けられていた．自由銀行の多くは，この預託を実施するのに必要な州債を入手するために，まず市場において比較的安価なアメリカ南部諸州の州債を信用によって購入し，そうやって入手した州債を州通貨監督官に預託し，これを担保に発行された自行銀行券でもって前掲の州債の購入代金を支払う，という流儀を用いていた[59]．再び表II-19を見ると，1857年7月1日の時点で自

が2行，閉鎖が3行あり，計26行が存在したと示されている（Dwyer Jr. ［1996］p. 10）．自由銀行の存在数の実態については，さらなる追究が必要とされるところである．

由銀行24行が州通貨監督官に預託している発券用の担保債券の時価総額は162万1,439ドルで，同じく自由銀行24行による発券総額は141万7,670ドルである．一般銀行法に基づいて各自由銀行が発券用の担保として預託を義務付けられている債券総額は，発券総額の110％に当たる金額分であり，その額は155万9,437ドルである．当該の時点で自由銀行24行が実際に預託している担保債券の時価総額（162万1,439ドル）から逆算してみると，自由銀行24行が当該の時点で発券可能な総額は147万4,036ドルであることから，実際の発券総額（141万7,670ドル）に対しまだ5万6,366ドル分の発券の余裕があることになる[60]．表II-19に示された各行について，発券可能な総額と実際の発券総額との開きを念頭に置きながら，表II-18の「預託債券総額／発券総額」の項目を改めて縦覧してみると，各自由銀行は，総じて準備率に不安を残しつつも，濫立と倫理の欠如で大きく混乱した時期は過ぎ，一般銀行法を改定した新規の一般銀行法の下で，軒並み容認限度額を遵守し，要求払い債務に対する発券の比率が抑えられながら，比較的慎重にかつ堅実な発券を行うようになっていたことが分かる．

しかし，自由銀行制度もまた，1857年恐慌の影響を受けてしまう．1857年恐慌の襲来によって，各州債の市場価格が軒並み暴落し，発券の担保としての価値自体が損なわれてしまう[61]．1857年恐慌が襲来した時点で，インディアナ州域内の自由銀行は32行あったとされるが，そのうち14行が破綻を迎えてしまった，と言われている[62]．前掲の表II-18を見ると，1857年

---

59) McCulloch [1888] p. 125.
60) Hunt's Merchants' Magazine [1857] は，自由銀行24行による実際の発券総額を141万9,198ドル，発券容認額を156万1,117ドル，預託担保の市価総額（162万1,439ドル）と実際の発券総額との開きを6万322ドル，と記している（Hunt's Merchants' Magazine [1857] p. 467）．だが本書掲載の表II-19の出所欄にも示したように，実際の発券総額は141万7,670ドルである．それゆえ，Hunt's Merchants' Magazine [1857] において，上述の発券容認額と，預託担保の市価総額と実際の発券総額との開きの額とについて，集計・算出額に誤りが見受けられる．
61) McCulloch [1888] p. 126.
62) Calomiris & Schweikart [1991] p. 828. なお Dwyer Jr. [1996] の Table 3 によると，1856年7月から1857年7月までの間にインディアナ州域内の自由銀行について新設が5行，営業の取りやめが7行，破綻が2行，閉鎖が3行あり，計26行が存在したことが示されていて，1857年7月から1858年1月までの間にさらに営業の取りやめが

恐慌の襲来を受けたあとの 1858 年 1 月の時点で，自由銀行の数は 19 行にまで減っている．破綻を免れた自由銀行も，流通していた自行銀行券をすべて兌換せざるをえないことになった．破綻に陥った自由銀行が発券用の担保として州通貨監督官に預託されていた各種債券は，弁済を行うための資金を確保するために処分され，破綻した自由銀行が発行した銀行券は，州通貨監督官によって割引のうえ兌換されることになる[63]．こうして 1857 年の半ばまでには，インディアナ州域内の各自由銀行が発行した銀行券は軒並み減価が進んだ[64]．

インディアナ州域内の全自由銀行を対象とした自由銀行券の平均割引率は，1857 年恐慌が襲来した直後における 1857 年 9 月の時点では 2% であったが，翌 10 月には 10% と一挙に高まりを見せる．そして 1858 年 2 月までに，発行元の業況に応じて，自由銀行券の割引率はそれぞれ 5% から 30% の範囲内で大きく変動するようになってしまう[65]．既述のように，The Bank of the State of Indiana の支店銀行券の平均割引率は 1.25%（1857 年 9 月）→ 5%（1857 年 10 月）→ 2%（1858 年 2 月）と推移しているから，これと比較するに，自由銀行券の減価ぶりが一目瞭然である．

では，1857 年恐慌を経て，インディアナ州域内の各自由銀行の事業規模は実際にどれだけ落ち込んだのか．前掲の表 II-17 によると，全自由銀行における手形割引の総額は 184 万 1,369 ドル（1856 年）から 108 万 2,757 ドル（1858 年）に，資本金の総額は 212 万 8,867 ドル（1856 年）から 128 万 7,640 ドル（1858 年）に，銀行券債務すなわち発券の総額は 131 万 905 ドル（1856 年）から 104 万 3,597 ドル（1858 年）に，預金債務の総額は 136 万 3,294 ドル（1856 年）から 73 万 3,135 ドル（1856 年）へ，他行銀行券の保有総額は 34 万 0,112 ドル（1856 年）から 13 万 715 ドル（1858 年）に，他行宛債権の保有総額は 42 万 7,877 ドル（1856 年）から 19 万 4,211 ドル（1858 年）へ，他行宛債務の保有総額は 12 万 3,436 ドル（1856 年）から 2 万 7,882 ドル（1858 年）

---

7 行生じ，計 19 行に減少した旨が示されている（Dwyer Jr. [1996] p. 10）．自由銀行の存在数の実態については，さらなる追究が必要とされるところである．
63) Knox [1903] p. 703.
64) Shade [1972] p. 204.
65) Calomiris & Schweikart [1991] p. 829.

へ,正貨の保有総額は31万8,918ドル(1856年)から20万1,872ドル(1858年)へ,それぞれ激減している.

このように,1857年恐慌は複数の銀行制度を抱えたインディアナ州域内をも容赦なく襲い,恐慌への耐性に関して銀行制度の違いがその明暗を分けることとなったのである.

2. 新銀行の展開

2.1 旧銀行の清算

南北戦争以前における黎明期のインディアナ州では,度重なる恐慌の襲来にも拘らず州域内の通貨・信用秩序が堅持され,全米でも稀有の経験が達成された.それを可能にしたのは,州議会による承認を踏まえ,州政府から特許を交付され複数の支店銀行を抱えた単一の州法銀行の運営が展開されるという,いわば特許銀行制の持続によるところが大きい.これまでに本書においてその実態がつぶさに究明されてきた通り,1834年1月28日から1857年1月1日までの間は,インディアナ州域内の通貨・信用秩序の健全性維持が,随一の州法銀行であるThe Second State Bankの手腕によって,見事なまでに実現された.

だが,The Second State Bankは特許の有効期限を迎え,州議会や憲法会議において紛糾まで惹き起こした結果,特許が更新されずに解散が決まってしまう.特許銀行制の断絶に伴い州域内の通貨・信用秩序の健全性維持の持続に暗雲が垂れ込み始めた時,特許銀行制を踏まえた新規の州法銀行の創設を狙う勢力が台頭する.この結果,The Bank of the State of Indianaが創設され,1857年1月1日から業務運営が始められる.州域内における通貨・信用秩序の包括的な管理という一大事業は,The Second State BankからThe Bank of the State of Indianaへと事実上引き継がれるかたちとなった.

本章の1.1項で述べたように,The Second State Bankは,1855年1月1日から新たな与信を停止し,さらに清算を行うための時間を確保すると

いう目的によって，1859年1月1日まで特許の有効期限が2年延長される．これと同時に，The Second State Bank の各支店銀行の役員達は，未決済・未回収の債権ならびに融通手形について四半期毎にその総額の 25% ずつ取り立てを行っていくことや，満期の訪れた適格手形の割引を厳格に制限する旨の決議を採択した[66]．The Second State Bank は，ここから 1860 年代の初頭までの間に清算が進められてゆく．

実は清算が決まった時点で，The Second State Bank の業況はピークの状態にあった．表 II-20 は，1856 年から 1858 年にかけての The Second State Bank の貸借対照表を示したものである．この表 II-20 と，前掲の表 II-7 と表 II-13 とに基づき，1834 年から 1858 年までの 25 年間を通したThe Second State Bank の純利益の推移を縦覧してみよう．すると純利益は，20 万 4,692 ドル 81 セント（1852 年 11 月第 3 土曜日の時点），21 万 1,543 ドル 02 セント（1853 年 11 月第 3 土曜日の時点），20 万 7,793 ドル 43 セント（1854 年 11 月第 3 土曜日の時点），19 万 5,786 ドル 88 セント（1855 年 11 月第 3 土曜日の時点），20 万 7,793 ドル 43 セント（1856 年 11 月第 3 土曜日の時点）と，他の時期に比し，清算が決まる前後の時期において，The Second State Bank の純利益の計上額が傑出しているのが分かる．The Second State Bank は，州域内の通貨・信用秩序の健全性を堅持しうるだけの強靱な運営能力と収益力とを持ちえていた．だがそのことが，The Second State Bank に対し「銀行業としての独占性」を裏付ける根拠となってしまい，皮肉にも清算に追い遣られることになってしまったのである．

The Second State Bank の清算が決定したあとは，表 II-20 によると，The Second State Bank の純利益が 3 万 6,377 ドル 9 セント（1857 年 11 月第 3 土曜日の時点），0 ドル（1858 年 11 月第 3 土曜日の時点）と，急減のうえ消滅している．資本金総額も，1856 年 11 月第 3 土曜日の時点では 215 万 107 ドル 44 セントであったが，1858 年 11 月第 3 土曜日の時点で 0 ドルとなり，事業体としての役割に終焉を迎えたことが見て取れる．銀行業務の柱となっていた手形割引による与信についても，手形割引による新たな与信の停止が

---

66) Baker [1857] p. 175.

表 II-20　The Second State Bank の貸借対照表：1856～1858 年

【資産項目】
(単位：米ドル)

	1856 年	1857 年	1858 年
約束手形	834,708.20	499,321.32	142,273.27
為替手形	3,855,927.51	298,497.57	144,755.63
割引総額	4,690,635.71	797,818.89	287,028.90
不動産	174,644.97	138,202.06	90,707.15
備品	0	2,067.71	1,084.56
支店銀行宛債権	10,990.41	78,270.20	58,590.27
その他銀行宛債権	1,078,242.58	946,841.16	197,642.20
送金など	366,192.16	157,159.10	94,462.71
株式・債券・減債基金	0	0	0
インディアナ州宛債権	0	0	0
インディアナ州財務局手形	0	0	0
強盗での損失・未定・その他	0	0	0
不履行債務	304,388.32	261,104.72	139,410.87
銀行券（支店銀行および他行）	221,624.00	185,851.00	29,706.00
正貨	1,119,469.49	420,662.68	140,070.96
連邦からの特別預金（銀貨）	0	0	0
資産総額	7,966,187.64	2,987,977.52	1,038,703.62

【負債・資本項目】

	1856 年	1857 年	1858 年
資本金	2,150,107.44	336,582.39	0
剰余基金	1,265,202.67	1,434,006.93	599,595.62
無利子配当	4,658.16	58,504.14	26,939.71
純利益	207,793.43	36,377.09	0
支店銀行宛債務	0	0	0
他行宛債務	176,224.91	4,277.34	7,620.41
基金支払	32,274.75	230,961.57	61,370.47
連邦財務省宛債務	0	0	0
年金委託業者宛債務	0	0	0
連邦からの特別預金	0	0	0
預金債務	604,922.78	59,351.56	3,388.41
銀行券債務	3,381,806.00	684,718.50	339,789.00
銀行券債務（未決済・損失分）	143,198.00	143,198.00	0
負債・資本総額	7,966,188.14	2,987,977.52	1,038,703.62

注：各年のデータは各年 11 月第 3 土曜日の時点のものである．なお 1856 年は，資産総額と負債・資本総額とが合致していない点に留意のこと．
出所：Harding [1895] pp. 113-114 の記載データを基に筆者作成．

表明された1855年1月1日以降はその残高が急減し，469万635ドル71セント（1856年11月第3土曜日の時点），79万7,818ドル89セント（1857年11月第3土曜日の時点），28万7,028ドル90セント（1858年11月第3土曜日の時点）と，その残高は年を追う毎に下降線を辿っている．

結局，1834年1月28日に州政府から特許を交付され同年11月20日に開業してから1859年1月1日に特許の有効期限を迎えるまでの約25年の間に，The Second State Bankは州政府に対し，100万ドルの出資に対して州債の利払い分を大きく上回る約350万ドルもの収益をもたらした．また民間ないし個人株主に対しては，通常の年次配当に加え，平均して額面100ドルの株式出資当たり153.70ドルもの収益をもたらしたのである[67]．

The Second State Bankの消滅が決まった時点でその支店銀行の総数は13であったが，清算が順調に進んだのは10行である．このうち最も円滑に清算が進んだのは，The South Bend Branch Bank（第12行政区）とThe Michigan City Branch Bank（第13行政区）との2行である．両行については，保有資産の売却益をめぐる最終分配が1859年1月に完了した．残り11行の清算については，管財人が資産の売却に踏み切るそのタイミング次第でその処理に係る速度が決まる，という状況にあった．つまり，各支店銀行の株価ができるだけ高い時点で売り抜けてできるだけ高い売却益を手にしようと，管財人は売却を図る最良の時機を虎視眈々と窺っていたのである．

残り11行のうち比較的早い段階で清算が済んだのは，以下の8行である．すなわちThe Lawrenceburg Branch Bank（第2行政区），The Richmond Branch Bank（第3行政区），The New Albany Branch Bank（第5行政区），The Evansville Branch Bank（第6行政区），The Vincennes Branch Bank（第7行政区），The Bedford Branch Bank（第8行政区），The Terre Haute Branch Bank（第9行政区），The Lafayette Branch Bank（第10行政区）である[68]．これらの支店銀行の株式は，値上がりの趨勢が早い時期に到来した．支店銀行の株式はどれも1株当たり額面が50ドルであるが，株式市場

---

67) Root [1895b] p. 232. White [1911] p. 336.
68) Harding [1895] p. 23. なお第1〜第10行政区の地理的な位置を示したインディアナ州域内の鳥瞰図については，本書掲載の図II-1を参照のこと．

での価格帯が The Vincennes Branch Bank（第7行政区）の株価58.50ドルから The Lawrenceburg Branch Bank（第2行政区）の株価90.53ドルまでの間で推移しており，各支店銀行の株式における市場価格の平均は76.85ドルであった[69]．つまり，額面の価格と市場価格との間に生ずる鞘を利用しながら，円滑に清算が進んだというわけである．

最後に残った3行，すなわち The Indianapolis Branch Bank（第1行政区），The Madison Branch Bank（第4行政区），The Fort Wayne Branch Bank（第11行政区）の清算については，業務が閉鎖されるまでの時間をより長く取ることが賢明だ，と管財人によって考えられ，最後になってようやく清算された[70]．

The Second State Bank の各支店銀行における閉鎖や清算が進むなか，ひとつの問題点が浮上する．それは，発行後に市中において転々と流通し，未決済のまま滞留する各支店銀行券をどうするのか，という問題である．The Second State Bank は，各支店銀行券の保有者に対し各発行元の窓口に提示するよう呼び掛けていたものの，奏功しなかった．前掲の表II-20を見ると，1858年11月第3土曜日の時点で，The Second State Bank における銀行券債務の総額が33万9,789ドルとなっている．1859年1月7日付の The Second State Bank の総裁による報告によれば，1858年1月1日までの段階で未決済のまま流通する The Second State Bank の各支店銀行券の総額は33万9,789ドルに達していたというから[71]，未決済の各支店銀行券の残高は約2ヶ月の間減ることもないままに推移していた，ということになる．そこで，The Second State Bank の閉鎖後に提示された各支店銀行券を兌換するための対策として，実績があり適格とみなされたマネーブローカーに兌換を代行してもらう旨の契約が施された[72]．この請負契約を通じて，未決済の支店銀行券が次々と兌換されることになる．

しかし請負契約先となったマネーブローカー達は，呈示された支店銀行券

---

69) Harding [1895] p. 23.
70) Harding [1895] p. 24.
71) Harding [1895] p. 24.
72) Harding [1895] p. 24.

のすべてに対応していたというわけではない．1861年1月1日までに，実に5万2,602ドル分もの支店銀行券の兌換が請負契約先のマネーブローカーによってキャンセルされてしまっていたのである[73]．

2.2 新銀行の業態

The Second State Bank の清算が粛々と進む傍らで，The Bank of the State of Indiana は1857年1月1日の開業後も順調な運営を見せてゆく．本章の1.2項で既述したように，The Bank of the State of Indiana は，開業後すぐ1857年恐慌の襲来に直面する．恐慌との遭遇に伴い正貨による支払いの一時停止を表明する宣言が全米各地で頻発するなか，インディアナ州の The Bank of the State of Indiana は正貨による支払いの一時停止を回避して窓口を開け続け，貨幣の取り扱いに係る業務を続けることに成功した．恐慌の最中にあっても The Bank of the State of Indiana は兌換や決済に係る業務を滞らせずにいられたため，The Bank of the State of Indiana の各支店銀行券は，兌換の信頼性のあるほぼ唯一の信用貨幣として，額面にプレミアムが付いて全米に流通し，全米でも稀有な経験を成し遂げてきた．1859年には，時の Ashbel P. Willard 州知事が州議会の陳述において，州益にとって「かなりの便宜をもたらした」と，The Bank of the State of Indiana を称賛するほどにまで至っている[74]．では，1857年恐慌を乗り越えたあと The Bank of the State of Indiana はどのような業態の推移を見せていったのか．

表II–21，表II–22および表II–23は，いずれも The Bank of the State of

---

73) Harding [1895] p. 24 の脚注2を参照のこと．
74) なおのとき Ashbel P. Willard 州知事は，州域内の自由銀行制度についても The Bank of the State of Indiana と同列に並べて称賛している．Willard 州知事による自由銀行制度の称賛の根拠は，1855年に行われた一般銀行法の改定を機に1855年から1859年までの4年間で僅か1つの自由銀行の破綻を許すのみであった点，それに発行銀行券の兌換における保証の高さに置いている（Hammond [1957] p. 621, Shade [1972] pp. 203, 211）．だが，Willard 州知事によるこうした自由銀行制度の閉塞性を否定する見方については，本書における論究に基づけば，各自由銀行の事業規模の総体に縮減の趨勢があった点や，自由銀行の破綻が1行のみであったという事実認識に疑いがある点，自由銀行による発行銀行券が1857年恐慌を機に割引による兌換が進み減価した点などを鑑みて，説得力ある見方だとは言えない．

表 II-21　The Bank of the State of Indiana の業況：1858〜1864 年

【資産項目】　　　　　　　　　　　　　　　　　　　　　　（単位：米ドル）

	1858 年	1859 年	1860 年	1862 年	1864 年
手形割引	5,154,548	6,213,659	7,790,315	3,857,428	4,118,658
不動産	257,035	316,930	263,949	241,210	169,315
他行宛債権	982,731	716,631	1,152,119	1,342,104	763,209
その他証券	—	—	—	407,218	142,629
他行銀行券	338,189	264,964	217,429	1,233,122	1,258,501
正貨	1,685,894	1,411,500	1,917,368	3,472,369	1,417,957

【負債・資本項目】

	1858 年	1859 年	1860 年	1862 年	1864 年
資本金	2,486,259	2,988,431	3,323,850	3,354,200	2,775,000
剰余基金	348,382	553,259	738,905	1,005,852	1,345,663
他行宛債務	146,750	81,663	45,991	260,000	91,241
預金債務	986,468	834,188	1,186,870	2,033,795	2,755,688
銀行券債務	4,502,348	4,303,286	5,753,610	4,975,332	1,501,865

注：1）1861 年および 1863 年は不明．またデータは各年のどの時点を示したものかについても不明．
　　2）1864 年のデータは各支店銀行が国法銀行に転換中または転換済の状態下にある時のもの．
　　3）1864 年の手形割引額は連邦財務省証券を含む．
出所：Knox［1903］p. 700 の記載データを基に筆者作成．

Indiana の業況に関するデータである．表 II-21 は，1858・1859・1860・1862・1864 年のそれぞれある時点における The Bank of the State of Indiana の業況の推移を示したもので，表 II-22 は，1859 年と 1860 年のある時点（1860 年のものは 6 月 30 日付）における The Bank of the State of Indiana の貸借対照表を記したものである．表 II-23 は 1860 年の 1 月・3 月・7 月のある時点における The Bank of the State of Indiana の業況を示したものである．いずれの表のいずれの指標もあくまで当該年度の一時点での業態が示されたものに過ぎないということを予め自覚しておいたうえで，これらの表に示された諸々の指標を眺めながら，The Bank of the State of Indiana の業態を探ってみよう．

資産項目のうち，銀行による与信の柱である手形割引の総額は，515 万 4,548 ドル（1858 年）・514 万 6,494 ドル 83 セント（1859 年）と推移したあと，1860 年 3 月の時点で 674 万 2,270 ドルに激増し，その後 628 万 1,415 ドル 24 セント（1860 年 6 月 30 日付）を付けた．さらに 1860 年の某時点では 779

第 5 章　終焉と遺産：1855〜1865 年　409

表 II‐22　The Bank of the State of Indiana の貸借対照表：1859〜1860 年
【資産項目】(単位：米ドル)

	1859 年	1860 年
約束手形	533,556.78	1,058,319.04
為替手形	4,612,938.05	5,223,096.20
割引総額	5,146,494.83	6,281,415.24
銀行建物	125,053.22	127,442.21
その他不動産	79,221.02	99,100.89
東部諸州の銀行宛債権	501,558.88	728,213.03
その他銀行宛債権	293,389.56	371,788.28
送金など	144,010.51	142,628.72
支店銀行残高	5,969.43	21,431.76
他行銀行券	224,363.00	222,904.00
正貨	1,544,612.55	1,667,262.81
資産総額	8,064,673.00	9,662,186.94

【負債・資本項目】

	1859 年	1860 年
資本金	2,693,691.31	3,127,850.00
剰余基金	452,496.75	643,517.38
純利益	111,936.54	247,111.42
未請求配当金	596	24,028.63
その他細目	52,707.72	53,019.64
他行宛債務	65,337.35	38,103.18
預金債務	1,047,116.15	942,503.69
銀行券債務	4,599,097.00	4,689,968.00
不履行の支店銀行券	120,914.00	103,915.00
負債・資本総額	9,143,892.82	9,870,016.94

注：1860 年のデータは 1860 年 6 月 30 日付のものである．なお資産総額と負債・資本総額とが合致していない点に留意のこと．
出所：Hunt's Merchants' Magazine ［1860］p. 228 の記載データを基に筆者作成．

表 II‐23　The Bank of the State of Indiana の業況（1860 年 1・3・7 月）
(単位：米ドル)

	手形割引	正貨	銀行券債務	預金債務	準備率（％）
1860 年 1 月	6,213,659	1,411,500	4,386,913	834,189	27.04
3 月	6,742,270	1,652,323	5,011,769	1,200,856	26.60
7 月	6,281,415	1,667,263	4,586,053	942,503	30.16

注：準備率＝正貨／（銀行券債務＋預金債務）×100 で筆者算出．
出所：Hunt's Merchants' Magazine ［1860］p.463 の記載データを基に筆者作成．

万315ドルにまで達している．すでに1859年の某時点（514万6,494ドル83セント）で，かつてThe Second State Bankが業績のピークを迎えていた局面の手形割引の総額（469万635ドル71セント：1856年）を凌駕したものとなっている．その内訳を表II-21より確認すると，為替手形の割引額が461万2,938ドル5セント（1859年）から522万3,096ドル20セント（1860年6月30日付）へと推移していて，手形割引の内でもかなりの規模を占めている．一方で，約束手形の割引額も53万3,556ドル78セント（1859年）から105万8,319ドル04セント（1860年6月30日付）へとほぼ倍増していて，かつてThe Second State Bankが業績のピークを迎えていた時の約束手形の割引総額（83万4,708ドル20セント：1856年）を上回っている．手形割引の総額とその伸びの著しさから，The Bank of the State of Indianaの各支店銀行による積極的な与信の動きが認識できる．さらに表II-21から銀行間融資の推移を注視してみると，他行宛債権（東部諸州の銀行宛債権＋その他銀行宛債権）の総額は79万4,948ドル44セント（1859年）から110万1ドル31セント（1860年6月30日付）へと着実な伸びを示し，負債・資本項目における他行宛債務の総額の推移（6万5,337ドル35セント（1859年）→3万8,103ドル18セント（1860年6月30日付））をも併せて見てみると，他行への融資による与信についても，The Bank of the State of Indianaの各支店銀行は積極的に伸ばしていることが分かる．

　続いて，資産項目のうち，銀行債務の主軸である要求払い債務（銀行券債務および預金債務）に注目してみよう．まず，銀行券債務すなわち発券の総額については，450万2,348ドル（1858年），459万9,097ドル（1859年）から468万9,968ドル（1860年6月30日付）へと推移し，1860年3月の時点では501万1,769ドルに，同じく1860年の某時点においては575万3,610ドルにまで達している．なお銀行券債務の総額は，The Bank of the State of Indianaの各支店銀行が当該の区域内で発行した各支店銀行券の総額を示したものである．前掲の表II-20によれば，かつてThe Second State Bankが業績のピークを迎えていた1856年の時点での銀行券債務の総額が338万1,806ドルであるから，発券についても，The Second State Bankを凌駕する水準でかなり積極的に行われていることが見て取れる．預金債務の総額も

98万6,468ドル (1858年), 104万7,116ドル15セント (1859年), 94万2,503ドル69セント (1860年6月30日付) へと推移し, 1860年3月の時点では120万856ドルに, 同じく1860年の某時点では118万6,870ドルにまで達していて, The Second State Bank の1856年の時点における預金債務の総額 (60万4,922ドル78セント) を大きく上回る規模のものになっている. 他方, 正貨保有高は168万5,894ドル (1858年), 154万4,612ドル55セント (1859年), 166万7,262ドル81セント (1860年6月30日付) へと推移し, 1860年の某時点では191万7,368ドルにまで達していて, The Second State Bank の業績ピーク時の正貨保有高 (1856年：111万9,469ドル49セント) を大きく上回っている.

表 II-22 および表 II-23 の各指標を基に, The Bank of the State of Indiana における要求払い債務 (銀行券債務＋預金債務) に対する正貨保有の準備率を算出してみると, 27.36％ (1859年) から 29.60％ (1860年6月30日付) へとかなり高い水準で推移し, 1860年7月の時点では 30.16％ にまで高まっている. また, 前掲の表 II-20 の各指標に基づいて, 総債務 (銀行券債務＋預金債務＋他行宛債務＋不履行の支店銀行券) に対する正貨保有の準備率を算出してみても, 26.48％ (1859年) から 28.87％ (1860年6月30日付) へと推移していて, 健全性が充分に高いことが確認されうる水準に落ち着いている.

さらに, 州法に基づく The Bank of the State of Indiana の資本金総額の容認限度額は 600 万ドルであったが, 実際の資本金総額についても 248万 6,259ドル (1858年), 269万3,691ドル31セント (1859年), 312万7,850ドル (1860年6月30日付) と増え続けている. 1860年の某時点ではその資本金総額が 332万3,850 ドルにまで達し, 1860年の時点で資本金総額が 300万ドルを突破するほどの規模に達している. The Second State Bank の業績ピーク時の資本金総額が 215万107ドル44セント (1856年) であるから, これもまた The Bank of the State of Indiana の資本金の規模が The Second State Bank のそれを凌ぐものとなっている.

資本金の規模, 手形割引・発券・他行宛融資の各総額, 準備率の水準の推移を勘案するに, The Bank of the State of Indiana は, かつて全米でも屈指の健全性を誇った The Second State Bank を上回るほどの磐石かつ甚大

な事業基盤を整えていたことが分かる．こうした磐石な事業基盤を背景に，表II-22によれば，The Bank of the State of Indianaの純利益は11万1,936ドル54セント（1859年）から24万7,111ドル42セント（1860年6月30日付）へと，ほぼ2.2倍の増大となっている．The Second State Bankの業績ピーク時の純利益が20万7,793ドル43セント（1856年）であったから，少なくとも1860年6月30日の時点において，The Bank of the State of Indianaは，純利益の規模においても，The Second State Bankを凌駕する州法銀行として，極めて良好でかつ安定的な業態を示していたものと言えよう．

2.3　南北戦争の勃発

これまでに究明されてきた通り，黎明期のインディアナ州においては，州域内を複数の区域に分け，各地区の通貨や信用の供給に携わる複数の支店銀行を本店銀行が包括的に管理するという，単一の州法銀行の独特な組織の形態が編み出される．この独特な組織が基盤となることによって，インディアナ州域内における通貨・信用秩序の健全性が長年に渡って護持された．この独創的な銀行間組織の仕組みを介し，度重なる世界恐慌の襲来にも耐え州域内の経済環境を守り抜いたという，全米でも類い稀な経験がインディアナ州にもたらされたわけであるが，しかしながらその仕組みも終焉に向かうことになる．それは銀行間組織の自壊によるものではなく，南北戦争の勃発に起因する．南北戦争とは，1861年から1865年までの長きに渡って続いた建国以来初の本格的な内乱と言うべきもので，蜂起による連合体としての独立を目指した南部11州（南軍）に連邦政府（北軍）が対峙する，という構図で進む．南北戦争の遂行のために，連邦政府は，自らに味方する州政府や州法銀行による公募債の引き受けや融資を通じて戦費を調達することになる．

だが南北戦争が長びくにつれ，北軍・南軍共に戦費の調達に苦慮するようになる．連邦政府は1862年2月25日付で連邦法貨法を制定し，グリーンバックスと呼ばれた政府紙幣を法貨として約1億5,000万ドル分緊急に発行する．他方で，急激に膨張する莫大な資金需要に対応できるだけの正貨が全米で逼迫するなか，各州の州法銀行が支払い準備として保有する正貨が州域外

に流出するようになり，正貨による支払いの一時停止に追い込まれる事態が各地で見受けられるようになる．インディアナ州域内においても正貨準備の逼迫が懸念され，The Bank of the State of Indiana は，各支店銀行による発行銀行券の回収を進める旨の結論を早々に出した．

インディアナ州の東隣，オハイオ州の中枢都市 Cincinnati では，正貨たる金・銀の取引にプレミアムが付き始める．この情勢を受けて Cincinnati 在住のマネーブローカーは，これまでに買い取って手許に保有していた The Bank of the State of Indiana の各支店銀行券の兌換を急ぐようになり，発行元である The Bank of the State of Indiana の各支店銀行に対して額面通りの兌換を請求し始める[75]．The Bank of the State of Indiana の各支店銀行券は，州境を跨いでオハイオ州域内にも頻繁に流通していたのである．

発行銀行券を窓口で呈示された各支店銀行は，迅速に兌換に応じてゆく．また各支店銀行は，預金者からの払い戻し請求があれば，金で預託した預金者には金による払い戻しを，各種銀行券で預託した預金者には各種銀行券による払い戻しを決めた．2～3 週間で各支店銀行券の殆どが回収され，各支店銀行の業態は落ち着きを取り戻す[76]．危急時にこうした冷静な対応を示しえたことで，The Bank of the State of Indiana は連邦法貨法が制定されたあとも健全に業務を遂行することができたのである．

連邦法貨法の制定に伴い，インディアナ州域内にもグリーンバックスが法貨として流通し始める．そうしたなか，The Bank of the State of Indiana の各支店銀行やインディアナ州域内において展開する各自由銀行が発行銀行券の兌換を行う際にグリーンバックスが正貨の代わりになるものなのか否かが，インディアナ州域内の銀行業界において最大の関心事となっていく．インディアナ州域内の一部の銀行においては，自行銀行券の兌換に際して先方から鋳貨（金貨または銀貨）での払い出しが請求されたところに，法貨たるグリーンバックスによる払い出しが始められていた．The Bank of the State of Indiana の債務は鋳貨との交換によってのみ履行される，との規定が州法に存在していたため，州法との整合性が改めて問題視されたのである．

---

75) McCulloch［1888］pp. 135-136.
76) McCulloch［1888］p. 136.

そもそもこの整合性をめぐる議論は，The Bank of the State of Indiana の一支店銀行，The South Bend Branch Bank が鋳貨による兌換の請求を拒んだことをその発端とする．このとき St. Joseph 巡回裁判所は，The South Bend Branch Bank に対し，鋳貨でなくとも州財務局証券でもって兌換に応じることのできる権利があることを法的に認めたものの，この裁定が上訴される，という経緯が過去にあったのである．グリーンバックスによる兌換が請求者によっては忌避されるという事態が蔓延してしまうと，各支店銀行の事業活動にとって耐え難き大きな負担となる．それゆえ，司法判断を早急に受けることが大事だと考えた The Bank of the State of Indiana の役員達は，この事例に関する調査を急ぐ．そしてこの案件は州最高裁判所による裁定に持ち込まれる．

裁定に先立ち，The Bank of the State of Indiana の Hugh McCulloch 総裁は，州最高裁判所の Samuel E. Perkins 主席判事に対し，銀行業況の説明と，銀行の金準備の維持不能が自州の経済の支援を滞らせる旨の説明とを行う．加えて Hugh McCulloch 総裁は，北軍に味方する各州の他行がグリーンバックスを法貨として扱い債務履行のための手段として使用している点を説明し，特許による規定の侵害に当たらないとみなされるのであれば，The Bank of the State of Indiana もまたこれに倣うのが望ましい，との意見を Samuel E. Perkins 主席判事に伝える．そのうえで，この案件が早期の裁定を必要とし優先的な審議事項になりうる，との私見を Samuel E. Perkins 主席判事は示した．

この翌日，The Bank of the State of Indiana の支店銀行のひとつに対して発行銀行券の兌換をめぐる請求があり，当該の支店銀行はグリーンバックスで払い戻しに応じたものの請求者から拒絶される，という事態が発生する．これを受けて，州最高裁判所は，上記の案件が州民の最大の関心事のひとつであることを認め，最優先で取り扱うべきものとしてすぐに審理に入る．The Bank of the State of Indiana 側の Joseph McDonald 弁護士による才に富んだ弁術も功を奏し，1～2週間の迅速な審理を経て，グリーンバックスを債務履行の手段として利用することが州法に抵触せず特許の侵害に当たらない，との裁定が満場一致で下された．

この裁定を下した Samuel E. Perkins 主席判事は，いわゆる硬貨主義の考え方を信奉する，世に言うジャクソン主義的な民主党員である．硬貨主義の考え方に基づけば，銀行券の発行・流通自体を厭わしく思うはずなのに，まして銀行券の兌換を鋳貨ではなく政府紙幣たるグリーンバックスで行使することを認める司法判断を彼が示したのは，不思議に思われる．Samuel E. Perkins 主席判事は，連邦政府がグリーンバックスを法貨にしてしまうのは行き過ぎた権力の利用だと考えていたにも拘らず，連邦政府によるそうした権力行使の合法性を否定してしまえば全米に悲惨な結末をもたらす，と考え，上述の司法判断を示すに至ったのである[77]．

　Hugh McCulloch 総裁は，この裁定が銀行業としての業務範囲を拡げ業態を強くする契機になる，との印象を持った．総裁は，「各支店銀行の金庫内に長らく留め置かれた支店銀行券が積極的に活用されることになる」と，The Bank of the State of Indiana の本店銀行の理事会において発言する．さらに総裁は，大きな金融逼迫がないものとみた場合に南北戦争が長期化すればグリーンバックスは減価し金の価値が騰貴する，と読み，各支店銀行が通常の業務では全く用立てのない米ドル建ての保有資産を用いて金を積極的に購入する策を唱える．この策は即座に実行に移された．当時金には約 1.5% のプレミアムが付き，かなり高い水準で金準備を保つことのできた各支店銀行に大きな損失は生じず，むしろ金に付いたプレミアムから得られる各支店銀行の収益は，各支店銀行の株主にとって充分に満足のゆくものであったと，総裁は晩年の回想録において述懐している[78]．

　こう見てくると，南北戦争の期間中，インディアナ州域内の通貨・信用秩序に襲いかかる種々の受難や抑圧に対し，Hugh McCulloch 総裁の機知に富んだ上述の施策を通じ難局を巧みに凌ぎながら，The Bank of the State of Indiana の各支店銀行は充分な支払い準備を抱え堅実に業務を進めていたことが窺える．

---

77) 自行銀行券の兌換の際に法貨たるグリーンバックスを用いることが可能か否かをめぐり，インディアナ州最高裁判所において裁定が示されるに至った経緯の詳細については，McCulloch [1888] pp. 137–138, Thornbrough [1965] pp. 432–433 を参照のこと．
78) McCulloch [1888] pp. 137–138.

では，南北戦争に突入する前後の期間において，The Bank of the State of Indiana はどのような業況を示していたのか．既述のように，開戦の前夜に当たる 1860 年の時点で，The Bank of the State of Indiana は，かつての The Second State Bank を凌駕する事業規模と堅実な事業基盤とを持つに至っていた．その後の業態はどう推移したのだろうか．

　前掲の表 II-21 によれば，まず，手形割引の総額は 385 万 7,428 ドル (1862 年) から 411 万 8,658 ドル (1864 年) と推移しているが，1860 年の時点でのピーク (779 万 315 ドル) に比べれば激減した状況にある．次に要求払い債務のうち，銀行券債務（発券）の総額は 1860 年の時点でのピーク (575 万 3,610 ドル) から 497 万 5,332 ドル (1862 年)，150 万 1,865 ドル (1864 年) とやはり激減の傾向にあるものの，預金債務の総額は 118 万 6,870 ドル (1860 年)，203 万 3,795 ドル (1862 年)，275 万 5,688 ドル (1864 年) と，増加の傾向を示している．これは銀行の要求払い債務のうち，発券もさることながら銀行業における預金の役割が次第に大きくなりつつあったという，社会的な背景が影響しているものと考えられる．正貨の保有高は，191 万 7,368 ドル (1860 年) から 347 万 2,369 ドル (1862 年) に激増したあと，141 万 7,957 ドル (1864 年) に激減している．資本金の総額は，335 万 4,200 ドル (1862 年) と過去最高の値を記録したあと 277 万 5,000 ドル (1864 年) に減っている[79]．

　ところで南北戦争が勃発した 1861 年の時点で，The Bank of the State of Indiana の資本金総額および発券総額の規模は，当該の時点で 18 行あったインディアナ州域内の全自由銀行の資本金総額および発券総額の規模を凌ぐほどのものであったという，先学の指摘がある[80]．この点の委細を追究しておこう．

---

79) なお Hugh McCulloch 総裁は，「1863 年 4 月の時点で The Bank of the State of Indiana の資本金総額が約 300 万ドルであるのに対し正貨の保有額が約 330 万ドルであった」として，「The Bank of the State of Indiana の正貨準備が潤沢であった」，との述懐を示している (McCulloch [1888] p. 138).

80) Helderman [1931] p. 55. なお Helderman [1931] は，「南北戦争が勃発した時点 (1861 年 [筆者註]) で The Bank of the State of Indiana の資本金総額が 300 万ドルを超え，発券総額が 600 万ドルを超えていた」と記しているが (Helderman [1931] p. 55)，本書の表 II-21 を参照する限り，発券総額が 600 万ドルを超えていたのかどうかについては定かではない．

前掲の表 II-17 によれば，当時の州域内の全自由銀行における資本金総額が 128 万 7,640 ドル（1860 年）から 114 万 4,585 ドル（1862 年）に，同じく銀行券債務すなわち発券総額は 121 万 262 ドル（1860 年）から 116 万 1,265 ドル（1862 年）へと，それぞれ推移している．前掲の表 II-18 によれば，自由銀行の総数は，16 行（1859 年 1 月），17 行（1860 年 1 月），18 行（1861 年 1 月）と，ほぼ横這いで推移している．さらに細かく見てゆくと，1858 年 1 月の時点で自由銀行の総数は 19 行あったが，そこから 1859 年 1 月までの間に新規参入が 1 行と閉業が 4 行あり，その総数が 16 行に減る．1859 年 1 月から 1860 年 1 月までの間に新規参入が 1 行あってその総数は 17 行に増え，1860 年 1 月から 1861 年 1 月までの間に新規参入が 2 行と破綻が 1 行あったため，その総数は 18 行となったのである[81]．

前掲の表 II-18 によれば，全自由銀行における，発券総額に対する正貨の平均準備率は 10%（1860 年 1 月）から 12%（1861 年 1 月）と推移し，健全性に不安が残る状態が依然として続いている．同じく全自由銀行における，通貨総額（発券総額＋預金総額）に対する発券総額の割合平均は，53%（1860 年 1 月）→ 54%（1861 年 1 月）と動き，新規の一般銀行法が制定される前後の時期と比較してその割合は下がってきている．ただし，全自由銀行における，発券の担保となる預託債券総額の発券総額に対する割合平均を見てみると，122%（1860 年 1 月）→ 125%（1861 年 1 月）と法定限度の 110% を上回る水準を確保し続けている．

こうした自由銀行の業態の変遷に対し，上述のように，The Bank of the State of Indiana の 1862 年の某時点における資本金総額は 335 万 4,200 ドル，発券総額は 497 万 5,332 ドルであるから，南北戦争が勃発して約 1 年が経過した 1862 年の某時点での業況を比較してみても，The Bank of the State of Indiana の資本金総額および発券総額の規模は，州域内の全自由銀行における資本金総額および発券総額の規模を遥かに凌ぐものであった．

なおインディアナ州域内の自由銀行は，上述した The Bank of the State

---

81) Dwyer Jr. [1996] の Table 3 を参照されたい．なお Thornbrough [1965] は，「1861 年の時点における自由銀行の総数が 17 である」と示している（Thornbrough [1965] p. 431）．

of Indiana の場合とは異なるかたちで南北戦争による影響を受けてゆくこととなる．既述のように，一般銀行法に基づいて，各自由銀行は発券の担保として各州の州債を調達しては州通貨監督官に預託することになっている．ところが，自由銀行の多くが，南部 11 州の州債をこうした担保債券の一部として調達のうえ利用してしまっていた．南部 11 州による連邦からの離脱とそれを契機とする南北戦争の勃発によって，南部 11 州の州債の市価が暴落してしまう．このため，各自由銀行が預託した担保債券の時価総額が大きく目減りする．一般銀行法の下では，自由銀行が発券を行う場合，発券総額の 110％ に相当する時価総額分の担保を各種債券で預託する，という仕組みになっていた．それゆえ各自由銀行は，担保債券の時価総額の目減りに応じて発券総額を減らすことか準備金を増やすことを求められてしまうことになってしまったのである[82]．この事態は，インディアナ州域内の各自由銀行の業況をいっそう押し下げてしまう要因のひとつとなった．ただし付言しておくと，南北戦争の突入前後の時期に当たる 1860 年から 1862 年までの間に，インディアナ州域内において破綻に陥った銀行はひとつも存在しなかった．この事態についても，留意をしておく必要がある[83]．

3. 遺産の伝承

3.1 銀行制度の転換と消滅

　南北戦争は長期化の様相を呈し，連邦単位で安定的でかつ効率的に戦費を調達できるための仕組みを，北軍ないし連邦政府はいよいよ整えざるをえなくなる．そこで連邦政府は，国法銀行制度の導入を決め，この制度の敷設に着手することになる．国法銀行制度に連なる新たな銀行制度の構想に関しては，Fillmore 案を改訂した O. B. Potter 案（ニューヨーク州自由銀行制度に倣

---

82) Thornbrough [1965] pp. 431-432.
83) Thornbrough [1965] p. 432. もっとも，1862 年 1 月から 1863 年 1 月の間に閉業した自由銀行が 1 行存在したことに注意しておく必要がある（Dwyer Jr. [1996] の Table 3 を参照）．

い，連邦債を担保として通貨監督官に預託し兌換の保証された発券を行う仕組み）が，1861年8月，Salmon P. Chase 連邦財務長官に示される．提示されたこの構想案に対し，Chase 連邦財務長官は首肯している．この首肯の契機は，かつて Chase 連邦財務長官がインディアナ州の隣のオハイオ州知事時代に州域内の自由銀行制度の改革に着手し，いわゆる硬貨主義の考え方とはやや距離を置きながら，銀行独占の業態に叛いて兌換紙幣の発行・流通を促した，まさにその経験にある[84]．そして国法銀行制度の構想が初めて具体的なかたちで披露されたのは，1861年12月9日付で連邦議会に提出された，Chase 連邦財務長官による第1回財政年次報告に係る報告書においてである．

この報告書には，Chase 連邦財務長官による2つの具体的な構想が示される．2つの具体的な構想とは，(1) 兌換が可能な連邦財務省証券の発行，(2) 連邦債による担保と適切な兌換準備とに伴う発券の仕組みを具えた国法銀行制度の創設，である[85]．またこの報告書において Chase 連邦財務長官は，以下の見解を示している．すなわち，国法銀行制度とはそれまでの各州における銀行制度の経験や実験から得られた長所を基に構成され得るもので，特にニューヨーク州ならびにその他諸州（原文では in one and more states [筆者註]）で経験的に得られた銀行制度の髄が実用可能で有益なものとなる，という見解である[86]．

この見解からも明らかなように，国法銀行制度の淵源については，「公債担保・法定準備を伴った発券の仕組み」と「体系的な銀行監査の仕組み」という2点の伝承を特に重視して，自由銀行制度の発祥であるニューヨーク州自由銀行制度の展開に強く求める捉え方が，先学においても支配的である．

---

84) Shade [1972] pp. 230-231.
85) Helderman [1931] p. 133. 長田 [1992] p. 54. なお Redlich [1951] は，国法銀行制度が初めて正式に連邦議会に提案されたのは，このあとの第2回財政年次報告においてであり，Chase 連邦財務長官は第1回財政年次報告で国法銀行制度の「構想」を初披露した点を国法銀行制度の「提案」を初披露したものと思い込み，第2回財政年次報告の際に「国法銀行制度の創設に係る議会要請をすでに第1回財政年次報告の際に行った」と陳述した，と指摘している（Redlich [1951] pp. 101-105）．この論点に関しては，稲田 [1980] pp. 121-126 および p. 130 の脚注 41，高木 [1983] p. 114 も参照のこと．
86) Helderman [1931] p. 144 の脚注2を参照のこと．

さらにこの捉え方を踏まえ，アメリカ中央銀行制度すなわち連邦準備制度の成立前史における端緒としても，それをおもにニューヨーク州自由銀行制度に求める見方というものが根強かった．

だが，上掲のChase連邦財務長官の見解において明示されているように，国法銀行制度ひいては連邦準備制度の淵源はニューヨーク州の自由銀行制度のみに必ずしも絞られているというわけではなく，ニューヨーク州を起点に全米各地に飛び火した自由銀行制度の展開を含んだ各州の様々な州法銀行制度の展開やそこでの有益な実務経験の総体が，国法銀行制度ないし連邦準備制度の端緒をまさに複合的に形成していたのである．

Chase連邦財務長官による国法銀行制度の設置構想が示されたあと，連邦政府は自らに味方する諸州に対し，全国通貨法（1863年2月25日付）や国法銀行法（1864年6月3日付）を，連邦議会での審議・承認を経て相次いで制定する．そして各州法銀行を連邦法の定めるところの国法銀行に転換するよう要請するかたちで，州境を跨いで国法銀行制度の敷設を進めていったのである．

だが，通貨・信用秩序を取り扱う金融・銀行業は州益に直結する業務分野でもあるので，特にこの分野に対して連邦が容喙すれば各州からの強い反発を呼ぶことになるのは必至である．案の定，連邦政府の要請に基づく国法銀行への転換は遅々として進まなかった．業を煮やした連邦政府は，1865年3月3日，その前年に制定された国法銀行法を改定し，州法銀行券の発行に対して禁止的課税（額面の10%）を掛けるという強圧策に打って出る．この改定法は1866年7月1日からの施行が決まる[87]．この改定法の議決が功を奏し，各州の州法銀行は国法銀行への転換を余儀なくされ，各州に国法銀行が簇生し普及してゆく．つまり国法銀行制度は，Chase連邦財務長官の構想に基づく制度設計を端緒に，その後は連邦法をそのつど制定のうえ制度の仔細を逐次改定させてゆきながら，より完璧なものを目指して制度自体を練り上げ洗練させ，成熟させてゆく，という流れで展開されたものだったのである．

---

87) 小野［1971］p. 10. なお White［1911］は，「州法銀行券の発行に禁止的課税を掛ける強圧策が1866年8月1日より施行された」と述べていて（White［1911］p. 349），確認を要するところである．

第5章　終焉と遺産：1855～1865年　421

　では，国法銀行制度の生成をめぐるこうした流れの内に，インディアナ州の通貨・信用秩序の健全性維持に関する実績と経験がどう食い込んでくることになるのだろうか．

　国法銀行制度の生成をめぐる上述の趨勢にあって，インディアナ州域内においては，特に1865年3月3日付で制定された改定国法銀行法の内容をめぐり，議論が二分する．州共和党はこの法律に賛意を示すが，州民主党は，特に州法銀行券に対し禁止的課税を設ける旨の条項に関して反対の意を示した[88]．連邦政府ないし北軍を支持する立場にあったインディアナ州において，The Bank of the State of Indianaも例に漏れず国法銀行への転換を要請される．だがThe Bank of the State of Indianaは，国法銀行制度の導入ならびに国法銀行への転換に反対の姿勢を示す．国法銀行制度が導入されれば，全米でも屈指の大規模な州法銀行であるThe Bank of the State of Indianaにとって大きな不利益を被ることになるし[89]，国法銀行制度が導入されなくても自らの業務を着実に遂行することでインディアナ州域内の通貨や信用に対する需要に充分に応じられる[90]，というのが反対の理由である．

　国法銀行制度の導入と国法銀行への転換とについて反対の姿勢を顕示するため，1862年，The Bank of the State of IndianaのHugh McCulloch総裁は，首都Washington D.C.に赴く．この折に総裁は，知己であるJustin S. Morrill連邦上院議員と面談している．Justin S. Morrill連邦上院議員は，国法銀行制度の導入反対をかねてから謳い，総裁と意を同じくしていた[91]．1863年3月には，総裁が，私事渡航で合衆国東部沿岸の地域を2週間かけて歴訪する過程で，再びWashington D.C.を訪れている．Washington D.C.滞在最終日の午後，総裁は連邦財務省に向かい，時のChase連邦財務長官にアポなし訪問をしている．このとき総裁は繁忙の連邦財務長官には面会できず，長官の使者にメモを渡しその場を後にする．総裁が歴訪から戻ったあと，自宅宛に届いていた電報の束の内に，Chase連邦財務長官か

---

88)　Thornbrough [1965] p. 433.
89)　McCulloch [1888] p. 163.
90)　Knox [1903] p. 701.
91)　McCulloch [1888] p. 163.

らの電報が混じっていた．そこには，連邦通貨監督官への就任要請とその受諾を真摯に望む旨とが記されていた[92]．

連邦通貨監督官とは，1863年2月25日付で連邦議会において可決・制定された全国通貨法に則って設けられた官職である．具体的には，連邦財務省内に新設された部局（連邦通貨監督局：National Currency Bureau）の首長として，全国通貨法に則って国法銀行制度を展開させてゆく実務上の総責任者としての責務を与えられた，まさに要職である[93]．要するに，国法銀行制度の導入反対を謳う急先鋒に立っていた人物に対し，国法銀行制度の導入を進め展開させてゆく責任ある先導者に就任するよう，連邦財務長官から要請がきた，というわけである．当惑の果てに熟慮を重ねた末，Hugh McCulloch総裁は，連邦通貨監督官への就任を受諾することになる．つまり彼は，国法銀行制度の導入反対の急先鋒からその導入推進の先導者としての劇的な転身を，覚悟を決めて決断したのである．

では，なぜHugh McCulloch総裁は，このようなコペルニクス的転回を見せたのか．その論拠は2点ある．第1に，南北戦争の早期終結の困難が確実な情勢にあって，戦費はすでに膨大なものとなっていて，今後も戦費の拡大は避けられない．第2に，兌換の保証が必ずしも十全ではない種々の州法銀行券が全米各地に流通したところで，連邦政府による徴税の際にそうした州法銀行券が納税手段として受け取られるのは不可能だ．以上の2点を論拠に，総裁は，周到な銀行監査の仕組みがすでに全国通貨法において規定されていたことも勘案して，兌換が完全に保証された健全な通貨を連邦単位で供給・流通できる銀行制度の体系が絶対に必要だ，との結論に至る[94]．そのうえで，現在全米が引き込まれている甚大な苦闘すなわち南北戦争に対しあらゆる便宜を与えうる権限を連邦政府が有している点を重んじ，総裁から官

---

92) McCulloch [1888] pp. 163-164.
93) 小野 [1971] p. 6.
94) McCulloch [1888] p. 164．またKnox [1903] は，Hugh McCulloch総裁が連邦財務長官の就任要請を受諾した理由を，「自分の銀行に対する信頼を失ったのではなく，人民に何らかの安全で信頼できる通貨を供給する必要性を悟った」ためだと記している（Knox [1903] pp. 706-707）．またこの点については，Shade [1972] p. 241 も参照のこと．

職への転職が減収をもたらしうる点をも踏まえて，配偶者とも相談のうえ，Hugh McCulloch 総裁は連邦通貨監督官の就任の受諾を最終的に決断したのである[95]．

1863 年 4 月，Hugh McCulloch は，The Bank of the State of Indiana における本店銀行の理事会を臨時に招集して，総裁職の辞任を表明し，本店銀行の理事会の承認を受ける．それから数日後に，彼は首都 Washington D.C. へ向かう[96]．こうして彼は，これまで積み重ねてきた深遠で幅広い実務経験より培われた諸々の便宜を，連邦政府に供与することを決断した[97]，という次第である．

かくして，Hugh McCulloch 総裁の決断および辞職と引き換えに，The Bank of the State of Indiana は国法銀行への転換に踏み出す．Hugh McCulloch 前総裁の後任には，George W. Rathbone が就いた．George W. Rathbone 新総裁は，The Bank of the State of Indiana の各支店銀行がそれぞれ国法銀行に転換し国法銀行制度の下に完全に再編されるまで，その職務にあたることになる[98]．総裁の交代から約 1 ヶ月後の 1863 年 5 月 9 日，Hugh McCulloch は連邦通貨監督官に就任し，その 2 日後の 5 月 11 日，インディアナ州において初の国法銀行が誕生した．それは，州都 Indianapolis に新設された，The First National Bank of Indianapolis である．これは全米で最も早い時期に誕生した国法銀行のうちの 1 つでもある[99]．さらに

---

95) McCulloch [1888] p. 165. なお Hammond [1957] や Beckhart [1972] は，McCulloch [1888] や Knox [1903] の叙述を典拠にしたうえで（McCulloch [1888] pp. 163-164, Knox [1903] p. 100），「国法銀行制度の導入反対を謳うために Hugh McCulloh 総裁が Chase 連邦財務長官と面会し，その折に Chase 連邦財務長官は彼の反対論を聞き入れたうえで国法銀行制度の必要性を説き，彼に連邦通貨監督官に就任して国法銀行制度を監督するよう求めた」，と記している（Hammond [1957] p. 731, Beckhart [1972]（訳）p. 25）．だが，本書で披瀝された内容と較べてみて明らかなように，先学はこの経緯の内実を一部誤解したうえでそのまま依拠してしまっている可能性がある．
96) McCulloch [1888] p. 138, 165.
97) Knox [1903] p. 707.
98) McCulloch [1888] p. 165.
99) Knox [1903] p. 704. Thornbrough [1965] p. 437. なおインディアナ州初のこの国法銀行は 1884 年に自主清算に陥ってしまうことになる（Knox [1903] p. 704）．

Hugh McCulloch が連邦通貨監督官として初めて報告書を示した 1863 年 11 月 28 日の時点で，国法銀行の数は全米で 134 に達し，うちインディアナ州では 20 にのぼった[100]．インディアナ州における国法銀行の数は 1864 年までに 34 へと増える．さらにこれまで自由銀行の運営に携わってきていた者も含む，夥しい数のプライヴェート・バンカーが国法銀行の事業に積極的に参入するなどして，1864 年 6 月 3 日付で国法銀行法が制定されてから 1 年以内に，インディアナ州域内の国法銀行の数は一挙に 70 にまで増え，1866 年の時点では 72 に達した[101]．インディアナ州域内の国法銀行は，必要最低限度の資本金 5 万ドルの小規模なものから，州都 Indianapolis を始め Evansville, Lafayette の各主要都市に所在の 25 万ドルの規模のもの，そして The Madison National Bank のような資本金 30 万ドルの規模のものまで多岐に及んだ[102]．

各支店銀行による国法銀行への転換が進み始めると，The Bank of the State of Indiana における手形割引・資本金・正貨保有の各総額は，当然のことながら時間の経過に伴い減る傾向を示すようになる．前掲の表 II-21 に基づいて，The Bank of the State of Indiana における 1863 年の某時点から 1864 年の某時点にかけての業況の変移を，改めて注視してみよう．

手形割引（385 万 7,428 ドル→411 万 8,658 ドル）と他行銀行券（123 万 3,122 ドル→125 万 8,501 ドル）は増加を示してはいるが，手形割引の総額についてはピーク時（779 万 315 ドル：1860 年）に較べると激減している．不動産（24 万 1,210 ドル→16 万 9,315 ドル），他行宛債権（134 万 2,104 ドル→76 万 3,209 ドル），その他証券（40 万 7,218 ドル→14 万 2,629 ドル），正貨（347 万 2,369 ドル→141 万 7,957 ドル）といった各資産項目の総額が軒並み減っている．また負債・資本項目についても，剰余基金（100 万 5,852 ドル→134 万 5,663 ドル）と預金債務（203 万 3,795 ドル→275 万 5,668 ドル）とは増えてはいるが，資本金（335 万 4,200 ドル→277 万 5,000 ドル），他行宛債務（26 万ドル→9 万 1,241 ドル），銀行券

---

100) Bolles [1894] pp. 222-223. Knox [1903] p. 97.
101) Knox [1903] p. 704. Thornbrough [1965] pp. 433-434. なおインディアナ州域内の国法銀行の数は，その後 1899 年までに 112 行にまで増えた（Knox [1903] p. 704, p. 710）．
102) Thornbrough [1965] p. 434.

債務 (497万5,332ドル→150万1,865ドル) の各総額が減少している[103].

これらの項目における総額の減少という趨勢は, The Bank of the State of Indiana の支店銀行の数が国法銀行への転換が進んだがゆえに時間の経過に伴い減り, The Bank of the State of Indiana を軸心とする銀行間組織の規模そのものが縮減の果てに滅却の過程に入っていたことによるもの, と考えられる.

1865年4月には, 州都 Indianapolis の銀行家達が「州法銀行券はもはや割引なしでは購入・授受しない」との警告を発するに至った. この結果, インディアナ州域内において発行・流通していた州法銀行券が早急に回収され, 州通貨監督官の下に戻されたうえそこで焼却されてゆくことになる. 約半年間で100万ドルを超える金額分の州法銀行券が回収のうえ焼却され, 1867年までには, インディアナ州域内において発行され流通していたほぼすべての州法銀行券が, 回収のうえ焼却された[104].

結局, 1866年7月1日付で改定国法銀行法が施行されるまでに, The Bank of the State of Indiana の全20の支店銀行のうち, 3行を除く17行がそれぞれ国法銀行へと転換した. 例えば, 州都 Indianapolis を擁する第1行政区を統轄していた The Indianapolis Branch Bank は, 1865年に The Indianapolis National Bank として運営を開始する. 第6行政区を統轄していた The Evansville Branch Bank は, やはり1865年に The Evansville National Bank として始業する. 第11行政区を統轄していた The Fort Wayne Branch Bank も, 1865年に The Fort Wayne National Bank として開業する[105]. 国法銀行に転換しなかった3行のうち2行は, プライヴェ

---

103) Thornbrough [1965] は, 「The Bank of the State of Indiana の資本金の規模が1862年から1864年までの間に500万ドルから150万ドルへ急減した」と述べている (Thornbrough [1965] p. 434).
104) Thornbrough [1965] p. 434.
105) Thornbrough [1965] pp. 437-439. なお The Indiana National Bank は1893年に閉業し, 1899年の時点で The Indiana National Bank の預金債務の60%が預金者からの請求を受けて払い出されている (Knox [1903] p. 704). ところで Thornbrough [1965] は, 第12行政区を統轄する The South Bend Branch Bank については, 「1871年に The South Bend National Bank として編成された」と記している (Thornbrough [1965] p. 439). この叙述が正しいとすると, 改定国法銀行法が施行されて以降に The Bank of the State of Indiana の支店銀行が国法銀行に転換した事例だと考え

ートバンク（銀行業を営む私企業）として事業が続けられ，高い格付の付いた健全な経営が展開されることになる．残りの1行は清算され，州法に基づき賦与されていたこれまでの特許が取り消された．各支店銀行における国法銀行への転換が完了し州法銀行制度に基づく銀行間組織の展開が終結を迎えるまさに最後の瞬間まで，インディアナ州法銀行としての業務を，そしてインディアナ州域内の通貨・信用秩序の健全性維持に向けた管理を，The Bank of the State of Indiana は全うしたのである[106]．

3.2 国法銀行制度への架橋

前述のように，1863年4月に The Bank of the State of Indiana の総裁を辞した Hugh McCulloch は，それから数日のうちに首都 Washington D.C. に移り，連邦財務省の Salmon P. Chase 財務長官と面会し歓待を受ける．そして彼は連邦通貨監督官として任命され，連邦政府の要として国法銀行制度の展開を進める実務上の総責任者に転身する．彼が連邦通貨監督官の就任要請を受諾する契機となったのは，ひとつの強い信念が彼に芽生えたことにある．それは，南北戦争の長期化を背景に膨大な戦費の調達が避けられなくなるなかで，兌換が完全に保証された安全かつ，信頼できる通貨が連邦単位で統一的に供給されうるような銀行制度を展開させなければならず，自らの幅広い実務経験ないし貴重な実体験に基づき得られてきた便益を連邦政府に与えてゆくのだ，という信念である．

この信念の芽生えは，これまでインディアナ州域内において成功裡に進められてきた，通貨・信用秩序の健全性を長らく維持しうる銀行制度の構築と

られ，そのいきさつに関して興味深い事例となる．確認を要するところである．
106) Knox [1903] p. 701. なお McCulloch [1888] や White [1911] は，「州法銀行券の発行に対する禁止的課税（額面価格の10%に相当する金額）を謳った1865年3月3日付の改定国法銀行法の制定に至るまで The Bank of the State of Indiana が続いた」と記し（McCulloch [1888] p. 138, White [1911] p. 337），FDIC [1950] は，「改定国法銀行法の制定が追い風となって The Bank of the State of Indiana の各支店銀行における国法銀行への転換が進んだ」と記している（FDIC [1950] p. 64）．さらに Thornbrough [1965] や Hammond [1957] は，1865年にその存在に幕を閉じた旨を述べている（Hammond [1957] p. 621, Thornbrough [1965] p. 427）．厳密に1865年3月3日をもって The Bank of the State of Indiana が完全に消滅したのかどうか，確認を要するところである．

展開とを今度は連邦において拡張的に実践し，連邦としての国難に立ち向かってゆくのだ，という覚悟を Hugh McCulloch は固めた，と解釈されうるものである．これまで心血を注いできた The Bank of the State of Indiana の総裁から連邦通貨監督官への劇的な転身は，まさに通貨・信用秩序の健全性を維持しうるための仕組みとその運営とを州単位から連邦全体に拡げて実践し実現するのだ，という Hugh McCulloch 自身の強い決意を体現したものである，と言えよう[107]．Hugh McCulloch は，州法銀行に勤務する実務家の見地から，インディアナ州域内における通貨・信用秩序の健全性に向けた運営と管理に長らく携わり，度重なる世界恐慌の襲来による動揺にも耐え，全米でも屈指の健全性維持を見事に示して見せた．このインディアナ州での貴重な実践の経験を糧に，Hugh McCulloch 連邦通貨監督官は，1863 年 5 月 9 日から 1865 年 3 月 8 日までの約 1 年 10 ヶ月の在任期間中に果敢に行動を進め[108]，国法銀行制度を実働させるための基盤をまさに整えてゆくことになる．

　Hugh McCulloch 連邦通貨監督官は，就任 1 年目の 1863 年 11 月 28 日付で編纂され連邦議会に提出された連邦通貨監督官報告書において，国法銀行制度の法的な基礎である全国通貨法（1863 年 2 月 25 日制定）について，国法銀行の創設をめぐる手続きなど，あまたの修正ないし改定すべき点を提言する．既述のように，もともと彼は全国通貨法の制定に基づく国法銀行制度の導入に反対の意を伝えようと挙に出たことを機に連邦通貨監督官に就任したわけで，全国通貨法の修正ないし改定に向けた提言が彼の口から出てくるのは，彼にとってはごく自然なことであったのではないか．彼によるこの提言が有力な契機となって，翌 1864 年に連邦議会によって全国通貨法の改定案が作成・審議・可決される．同年 6 月 3 日付で，この改定案は国法銀行法として成立する．このように，Hugh McCulloch 連邦通貨監督官の提言に基づいて，既存の各種銀行が国法銀行制度により参入しやすくなる仕組みが整

---

107) 本章の脚注 94 に示した，Knox［1903］による McCulloch 総裁の転身の決意をめぐる叙述についても，改めて参照されたい．
108) 連邦通貨監督官の歴代就任者における名前や就任・退任年月日の一覧については，Bolles［1894］p. 570 の Appendix D を参照のこと．

えられたのである[109]．

　また Hugh McCulloch 連邦通貨監督官は，同じくその連邦通貨監督官報告書において，中西部の諸州を中心に株主の意識の高まりと共に国法銀行制度の導入が進み，連邦としても国法銀行制度に対する人気が高まっていると述べ[110]，国法銀行制度の普及に自信を覗かせていた．では，彼は具体的にどのような仕事をしていったのか．

　Hugh McCulloch 連邦通貨監督官が最初に執ったのは，連邦財務省内に新設された連邦通貨監督局の編制である．連邦通貨監督局は，国法銀行制度の実働や運営を司るまさに要諦である．連邦通貨監督局は，各州の州法銀行を国法銀行へと転換させるよう促し，全米各地に散在する各国法銀行が発行する国法銀行券を安全で信頼できる通貨として連邦単位で統一的に流通させるよう，制御を図る役割を担う．安全で信頼できる通貨として連邦単位で統一的に流通させてゆくには，額面通りの兌換が確実に行われうる仕組みを整えると共に，各国法銀行の監査を厳格に行う仕組みを整えることが肝要である．兌換と監査の一切を担ういわば制度の中枢たる連邦通貨監督局について，この展開の出来が国法銀行制度の命運を左右する．同局の編制に係る一切の事柄について Chase 連邦財務長官から任されると，Hugh McCulloch 連邦通貨監督官はさっそく事務官の人選に入る．事務官の人選に際しては，他薦よりもむしろ自薦によるアピールと篤実な人格とが重視された[111]．

　国法銀行券の兌換の仕組みに関しては，以下の変遷を辿った．Hugh McCulloch が連邦通貨監督官に就任する直前の，1863年2月25日付で制定されていた全国通貨法においては，国法銀行券は発行元である各国法銀行の窓口による兌換が義務付けられるのみの，簡素な規定に留まっていた．また，各国法銀行は開業時に公債を発券の担保として連邦通貨監督局の下に預託することが必須とされ，当該の国法銀行が支払い不能に陥った場合，連邦通貨監督局が業務の停止を宣告したうえで，その担保公債の売却で得られた資金でもって未決済の当該の国法銀行券を兌換する，という仕組みになっていた．

---

109) White [1911] p. 349. Shade [1972] p. 241.
110) Shade [1972] p. 241.
111) McCulloch [1888] pp. 165–167.

だが Hugh McCulloch が連邦通貨監督官に就任したあと，1864 年 6 月 3 日付で制定された国法銀行法では，州法銀行が跋扈した時代に全米単位で自生的に紡ぎ上げられてきた，各州の州法銀行が他州の州法銀行へと州際的に決済性預金を置き合う仕組み，すなわちコルレス・ネットワークの仕組みをそのまま発展的に援用した，国法銀行券の兌換をめぐる準備都市・代理店制度が設けられる．

　この制度の仔細は，以下の通りである．すなわち，全米でも枢要な金融・商業中心地のうち 18 の都市が「準備都市」と位置付けられ[112]，東海岸の New York City が「中央準備都市」として位置付けられる．そして，国法銀行券の兌換が発行元の窓口のみならず「準備都市」に所在の国法銀行でもって兌換を代行できるようにする．このために，各国法銀行は「準備都市」に所在の国法銀行と兌換の代行をめぐる契約を結んで決済性預金をそこに置き，契約を結んだ「準備都市」の国法銀行は「兌換代理店銀行」として，契約先の国法銀行が置いた決済性預金でもって契約先の国法銀行券の兌換を額面通りに執り行う．そして「準備都市」に所在の国法銀行は，同様の兌換の代行をめぐる契約を「中央準備都市」である New York City に所在の各国法銀行と結んで，銀行間預金として置いた決済性預金でもってその預託先の国法銀行に自らの国法銀行券の兌換を集中的に代行してもらう[113]．こうした仕組みである．

　だが残念なことに，この仕組みは形骸化してしまう．なぜか．実は，「中央準備都市」である New York City には，全米各地の国法銀行によって発行された様々な金種の国法銀行券が集まり市中に溢れてしまっていた．この状況下で，New York City に所在の各国法銀行は，兌換の代行をめぐる契約をしていないところの国法銀行券を兌換の請求のために各発行元に送還することはしないで，New York City の域内で暗躍するマネーブローカーに

---

112) 18 の都市とは，Albany, Cleveland, San Francisco, Chicago, Cincinnati, Saint Louis, Charleston, Detroit, New Orleans, Pittsburg, Philadelphia, Boston, Baltimore, Milwaukee, Richmond, Leavenworth, Louisville, Washington D.C. の各都市である（Myers [1931] p. 227, また大森 [2004] p. 209 の脚注 314 も参照のこと）．

113) 大森 [2004] pp. 208–209.

額面の 0.1% から 0.25% の割引率で売却して現金に換えるようになっていった．以上の背景があったからである．それゆえ，各国法銀行券の市価の変動に関して減価が見受けられるようになり，安全で信頼できる通貨を連邦単位で統一的に流通させるという当初の目的が達せられなくなってゆく．

　この不穏な現況に対し，Hugh McCulloch 連邦通貨監督官は，東部大西洋岸の主要都市 Boston と Philadelphia 以外に所在の各国法銀行については New York City において国法銀行券を兌換することを義務付ける旨の提案を，年次報告書において示した[114]．つまり彼は，各地の国法銀行によって濫発され全米に流通する夥しい種類の国法銀行券の殆どを，最終的には「中央準備都市」の各国法銀行によって額面通りに集中的に兌換させるという，中央兌換システムの構築を謳ったのである．このシステムの構築によって彼は，かつてインディアナ州域内において培った通貨・信用秩序の健全性の管掌をめぐる一連の実務経験を踏まえ，それを全米規模で拡張させたシステムの具体的な姿を公に示すこととなった．まさに彼は，安全で信頼できる通貨を連邦単位で統一的に流通させるためのシステム構想の実現に向けた第一歩を，ここに標したのである．

　さらに国法銀行法において，各国法銀行は，資本金の 20% に当たる金額分までを上限に，純利益の 10% に当たる金額分を，剰余基金として積み立てることを求められるようになった．加えて，各国法銀行は不動産への融資が固く禁じられることと定められた．

　このように，全国通貨法から国法銀行法へと国法銀行制度を司る法的な礎が発展的に変移するなか，その改定の要点は，(1) New York City を軸心とした国法銀行券の額面通りの中央兌換システム，(2) 剰余基金の設営，(3) 国法銀行における不動産融資の禁止，にあったわけである．

　これらの論点の文面を凝視すると，改定の度に適宜規定されたこれらの仕組みは，かつて民間単位で自発的に組織化された各種銀行券の額面通りの集中兌換システムであったニューイングランドのサフォーク・システム，預金保険制度の原点たるセイフティ・ファンドならびに自由銀行制度の仕組みを

---

114)　大森［2004］p. 210.

全米で初めて生み育んだニューヨーク州の銀行制度，そして，かつてのインディアナ州法銀行，The Second State Bank において構築され運営された剰余基金の仕組みを，それぞれ雛型としたものであった[115]．国法銀行制度の精度をより高める契機となった仕組みや機序のモチーフの内に，インディアナ州域内において育まれた独創的な銀行制度の影響が，確かに息衝いていたのである．

3.3 連邦準備制度への布石

1865年3月8日に連邦通貨監督官を退いた Hugh McCulloch は，さらに劇的な転身を遂げることになる．彼に全幅の信頼を寄せた Chase 連邦財務長官が1864年6月30日に退任し，William P. Fessenden（在任期間：1864年7月1日～1865年3月3日）が引き継いだあと，その後任として白羽の矢が立ったのである．1865年3月7日，Hugh McCulloch は時の Abraham Lincoln 連邦政権の下で連邦財務長官に就任し，Lincoln 連邦大統領の暗殺という不慮の事態が生じたあと政権を継いだ Andrew Johnson 連邦政権の下でも，Hugh McCulloch は連邦財務長官に就く．結果的に彼は，1869年3月4日までの丸4年間その職務に当たることになる．

この時期に彼が直面した問題は，おもにグリーンバックスをめぐる問題である．既述のように，南北戦争の戦費を捻出するために法貨として発行されたこの政府紙幣は，最終的には4億5,000万ドル分が未償還ゆえに市中に流通したままの状態にあった．Hugh McCulloch 連邦財務長官は，グリーンバックスを市中から退かせてできるかぎり元の通貨体制，すなわち金銀複本位制に戻すことに賛意を示す．そして連邦政府に対し，連邦財務省証券（連邦債）の売却とその売却によって得られた収益を用いてグリーンバックスを早期に償還し流通から退かせることとを連邦財務長官の権限で行えるよう，

---

115) Helderman [1931] p. 157. なお The Second State Bank における剰余基金の仕組みについては，大森 [2008] pp. 69-72 および本篇の第3章を，サフォーク・システムとそれを取り巻いた運営・経営環境については佐合 [2003]，大森 [2004]，黒羽 [2010] を，ニューヨーク州において展開されたセイフティ・ファンドや自由銀行制度の仔細や展開については大森 [2003a] [2003b] ならびに本書の第Ⅰ篇を，それぞれ参照されたい．

勧告した．この勧告は，1865年12月に連邦議会に提出された年次報告書に記載されるかたちで行われ，連邦議会においても是認される．すなわち，下院議会において1865年12月18日に144対6の票決により承認されたのである．そして1866年4月12日，その勧告は連邦法として遂に成立し，政策として実行に移された．

　この法律の中身は，最初の半年間でまず1,000万ドル分のグリーンバックスを償還し，その後は1月当たり400万ドルのグリーンバックスを償還する，というスキームであった．だが1868年2月，このスキームの遂行の中断を連邦議会が決定してしまう．それゆえ，スキームの中断までの21ヶ月間で，4,400万ドル分のグリーンバックスが償還されるに留まった．結局，グリーンバックスの完全な償還には，12年もの年月が費やされることとなる[116]．現実にはかなりの時間が掛かってしまったが，この事実は，通貨・信用秩序の健全性を維持し健全な通貨を統一的に安定した供給を行い続けられる仕組みにすることを，連邦の場においてもHugh McCullochは望み，かつて自らが従事したインディアナ州の事例と同様にそれをしきりにかつひたすらに追求した，まさにその所産であった，と言えるであろう．

　連邦財務長官の退任後，彼はNew York Cityとイギリスの首都Londonで銀行業を営む．そして1884年，当時のChester Alan Arthur連邦政権の下でWalter Q. Gresham連邦財務長官が辞任したあとその後任に抜擢され，1884年10月28日から1885年3月5日までの約半年間，職責を全うすることになる．具体的には，かつて1865年に時のLincoln連邦政権の下で初めて連邦財務長官に就いた時期に直面し，それから約20年後の3度目の同長官の就任時においてもなお続いていた，全米単位での通貨・信用秩序の収縮という停滞した状態を克服するために，彼は渾身の力を振り絞ったのである[117]．

---

116) White［1911］p. 152. Schweikart ed.［1990］pp. 309-310.
117) Knox［1903］p. 707. Schweikart ed.［1990］p. 310. 連邦財務長官の歴代就任者における名前や就任・退任年月日の一覧については，Bolles［1894］p. 570のAppendix Dを参照のこと．また，Hugh McCullochが連邦財務長官としてその安定化に尽力し続けた時期に当たる，19世紀後半のアメリカの貨幣制度の遷移については，片桐［2001］［2002a］［2002b］［2003］を参照されたい．

このように Hugh McCulloch は，19 世紀後半に異なる連邦大統領の下で，実に 3 度に渡って連邦財務長官に就いた．そして，かつて全米を驚嘆させたインディアナ州域内における通貨・信用秩序の健全性維持めぐる先駆的な成功体験を糧に，国法銀行制度が高度化を遂げやがて連邦準備制度すなわちアメリカ中央銀行制度の醸成へと向かう過程において，まさにその脈流を推進させる原動力として，彼は極めて重要な貢献を果たしていったのである．

終　章　本書の結論

　本書の冒頭（序章　課題と展望）において述べたように，筆者の問題意識は，以下の通りであった．すなわち，中央銀行なき状態の黎明期アメリカにおいて，通貨・信用秩序の混乱が各地で頻繁に繰り返されるなか，ニューイングランド，ニューヨーク州，インディアナ州の各地域においては，連邦の動きを睨みつつ州・地域単位での苦肉の措置として，銀行制度がそれぞれ独自に捻出された．これらの地域においては，独創性溢れる各銀行制度の捻出・展開を通じ，結果的に通貨・信用秩序の混乱を極力抑え込むことに成功する．金融機関の破綻の連鎖や通貨・信用不安の伝播が度々生じ，正貨による支払いの停止がその都度打ち出されてしまう他の州・地域とは異なり，上掲の3つの州・地域においては，通貨・信用秩序の健全性維持が見事なまでに実現され，当時の全米の注目を浴びるものとなっていた．

　では，中央銀行なき状態のアメリカにおいて，通貨・信用秩序の健全性を州・地域単位で実現させる契機となった，独創性溢れる銀行制度とはどのように紡ぎ出され，どのような構造を持ち，どのような展開を示したのか．この究明こそが，本書を貫くそもそもの課題であった．そのうえで，当時のニューヨーク州とインディアナ州とにおけるそれぞれ独創的な銀行制度の出来および盛衰をめぐる実態が，本書を通じて細密に明らかにされた，というわけである．まずは，本書によって解明された全容の摘要を，改めて確認し総括しておこう．

(a)　第I篇の追究結果

　第I篇では，全米でも先駆的かつ前衛的な銀行制度を紡ぎ出し，のちに他の多くの州・地域の銀行制度の創設の手本とされてゆく，ニューヨーク州における銀行制度の自生と盛衰をめぐる実態を究明した．

独立して間もない当時のアメリカ国内は，特に金融に係る統治をめぐり連邦と各州との間に相克が横たわっており，全米の通貨・信用秩序を厳然と統轄する中央銀行が定着していない状態にあった．各州および准州において商業銀行や銀行業を営む事業会社が州法に基づいて濫立し，それらによる自己宛債務の濫発が頻繁に見受けられ，通貨・信用秩序の健全性は不安定な状況にあった．この不安定性の深まりに州・地域単位で独自に対抗すべく，ニューヨーク州においては，制限法や一般法が適宜制定されながら，制度・体系の策定と運用が試行錯誤のうえ模索されてゆく．州域内の開発に必要な資本・資金供給と，各州法銀行における運営基盤および与信活動の健全性との両立を図りつつ，連邦による金融分野への統治介入を斥けるための体系として捻出されたのが，1829年に州法として成立のうえ銀行制度として導入された，ニューヨーク・セイフティ・ファンドであった．

　法律家Joshua Formanの独創的な着想が有力な政治・政策集団Albany Regencyの支援によって実現されるという，エリー運河の構想・実現に伴う流域の開発の推進の過程で見受けられたこの基本の繋がりは，のちにセイフティ・ファンドの構想・実現の過程においても見受けられた．セイフティ・ファンドの発案者がまさにJoshua Formanその人であり，セイフティ・ファンドの法案を可決させた時のニューヨーク州知事こそが，Albany Regencyの主導者，Martin Van Burenである．Formanの着想をAlbany Regencyの支援を介し実現させたエリー運河事業が，流域の開発を通じて，ニューヨーク州域内の銀行業の投機的な与信の拡張を誘発する．この結果，ニューヨーク州の通貨・信用秩序の不安定性はかえって増し，深化の一途を辿る．この不安定性に毅然と対処するために，同じくFormanの着想をAlbany Regencyの支援を通じて実現させるべく，セイフティ・ファンドが登場したのである．実に皮肉な因果の構図であった．

　こうした不安定性の顕現・深化の元凶を，ニューヨーク州議会や州政府は，銀行業を営む個人や法人による経営上の「悪弊」にあるもの，と判断した．そして，この不安定性に州単位で対処するために，Albany Regencyが背後で影響力を行使しつつ，銀行業を統轄するための州法が，次々に州議会において可決され制定されていった．米英戦争の遂行に伴いニューイングランド

諸州を除く全米で正貨による支払いが全面停止されたことと，ニューヨーク州域内においてエリー運河事業が着手されたこととは，ニューヨーク州域内の経済に活力をもたらす契機となった．その反面，各州法銀行による投機的な与信の過熱を通じて，ニューヨーク州域内の通貨・信用秩序の不安定性は益々高まっていった．ニューヨーク州域内の全体の利益に繋がる経済開発の活性化を誘発し必要とされる資本の供給を仕向けてゆきながら，他方で，活性化すればするほど潜在リスクが膨らみさらなる不安定性を胎動させてしまうニューヨーク州域内の通貨・信用秩序について，どう健全性を維持させ続けるか．二律背反を抱えたこの命題への挑戦が，1829年州法，通称セイフティ・ファンド法の誕生に結実する．ニューヨーク州において独自に捻出されたセイフティ・ファンドは，中央銀行なき状態のアメリカにおいて，通貨・信用秩序の健全性維持を実現するための包括的な体系性を帯びた．

セイフティ・ファンドは，「保険原理を援用した銀行債務の保証」「銀行監査」「業務規制」の3点の体系によって構成された．「保険原理を援用した銀行債務の保証」の体系は，中国の広東商人の共同保証の仕組みを参考に，各州法銀行から課徴金を徴収して組成された基金の拠出によるかたちで展開された．「銀行監査」の体系は，バンク・コミッショナーによる年3回の通常監査とそれ以外の臨時監査とを基盤に，各州法銀行に対して行われるものであった．「業務規制」の体系は，各州法銀行の業務運営に関して，発券総額ならびに貸付・割引総額の限度額の設定や，経営陣の方針や品行に対する罰則規定が設けられるものであった．これらの独創的かつ緻密な体系の展開を通じ，セイフティ・ファンドは，時の連邦統治に対する州統治の優越を顕示するうえでの政治的な象徴として，扱われることとなった．

1830年代，景気の高揚を背景に，セイフティ・ファンド法の下で特許を受ける銀行が簇生する．セイフティ・ファンドへの拠出請求もなく，セイフティ・ファンドの残高は着実に増え続ける．だが，銀行経営の「悪弊」の高まりとそれを看過したバンク・コミッショナーの銀行監査とに対する不信が強まる．また，セイフティ・ファンド法の下で特許を受けた銀行の債権者のみが保証の対象となるセイフティ・ファンドについて，その閉鎖性や特権性を批判する勢力が台頭し，セイフティ・ファンドとは袂を分かつ，自由銀行

制度が敷設される．以後，ニューヨーク州においては2つの銀行制度が並存して展開された．セイフティ・ファンド法の下で特許を受けた各行は，特許の期限が満了となり次第，随時，自由銀行制度に組み込まれることとなり，1866年まででセイフティ・ファンドの自然消滅が事実上確定した．しかし，セイフティ・ファンドは形骸化しなかった．むしろ，自由銀行制度との交錯のなかで，両制度の意義，利点や難点が絶えず論議され続けた．

　1840年から1842年にかけて，セイフティ・ファンド法の下で特許を受けた銀行が連続して破綻する．この時点で，各行の保有資産の売却益による債務処理では間に合わず，セイフティ・ファンドに資金拠出の申請が殺到する．銀行券債務のみならず預金債務まで包含するという，保証対象をめぐる曖昧な規定も災いして，セイフティ・ファンドは枯渇に瀕し，構造改革を余儀なくされた．追徴の実施やバンク・コミッショナー制度の廃止，破綻銀行の処理順序の規定，州監督官による発券管理，さらに，緊急の資金調達手段として特殊な州債の発行を容認することによって，セイフティ・ファンドの枯渇はひとまず回避された．

　1840年代以降，ニューヨーク州においては，自由銀行制度とセイフティ・ファンドとのどちらの仕組みも，銀行制度の主軸とは成りえないまま，並存し続ける．そして，両制度の間隙を縫って，投資銀行業務を営む個人商会が頭角を現す．1860年代に入ると，南北戦争による北軍の結束と有効な戦費調達を行う観点から，通貨・信用秩序の統一が志向され，州法銀行制度の駆逐と共に国法銀行制度が敷かれてゆく．こうした複数の銀行制度による混交のなかで，セイフティ・ファンドは役目を終えて消滅の日を迎えた．結果的には，セイフティ・ファンドは，課徴金による収入総額が支出総額を上回った黒字の状態で終わったのであり，1866年に最終残余分が州の公庫に移管されて解散される，という経過を辿ったのである．

(b) 第II篇の追究結果

　第II篇では，インディアナ州における独創的な銀行制度の出自・動態と，それに基づく通貨・信用秩序の堅実な健全性維持の始終を，つぶさに究明してきた．

終　章　本書の結論　439

　インディアナの領域を含む黎明期アメリカの中西部では「反銀行主義」の理念が根強く，金融機関の濫立を懸念する傾向にあった．他方で，州域内外においての商取引に必要な通貨や信用の供給も細り，「反銀行主義」の理念と州域内に最低限必要な通貨・信用秩序維持との両立が模索される．その結果，「複数の支店銀行を束ねた単一の州法銀行」という，特異な銀行間組織が編み出される．この特異な銀行間組織を整備するために，州域内が複数の区域に分けられた．現代のアメリカ連邦準備制度の原基となりうる枠組みが，すでに 19 世紀初頭のインディアナに芽吹いていた．

　複数の支店銀行を束ねる単一の州法銀行として編制された The First State Bank は，州の政財界のパワーエリートと交流を深め，連邦政府預金の取り扱いをめぐる特権を獲得し，株式割り当ての 25% を州政府に保有してもらうかたちで公権力ないし財政当局とも絡み合い，そのブランド力を活かして積極的な発券や与信を行う．しかし独善的で放漫な経営管理ゆえ，与信主体としての社会的な信用力が落ち，支払い能力や発行銀行券の兌換能力の信憑性に暗雲が垂れ込み，主要通貨としての信頼性がなくなる．「反銀行主義」の理念を根強く抱えた世論の力が，法廷闘争を経て The First State Bank を消滅に追い遣り，インディアナ州の通貨・信用秩序は再び混乱と逼迫に陥った．こうした錯雑のあと，通商の活発化に見合う必要最低限の貨幣供給の需要と，州域内の開発に伴う資金需要との双方の高まりから，インディアナ州においては，価値の安定した通貨や信用を供与できる体系的な銀行制度の創設の声が，再び俄かに高まっていった．

　州統治の主権を最大限尊ぶ連邦統治を推進し第 2 次合衆国銀行の廃止を求めるジャクソニアン・デモクラシーの最中にあって，インディアナ州は時流に叛き，第 2 次合衆国銀行の存続を謳う．だが，第 2 次合衆国銀行の廃止の確定を機に，州域内の通貨や信用を安定供給するための銀行制度の企図が芽生える．1816 年制定の州憲法に照らして合法的な，複数の支店を抱えた単一の州法銀行の形態を軸に法案が作成され，州議会で審議が進む．上下両院で着想が持ち寄られ，州政府と民間との折半による出資・所有や銀行監査制度の導入，組織の統轄のみを行う本店銀行と独立採算で動く各支店銀行との水平的な集合組織体など，銀行制度の具体像が彫琢される．法案は州上院議

会において僅差で否決されるが，ジャーナル誌による論戦の隆盛や州議会議員選挙の結果を受けて，次年度の州議会において再上程され，再審議のうえ成立する．

　成立した州法銀行設置法に基づいて，複数の支店を抱えた単一の州法銀行，The Second State Bank の組織の編制が進む．資本金を持たず組織の統轄のみを行う本店銀行を州都に据え，そこに理事会が設置される．さらに州域内を 10 の行政区に分けて各区に 1 つの支店銀行が置かれ，各区域内の経済環境に見合った与信業務と通貨・信用秩序の管理とに当たる．理事会は，州議会において選出され州政府から任命を受けた本店銀行の総裁と取締役の計 5 名，それに各支店銀行からの推挙を受けた 1 名の総勢 6 名で構成される．理事会は，支店銀行の開設・閉鎖の決定や，支店銀行への預金および株式配当金の均分，発券や手形割引や融資対象の制限に係る監督，支店銀行の財務監査を実施し，各支店銀行の経営行動の裁量性を確保しつつ，組織全体の統轄を図る．The Second State Bank の出資は州政府と民間で折半されるが，州政府は州債の発行で出資金を調達し，民間への株式の引き受けは出資金の一部を州政府が立て替えることで円滑に行われる．The Second State Bank は，州政府の甚大な関与・後援を下敷としながら半官半民による出資・所有の形態を実現する．

　さらに，州政府と株主と The Second State Bank とを繋ぐ資金の脈流の構造の狭間に，緩衝が組成される．緩衝は「剰余基金」「徴収基金」「減債基金」の 3 点から成る．特に「減債基金」は，The Second State Bank の筆頭株主としての州政府が自ら得る株式配当金を原資にして，州政府がまさにその株式を取得するための資金調達を目的に発行した，州債の償還およびその利払いを円滑に行うための仕組みとして，利用される．「減債基金」の一部は政策的な長期融資に活用され，これと The Second State Bank の各支店銀行が各区域内で行う中・短期の融資業務との相互補完によって，州域内における与信事業が包括的に展開される．さらに，支払い不能に陥った支店銀行が現れた場合，本店銀行内の理事会が閉鎖の是非を決め，背任がその原因と特定された場合，当該の支店銀行の株主と経営陣とが債務保証の責を担う．ここで残った不履行債務については，本店銀行の経営陣が 1 年以内に各支店

銀行に債務保証を分担させて共同での負担を行わせ，必要ならば理事会の主導により各支店銀行から「寄附金」を集めて最終弁済を行う．銀行債務の保証体系が重層的に完備されることによって，州域内の通貨・信用秩序は厚みを帯びた最終ラインの下に頑強に支えられるに至った．

当時の州域内においては，主軸の農業，副軸の商業に加え，州域内の開発事業が台頭する．各産業からの多彩な資金需要に応えるべく，The Second State Bank の各支店銀行が融資を進める．農業従事者には農地などの不動産を担保に融資が行われたが，商人層には 1834 年の州法銀行設置法に基づき融資が制限される．州域内の開発事業については，州政府による州債の発行が資金調達の主流をなしつつ，開発に係る事業者への運転資金を各支店銀行が融通する．開発投機に導かれ全米で景気が過熱するなか，インディアナ州では，長期融資よりもむしろ特段の目的に対する短期融資を軸に事業を続けるという方針の下に，The Second State Bank の各支店銀行が与信を慎重に展開する．順調な滑り出しを見せた The Second State Bank には，既決の支店銀行の新設に加え，各支店銀行の融資限度額の緩和や増資が施され，州域内の通貨・信用秩序を支えるためのより磐石な銀行制度が築かれる．

景気が過熱するなか，The Second State Bank の手形割引は，約束手形が為替手形を上回るかたちで推移する．手形割引の総額は，1837 年恐慌に遡ること 1 年前に最初のピークを迎え，1837 年恐慌の前夜に第 2 のピークを迎える．銀行間融資も，支店銀行間の資金融通と，支店銀行とは異なる他行と支店銀行との間の資金融通との双方で，その規模が膨らむ．発券総額は手形割引の総額と同様の 2 つのピークを示し，預金総額はおもに連邦政府預金の預け入れに依存しつつ増える．景気の過熱と資金需要の増大とで要求払い債務（銀行券＋預金）の総額が増えるなか，正貨保有高は顕著な伸びを見せる．要求払い債務の総額に対する与信（銀行券＋手形割引）総額の比率で見た発券銀行としての預貸率は，景気が過熱するにつれ上がるどころかむしろ下がっている．結果的には，景気が高揚する最中にあって，The Second State Bank の年次配当率や準備率が極めて高い水準で保たれ，極めて安定した業態が維持される．The Second State Bank は，景気の過熱時に州域内の通貨・信用秩序を過度に膨張させずに落ち着かせることにひとまず成功

した．

　未曾有の世界恐慌である 1837 年恐慌が生ずる前から，金融逼迫の危険性が州政府や有力商人や The Second State Bank によって察知される．恐慌の襲来と共に全米各地で正貨支払いの全面停止が宣言されるが，The Second State Bank の理事会は正貨支払いの部分停止を決める．正貨支払いの停止の判断をあくまで各支店銀行の裁量に委ねるこの奇策は，恐慌後の混乱の渦中にあって，州法に抵触することなく州域内の通貨・信用秩序の安定化を導く．超党派および州民の大多数に支持されたこの奇策によって，The Second State Bank は一部の決済や支払いの業務を継続させ，全米で最も支払い能力のある銀行だと謳われる．連邦政府からも信頼を寄せられ，恐慌後も The Second State Bank の各支店銀行券が各地で額面通りに授受される．

　だが，正貨支払いの部分停止が長引くにつれ，The Second State Bank の責任を問う声や正貨支払いの全面回復を求める声が，州議会や州域内において高まる．州議会は，上下両院での論議を経て，部分的にはあれ正貨支払いの停止を招いたことは州憲法や特許に違反するが特許の破棄は健全な通貨や信用の供給を州域内に行い続ける点から得策ではないとして，The Second State Bank の存続を決める．正貨支払いは，その部分停止から 1 年 3 ヶ月を経て，ようやく回復する．

　1837 年恐慌から正貨支払いの回復に至る The Second State Bank の業況は，おもに為替手形の割引が減り手形割引は若干落ち込むが，正貨支払いの回復後に為替手形の割引は急増する．支店銀行間における債権・債務の保有総額の上限が緩和される措置も採られ，銀行間の資金融通は規模を縮めながらも継続される．発券は若干落ち込むがすぐに回復し，貨幣の供給が恐慌後も堅実に行われる．ただし連邦政府との関係が次第に薄れ，連邦政府預金の保有高が急落して，預金総額が急減する．正貨保有高も，恐慌後に一時的に下がるがすぐに戻して安定的に推移する．このため準備率は，恐慌によって正貨支払いの部分停止が生じたにも拘らず上昇し，高い水準を維持した．年次配当率が引き下げられて純利益の確保が図られ，利益の総額は激動する．結局，世界恐慌の影響を受けたにも拘らず，The Second State Bank は，高い準備率を背景に通貨や信用を州域内に堅実に供給し，銀行間の資金融通を

続け，支払いや決済業務を持続する．この結果，世界恐慌の襲来にも拘らず州域内の通貨・信用秩序の健全性維持に成功した類い稀な事例として，全米で注目された．

次の世界恐慌，1839年恐慌が伝播すると，The Second State Bank は正貨支払いの部分停止を再び行う．だが，州域内には各支店銀行券が額面を上回る価値で流通し，通貨としての健全性が州民に高く評価される．難航しつつも支店銀行が新設され，正貨支払いの部分停止が再び行われたことについて州政府や州議会は黙認する．もっとも1839年恐慌の襲来を受けて，The Second State Bank の業況も転変する．恐慌直後には純利益が激減し，不履行債務も激増し，株式の年次配当率も下がる．手形割引は約束手形の割引額が為替手形の割引額を依然として凌駕してはいるが，実物取引に基づいた為替手形の割引が着実に増え，与信が堅実に行われる．発券は小額面券の発行を中心に行われ，その総額は正貨支払いの部分停止および再停止を挟んで上下変動を繰り返しつつも，相応の発行状況を見せる．預金は，これまで大勢を占めていた連邦政府預金に代わり，民間預金の伸びが高まる．正貨保有も，全米で正貨支払いの停止および再停止が進むという非常時であるにも拘らず，90万〜130万ドル台という高い水準で推移する．要求払い債務に対する準備率も，最低でも24.5％と，不況期にしては驚異的に高い水準で推移する．度重なる世界恐慌の襲来にも拘らず，The Second State Bank は，巧みな舵取りによって州域内の通貨・信用秩序の動揺や混乱を鎮め，州域内の経済的な損害を他州に比して抑えることに成功した．

ところが，その実践の背後で，それまで隠れていた様々な問題点が露呈する．まず，The Second State Bank の各支店銀行が自らの株主や役員層に対して優遇的な融資を行う内部融資の慣行が常態化していたことや，大多数の農業従事者を尻目に，極少数の商人向け融資に傾倒していたことが明らかとなる．こうした事態の発覚に，The Second State Bank を擁護するウィッグ党に対して，州議会においても，民主党を中心に既存の銀行制度への批判や改革が強く謳われた．

The Second State Bank のあり方は，政争の具となる．そこに The Second State Bank に巨額の不良債権が露呈し，世論の反発を生み，The Second State Bank の経営責任が州議会において厳しく問われる．この結果，州議会議員選挙で民主党が躍進し，州議会で The Second State Bank への特別調査が決まる．

　特別調査は 8 ヶ月間に及び，資料解析に基づく綿密な現状分析が行われ，各支店銀行の経営の実態が白日の下に晒される．そして報告書が纏められ，各支店銀行の経営の総体としての The Second State Bank について財務状態は健全だとしながらも，内部融資の跋扈に見られる内部関係者への優遇と為替手形の架空取引とが，問題点として指摘される．また，保有手形の資産評価をめぐり The Second State Bank と特別調査官との間で対立が見受けられ，特別調査官は，The Second State Bank の総資産の評価額を The Second State Bank の見積もりよりも低く見積もる．そのうえで，The Second State Bank による法定限度を超えた州政府の債務の引き受けが州政府による債務の濫発を助長させているとして，可能なものから債務放棄を実施し実質的に減資を行い，州政府に The Second State Bank の株式を市場価格に即して一部売却し債務の償還に充てることが勧告される．

　この勧告に基づいて，州政府および民間における The Second State Bank の株式保有の削減をめぐる法案が，州議会において可決・成立する．株式保有の削減が実施された結果，これまでの半官半民の株式シェアの構造は崩れ，官すなわち州政府の保有シェアが狭まった．また，The Second State Bank に対し債務を負った人物は本店銀行や各支店銀行の役員登用が拒まれるなど，内部融資の慣行を抑え込む施策が採られ，銀行制度改革が着々と進められる．

　1840 年代に入ると，アメリカ経済の復調と共にインディアナ州の経済も上昇の基調に入る．The Second State Bank による与信や利益の獲得は右肩上がりに伸び，The Second State Bank は業績を回復させてゆく．だが一方で，州域内においては，ウィッグ党に代わり民主党が州議会をリードする時代に入る．民主党は，州域内の通貨・信用秩序を管理する The Second State Bank の独占性の拡大を懸念し，既存の銀行制度の改変を志向する考え方を根強く持っていた．州議会における民主党の勢力が強まるにつれ，The Second State Bank の理事や総裁に民主党員の人物が就任したり，一部の支店銀行において経営危機が明るみになったり，支店銀行の新設が州議会

で修正のうえなんとか認められても The Second State Bank の理事会が満場一致での容認を決められなかったりするなど，既存の銀行制度の拡張が抑えられる機運や志向が社会的に高まる．

　この趨勢のなか，州憲法の改定期と重なる絶妙のタイミングで，The Second State Bank の特許の更新をめぐる論議が高まる．The Second State Bank の存否を含む既存の銀行制度のあり方は，州憲法の改定をめぐる主要な論題のひとつとして，憲法会議の俎上に載せられる．憲法会議では，特許の期限を機に The Second State Bank を廃止する旨の論調がさらに強まる．そして既存のものに代わる銀行制度として，準則主義に基づき所定の基準さえ満たせば万人に銀行創設の機会が開かれるという自由銀行制度の導入論が，憲法会議において存在感を増し，議長の制御が利かなくなるほど論戦は白熱さを増す．期限を迎え一方的に打ち切られた憲法会議を経て制定された新州憲法においては，州特別法に基づく特許制を踏まえた州法銀行制度と，一般法に基づく自由銀行制度とが並存できる内容の条項規定が示され，複数の銀行制度の同時展開が法的に基礎付けられた．

　その後すぐ一般銀行法が制定されて自由銀行制度が導入され，州域内の銀行数は激増する．だが，銀行参入の自由度を拡げたことと引き換えに，経営実態の不明瞭ないわゆる山猫銀行の簇生や，額面通りの正貨との兌換が怪しい各種銀行券の増発とその市中での滞留が招かれてしまう．通貨として流通する一部の銀行券は減価し，州域内の通貨・信用秩序はかえって混乱を極め，全米でも屈指とされたこれまでの厳格な秩序管理と健全性維持がまるで幻であったかのような状態に陥る．こうした混濁の事態を眼前にした The Second State Bank は，特許の期限が刻々と迫るなか，総裁選を粛々と執り行ったり，減価し滞留した各種銀行券を回収しては正貨との兌換請求を発行元の自由銀行に対し繰り返し行ったりして，存在感を示す．そして自由銀行制度の展開をめぐる諸問題を解決するために一般銀行法が一部改定され，新規の一般銀行法として制定される．その制定と同時に，特許の更新が望み薄の状態にあって The Second State Bank の消滅の可能性を見越した一部の超党派の議員集団の運動を通じ，新州憲法に則って，特許制に基づく単一の州法銀行制度の形態の継承が図られ，The Bank of the State of Indiana の新

設と特許の交付とが州議会において承認された．

　The Bank of the State of Indiana は，複数の支店銀行を抱えた単一の州法銀行の形態，各支店銀行間で経営責任を保証しあう点や，各支店銀行における手形割引の総額規制など，かつての The Second State Bank の展開の過程で培われた仕組みの一部がモチーフとなり参考にされた．そのうえで，特許の更新が行われぬまま消滅の公算が高い The Second State Bank のなきあと，それに代わる新規の州法銀行として活動できるよう，予め制度が準備されることになった．

　このように，1842年から1855年にかけてのインディアナ州においては，銀行制度を取り巻く様々な思惑や考え方が発達しては交錯し，これまで完璧な通貨・信用秩序の健全性維持を実践してきたはずの既存の銀行制度が苦悶を呈し，あるべき銀行制度の構築を目指して模索に次ぐ模索が重ねられる，新たな「生みの苦しみ」に突入する．

　複数の支店銀行を抱えた単一の州法銀行，The Second State Bank は，独創的な銀行間組織の展開を背景に，州域内の通貨・信用秩序の健全性維持に長らく貢献したものの，州議会において特許の更新を受けられなかった．このことを機に，通貨・信用秩序の動揺を不安視した一部の勢力を中心に，新たな州法銀行，The Bank of the State of Indiana が創設される．州法銀行の新設には州知事による批判もあったが，妨げを乗り越え，新銀行の編制が進む．銀行組織は，複数の支店銀行を抱えた単一の州法銀行という The Second State Bank の独創的な仕組みが踏襲されるものの，人事や資金面で州政府の関与が否定されたり，資本金の容認限度額や支店銀行数の増大など，従前とは異なる仕組みも多々見受けられた．The Second State Bank の支店銀行の買い取りをめぐる交渉の過程で，かつてその一支店銀行の頭取として実務に当たっていた Hugh McCulloch が The Bank of the State of Indiana の初代総裁に就任する旨の人事案が示され，諒承される．The Second State Bank は清算に係る時間の確保ゆえその特許の期間が延長され，The Bank of the State of Indiana の開業とシンクロして動くが，州域内における通貨・信用の供給やそれらの秩序の維持管理をめぐる業務は，The Bank of the State of Indiana が事実上引き継いだ．

ところが，開業して間もない The Bank of the State of Indiana に 1857 年恐慌の襲来という大きな試練が降り掛かる．この試練に対し，The Bank of the State of Indiana の Hugh McCulloch 総裁は，かつて The Second State Bank の一支店銀行の頭取として体験した 1837・39 年の両恐慌への対処を念頭に，州議会における正貨支払いの全面停止の決議はないものと予見して，決済や貨幣取り扱いの業務を滞らせないよう，通貨・信用秩序への対処を慮る．全米の他地域とは異なり，正貨支払いの全面停止と決済事業の滞りが，インディアナ州においては回避された．このことにより，恐慌時にも確実に額面通り受け取ってもらえる全米でも屈指の善良な信用貨幣として，The Bank of the State of Indiana の各支店銀行による発行銀行券の価値にはプレミアムが付くようになる．

　1837・39 年の両恐慌に続き，1857 年の恐慌に対しても通貨・信用秩序の健全性維持を果たしえた全米でも稀有な実例として，インディアナ州の銀行制度に全米からの注目が再び集まる．当時の州域内には，複数の銀行制度が折り重なっていた．まず The Second State Bank の展開の流れを汲む The Bank of the State of Indiana を軸心とした，複数の支店銀行を抱えた単一の州法銀行の統轄に基づく銀行制度が存在した．このほか，自由銀行制度や，特許を持たずに私企業が銀行業務を織り成すプライヴェート・バンクの仕組みが混在した．1857 年恐慌の襲来によって，自由銀行制度やプライヴェート・バンクの仕組みは大打撃を被ったものの，複数の支店銀行を抱えた単一の州法銀行の形態を基調とする独創的かつ伝統的な銀行制度には，大打撃を巧みに跳ね返すだけのしなやかさが具わっていた．

　しかしながら The Second State Bank については，清算手続きが粛々と進められる．各支店銀行の清算は管財人による資産売却の決定時機の相違に応じてその処理速度に差が生じた．また，清算の過程で生じた，未決済のまま流通を続ける The Second State Bank の各支店銀行券の最終決済をめぐる処遇に対し，適格とみなされた実績のあるマネーブローカー達と兌換代行の契約が結ばれるが，彼らに持ち込まれた支店銀行券のすべてが兌換されることはなかった．

　これに対し，1857 年恐慌を克服し州域内の通貨・信用秩序を見事に守り

抜いた The Bank of the State of Indiana は，順調に事業を拡げてゆく．手形割引や要求払い債務，銀行間融資についても，The Bank of the State of Indiana の各支店銀行はかつての The Second State Bank が誇った規模を凌駕しながら着実にそれらの規模を伸ばし，州域内に通貨や信用の充分な供給を進めていった．正貨保有額も，The Second State Bank の業績ピーク時における最高保有額を上回る水準で推移する．正貨保有高を要求払い債務の総額で除した，さらには要求払い債務に他行宛債務と不履行の支店銀行券の各総額を加えた総債務で除した各準備率について，20% 台後半から 30% に届く高い水準に達した．純利益の規模についても，The Second State Bank の業績ピーク時の規模を上回る．The Bank of the State of Indiana は，磐石とまで言われた The Second State Bank をさらに上回る事業基盤を有し，州域内の通貨・信用秩序を管掌する司令塔として，その健全性や安定感が裏付けられるパフォーマンスを見事に示した．

しかしながら，南北戦争の勃発が，こうした独創的な銀行制度の展開自体に終焉をもたらす契機となってしまう．戦争の長期化ゆえ戦費の調達に苦しみ始めた連邦政府は，北軍側についた各州の州法銀行に融資や政府債務の引受を依頼したり，グリーンバックスと呼ばれる政府紙幣の発行を進めるなどする．全米各地で正貨準備の逼迫が懸念され，インディアナ州にもその懸念が及ぶ．The Bank of the State of Indiana はいち早く発行銀行券を回収し兌換を進めるなど，難局に機敏に対応する．加えて，グリーンバックスを正貨とみなす連邦政府の方針に対し，The Bank of the State of Indiana や各自由銀行などにおける州法銀行券の兌換の際に鋳貨のみならずグリーンバックスで支払うことを認めるか否かがインディアナ州域内においても議論となり，司法に判断が委ねられる．司法の判断は，グリーンバックスを正貨とみなす連邦政府の強権性を非難しつつもこれを否定すれば全米で悲惨な結末が訪れるとみなして，グリーンバックスを兌換の際の支払い手段としての利用を認める，というものであった．

南北戦争に突入してからは，州域内において破綻銀行こそ現れなかったものの，特に資本金総額と発券総額の規模において，The Bank of the State of Indiana と各自由銀行との間に格差が付き始める．The Bank of the

State of Indiana は，当時開業されていたすべての自由銀行の総計を凌駕する資本金規模と発券規模とを示す．他方で各自由銀行は，発券の担保として南部諸州の州債を州通貨監督官に預託していたため，南北戦争の勃発を通じてこれらの州債が減価し，担保価値の下落の影響によって業況の悪化が加速した．

さらに，南北戦争の長期化を踏まえた抜本的な戦費調達策として，連邦政府は国法銀行制度の導入を決める．国法銀行制度は国法銀行の新設のほか，各州の既存の州法銀行を国法銀行に転換する手法によって進められる．このため，州統治を脅かす連邦政府の顕著な介入だとして，国法銀行制度の導入に反対する州が相次いだ．国法銀行制度の導入反対論の急先鋒のひとつとなっていたのが，まさにインディアナ州であった．The Bank of the State of Indiana の Hugh McCulloch 総裁は，直談判を求めて Washington D.C. の連邦財務省にまで乗り込む．直接交渉はままならなかったものの，連邦財務長官から総裁宛てに，国法銀行制度の導入を進める責任者である，連邦通貨監督官への就任要請が届いた．Hugh McCulloch 総裁は熟慮の末に，南北戦争の長期化に伴う戦費拡大という国家的な危機への対処に向けた必要性と，額面通りの兌換が充分に保証された健全な信用貨幣を安定供給し続けるための体系的な銀行制度を全米単位で構築する必要性とを痛感し，翻って連邦通貨監督官への就任要請を受諾する．全米としての国家的危機に立ち向かうために，これまでインディアナ州域内で試行錯誤しながら培われてきた通貨・信用秩序の健全性維持の実践のノウハウを，今度は連邦単位に拡張して国法銀行制度の下で試みようと，彼は勇敢にも決断したのである．

Hugh McCulloch による総裁の辞職後，The Bank of the State of Indiana は新総裁を迎え，各支店銀行を国法銀行に転換させることを前提に運営を進めてゆく．Hugh McCulloch を高官として連邦政府へと送り出したインディアナ州もまた，他州に範を示す魁のひとつとなって，国法銀行制度の導入および国法銀行の設置を州域内において積極的に進めることになる．国法銀行制度の整備の優先に舵が切られた結果，各支店銀行の国法銀行への転換が前提とされた The Bank of the State of Indiana は，年を追う毎に手形割引や資本金総額，正貨保有高などの指標が軒並み下がり，滅却の過程に入

る．The Bank of the State of Indiana の各支店銀行が発行し通貨としておもに州域内に流通してきた州法銀行券についても，1867 年までにすべてが回収され焼却された．各支店銀行はそれぞれ国法銀行へと随時転換されてゆくが，終焉を迎えるその日まで，The Bank of the State of Indiana は，州域内の通貨・信用秩序の健全性維持に向け，職責を果たし抜いたのである．

(c) フリーバンキング論批判としての論拠

　以上の追究結果を鑑みると，まずニューヨーク州の事象は，中央銀行なき状態のアメリカで州・地域単位で自生した仕組みであったと言える．ただし，自生といっても，純粋に民間の経済主体の行動の間から誕生したのではなく，州議会の承認を経て法制度の枠組みの下で組成されたものであった．運営は，民間業者が担ったのでも現行のアメリカ連邦預金保険制度のように公社が担ったのでもなく，州法に基づいて州政府，すなわち州財務当局ないし州銀行当局がセイフティ・ファンドを直接統轄するという性格を帯びた．したがって，ニューヨーク・セイフティ・ファンドは，民間預金保険制度の萌芽というよりは，むしろ，州単位で公権力の企図・主導の下に統御され展開された預金保険制度の萌芽として捉えられるべきものである[1]．

　また，セイフティ・ファンド法の導入を機に，州政府が各行に行動規制や監査を集中的にかつ包括的に行うようになった．本書を通じて究明されてきた通り，セイフティ・ファンドにおいては，当初 3 名のバンク・コミッショナーによる方式を採用したが，度重なる銀行不祥事の露呈や世論の監査不信，バンク・コミッショナーの作業能力の限界からこの方式は廃止され，州財務

---

1) 戸田 [2000] は，ニューヨーク・セイフティ・ファンドの経験を，「第二次世界大戦以前における南北戦争以前の州レベルでの民間預金保険の経験」のひとつとして意義付けている（戸田 [2000] pp. 135-139）．戸田氏の「民間預金保険」の定義は明確ではないが，連邦預金保険とは区別された州レベルでの預金保険を，総じて「民間預金保険」と呼ばれているようである（戸田 [2000] p. 134）．戸田 [2000] が依拠している English [1993] の定義では，"state-sponsored private deposit insurers"（「州によって提供された民間預金保険会社」）と示されている（English [1993] p. 61）．州レベルの預金保険を総じて「民間預金保険」と規定するのであれば，セイフティ・ファンドは「民間預金保険」なのかもしれないが，運営主体が公社もしくは民間機関ではなく，セイフティ・ファンドを「民間預金保険」として厳密に把持するのは困難だと考えられる．

当局内の州監督官が直接携わる方式に変更されていった．バンク・コミッショナーによる監査体系の廃止は，破綻銀行の続出とそれに伴うセイフティ・ファンドの枯渇を誘発した．その意味において，セイフティ・ファンドの構造上の脆弱性を裏付ける根拠とされ，かえってセイフティ・ファンドの意義を消極視させる根拠のひとつとされてきた．だが，セイフティ・ファンド法の導入とその一連の実践・運営経験は，むしろ，政府ないし公権力が部局を設置しそこを中枢として各商業銀行に網羅的に監査を行うという，現代のアメリカ金融制度の礎石たる部分に関して，アメリカ金融・銀行制度史上初めてその原基を提示するものになった，と意義付けられる[2]．セイフティ・ファンドにおいて初めて生み出された，銀行監査と債務保証とが一体化したその制度の基本原則や体系は，時を経て，現代のアメリカ連邦預金保険制度の基本原則や機序にも着実に受け継がれていった，と論断できるのである[3]．

さらに，当初の構想とは裏腹に，付保対象が銀行券債務のみならず預金債務にまで拡充されつつ，セイフティ・ファンドは運営されていった．その結果，セイフティ・ファンドの枯渇が導かれてしまったわけであるが，この苦い経験は，セイフティ・ファンドに特有であった機能・構造上の未熟さや失敗によるものだとして，狭隘にかつ消極的に総括すべきではない．むしろ，銀行券債務の流通が主流であった時代に，要求払い債務のすべてを対象にその保証を試行錯誤しながら展開したということで，預金債務の流通が主流と

---

2) Golembe & Holland [1981]（訳）p. 27.
3) 「基本的に，FDIC（アメリカ連邦預金保険公社 Federal Deposit Insurance Corporation［筆者註］）のコンセプトは，ニューヨーク・セイフティ・ファンドの連邦拡大版を表していた」（Hubbard [1995] p. 213)．「セイフティ・ファンドの設備は，20世紀のアメリカ銀行制度のなかで最も重大な革新のひとつ，銀行預金保険の前兆であった」(Ratner, Soltow & Sylla [1979] p. 172)．同様の指摘に，Bodenhorn [2002] p. 156. また，現行のアメリカ連邦預金保険制度を切り盛りする FDIC も，セイフティ・ファンドがアメリカ連邦預金保険制度の淵源であることを公式に認めている（FDIC [1983] pp. 13-14. FDC [1998] p. 7)．アメリカ連邦預金保険制度の変容については，Vedder [1965]，野村 [2011]，戸田 [2014] を参照されたい．なおセイフティ・ファンドの存在に触れている日本での代表的な先学を改めて掲げておくと，奥田 [1926] pp. 98-99. 金融制度研究会編 [1969] p. 96. 楠井 [1970] pp. 122-131. 稲田 [1976] pp. 145-146. 戸田 [1985] p. 94. 高木 [1986] pp. 218-219. 大橋 [1999] p. 78. 戸田 [2000] pp. 135-137. 佐合 [1999] pp. 22-23. 高月 [2001] pp. 35, 40. 磯谷 [2002] pp. 88-96. 本間 [2002] pp. 57-58. 高木 [2006] p. 133.

なる現代の信用秩序ならびに銀行債務のトータルな保証を果敢に試みたその先駆的な実践であった，と評価すべきなのである．

そのうえ，セイフティ・ファンドにおいては，破綻銀行の債務処理に関して，「まず破綻銀行の保有資産の売却益を弁済に充て，そこで残った債務を基金で弁済する」という手順が確立していた．この手順は，実は現行のアメリカ連邦預金保険制度での破綻処理の手順と軌を一にするものであり，セイフティ・ファンドの内部に現行の破綻処理の方途がすでに醸成されていたのを確認することができる．

加えて，本書を通じて明示された通り，セイフティ・ファンドは，枯渇の憂き目に遭ったあと，特殊の州債を発行して当面の資金を確保し難局を乗り切った．「基金の枯渇を特殊の債券の発行によって乗り切って再生する」という，この一連の制度の盛衰をめぐる動態は，まさに，レーガノミックスの末期に当たる，1980年代の後半から1990年代の初頭にかけてアメリカ連邦預金保険制度が同じように経験した一連の制度の盛衰をめぐる動態そのものの淵源として，理解されうるものなのである[4)5)]．

また，インディアナ州の事象は，現代のアメリカ中央銀行制度であるアメリカ連邦準備制度につき，その意匠の萌芽・淵源と体系・機序の縮図をそこに見出すことができる．アメリカ連邦準備制度とは，全米の広大な領域を複数の地区に分け，各地区の連邦準備銀行が各々の管轄区域内の通貨・信用秩序を独自の裁量で管理する一方で，首都に置かれた連邦準備制度理事会（FRB）が各地区の連銀を監督・監査のうえ組織全体を統轄するという，地方分権性と中央集権性とが兼備される刮目すべき特性を具えた，世界でも稀

---

4) FDICの管理する基金の枯渇への緊急対処として，以下の3つのルートで資金の供給が行われた．(1) 連邦財務省からの借り入れ，(2) 接収した銀行資産について市場価格の90％の価額を上限とした連邦金融銀行からの借り入れ，(3) 前述と同じ条件の担保で傘下のFDIC加盟金融機関からの借り入れ（諌山・春田編［1992］p.93）．

5) 預金保険制度を導入した国や地域は，冷戦が崩れいわゆるグローバル化が進む1990年代以降に激増する．1971年の時点では僅か9ヶ国であったが，1888年に68ヶ国に達し，2017年の時点では51ヶ国で推移している（金融制度研究会編［1969］，戸田［2000］［2003］，本間［2002］）．日本では1971年4月1日付で制定された預金保険法に基づいて，同年7月1日付で同法が施行され，運営が開始された．日本の預金保険制度の仔細や沿革については，預金保険機構ウェブサイトのほか，金融制度研究会編［1969］，斉藤［1995］，堀内［1998］などを参照されたい．

にみる特異な中央銀行制度である[6]．また，FRB の理事達と各地区の連銀の代表者とで構成された，連邦公開市場委員会（FOMC）における会合によって，連邦単位での金融政策が取り決められるものとなっている．

　黎明期アメリカ・インディアナ州の銀行制度は，形式上は支店銀行制を採っているが，広大な領域を複数の地区に分けて各区域内に置かれた銀行（支店銀行）が各々の管轄区域内の通貨・信用秩序を独自の裁量で管理する一方で，首都（州都）に置かれた理事会が各地区の銀行を監査・監督のうえ組織全体を統轄する．そして本店銀行の理事達と各地区の支店銀行の代表として送り込まれた理事とが理事会の場において州域内の通貨・信用秩序を安定させるための銀行運営や政策展開を話し合って決めるという，民主制を醸す仕組みを創り上げた．

　インディアナ州域内において紡がれた独創的な制度・仕組みとその壮絶な運営経験は，Hugh McCulloch の手を介して連邦単位で発展的に活かされていった．連邦通貨監督官に就任した彼は，健全な通貨や信用の安定供給を全米規模で展開する仕組みの構築を，国法銀行制度の整備・拡充というかたちで進める．特に目を見張るのが，全米に散在する各国法銀行について，それらを統一的に監査するための仕組みと，発行銀行券をめぐる集中兌換の仕組みとの構築に関してである．Hugh McCulloch は連邦通貨監督局を新設し，ここをキーステーションに，銀行監査と兌換ないし最終決済とを統一的に管理して全米単位で健全な通貨や信用の安定供給を行うための仕組みを整備し始める．集中兌換の仕組みをめぐっては，Boston と Philadelphia の両都市以外に所在の各国法銀行の銀行券について，「中央準備都市」に定められた New York City に所在の国法銀行によって集中的に兌換するという，中央兌換システムの展開を唱え，その敷設を試みた．また，各国法銀行が得た利益の一部を原資に積み立てた剰余基金の整備など，かつてインディアナ州域内で苦悶の果てに捻出された通貨・信用秩序の健全性維持のための仕組みが有力かつ有益なモチーフのひとつとして発展的なかたちで埋め込まれてゆき，のちの中央銀行制度すなわち連邦準備制度の形成に連なる国法銀行制

---

6) アメリカ連邦準備制度の仔細や沿革，その金融政策の動向については，FRB［1963］，Beckhart［1972］，須藤［2008］，田中［2014］を参照のこと．

度の定着・充実に貢献してゆくことになったのである[7].

　黎明期アメリカ・インディアナ州の銀行制度は，実はアメリカ連邦準備制度の新たな嚆矢のひとつとして，全米単位で通貨・信用秩序の健全性を担保するための制度・組織を育むうえで，隠れた，しかし重要な役割を静かに果たし続けていたものである．右往左往し，試行錯誤の末に州単位で拵えられたインディアナ州の銀行制度には，制度の設計に係る諸点においてアメリカ連邦準備制度の意匠や体系・機序の萌芽・縮図が見出され，上述のアメリカ中央銀行制度の特性がすでにそこに芽吹いていた，と言える．それゆえこの銀行制度は，まさに世界でも類い稀なアメリカ中央銀行制度の特性を孕み，生み，育んだ極めて重要な雛型なのであり，その制度上の淵源として捉えられる．このことは，これまでのアメリカ中央銀行制度の生成史論における通説では指摘されてこなかった，新説の提唱を可能とするものである．

　以上の総括を踏まえると，それまで学問的には軽微に扱われていた2つの「奇態」は，前著で論究したニューイングランド諸州のサフォーク・システムの実例と同じで，いわゆるフリーバンキング論に則した主流の経済・金融理論の体系観や歴史観を支える有力な論拠とはならない．むしろ逆で，それを批判し覆す有力な論拠となりうることが論証された[8]．これらの「奇態」は，中央銀行なき窮余のなかで，中央銀行の不在や不介入を肯定する，自由

---

7) 現実に，インディアナ州の銀行制度の下で銀行運営の経験を積んだ人物が，南北戦争の勃発後，連邦単位での国法銀行制度の運営に連邦財務長官や通貨監督官など要職の立場で携わってゆくことになる（例えば Hugh McCulloch 初代通貨監督官）．こうしたかたちで，黎明期インディアナ州の銀行制度の設計や運営で培われた銀行監査体制など種々のエッセンスがその後の連邦単位での銀行制度の設計に伝承されてゆくことになる（Knox [1903] pp. 706-707, Esarey [1912] p. 257, Golembe [1955] p. 116）．なおアメリカ連邦準備制度の生成に関する有力な前説としては，おもに連邦側に寄った視角を踏まえた，合衆国銀行制度とする視点（例えば Catterall [1902]）のほか，New York City の金融・銀行制度の発達を重視する説（例えば Myers [1931]，小野 [1971] [1972] [1973a] [1973b]，西川・松井 [1989]）や，Chicago のそれを重視する説（例えば須藤 [1997]）が代表的なものであった．

8) フリーバンキング論の脈流を経済理論史の観点から総括したものとして，池田 [2002] や大森 [2004] 序章を参照されたい．また，フリーバンキング論の成否を見据えた視点から19世紀のスコットランドやイングランドの銀行制度の摘要を示したものについては吉村 [2004] を，同じく19世紀アメリカの金融制度の概要を示したものについては寺地 [1998] を参照されたい．

放任の推進の下で揚々と育まれ成功を遂げた秩序調整の所産と言えるものではない．そうではなく，中央銀行なき状態で，通貨・信用秩序を維持する「番人」が定着しないなか，景気や諍いに揺さぶられ不安定性の膨らむ通貨・信用秩序の健全性をなんとしても維持しようと挑み，苦悶や苦闘，錯雑の山積の果てに孕み，生み，育まれ，「番人」たらんとした，制度や組織の姿態そのものだったのである．

これらの「奇態」は，通貨・信用秩序の不安定性を抑え管掌するための金融セーフティネットの組成を，アメリカにおいて，ひいては世界の各国や地域において，時空を超えて波及させてゆくその制度的な淵源として理解され，理論経済学のみならず金融論や金融史学など種々の分野においても通説の体系観や歴史観を覆す枢要な論拠として，極めて示唆に富む重要な事象なのだ，と結論付けられるのである．

昨今，物価上昇率と経済成長率とを連関させた目標の設定とその達成を頑なに目指し，貸借対照表のバランスを敢えて大きく崩しながら，積極的な量的金融緩和やマイナス金利にまで及ぶ大胆な金利政策を続け，グローバルな金融・証券市場の比類なき活力にめどなく寄り添う，中央銀行の姿態が浮き彫りとなっている．本書における論究とそこで導かれた結論は，そうした今日の中央銀行のあり方に対する検証を今後進めてゆくうえで，極めて有力な指針となる．なぜなら，物価および貨幣価値の安定と，通貨・信用秩序の健全性の堅持との両立を試行錯誤しながら追究し，人々の日常の生活環境を安定させるという，それこそ原点に立ち返って，現代の中央銀行制度や金融セーフティネットの本質的な意義・役割を改めて熟考すべき時機が，いままさに訪れていると思われるからである．

参考文献

Adams, Jr., D. R. [1975] "The Role of Banks in the Economic Development of the Old Northwest," Klingaman, D. C. and R. K Vedder (eds.), *Essays in Nineteenth Century Economic History: The Old Northwest*, Athens: Ohio University Press, pp. 208-245.

American State Papers [1998] *Class III, Finance Vol. IV*, William S. Hein & Co., Inc.

Arndt, K. J. R. [1975] *A Documentary History of the Indiana Decade of the Harmony Society 1814-1824*, Vol. 1, Indianapolis: Indiana Historical Society.

Baker, H. F. [1857] "Banking in the United States: A Historical Sketch of Banking in the State of Indiana," *Bankers' Magazine*, Vol. 3, No. 3, pp.159-178.

Barnhart, J. D. and D. L. Riker [1971] *Indiana to 1816: The Colonial Period*, Indianapolis: Indiana Historical Society.

Beard, C. A. [1928] *The American Party Battle*, New York: Macmillan.（斎藤眞・有賀貞訳編『アメリカ政党史』東京大学出版会, 1968年）

Beckhart, B. H. [1972] *Federal Reserve System*, New York: American Institute of Banking.（矢尾次郎監訳『米国連邦準備制度』東洋経済新報社, 1978年）

Bodenhorn, H. [1996] "Zombie Banks and the Demise of New York's Safety Fund," *Eastern Economic Journal*. Vol. 22, No. 1, pp. 21-33.

Bodenhorn, H. [2002] *State Banking in Early America: A New Economic History*, New York: Oxford University Press.

Bolles, A. S. [1894] *The Financial History of the United States, From 1861 to 1885*, 2nd ed., New York: D. Appleton and Company.

Brown, M. A. [1998] *The Second Bank of the United States and Ohio, 1803-1860: A Collision of Interests*, New York: Edwin Mellem Press.

Calomiris, C. W. and Schweikert, L. [1991] "The Panic of 1857: Origins, Transmission, and Containment," *Journal of Economic History*, Vol. 51, No. 4, pp. 807-834.

Carmony, D. F. [1998] *Indiana, 1816-1850: The Pioneer Era*, Indianapolis: Indiana Historical Bureau and Indiana Historical Society.

Catterall, R. C. H. [1902] *The Second Bank of the United States*, Chicago: Uni-

versity of Chicago Press.
Chaddock, R. E. [1910] *The Safety-Fund Banking System in New York State, 1829–1866*, Washington: Government Printing Office.
Cleaveland, J. [1864] *The Banking System of the State of New York*, New York: John S. Voorhies.
Conant, C. A. [1909] *A History of Modern Banks of Issue: With an Account of the Economic Crises of the 19th Century and the Crisis of 1907*, 4th ed., New York: G. P. Putnum.
Cowen, D. J. [2000] *The Origin and Economic Impact of The First Bank of the United States, 1791–1797*, New York: Garland Publishing Inc.
Dewey, D. R. [1910] *State Banking before the Civil War*, Washington: Government Printing Office.
Dwyer Jr., G. P. [1996] "Wildcat Banking, Banking Panics, and Free Banking in the United States," *Economic review* (Federal Reserve Bank of Atlanta), Vol. 81 (Dec.), pp. 1–20.
English, W. B. [1993] "The Decline of Private Deposit Insurance in the United States," *Carnegie-Rochester Conference Series on Public Policy*, Vol. 38 (Jun.), pp. 57–128.
Esarey, L [1912] *State Banking in Indiana, 1814–1873*, Bloomington (Indiana), publisher not identified.
Evans, D. M. [1859] *The History of the Commercial Crisis 1857–58, and the Stock Exchange Panic of 1859*, New York: Burt Franklin.
FDIC [1950] *Annual Report of the Federal Deposit Insurance Corporation*, Federal Deposit Insurance Corporation.
FDIC [1953] *Annual Report of the Federal Deposit Insurance Corporation*. Federal Deposit Insurance Corporation.
FDIC [1983] *The First Fifty Years: A History of the FDIC 1933–1983*, Federal Deposit Insurance Corporation.
FDIC [1998] *A Brief History of Deposit Insurance in the United States*, Federal Deposit Insurance Corporation.
FRB [1963] *The Federal Reserve System: Purposes and Functions*, 5th ed., Washington D. C.: Board of Governors of the Federal Reserve System.（矢島鈞次訳『アメリカ連邦準備制度――金融メカニズムの解明』春秋社，1971 年）
Gallatin, A. [1841] *Suggestions of the Banks and Currency of the Several United States*, New York: Wiley and Putnam.
Gibbons, J. S. [1873] *The Banks of New York, Their Dealers, the Clear-*

ing-House, and the Panic of 1857, 10th ed., New York: The Bankers' magazine.

Golembe, C. H. [1955] "Origins of Deposit Insurance in the Middle West, 1834–1866," *Indiana Magazine of History*, Vol. 51, No. 2, pp. 113–120.

Golembe, C. H. [1960] "The Deposit Insurance Legislation of 1933: An Examination of Its Antecedents and Its Purposes," *Political Science Quarterly*, Vol. 75, No. 2, pp. 181–200.

Golembe, C. H. [1978] *State Banks and the Economic Development of the West, 1830–44*, New York: Arno Press.

Golembe, C. H. and D. S. Holland [1981] *Federal Regulation of Banking*, Washington, D. C.: Golembe Associates.（馬淵紀寿訳『アメリカの銀行制度』日本経済新聞社，1982年）

Hammond, B. [1957] *Banks and Politics in America: From the Revolution to the Civil War*, Princeton: Princeton University Press.

Hammond, B. [1970] "Jackson, Biddle, and the Bank of the United States," F. O. Gatell (ed.), *Essays on Jacksonian America*, New York: Holt, Rinehart and Winston.

Harding, W. F. [1895] "The State Bank of Indiana," *Journal of Political Economy*, Vol. 4, No. 1, pp. 1–36, Appendix: pp. 109–115.

Helderman, L. C. [1931] *National and State Banks: A Study of Their Origins*, Boston: Houghton Mifflin.

Hepburn, A. B. [1924] *A History of Currency in the United States: With a Brief Description of the Currency Systems of all Commercial Nations*, New York: Macmillan.

Hubbard, J. T. W. [1995] *For Each, Strength of All: A History of Banking in the State of New York*, New York: New York University Press.

Huntington, C. C. [1915] *A History of Banking and Currency in Ohio before the Civil War*, Columbus, Ohio: The F. J. Heer printing Co.

Hunt's Merchants' Magazine [1841a] *Hunt's Merchants' Magazine*, Vol. 4.

Hunt's Merchants' Magazine [1841b] *Hunt's Merchants' Magazine*, Vol. 5.

Hunt's Merchants' Magazine [1843a] *Hunt's Merchants' Magazine*, Vol. 8.

Hunt's Merchants' Magazine [1843b] *Hunt's Merchants' Magazine*, Vol. 9.

Hunt's Merchants' Magazine [1844] *Hunt's Merchants' Magazine*, Vol. 10.

Hunt's Merchants' Magazine [1845] *Hunt's Merchants' Magazine*, Vol. 13.

Hunt's Merchants' Magazine [1846] *Hunt's Merchants' Magazine*, Vol. 14.

Hunt's Merchants' Magazine [1847a] *Hunt's Merchants' Magazine*, Vol. 16.

Hunt's Merchants' Magazine [1847b] *Hunt's Merchants' Magazine*, Vol. 17.
Hunt's Merchants' Magazine [1848a] *Hunt's Merchants' Magazine*, Vol. 18.
Hunt's Merchants' Magazine [1848b] *Hunt's Merchants' Magazine*, Vol. 19.
Hunt's Merchants' Magazine [1849] *Hunt's Merchants' Magazine*, Vol. 21.
Hunt's Merchants' Magazine [1850] *Hunt's Merchants' Magazine*, Vol. 22.
Hunt's Merchants' Magazine [1852] *Hunt's Merchants' Magazine*, Vol. 26.
Hunt's Merchants' Magazine [1853] *Hunt's Merchants' Magazine*, Vol. 28.
Hunt's Merchants' Magazine [1854] *Hunt's Merchants' Magazine*, Vol. 30.
Hunt's Merchants' Magazine [1857] *Hunt's Merchants' Magazine*, Vol. 37.
Hunt's Merchants' Magazine [1860] *Hunt's Merchants' Magazine*, Vol. 43.
Huston, J. L. [1987] *The Panic of 1857 and the Coming of the Civil War*, Baton Rouge: Louisiana State University Press.
Knox, J. J. [1892] "A History of Banking in the United States," *Rhodes Journal of Banking: A Practical Magazine Devoted to the Banking Interest*, Vol. 19, New York: Bradford Rhodes & Company, pp. 359–385, 485–520, 617–654, 1213–1224.
Knox, J. J. [1903] *A History of Banking in the United States*, New York: Bradford Rhodes & Co.
Lake, W. S. [1947] "The End of the Suffolk System," *Journal of Economic History*, Vol. 7, No. 2, pp. 183–207.
Lanier, H. W. [1922] *A Century of Banking in New York 1822–1922*, New York: George H. Doran Co.
Madison, J. H. [1975] "Business and Politics in Indianapolis: The Branch Bank and the Junto, 1837–1846," *Indiana Magazine of History*, Vol. 71, No. 1, pp. 1–20.
Madison, J. H. [1986] *The Indiana Way: A State History*, Bloomington: Indiana University Press.
Map of Indiana Cities [2009] https://geology.com/cities-map/indiana.shtml
McCulloch, H. [1888] *Men and Measures of Half a Century: Sketches and Comments*, New York: Charles Scribner's Sons.
Milada, K. [1994] *A History of Central Banking in the United States, 1791–1991*, A dissertation for the degree for Ph. D. at City University of New York.
Morrison, S. E. [1972] *The Oxford History of the American People*, New York: New American Library.（西川正身訳監修『アメリカの歴史2（1815年〜1900年）』集英社，1971年）
Myers, M. G. [1931] *The New York Money Market*, New York: Columbia Uni-

versity Press.

Myers, M. G. [1970] *A Financial History of the United States*, New York: Columbia University Press.

Nussbaum, A. [1957] *A History of the Dollar*, New York: Columbia University Press.

Ratner, S., J. H. Soltow, and R. Sylla [1979] *The Evolution of the American Economy: Growth Welfare and Decision Making*, New York: Basic Books.

Redlich, F. [1947] *The Molding of American Banking: Men and Ideas*, Part. I, New York: Hafner.

Redlich, F. [1951] *The Molding of American Banking: Men and Ideas*, Part. II, New York: Hafner.

Robb, T. B. [1921] *The Guaranty of Bank Deposits*, Boston and New York: Houghton Mifflin Co.

Rockoff, H. [1975] *The Free Banking Era: A Re-Examination*, New York: Arno Press.

Rolnick, A. J. and W. E. Weber [1984] "The Causes of Free Bank Failures: A Detailed Examination," *Journal of Monetary Economics*, Vol. 14, No. 3, pp. 267–291.

Root, L. C. [1895a] "New York Bank Currency," *Sound Currency*, Vol. 2, No. 5, pp. 285–308.

Root, L. C. [1895b] "States as Bankers," *Sound Currency*, Vol. 2, No. 10, pp. 222–251.

Rothbard, M. N. [1962] *The Panic of 1819: Reactions and Policies*, New York & London: Columbia University Press.

Samuelson, P. A., and H. S. Krooss, [1969] *Documentary History of Banking and Currency in the United States*, Vol. 1, New York: Chelsea House Publishers.

Schweikart, L. (ed.) [1990] *Banking and Finance to 1913*, New York: Facts on File.

Shade, W. G. [1972] *Banks or No Banks: The Money Issue in Western Politics, 1832–1865*, Detroit: Wayne State University Press.

Sharp, J. R. [1970] *The Jacksonians Versus the Banks: Politics in the States after the Panic of 1837*, New York: Columbia University Press.

Southworth, S. D. [1928] *Branch Banking in the United States*, New York: McGraw-Hill Book Co.

Sowers, D. C. [1914] *The Financial History of New York State from 1789 to 1912*,

New York: Columbia University Press.

Studenski, P. and H. E. Krooss [2003] *Financial History of the United States*, Washington, D. C.: Beard Books.

Sumner, W. G. (ed.) [1896] *A History of Banking in All the Leading Nations, Vol. 1*, New York: The Journal of Commerce and Commercial Bulletin.

Taylor, G. R. (ed.) [1949] *Jackson Versus Biddle: The Struggle over the Second Bank of the United States*, Boston, Washington, D. C.: Heath and Company.

Thornbrough, E. L. [1965] *Indiana in the Civil War Era, 1850–1880*, Indianapolis: Indiana Historical Bureau.

Vedder, R. K. [1965] *A History of the Federal Deposit Insurance Corporation, 1934–1964*, A dissertation for the degree for Ph. D. at University of Illinois at Urbana-Champaign.

Vedder, R. K. and Gallaway, L. E. [1975] "Migration and the Old Northwest," D. C. Klingaman and R. K. Vedder (eds.), *Essays in Nineteenth Century Economic History: The Old Northwest*, Athens: Ohio University Press.

White, H. [1894] "National and State Banks," *Sound Currency*, Vol. 2, No. 1, pp. 205-252.

White, H. [1911] *Money and Banking*, 5th ed., Boston, New York: Ginn and Company.

阿部竹松 [1993]『アメリカの政治制度』勁草書房.

有賀貞 [1972]『アメリカ政治史　1776-1971』福村出版.

池尾和人 [1993]「金融自由化以後のプルーデンス政策」貝塚啓明・原田泰篇『90年代の金融政策』日本評論社, 145-166頁.

池田幸弘 [2002]「フリーバンキング論――評価と展望」大友敏明・池田幸弘・佐藤有史編『経済思想にみる貨幣と金融』三嶺書房, 189-208頁.

諫山正・春田素夫編 [1992]『日米欧の金融革新』日本評論社.

磯谷玲 [2002]「アメリカにおける州預金保険の性格」『証券経済研究』(日本証券経済研究所) 第36号, 87-106頁.

稲田公範 [1976]「国法銀行制度成立の経済的意義について (1)」『商経論叢』(九州産業大学商経学会) 第17巻第2号, 127-151頁.

稲田公範 [1980]「国法銀行制度成立の経済的意義について (2)」『商経論叢』(九州産業大学商経学会) 第20巻第3号, 111-150頁.

井上謙治・藤井基精編 [2001]『アメリカ地名辞典』研究社出版.

大橋陽 [1999]「南北戦争前におけるニューヨーク金融市場の構造」『一橋研究』第24巻第2号, 73-91頁.

大森拓磨［2002］「サフォーク・システムの起源――黎明期ニューイングランドにおける自発的な通貨・信用管理の生成」『金融経済研究』（日本金融学会）第18号，85-99頁．

大森拓磨［2003a］「ニューヨーク・セイフティ・ファンドの盛衰（1）――アメリカ連邦預金保険制度の淵源」『経済学論集』（東京大学経済学会）第69巻第2号，22-60頁．

大森拓磨［2003b］「ニューヨーク・セイフティ・ファンドの盛衰（2・完）――アメリカ連邦預金保険制度の淵源」『経済学論集』（東京大学経済学会）第69巻第3号，36-72頁．

大森拓磨［2004］『サフォーク・システム――フリーバンキング制か，中央銀行制か』日本評論社．

大森拓磨［2006］「黎明期アメリカ・インディアナの銀行制度1814 - 1832年――アメリカ連邦準備制度の新たな嚆矢として（1）」『経済理論』（和歌山大学経済学会）第332号，117-148頁．

大森拓磨［2007］「サフォーク・システムと1837・39年恐慌――一商業銀行による「最後の貸し手」機能の内生的展開」柴田徳太郎編著『制度と組織――理論・歴史・現状』桜井書店，81-114頁．

大森拓磨［2008］「黎明期アメリカ・インディアナの銀行制度1832 - 1834年――アメリカ連邦準備制度の新たな嚆矢として（2）」『新潟大学経済論集』第85号，37-76頁．

大森拓磨［2009］「黎明期アメリカ・インディアナの銀行制度1834 - 1842年――アメリカ連邦準備制度の新たな嚆矢として（3）」『新潟大学経済論集』第87号，43-99頁．

大森拓磨［2011a］「黎明期アメリカ・インディアナの銀行制度1842 - 1855年――アメリカ連邦準備制度の新たな嚆矢として（4）」『新潟大学経済論集』第90号，51-93頁．

大森拓磨［2011b］「通貨・信用秩序の健全性管理における地域的自生」Working Papers（新潟大学），No. 140.

大森拓磨［2012］「黎明期アメリカ・インディアナの銀行制度1855 - 1865年――アメリカ連邦準備制度の新たな嚆矢として（5・完）」『新潟大学経済論集』第92号，25-67頁．

大森拓磨［2018］「パックス・アメリカーナの衰微とネオブロック化？――格差・戦争・景気に彷徨うアメリカ経済」溝口由己編著『格差で読み解くグローバル経済――不寛容の拡がりに共生を問う』ミネルヴァ書房，73-100頁．

奥田勲［1926］『米国銀行制度発達史』内外出版（復刻版，有明書房，1988年）．

小野英祐［1971］「連邦準備制度の成立過程（1）」『経済学季報』（立正大学経済学会）

第 20 巻第 1・2 合併号，1-49 頁．
小野英祐［1972］「連邦準備制度の成立過程（2）」『経済学季報』（立正大学経済学会）第 21 巻第 3・4 合併号，23-72 頁．
小野英祐［1973a］「連邦準備制度の成立過程（3）」『経済学季報』（立正大学経済学会）第 22 巻第 1・2 合併号，51-73 頁．
小野英祐［1973b］「連邦準備制度の成立過程（4）」『経済学季報』（立正大学経済学会）第 22 巻第 3・4 合併号，67-87 頁．
外務省北米局監修［2002］『最新アメリカ合衆国要覧——50 州と日本〔3 訂版〕』東京書籍．
片桐謙［2001］「アメリカの貨幣制度——J. L. ラフリンの貨幣論（1）」『経済理論』（和歌山大学経済学会）第 304 号，1-20 頁．
片桐謙［2002a］「アメリカの貨幣制度——J. L. ラフリンの貨幣論（2）」『経済理論』（和歌山大学経済学会）第 305 号，43-76 頁．
片桐謙［2002b］「アメリカの貨幣制度——J. L. ラフリンの貨幣論（3）」『経済理論』（和歌山大学経済学会）第 310 号，1-29 頁．
片桐謙［2003］「アメリカの貨幣制度——J. L. ラフリンの貨幣論（4）」『経済理論』（和歌山大学経済学会）第 311 号，43-70 頁．
片山貞雄［1967］『ドルの歴史的研究——生誕より連邦準備制度まで』ミネルヴァ書房．
金子勝［1997］『市場と制度の政治経済学』東京大学出版会．
金融制度研究会編［1969］『金融制度調査会資料（3）　預金保険制度』金融財政事情研究会．
楠井敏朗［1970］「アメリカ産業革命と金融構造——19 世紀前半のアメリカ資本主義の構造把握のための一視点」『経済学論集』（東京大学経済学会）第 35 巻第 4 号，95-134 頁．
楠井敏朗［1997］『アメリカ資本主義の発展構造（1）』日本経済評論社．
黒羽雅子［1996a］「州法預金保証制度の失敗と銀行制度改革——ネブラスカ州法預金者保証基金と州法銀行制度改革をめぐって」『地方金融史研究』（全国地方銀行協会）第 27 号，1-17 頁．
黒羽雅子［1996b］「州法銀行の歴史と論争——アメリカ・ネブラスカ州法預金者保証基金をめぐって」『証券経済学会年報』第 31 号，35-47 頁．
黒羽雅子［2010］「インサイダー・レンディング再考——産業革命期米国とニュー・イングランド」粕谷誠・伊藤正直・齋藤憲編『金融ビジネスモデルの変遷——明治から高度成長期まで』日本経済評論社，329-357 頁．
黒羽雅子［2014］「ネブラスカ州預金保証基金とその顛末（再論）」『地方金融史研究』（全国地方銀行協会）第 45 号，27-49 頁．

斉藤美彦［1995］「日本における破綻金融機関の処理方式と預金保険制度」渋谷博史・北條裕雄・井村進哉編『日米金融規制の再検討』日本経済評論社，157-189頁．

佐合紘一［1999］「サフォーク・システムの生成と崩壊――資本主義成立期ニュー・イングランドにおける銀行システム」『経営研究』（大阪市立大学経営学会）第50巻第1・2合併号，17-37頁．

佐合紘一［2003］『ニューイングランド繊維株式会社とボストン金融機関――アメリカ初期株式会社の資本蓄積構造』泉文堂．

須藤功［1997］『アメリカ巨大企業体制の成立と銀行――連邦準備制度の成立と展開』名古屋大学出版会．

須藤功［2008］『戦後アメリカ通貨金融政策の形成――ニューディールから「アコード」へ』名古屋大学出版会．

高木仁［1983］「1863年全国通貨法の成立過程（上）」『明大商学論叢』第65巻第7・8合併号，759-785頁．

高木仁［1986］『アメリカの金融制度』東洋経済新報社．

高木仁［2006］『アメリカの金融制度――比較社会文化による問題接近をめざして〔改訂版〕』東洋経済新報社．

高月昭年［2001］『米国銀行法』金融財政事情研究会．

高橋克己［1974］「アメリカ銀行制度の初期的展開（3）――第2合衆国銀行の展開過程と解散をめぐって」『東北学院大学論集　経済学』第64号，63-95頁．

高橋克己［1975］「アメリカ銀行制度の展開――1830年代から50年代を中心として」『金融経済』（金融経済研究所）第152号，21-59頁．

田中隆之［2014］『アメリカ連邦準備制度（FRS）の金融政策』金融財政事情研究会．

田中英明［2017］『信用機構の政治経済学――商人的機構の歴史と論理』日本経済評論社．

寺地孝之［1998］『近代金融システム論』有斐閣．

戸田壮一［1985］「1933年銀行法改革と連邦預金保険制度」『武蔵大学論集』第32巻第5・6合併号，87-122頁．

戸田壮一［2000］「アメリカにおける民間預金保険制度の経験――19世紀半ば・20世紀始めおよび現代の民間預金保険制度」『武蔵大学論集』第47巻第2号，133-169頁．

戸田壮一［2003］「アジアにおけるセーフティネット――預金保険制度に関連させて」山口重克編『東アジア市場経済――多様性と可能性』御茶の水書房，233-268頁．

戸田壮一［2014］『アメリカにおける銀行危機と連邦預金保険制度』白桃書房．

豊原治郎［1962］『アメリカ産業革命史序説』未來社．

豊原治郎［1991］『アメリカ商品流通史論〔新版〕』未來社．

長田豊臣［1992］『南北戦争と国家』東京大学出版会.
永田啓恭［1968a］「アメリカ合衆国における1819年恐慌——M. N. Rothbard; the Panic of 1819, 1962 を中心として（上）」『龍谷大学経済学論集』第8巻第1号, 176-198頁.
永田啓恭［1968b］「アメリカ合衆国における1819年恐慌——M. N. Rothbard; the Panic of 1819, 1962 を中心として（下）」『龍谷大学経済学論集』第8巻第2号, 116-144頁.
西川純子［1983］「信用制度と金融市場」岡田泰男・永田啓恭編『概説アメリカ経済史——植民地時代から現代まで』有斐閣, 175-194頁.
西川純子・松井和夫［1989］『アメリカ金融史——建国から一九八〇年代まで』有斐閣.
野村重明［2011］『アメリカの連邦預金保険制度』日本経済評論社.
ハミルトン, A., J. ジェイ・J. マディソン著, 齋藤眞・武則忠見訳［1998］『ザ・フェデラリスト』福村出版（簡約版, 斎藤眞・中野勝郎編訳, 岩波文庫, 1999年）.
堀内昭義［1998］『金融システムの未来——不良債権問題とビッグバン』岩波書店.
本間勝［2002］『世界の預金保険と銀行破綻処理——制度・実態・国際潮流』東洋経済新報社.
安武秀岳［1968］「ロコフォコ派の分裂と「独占問題」——ジャクソニアン急進派の「自由銀行プラン」の検討」『西洋史学論集——小林栄三郎先生・今来陸郎先生還暦記念』九州大学文学部西洋史研究室内還暦記念事業会, 227-250頁.
安武秀岳［1971］「ジャクソンの銀行戦とニューヨーク州政治」『アメリカ研究』（アメリカ学会）第5号, 115-131頁.
山口重克・小野英祐・吉田暁・佐々木隆雄・春田素夫編［2001］『現代の金融システム——理論と構造』東洋経済新報社.
吉田暁［2002］『決済システムと銀行・中央銀行』日本経済評論社.
吉村信之［2004］「中央銀行の生成と国内金流出の位相——19世紀イギリスの発券集中によせて」『信州大学経済学論集』第51号, 1-32頁.
ロベット, W. A. 著, 松尾直彦・山西雅一郎訳［1994］『アメリカ金融機関法』木鐸社.

アメリカ連邦預金保険公社ウェブサイト（https://www.fdic.gov）
預金保険機構ウェブサイト（http://www.dic-global.com/ja/）

初出一覧

序章
書き下ろし.

【第Ⅰ篇】
第1章
「ニューヨーク・セイフティ・ファンドの盛衰（1）――アメリカ連邦預金保険制度の淵源」『経済学論集』（東京大学経済学会）第69巻第2号（2003年7月）を改稿.
第2章
「ニューヨーク・セイフティ・ファンドの盛衰（1）――アメリカ連邦預金保険制度の淵源」『経済学論集』（東京大学経済学会）第69巻第2号（2003年7月），ならびに「ニューヨーク・セイフティ・ファンドの盛衰（2・完）――アメリカ連邦預金保険制度の淵源」（東京大学経済学会）第69巻第3号（2003年10月）を改稿.
第3章
「ニューヨーク・セイフティ・ファンドの盛衰（2・完）――アメリカ連邦預金保険制度の淵源」（東京大学経済学会）第69巻第3号（2003年10月）を改稿.

【第Ⅱ篇】
第1章
「黎明期アメリカ・インディアナの銀行制度1814‒1832年――アメリカ連邦準備制度の新たな嚆矢として」『経済理論』（和歌山大学経済学会）第332号（2006年7月）を改稿.
第2章
「黎明期アメリカ・インディアナの銀行制度1832‒1834年――アメリカ連邦準備制度の新たな嚆矢として（2）」『新潟大学経済論集』（新潟大学経済学会）第85号（2008年9月）を改稿.

第 3 章
「黎明期アメリカ・インディアナの銀行制度 1834–1842 年——アメリカ連邦準備制度の新たな嚆矢として（3）」『新潟大学経済論集』（新潟大学経済学会）第 87 号（2009 年 9 月）を改稿.

第 4 章
「黎明期アメリカ・インディアナの銀行制度 1842–1855 年——アメリカ連邦準備制度の新たな嚆矢として（4）」『新潟大学経済論集』（新潟大学経済学会）第 90 号（2011 年 3 月）を改稿.

第 5 章
「黎明期アメリカ・インディアナの銀行制度 1855–1865 年——アメリカ連邦準備制度の新たな嚆矢として（5・完）」『新潟大学経済論集』（新潟大学経済学会）第 92 号（2012 年 3 月）を改稿.

終章
書き下ろし.

あとがき

　思えば本当に長い道程であった．約20年に及んだ本研究を曲がりなりにも完遂しここに総括することができたいま，ここに至るまでの様々な情景が，走馬灯のように鮮やかに脳裏に浮かぶ．この間，本務先や研究拠点も遷移するなかで，どれほどの方々にお世話になったことだろうか．先学や後学，同学の方々，所属学会や研究会，ワークショップ等で筆者の考究に忌憚なきご意見を下さった方々，筆者の講義や演習に集ってくれた大学院生，学部学生，卒業生の皆さん，それぞれの勤務先でめぐり合えた同僚や職員の方々……．特に，自主性を重んずる恵まれた研究環境のなかで筆者の学究を見守り，共にし，折に触れてご意見やご助言を下さり，相談や談論の相手にもなって下さった，柴田徳太郎，片桐謙，佐藤芳行，菅原陽心，田中英明，吉村信之，井手英策，青山和佳，荻山正浩，沖公祐，溝口由己，寺川隆一郎の各位には深謝申し上げたい．さらに，伊藤正直，小幡道昭，丸山真人，石見徹，伊藤誠，春田素夫の諸先生をはじめとする錚々たる先達から，本研究の核を生み育む過程で貴重なご意見やご批評を頂戴できていたことが，時の流れを経て今日の私の研究推進の糧となり活力にもなっている．これらの先達の謦咳に接することができたのは，本当に幸いなことであった．また，私に多大な学問的影響を与え，颯爽と現世を駆け抜けてゆかれた杉浦克己，古谷真人，佐合紘一，石橋貞男，佐野誠，宮本明久の各位にも，つい思いを馳せてしまう．皆様からの学恩に厚く御礼を申し上げたい．

　加えて，不意の罹患ゆえ研究の遂行とその成果公表とが頓挫しかかったこともあった．自らに課されたこの厳しい人生の試練の折に手を差し伸べ励ましを下さったあまたの皆様のことを回顧するに，本書の上梓によって少しばかりではあるがそうした方々からの御恩に報いることができたのではないかと思うと，感慨も一入である．

あとがき

*   *

　本書は，以下に掲げる種々の研究助成の採択に基づき進めることのできた研究成果を総括したものである．関係各位に対し記して謝意を申し上げたい（研究代表者の肩書は採択時点のもの）．

　【日本学術振興会科学技術研究費補助金】①若手研究（B）「サフォーク・システム研究――アメリカ中央銀行制度の萌芽的な一形態」，課題番号15730150，平成15〜16年度，研究代表者：大森拓磨（東京大学大学院経済学研究科・経済学部助手）．②基盤研究（C）「グローバリゼーション下の国際通貨・金融システムの変容についての研究」，課題番号15530124，平成15〜17年度，研究代表者：石橋貞男（和歌山大学経済学部教授），筆者は平成16年度より研究分担者として参加．③基盤研究（C）「アメリカ連邦準備制度の生成に関する研究――中央銀行の「秩序管理」の視角から」，課題番号17530242，平成17〜19年度，研究代表者：片桐謙（和歌山大学経済学部教授），筆者は研究分担者として参加．④若手研究（B）「アメリカ中央銀行制度の新源流――黎明期アメリカ・インディアナの銀行制度研究」，課題番号21730249，平成21〜23年度，研究代表者：大森拓磨（新潟大学人文社会・教育科学系准教授）．⑤基盤研究（C）「黎明期アアメリカ中西部の銀行制度が中央銀行制度の形成に与えた影響をめぐる研究」，課題番号15K02934，平成27〜30年度，研究代表者：大森拓磨（新潟大学人文社会・教育科学系准教授）．

　【公益財団法人全国銀行学術研究振興財団】「中小金融機関の預金保険に関する日米制度比較研究」2004年度研究助成（単独研究），研究代表者：大森拓磨（和歌山大学経済学部講師）．

　【国立大学法人和歌山大学】「グローバリゼーション下の国際通貨体制の変動に関する研究」，和歌山大学オンリー・ワン創成プロジェクト経費，平成19〜20年度，研究代表者：今田秀作（和歌山大学経済学部教授），筆者は研究分担者として参加．

　【国立大学法人新潟大学】①「グローバル金融危機と地域経済に関する研究」，新潟大学人文社会・教育科学系研究支援経費による研究プロジェクト（学系基幹研究），平成21〜23年度，研究代表者：佐藤芳行（新潟大学人文社

会・教育科学系教授），筆者は研究分担者として参加．②「ヨーロッパ財政危機と世界経済に関する研究」，新潟大学人文社会・教育科学系研究支援経費による研究プロジェクト（学系基幹研究），平成 24～25 年度，研究代表者：佐藤芳行（新潟大学人文社会・教育科学系教授），筆者は研究分担者として参加．

【日本法制学会】「金融危機と制度改革の研究」，日本法制学会財政・金融・金融法制研究基金研究助成，平成 24 年度，研究代表者：柴田徳太郎（東京大学大学院経済学研究科・経済学部教授），筆者は研究分担者として参加．

また，本研究に係る資料や史料の調査・閲読や蒐集に際し，以下の施設にお世話になった．Indiana State University Library at Indianapolis, Library of University of Buffalo; the New York State University, Musium of American Finance in NYC, Bibliothéque Nationale de France, 国立国会図書館，東京大学附属図書館，新潟大学附属図書館，和歌山大学附属図書館，横浜国立大学附属図書館，慶應義塾大学三田メディアセンター，日本銀行金融研究所貨幣博物館，全国銀行協会銀行図書館．以上，記して謝意を表したい．

＊　　　　　＊

本書の上梓に際し，公益財団法人全国銀行学術研究振興財団より 2018 年度助成事業に係る刊行助成を受けることができた．関係各位に御礼を申し上げたい．最後になるが，事情のたいへん厳しい折，本研究の意義を理解し刊行を快諾して下さった一般財団法人東京大学出版会と，丁寧かつ俊敏なご対応の下に編集に当たって下さった同会第一編集部の大矢宗樹氏に，心より御礼を申し上げたい．

2019 年 8 月 9 日

立秋の光差し込む書斎にて
大 森 拓 磨

人名索引

Allen, Hiram　345
Arthur, Chester Alan　432

Barbour, Cromwell W.　345
Beeson, Junius　349
Biddle, Horace P.　344
Biddle, Nicholas　49, 61, 192, 194, 264
Black, William B.　349
Boon, Ratliff　162
Borden, James W.　343
Brandon, Armstrong　162
Bray, T. W.　292
Bronson, Isaac　35, 41, 42
Brown, David　176-178
Brown, Thomas　212
Buren, Martin Van　17, 28-30, 35-42, 47, 59, 62, 63, 69, 436
Burnett, Alexander J.　318

Carter, Horace　342
Chamberlain, Ebenezer M.　318
Chapin, Horatio　292
Chapman, Jacob P.　345
Chase, Salmon P.　419, 426
Clare, Arthur St.　151
Clark, Othniel　342
Clinton, DeWitt　21
Coe, Isaac　277
Crawford, William H.　163, 176
Cray, Henry　192

Daniel, Richard　177
Davis, John W.　348
Dobson, David M.　340

Dobson, Joseph W.　349
Dufour, John F.　162
Dumont, Ebenezer　365
Dunn, George H.　198, 209

English, William H.　348
Ewing, John　200, 213
Ewing, Nathaniel　162

Fessenden, William P.　431
Fillmore, Millard　128
Fitch, Mason C.　304
Flagg, Azariah C.　128
Fletcher, Calvin　206, 213, 215, 281, 301, 304
Forman, Joshua　18, 19, 27, 30, 42, 46, 59, 436
Foster, William C.　345

Gallatin, Albert　90, 111
Gibson, John　151
Graham, William　203
Gresham, Walter Q.　432

Hall, Samuel　335
Hamilton, Allen　340
Hamilton, John A.　35, 36
Harrison, Gen. Wm. H.　151
Hart, Hiram A.　349
Hay, John D.　162
Hendricks, Thomas A.　345
Hendricks, William　181
Hole, John B.　345
Howard, Tilghman A.　308

Hudson, Robert M.　349

Jackson, Andrew　31, 59, 62, 63, 89, 91, 263, 295, 333
Jefferson, Thomas　19
Jennings, Jonathan　162, 171, 173, 174, 178
Johnson, Andrew　431
Judah, Samuel　278, 337

Kelso, Daniel　344
King, John L.　349

Lane, Daniel C.　162
Lanier, James F. D.　273, 275, 280, 304
Law, John　280
Lincoln, Abraham　431

Mace, Daniel　319, 320
Maguire, Douglass　273
Mann, Abijah　42, 44, 47, 49, 91, 93
Marcy, William　75, 91
May, Edward. R.　343
McCarty, Nicholas　269, 273, 310
McCulloch, Hugh　252, 275, 386–388, 390–392, 394, 414, 415, 421–424, 426–433, 446, 447, 449, 453
McDonald, Joseph　414
Merrill, Samuel　210, 211, 215, 216, 268, 271, 272, 274, 276–278, 280, 301, 302, 304, 305, 307, 317, 318
Milroy, Robert H.　345
Morrill, Justin S.　421
Morris, Arthur W.　273
Morris, Bethuel F.　278
Morrison, Alexander F.　273, 345
Morrison, James　318–320, 365
Morrison, Robert　215, 304

Nave, C.　343
Nelson, Isaac D. G.　349

Niblack, William E.　350
Noble, James　162, 181, 337
Noble, Noah　162, 195, 208, 211, 213, 214, 239, 252, 267, 271, 272, 277
Norris, Seton W.　215

Olcott, Thomas　37
Owen, Robert Dale　337, 338, 344, 349

Paige, Alonzo C.　42
Palmer, Nathan B.　271, 307, 308, 318
Parke, Benjamin　337
Pepper, Abel　333
Perkins, Samuel E.　414, 415
Posey, Thomas　151, 156, 162
Proffit, George H.　202

Rariden, James　202, 332, 333, 339, 340
Rathbone, George W.　423
Ray, James M.　216, 278
Read, Daniel　333, 334
Read, James G.　341
Reed, Delegate　345
Reynolds, Zimri　349

Sads, William　162
Salle, La　151
Scott, Lucius H.　215
Sering, John　190, 197
Shoup, George G.　343
Smith, Thomas L.　371
Spencer, John W.　348, 349
Stanfield, Thomas　349
Stewart, William Z.　348
Suit, James F.　348
Sullivan, John H.　364

Thompson, Richard W.　262
Tipton, John　195, 206, 213
Tracy, Albert H.　49

Vigus, Jordan 162

Wallace, David 277, 289
White, James 318
Willard, Ashbel P. 407

Willet, Marinus 194
Woodbury, Levi 275
Wright, Benjamin 18
Wright, Joseph A. 363, 364, 367–369, 372, 373, 379

事項索引

アルファベット

Albany Regency　17, 19, 28, 37, 42, 59, 69, 436
Bank Bond（銀行債）　232, 234, 236, 246, 252, 265
Bank War（銀行戦争）　60, 62, 73, 191, 192, 263, 264
FOMC　→連邦公開市場委員会
FRB　→連邦準備制度理事会
Loco-focos（ロコ・フォコズ）　89–91
Paige 委員会　42, 47
red dogs　184
The Bank of the State of Indiana　370–375, 378–394, 401, 402, 407, 408, 410–417, 421, 423–427, 445–450
The First National Bank of Indianapolis　423
The First State Bank　159–164, 166–169, 171–173, 175–178, 180, 182, 183, 187, 189, 194, 198, 214, 337, 439
The Ohio Life & Trust Company　388, 389, 391
The Second State Bank　214–217, 220–222, 225, 227, 228, 230, 231, 234–237, 239, 243–246, 248, 251–255, 258–263, 265–278, 280–282, 286, 289–295, 297, 298, 301, 302, 304–308, 310–314, 317–321, 328–335, 338–346, 348, 350, 365, 366, 370–372, 374, 378–381, 383–387, 390, 402, 403, 405–407, 410–412, 416, 431, 440–447
Wabash & Erie Canal　245, 247
1804 年州法　14, 16, 22, 25
1805 年州法　44
1813 年州法　16
1818 年州法　21–23, 44
1819 年恐慌　23, 167, 172
1827 年州法　25–28, 30, 47, 68, 126
1829 年州法（セイフティ・ファンド法）　14, 44, 45, 51, 52, 58, 63–65, 67–69, 71, 73, 75–77, 80, 81, 83–85, 88, 95, 97–101, 105, 109, 110, 120, 122–124, 126–128, 132, 133, 141–145, 337, 437, 450
1837 年恐慌　75, 82, 83, 99, 190, 267, 269, 281, 284, 286, 289, 291, 311, 336, 390, 394, 441, 442
1839 年恐慌　99, 288, 291, 390, 443
1857 年恐慌　141, 142, 393–395, 398, 400–402, 407, 447
1907 年恐慌　147

ア　行

悪弊　16, 20–24, 26, 29, 47, 59, 80, 81, 91, 102, 120, 436, 437
アグラリアニズム　152
アグラリアンズ　188
アメリカ金融制度　451
アメリカ中央銀行制度　241, 420, 454
アメリカ連邦準備制度　→連邦準備制度
アメリカ連邦預金保険制度　147, 450–452
委員会報告書　199–201, 279
移住者の増大　189
偉大なる改革者　18
一般銀行法　347–352, 361, 363–365, 367, 369, 370, 390, 395, 397–400, 417, 418, 445

一般法　28, 335, 342, 436, 445
移民　243
インディアナ州共和党　421
インディアナ州憲法　157-159, 161, 162, 180, 187, 190, 194, 198, 232, 332, 336, 337, 445
インディアナ州国民共和党　210
インディアナ州債　345, 349, 351, 353, 355, 364
インディアナ州最高裁判所　179
インディアナ州財務局証券　176, 184, 200, 414
インディアナ州財務局長　215, 271
インディアナ州自由銀行法　341, 350
インディアナ州新一般銀行法　398
インディアナ州新州憲法　140, 333-335, 344, 346-348, 350, 370, 375, 382, 445
インディアナ州出納局長　202, 308
インディアナ州通貨監督官　342, 351-353, 355, 361-364, 367-369, 375, 380, 398-401, 418, 425, 449
インディアナ州民主党　421
インディアナ州融資事務所　189
インディアナ州法銀行設置法　214, 217, 221, 224-226, 228, 229, 232, 237, 238, 243, 251, 255, 262, 266, 293, 440
インディアナ州立神学校　189, 190
インディアナ大学　189
インフレーショニスト　331
インフレ抑制　344
ウィッグ党　209-213, 273, 274, 276, 278, 279, 288, 299, 303-305, 307, 316, 317, 319, 332, 337, 338, 371, 443, 444
営業停止命令　82, 83, 87, 106-108, 111, 113, 116
エヴァンス派　89
エリー運河　18-21, 27, 60, 70, 87
──公社　86, 87

カ　行

会計検査官　202, 216
開拓者　62
改定国法銀行法　421, 425
開発利益　248
課徴金　52-54, 57, 85, 127, 144, 145, 438
学校基金　339
合衆国銀行　3, 20, 31, 36, 38, 49, 59, 60-62, 64, 89, 91, 152-154, 163, 164, 170, 182, 184, 191-196, 200, 201, 205, 207, 208, 212, 213, 251, 263, 264, 331, 439
合衆国憲法　213
合衆国債　129, 131, 351
株式銀行制度　42, 91, 92
株主総会　176-178
仮証書　313
為替手形　258, 270, 282, 291, 294, 311, 312, 322, 325, 410, 441, 442
緩衝　234, 440
広東の仲買商人　33
寄附金　238
共同調査委員会　367
共同保証　33
業務規則　51, 437
拒否教書　192, 195, 196, 204, 205, 368
金銀複本位制　3, 260, 431
銀行家総会　277, 280, 304
銀行監査　6, 34, 41, 43, 49, 51, 55, 78, 79, 82, 83, 88, 102, 120, 146, 147, 419, 422, 437, 451, 453
──体制（制度）　198, 199, 209, 439
銀行間組織　7, 152, 154, 159, 188, 201, 221, 227, 228, 236, 290, 297, 377, 412, 425, 426, 439, 446
銀行監督官　→バンク・コミッショナー
銀行間の資金融通　→銀行間融資
銀行間の上位に立つ銀行　5
銀行間融資　259, 267, 282, 283, 286, 410, 448

事項索引　477

銀行規制　34
銀行債　→Bank Bond
銀行戦争　→Bank War
銀行廃絶論　276
銀行不在　184, 188, 191
銀行不信　198
銀行不要論　212
禁止的（な連邦）課税　145, 420, 421
金融政策　453
金融セーフティネット　2, 7, 455
金融逼迫　184, 268, 269, 274, 415, 442
グリーンバックス　412–415, 431, 432, 448
クリミア戦争　366, 367
経済成長率　455
決済性預金　5, 429
権限回復訴訟　179
減債基金　234–236, 246, 251, 440
健全通貨　291, 299
憲法会議　332–334, 337–340, 343, 344, 346, 370, 445
硬貨主義　89, 152, 212, 276, 308, 332, 333, 344, 345, 415, 419
公共事業　245, 313
公金預託　295
公権力　451
公債　129, 130
口座振替　88
公聴会　56
衡平法　14
公有地開発　245
公立学校基金　235
小切手　72, 75
国土開発　247
国法銀行　3, 146, 153, 163, 184, 191, 200, 201, 420, 421, 423–425, 427–430, 450, 453
　──制度　145, 365, 418–422, 427, 428, 430, 431, 438, 449, 453
　──法　145, 420, 424, 427, 429, 430

国民共和党　192, 195, 198, 200, 202, 204, 209, 212, 213
個人銀行業　89, 90, 92
個人商会　143
五大湖　220
国庫兌換局　365
コルレス制度（コルレス・ネットワーク）　143, 429

サ　行

債権預託　353, 355
最後の貸し手　286
　──機能　2
債務者扶助　171
財務長官　→連邦財務長官
債務不履行　310, 313
債務保証　451
指図手形　158
サフォーク・システム　4, 5, 132, 287, 430, 454
産業革命　167
三読会　334, 368, 372
示威運動　208, 216
ジェファーソン共和党　210
ジェファーソン主義　3, 153
資源開発　245
持参人払い手形　158
自主独立　63
システミック・リスク　2, 171, 185, 242
資本主義経済　1, 167, 242
市民集会　173, 177, 273
社会資本整備　245–247
ジャクソニアン・デモクラシー　192, 195, 196, 263, 328, 332, 439
ジャクソン主義　89, 415
　──者　276
ジャクソン民主主義者　91
州監督官　→ニューヨーク州監督官
州共和党　→インディアナ州共和党

478　事項索引

自由銀行　93, 94, 97-100, 102, 105, 109, 128, 130-133, 142, 143, 146, 345, 351-353, 355, 361-364, 366-371, 374, 375, 377, 381, 395-400, 413, 417, 418, 424, 449
　——制度　92, 93, 95, 97, 98, 101, 102, 105, 127-129, 133, 140, 142, 143, 145, 146, 315, 333, 335, 336, 339, 341-348, 350, 351, 361, 363, 364, 366, 367, 370, 372, 377, 378, 381, 390, 395, 419, 420, 430, 437, 438, 445, 447
　——法　→ニューヨーク州自由銀行法
州銀行当局　450
州権主義　331
　——者　61
州憲法　→インディアナ州憲法
州財務局証券　→インディアナ州財務局証券
州財務局長　→インディアナ州財務局長
州財務当局　450
州自由銀行法　→インディアナ州自由銀行法
州書記官　→ニューヨーク州書記官
州通貨監督官　→インディアナ州通貨監督官
州法銀行制度　95, 97, 145, 146, 335, 346, 347, 350, 375, 420, 426, 438, 445
州法銀行設置法　→インディアナ州法銀行設置法
自由放任　4, 5, 264, 454
　——主義　89
州民主党　→インディアナ州民主党
州融資事業所　→インディアナ州融資事務所
州預金保険制度　147
十進法原則　260
資本主義化　167
巡回裁判官　57
巡回裁判所　178, 179, 414
準則主義　212, 336, 346, 377, 445

準備都市　429
　——・代理店制度　429
小額面券　16, 17, 74, 75, 89, 166, 167, 184, 224, 268, 295, 318, 319, 352
証券担保金融　143
情実融資　309
剰余基金　223, 234, 430, 440, 453
所有と経営　227
新一般銀行法　→インディアナ州新一般銀行法
神学校　→インディアナ州立神学校
新州憲法　→インディアナ州新州憲法
神聖同盟　303
出納局長　→インディアナ州出納局長
スペイン銀貨　232, 233
正貨回状　255, 261, 268
制限法　11, 436
生産年齢人口　245
西漸運動　76
政府紙幣　412, 415, 431
セイフティ・ファンド抵当証券　120
セイフティ・ファンド法　→1829年州法
声明書　174, 175
世界恐慌　241, 242, 267, 288, 297, 312, 315, 316, 328, 331, 336, 377, 390, 412, 427, 442, 443
世界大恐慌　147
全国通貨法　420, 422, 427, 428, 430
先取特権　230, 237
宣誓供述書　56
相互癒着（Log-rolling）　22
即興通貨　184

タ　行

大運河　245
大都市銀行　29, 64, 67, 68
兌換紙幣　419
兌換代理店銀行　429
兌換代理人　101, 105, 113, 116
多数銀行制　341

事項索引　479

単一銀行制　341
地方銀行　39, 40, 70-72, 75, 76, 78, 85, 88, 99, 133
中央銀行　2-4, 455
　──制度　7, 378, 453, 455
中央準備都市　429, 430, 453
中央兌換機関　364, 365
中央兌換システム　430, 453
柱廊式玄関　217
徴収基金　234, 235, 440
陳情議会　24
追徴金　123, 127
通貨の番人　183
　通貨・信用の番人　267
　通貨・物価の番人　268
通貨不足　154-156, 193
通常監査　437
定期監査　55, 81, 108, 199
抵当証券　129, 130
抵当融資　75, 76, 81
手形交換所　388, 389
デフォルト・リスク　185
転売益　79, 88, 247
統一通貨　200-202
当座貸越　247
投資銀行　143, 438
特別監査員　221
特別基金　211
特別調査　307-309, 313, 316
　──官　307-309, 313
特別預金　284
独立革命　153
独立採算制　222
独立戦争　61, 151, 153
都市銀行　39, 40, 43, 44, 65, 68, 70, 77, 83, 85, 88, 99, 100
土地均分主義　152
特許銀行制　402

ナ　行

内部開発　340
内部融資　298, 299, 301-303, 309-312, 444
南北戦争　3, 145, 364, 402, 412, 415-418, 422, 426, 431, 438, 449
二院制　199
ニューインディアナ領　151, 152
ニューヨーク州ウィッグ党　91
ニューヨーク州監督官　53, 54, 58, 68, 84-87, 94, 95, 97, 106, 110, 113, 117, 120-122, 124, 125, 129-131, 139, 142, 438, 451
ニューヨーク州憲法　23, 93, 125, 126
ニューヨーク州債　129-131
ニューヨーク州自由銀行制度　418-420
ニューヨーク州自由銀行法　94, 140, 337, 342, 349
ニューヨーク州書記官　57
ニューヨーク州新憲法　128
ニューヨーク州法銀行制度　14, 70
ニューヨーク州民主党　59, 89, 93
ニューヨーク証券市場　388
農業恐慌　147
納税手段　422
農本主義　152
ノーセール　84

ハ　行

配当政策　287
発券益　13, 92, 318, 340, 361, 362
発券の自由化　345
罰則金　293
　──利　227
パリ条約　151
パワーエリート　158, 162, 439
半官半民　190, 228, 234, 440, 444

反銀行主義　152-154, 159, 172, 183, 184, 187, 188, 192-194, 253, 274, 276, 308, 343, 373, 377, 439
バンク・コミッショナー（銀行監督官）　34, 43, 53-58, 68-75, 78-83, 87, 88, 100, 102, 105, 106, 108-112, 119, 120, 198, 367, 437, 438, 450
　──廃止法　120
バンク・ファンド　52
　──債　122, 124, 127, 142-144
番人　455
反フリーメイソン　89
平等主義　89
フェデラリスト　153, 193
複利計算　227
副理事　382, 383
物価上昇率　455
不動産担保融資　236
不動産抵当証券　349
プライヴェート・バンカー　129, 195, 424
プライヴェート・バンク　154, 155, 157, 158, 336, 337, 390, 394, 395, 425, 447
フリーバンキング制　212
フリーバンキング論　4-6, 454
不履行債務　238, 286, 287, 303
不良債権　167, 187, 303, 443
プルーデンス政策　2
米英戦争　16, 17, 21, 61, 163, 181, 191, 436
ペット・バンク　263, 264, 295
　──制　62
法定貨幣　333
ポークシーズン　244, 321
ボーナス　20, 38, 40
北西領土　151, 152
保険原理　32, 33, 47-49, 146, 147, 437
ポスト・ノート　57

マ　行

マイナス金利　455
マネーブローカー　79, 406, 407, 413, 429, 447
民間預金　251, 263, 284, 285, 296, 443
　──保険制度　450
民主共和党　191, 204, 210
民主制　453
民主党　191, 209, 211-213, 273, 276, 278, 279, 289, 299, 300, 302-305, 316-319, 331, 332, 337, 338, 345, 365, 371, 415, 443, 444
無利子配当　287
メキシコ銀貨　232, 233
綿花投機　23
モーゲージ融資　225
モラル・ハザード　48

ヤ　行

約束手形　258, 282, 294, 311, 322, 410, 441
山猫銀行　361, 362, 371, 395, 445
融通手形　109, 403
養豚事業　321, 325, 331
預金保険制度　2, 7, 147, 430, 450
預託担保債権　396

ラ　行

リゲット派　89
理事　382, 453
流動性不足　184
量的金融緩和　455
臨時監査　55, 199, 437
レーガノミックス　452
連邦貨幣法　260, 261
連邦権力　153
連邦公開市場委員会（FOMC）　453

連邦公有地　181, 184
　──当局　173, 181, 183
連邦財務省　284, 421, 426, 428
　──証券（連邦債）　419, 431
連邦財務長官　252, 275, 419-422, 428, 431, 432, 449
連邦主義　200
　──者　193
連邦準備銀行　452
連邦準備制度　7, 420, 439, 452-454
連邦準備制度理事会（FRB）　452
連邦制国家　153
連邦政府預金　162-166, 169-173, 179, 181, 182, 205, 208, 213, 262, 263, 266, 268, 271, 275, 284, 285, 295, 328, 441-443
連邦通貨監督官　252, 419, 422-424, 426-431, 449
　──報告書　427, 428
連邦通貨監督局　422, 428, 453
連邦党　210
連邦法貨法　412, 413
ロビー活動　24, 28, 29, 163

著者略歴
1972 年　静岡県生まれ．
2003 年　東京大学大学院経済学研究科博士課程修了．
　　　　東京大学大学院経済学研究科・経済学部助手，
　　　　和歌山大学経済学部講師・助教授・准教授を経て，
現　在　新潟大学大学院現代社会文化研究科・経済学部准教授．
　　　　博士（経済学）（東京大学）．

主要業績
『格差で読み解くグローバル経済』共著，ミネルヴァ書房，2018 年．
『米中経済と世界変動』岩波書店，2014 年．
『全球化中的中日経済関係』共著，経済科学出版社（中国），2009 年．
『グローバル化のなかの日中経済関係』共著，御茶の水書房，2009 年．
『制度と組織──理論・歴史・現状』共著，桜井書店，2007 年．
『金融システムの変容と危機』共著，御茶の水書房，2004 年．
『サフォーク・システム──フリーバンキング制か，中央銀行制か』
　　日本評論社，2004 年．

黎明期アメリカの銀行制度
中央銀行なき状態の苦悶と自生

2019 年 8 月 22 日　初　版

［検印廃止］

著　者　大森　拓磨（おおもり　たくま）

発行所　一般財団法人　東京大学出版会
代表者　吉見　俊哉
153-0041 東京都目黒区駒場 4-5-29
http://www.utp.or.jp/
電話 03-6407-1069　Fax 03-6407-1991
振替 00160-6-59964

印刷所　株式会社理想社
製本所　誠製本株式会社

Ⓒ 2019 Takuma Ohmori
ISBN 978-4-13-046129-0　Printed in Japan

JCOPY〈出版者著作権管理機構 委託出版物〉
本書の無断複写は著作権法上での例外を除き禁じられています．複写される場合は，そのつど事前に，出版者著作権管理機構（電話 03-5244-5088，FAX 03-5244-5089, e-mail: info@jcopy.or.jp）の許諾を得てください．

渋谷博史 著	20世紀アメリカ財政史　Ⅰ パクス・アメリカーナと基軸国の税制	6200円
渋谷博史 著	20世紀アメリカ財政史　Ⅱ 「豊かな社会」とアメリカ型福祉国家	6200円
渋谷博史 著	20世紀アメリカ財政史　Ⅲ レーガン財政からポスト冷戦へ	6400円
渋谷博史 井村進哉 花崎正晴 編	アメリカ型経済社会の二面性 市場論理と社会的枠組	4200円
渋谷博史 首藤惠 井村進哉 編	アメリカ型企業ガバナンス 構造と国際的インパクト	4200円
河崎信樹 吉田健三 田村太一 渋谷博史 著	現代アメリカの経済社会 理念とダイナミズム	2800円
渋谷博史 丸山真人 伊藤修 編	市場化とアメリカのインパクト 戦後日本経済社会の分析視角	4200円
関口智 著	現代アメリカ連邦税制 付加価値税なき国家の租税構造	6400円
秋元英一 菅英輝 著	アメリカ20世紀史 ［オンデマンド版］	3500円

ここに表示された価格は本体価格です．ご購入の際には消費税が加算されますのでご了承ください．